**本书为国家社科基金项目"西南边疆地区近代商会治理研究"结项成果**

# 西南地区
# 近代商会治理研究

——以滇桂为中心

赵善庆 著

中国社会科学出版社

## 图书在版编目（CIP）数据

西南地区近代商会治理研究：以滇桂为中心 / 赵善庆著. -- 北京：中国社会科学出版社，2025.4.
ISBN 978-7-5227-4677-7

Ⅰ.F729.5

中国国家版本馆 CIP 数据核字第 2025M0C924 号

| 出 版 人 | 赵剑英 |
|---|---|
| 责任编辑 | 刘　芳 |
| 责任校对 | 杨　林 |
| 责任印制 | 李寡寡 |

| 出　　版 | 中国社会科学出版社 |
|---|---|
| 社　　址 | 北京鼓楼西大街甲 158 号 |
| 邮　　编 | 100720 |
| 网　　址 | http://www.csspw.cn |
| 发 行 部 | 010-84083685 |
| 门 市 部 | 010-84029450 |
| 经　　销 | 新华书店及其他书店 |
| 印　　刷 | 北京明恒达印务有限公司 |
| 装　　订 | 廊坊市广阳区广增装订厂 |
| 版　　次 | 2025 年 4 月第 1 版 |
| 印　　次 | 2025 年 4 月第 1 次印刷 |
| 开　　本 | 710×1000　1/16 |
| 印　　张 | 21 |
| 字　　数 | 325 千字 |
| 定　　价 | 115.00 元 |

凡购买中国社会科学出版社图书，如有质量问题请与本社营销中心联系调换
电话：010-84083683
**版权所有　侵权必究**

# 序

　　中国商会史研究，自20世纪80年代中期兴起以来，至今已有近40年的历史，取得了众多的成果。从研究的路径和方法来看，这40年的中国商会史研究，大致采用过五种路径。第一种路径，以商会与资产阶级成长及其在政治运动中的表现和作用为研究主线，主要运用阶级分析和阶级斗争的理论方法，考察和分析商会在近代各种反帝反封建政治运动中的立场、态度和效果。涉及较多的有商会与辛亥革命、五四运动、五卅运动、国民革命等。第二种路径，以商会的组织结构和功能作用为研究主线，主要运用结构—功能的理论方法，考察和分析商会如何因其组织的成员结构和网络体系而内在具有的功能和作用，及其组织属性、阶级状态和功能发挥，如法人性质、整合功能、自治功能、参政功能等。第三种路径，以商会在中国早期现代化（近代化）历程中的地位和作用为研究主线，主要运用现代化理论方法，考察和分析商会自身的现代性，及其对现代化的推进作用和不足之处，论述较多的有商会对经济增长、法制建设、教育发展等方面的贡献。第四种路径，以商会的政治参与作用为研究主线，主要运用阶级与革命、国家与社会的理论方法，考察和分析商会与政治、商会与政府的互动关系，及其作用、意义和局限，在商人运动、商人外交和商业行政方面关注较多。第五种路径，以商会与国家治理体系建设为研究主线，主要运用国家治理的理论方法，考察和分析商会自身的治理功能和作用，及其与国家治理体系和地方治理机制（机理）的关系，以及实际效用。

这些研究路径，虽然各有特点、各有取向，但也不是泾渭分明，而是互相交叉和兼用。它们被采用的时间次序亦非清晰可断，有的有先后之序，有的则同时推出，只是在主次、详略、源流上有所区别。它们所研究的内容也多是互相兼容的，不同结构、不同主次地涉及了商会与现代化、商会与资产阶级、商会与革命、商会与反帝、商会与外交、商会与教育、商会与商政、商会与经济、商会与社会等方面。正是这种不同研究路径的兼容并蓄、交相作用，才使中国近代商会史的研究，不断推进，不断创新。

在各种研究路径中，商会的治理机能和作用的研究，可谓商会研究中最为前沿的领域、最新颖的路径。虽然其研究内容也包含着其他研究路径所涉者，但它采取了新的理论，开拓了新的视角，设计了新的模式，提出了新的见解，赋予了新的价值，发掘了新的史料。迄今，这一路径的研究成果尚属少见。据我所见，目前专门以治理为题进行商会研究的著作，除了2022年有刘杰的《商人组织与经济社会治理——以近代长江中下游地区商人组织为视角》一书之外，唯有赵善庆的这本著作了。

何谓治理，学术界有多种解释，也各有理解。以我的学习和理解，所谓治理主要是政府（国家）部门（机构）与民间（社会）各界（社区）之间，领导者与被领导者之间，通过沟通、协调、互动、合作建立起和谐、合理、公认、高效的非国家行政制度性的经营管理方式、体系和实施状况。各地、各界、各业、各机构都会有这个治理体系。对于商会来说，它作为最权威、最广众的商人社团，遍布全国各级行政区域，并具有"通官商之邮"的功能，无论是对自身内部，还是对其所在的地方和行业来说，都需要发挥其治理功能。因此，商会治理是一个牵涉面较宽，研究难度较大的课题。进行这一课题的研究，至少有三个关键问题需要考虑。首先要界定商会治理的内涵，即何为商会治理；其次要考察商会治理的体系，及其与国家治理和其他各界治理的关系；最后要揭示商会治理的作用、效果和意义。

赵善庆的这本著作，名曰《西南地区近代商会治理研究——以滇桂为中心》，对西南地区某些商会的治理状况进行了比较系统全面的研究。

无论是赵善庆的这本著作，还是前面提到的刘杰的著作，虽然都只是对商会治理的区域性和局部性研究，也不免存在一些不足之处。但是它们不论在学术价值，还是现实意义方面，均有较重要的开拓和创新价值。

本书利用较为丰富的商会档案文献和报刊资料对西南地区近代商会治理的历史脉络和治理机制进行整体深入的探讨，从国家治理、组织治理、经济治理、社会治理和精英治理五个层面建构西南边疆地区近代商会的"五维"治理体系，初步探讨近代商会治理在西南地区呈现的特质，重点阐释国家、商会与社会在西南地区近代商会治理中的制度安排与运行机制，透视近代西南地区政府、商会与地方社会的互动关系。该书在近代商会治理机制层面，以滇桂两省区的近代商会为重点，既关注西南边疆地区商会组织演变的历史逻辑，又重视从地方商会治理去透视"边缘"与"中心"互动的整体概貌。

书中通过层层推进的论证，认为由于西南边疆地区独特的政治、经济、社会和文化生态，在边疆治理的格局和顶层设计中，地方政府是商会经济治理功能的制度设计者和资源提供者，同时也是商会合法性和权威性的奠基者和维护者。在西南边疆地区，商人对于地方基层社会的秩序规范和权力结构的参与，并非单纯地表现为商人及商会组织对地方社会已经实现了垂直型的控制关系，在大部分情况下商会和商人参与地方社会的治理并非以商人身份直接实现，而是在嵌入地方基层社会网络过程中，与地方政府和其他社会阶层在利益一致、身份趋同的基础上形成共同治理关系。此外，本书还着力探讨近代商会治理在西南地区呈现的异质性，重点阐释国家、商会与社会在西南地区近代商会治理中的制度安排与运行机制，透视近代西南地区政府、商会与社会的互动关系。

作者认为，中国近代商会的演进历程表明，商会治理是商会在与利益相关者的互动中，不断完善自身结构并提升运行效率的动态过程，通过商业贸易网络和参与公共事务治理来获得利益相关者的持续支持，以对会员企业和行业利益的维护作为治理发展完善的根本动力。

还值得注意的是，本书不失为对区域商会史研究的持续推进，有效回应和观照了目前史学界对商会史研究普遍关注的热点、难点话题。书中汇聚了作者多年来潜心研究西南边疆社会经济史的心得体悟和智慧思索，体现了作者紧跟时代节奏，把握区域史和边疆史研究新课题的理论敏锐性和学术创新性。书中不乏新意、新知、新料，是一部值得近代社会经济史和西南地方史研究者关注和参考的佳作。

本书研究的对象虽然是一个区域的，但其研究体系则是比较全面的。作者所创建的"五维治理"研究架构，具有商会治理的整体系统的意义，虽然不能说是完美无缺，但可以说是切中肯綮的。这一结构不只适用于西南地区的商会治理研究，亦可运用于其他地区乃至全国的商会治理研究。希望赵善庆及其他的研究商会者，再接再厉，产出更多更大范围的研究成果。

赵善庆在本科、硕士和博士期间均受过良好的史学训练，在华中师范大学中国近代史研究所就读博士期间跟随导师郑成林教授在中国近现代社会经济史领域打下了良好的学术基础。学习期间，我曾为他们专题授课，并参与博士学位论文的开题和答辩等环节。赵善庆在他的博士论文选题基础上又持续深耕，同时收集了大量有关西南地区近代商会的文献史料，本书正是在这样难得的机遇和作者本人的刻苦努力等多种因缘的推动下，得以完成。他毕业后，到家乡高校大理大学工作，一边修订出版博士学位论文，一边拓展自己的研究领域，并先后获得该领域两项国家社科基金项目。由于这样的缘分，我在此略述这部著作的学术旨趣与学术价值，供读者们参考。

顺祝善庆博士的新作问世，并预祝他今后取得更大的学术成就！

虞和平
2024 年 3 月于北京寓所

# 目录 / CONTENTS

绪　论 …………………………………………………………………（1）

**第一章　西南地区近代商会的国家治理** …………………………（28）
　　第一节　商会创设的国家因素 ……………………………………（29）
　　第二节　商会对国家政令的因应 …………………………………（44）
　　第三节　商会与民间社团的博弈 …………………………………（58）
　　第四节　商会对时局的认识与计策 ………………………………（66）
　　第五节　商会对国家利权的维护 …………………………………（72）
　　第六节　过渡中的变革：商会的转型与改造 ……………………（77）

**第二章　西南地区近代商会的组织治理** …………………………（85）
　　第一节　商会组织形态的演进 ……………………………………（86）
　　第二节　商会组织的规则制定 ……………………………………（107）
　　第三节　商会制度的嬗变及运行 …………………………………（113）
　　第四节　商事公断与商会纠纷调处 ………………………………（137）
　　第五节　滇桂区域商会网络的构建 ………………………………（148）

**第三章　西南地区近代商会的经济治理** …………………………（167）
　　第一节　商会与区域市场运行 ……………………………………（168）
　　第二节　商会与地域行业的发展 …………………………………（192）

第三节　商会与地方金融制度变革 …………………………（202）
　　　第四节　商会与地方税政调适 ……………………………（213）

**第四章　西南地区近代商会的社会治理** ………………………（232）
　　　第一节　商会对地方社会秩序的维系 ……………………（233）
　　　第二节　商会与地方社会公共建设 ………………………（239）
　　　第三节　商会对抗日救国的响应和支持 …………………（244）
　　　第四节　商会与商业教育的兴办 …………………………（251）

**第五章　西南地区近代商会的精英治理** ………………………（255）
　　　第一节　滇商与近代云南商会的形塑 ……………………（256）
　　　第二节　桂商与近代广西商会的演迁 ……………………（274）

**结　语** ……………………………………………………………（280）

**参考文献** …………………………………………………………（284）

**附　录** ……………………………………………………………（302）

**后　记** ……………………………………………………………（326）

# 绪　　论

**一　治理的理论与实践**

（一）治理的概念

英语中的"治理"一词（governance）源于拉丁文和古希腊语，原义是控制、引导和操纵。长期以来它与"统治"（government）一词交叉使用，并且主要用于与国家公共事务相关的管理活动和政治活动中。1989年，世界银行在概括当时非洲的情形时，首次使用了"治理危机"（crisis in governance）一词，此后"治理"便广泛地应用于政治发展研究中，特别是被用来描述后殖民地和发展中国家的政治状况。

自20世纪90年代以来，西方政治学和经济学家赋予"governance"以新的含义，使其涵盖的范围远远超出了传统的经典意义，而且其含义也与"government"相去甚远。它不再只局限于政治学领域，而被广泛运用于社会经济领域，不仅在英语世界使用，并且开始在欧洲各主要语言中流行。[①] 其中，西方学者，特别是政治学家和政治社会学家，对"治理"作出了许多新的界定。罗茨（R. Rhodes）认为：治理意味着"统治的含义有了变化，意味着一种新的统治过程，意味着有序统治的条件已经不同于以前，或是以新的方法来统治社会"。接着，他还详细列举了六种关于治理的不同定义。这六种定义是：（1）作为最小国家的管理活动的治理，它指的是国家削减公共开支，以最小的成本取得最大的效益。（2）作为公司管理的治理，它指的是指导、控制和监督企业运

---

① 俞可平：《治理与善治》，社会科学文献出版社2000年版，第1页。

行的组织体制。（3）作为新公共管理的治理，它指的是将市场的激励机制和私人部门的管理手段引入政府的公共服务。（4）作为善治的治理，它指的是强调效率、法治、责任的公共服务体系。（5）作为社会—控制体系的治理，它指的是政府与民间、公共部门与私人部门之间的合作与互动。（6）作为自组织网络的治理，它指的是建立在信任与互利基础上的社会协调网络。①

在关于治理的各种定义中，全球治理委员会的定义具有很大的代表性和权威性。② 该委员会对治理作出了如下界定：治理是各种公共的或私人的个人和机构管理其共同事务的诸多方式的总和。它是使相互冲突的或不同的利益得以调和，并且采取联合行动的持续的过程。这既包括有权迫使人们服从的正式制度和规则，也包括各种人们同意或以为符合其利益的非正式的制度安排。它有四个特征：治理是一个过程；治理过程的基础是协调；治理既涉及公共部门，也包括私人部门；治理是持续的互动。③

俞可平认为，治理是指在一个既定的范围内运用权威维持秩序，满足公众的需要。治理的目的是在各种不同的制度关系中运用权力去引导、控制和规范公民的各种活动，以最大限度地增进公共利益。从政治学的角度看，治理是指政治管理的过程，它包括政治权威的规范基础、处理政治事务的方式和对公共资源的管理。它特别地关注在一个限定领域内维持社会秩序所需要的政治权威的作用和对行政权力的运用。④ 目前，国内学界对这个定义较为认可，在各学科有关治理的研究中被广泛运用。

（二）治理理论的形成发展与内涵

科技的进步和公民社会的成熟为治理理论的兴起提供了物质基础和社会组织条件。在理论层面上，传统的社科二分法式（即市场与计划、公共部门与私人部门、政治国家与公民社会、民族国家与国际社会等）

---

① ［美］罗茨：《新的治理》，《政治研究》1996年第154期。
② 俞可平：《治理与善治》，社会科学文献出版社2000年版，第4—5页。
③ "治理"一词的界定始见于联合国全球治理委员会1995年发布的研究报告《我们的全球伙伴关系》。
④ 俞可平：《治理与善治》，社会科学文献出版社2000年版，第5页。

已难以解释和描述现实世界，而现实中的经济危机、环境问题、跨国犯罪等现象又迫切要求有新的理论出现来解释或解决这些新问题。于是，治理理论便应运而生。

治理理论产生不久就传入了我国，最早介绍该理论的文章应该是1995年发表于"公共论丛"第一辑《市场逻辑与国家概念》上的文章《GOVERNANCE：现代"治道"的新概念》。2000年，俞可平主编的论文集《治理与善治》出版，标志着治理理论在我国的系统介绍和引进。此后，在我国的社科领域出现研究热潮，"治理"成为一个无所不包的学术术语。[1]

治理理论主要有四个维度的内涵。

在治理的主体上，超越企业治理的局限，也突破一国治理的范围，存在着一个由来自不同领域、不同层级的公私行为体（如个人、组织，公私机构，次国家、国家、超国家，权力机关、非权力机关，社会、市场、国家等）、力量和运动所构成的复杂网络结构。

在治理的基础上，超越国家权力中心论，对内，国家已不再享有唯一的、独占性的统治权威，国家虽仍然发挥主要作用，但必须和其他行为体合作；对外，国家主权或自主性观念也逐渐受到各类超国家体制概念的挑战和削弱。

在治理的方式上，既实行正式的强制管理，又有行为体之间的民主协商谈判妥协；既采取正统的法规制度，有时所有行为体也都自愿接受并享有共同利益的非正式的措施、约束。

在治理的目的上，各行为体在互信、互利、相互依存的基础上进行持续不断的协调谈判，参与合作，求同存异，化解冲突与矛盾，维持社会秩序，在满足各参与行为体利益的同时，最终实现社会发展和公共利益的最大化。[2]

（三）治理理论的实践探索

治理理论作为20世纪末期以来社会科学研究中的热门话题，在不同

---

[1] 张力：《述评：治理理论在中国适用性的论争》，《理论与改革》2013年第4期。
[2] 吴志成：《西方治理理论述评》，《教学与研究》2004年第6期。

语境、不同历史时期和不同研究路径下存在不同的内涵、类型和分析主题。治理研究中有关价值共识、制度规则的争论表明,差异化的治理类型和治理内涵可以被不同国家的历史实践所诠释,可以在不同的制度模式下共存。各种治理类型的共同目标均是为了探索国家治理能力和效能提高的具体路径。而基于中国实践提炼的"国家治理"理论,扩展了政治学治理理论体系,为与不同国家治理模式进行比较奠定了学理基础。[①]

近代以来,"专项治理"作为中国公共政策实践中的非常态化治理手段和政策工具,体现了本土化政治实践的现实特征。在具体实践中,其运作机制还呈现出在治理时机选择、决策、激励和约束机制等方面的独特性,这类特征使得专项治理在实践中较易实现政府部门自我满意度的提升,发挥矩阵式国家治理结构优势,形成政府部门对其的使用偏好。但由于公共管理者和民众在公共政策选择中相互冲突的期望值和价值观,专项治理也忽略了政府能力的长期建设,片面强调以特定事件为治理导向,并导致治理模式单一、过度依赖中央政府等问题。[②]

从一定意义上讲,商会治理可以认为是在国家治理范畴内的一类"专项治理"。从商会治理的内涵和外延而论,商会治理范畴包含了在公共政策实践中其内部结构完善和效率提升、外部环节的激励约束以及商会参与地方治理三方面内容。

## 二 中国近代商会的演进与治理机制生成

晚清之际,时局和社会经济结构的显著变动使得商人的地位变得尤为重要,商人组织的性质也发生变化。传统的商人组织,如行会、善堂等形式的早期商人组织根据实际状况比较自然地开始转化为近代意义上的商会。商会是中国近代最早建立的现代意义上的社会团体之一,同时也是社会影响力巨大的社团之一。从法律意义上而言,中国商会制度建立的过程,就是近代意义上商人身份确立的过程,是商人组织有序化的过程。以商会促进商战,以商战厚植财富,避免权利外泄,成为晚清政

---

① 臧雷震:《国家治理:研究方法与理论建构》,中国社会科学出版社2016年版,第1页。
② 臧雷震:《国家治理:研究方法与理论建构》,中国社会科学出版社2016年版,第82页。

府及民间工商业者的共识。商会的职责和功能则主要集中在保护商人权益、促进经济发展方面,即所谓联商人、保商利、振商业,而且由政府颁布的有关法规和商会自定的章程也给予明确的界定。

商会自诞生之日,就与近代中国社会演变的车轮捆绑在一起。在其发展演变的过程中,商会在各种活动中寻找的终极目标是一个稳定的社会环境,以实现商业繁荣。甲午中日战争后,中国面临严重的社会问题,当时的政府要继续维持自己的统治就不能按以前的方式进行。以清末新政为起点,政府对商会开始加强关注,从《商部劝办商会谕帖》"上下一心,官商一气,实力整顿,广开利源"中可以看出政府期待官商关系得到改善。为了使商会得到发展,商部还拟订了《商会简明章程》二十六条,经清廷谕准于1904年1月颁布施行。该章程规定:凡属商务繁富之区,不论系省垣或城埠,均应设立商务总会,商务发达稍次之地则设商务分会,前此所设商务公所等类似的商人组织,一律改为商会。对于政府的倡导与鼓励政策,各地渐渐建立了一些规模大小不一的商会组织,其中北京、上海、天津等地具有代表性。京师商务总会成立于1906年,1902年上海成立了商业会议公所,天津商人也于1903年设立了天津商务公所,这些早期商会是在政府的引导下成立的。到清朝覆亡之前,除西藏等个别地区,全国各省都有自己的商会组织,数量甚多,有50余个商务总会,800余个商务分会,合计其他分所约有2000个。

1904年,清王朝在新政中颁布《商会简明章程》二十六条,正式在全国劝办商会。《商会简明章程》给了新式的工商社团合法性地位,承认工商社团可以合法地在全国发展。有了法律地位,商会这一新型民间工商团体依法在各地相继成立。上海商业会议公所改组为上海商务总会,这是中国的第一个正式商会,其势力和影响也为全国商会之最。到1911年辛亥革命爆发时,商会已遍及除西藏之外的全国各省区,大小商会总计近1000家。商会克服了旧式行会以地区帮派和行业划分的狭隘性,是一地各业全体工商业者的共同组织,其活动以振兴、保护工商业为中心,其内部治理结构更具现代性。原有的行会加入商会是完全自愿的,任何行会只要交纳一定数额会费,即可推举行董入商会做会董或是会员。

1914年,北洋政府颁布了民国成立后的首部《商会法》,又于1918

年4月颁布了《工商同业公会规则》及《工商同业公会规则实施办法》，饬令各地筹建同业公会，明确给予工商同业组织以合法地位，并开始对工商同业团体进行制度规范。北洋政府一方面鼓励新式工商社团、新式商会组织的成立，但同时也允许旧有的行会组织照常办理，所以清末民初可以说是工商社团的新旧并存时期。

之后，南京国民政府又重新修改了《商会法》和《工商同业公会法》。1929年8月国民党政府颁布《商会法》和《工商同业公会法》，规定"工商同业公会以维持增进同业之公共利益及矫正营业之弊害为宗旨"，要求一地同业行号在7家以上时均要依法组建同业公会。该法明令旧式行会组织必须改组成新式同业公会。南京国民政府颁布的上述法规，明确了新型商会、同业公会的法人地位及相关权责，使得新型工商社团的组织和运作更加规范，在社会上的法律地位进一步提高，加强了工商社团的权威性和组织力量，有助于这类组织在更广大地区城镇的推广，各地进入了同业公会改组、整顿与成立的高潮阶段。据1930年上海市的统计，法规颁布之后，改组合并及新组织的同业公会数量共170个，由原来的公所等旧式行会组织改组者有140个，占比80%以上。此后到1936年年底上海同业公会增至236家，新组织者比重上升。截至1933年，全国同业公会数已达6000家。到1938年，尽管已进入抗战时期，全国工商同业公会数仍然超过1.3万家。国民党政府统治时期可以说是新型工商社团占主导地位的时期。

1931年2月，天津市商会明确了指导同业公会作为商会职责之一，但是一些地方仍有同业公会游离于商会之外。1938年1月国民党政府颁布的《修正商会法》明确规定各同业公会均应加入该区域之商会，增强了规定的强制性。可以说，至20世纪30年代，中国近代商会组织体系建设已大致成型，并已基本取代了旧式行会组织。不同于旧式的行会组织，近代商会一般以会员大会为最高权力机关，由会员大会选举会董或委员等，再由会董或委员等推举会长等领导干部。各级选举遵循"依格选举，宁缺毋滥"的原则，按照民主方式进行，可以说是中国新兴资产阶级走上政治民主化的开端。

从整体上来看，在民国时期，商会由超越体制之外回归至体制之内，其发展空间受限，但经济自治的本质特征仍然得到保留。在政府与企业、企业与市场、商会与同业之间均能运用其特殊地位，促进官商之间的交流与合作。在政治参与方面，商会作为集体代言者，尽可能地争取参政议政的空间。政府通过法律赋予商会法人地位，同时也试图对其进行组织调控。

从社会发展的整体性而言，商会制度的建立是晚清新政中的一个组成部分，是在所谓的"革新"大背景下进行的。可以说，一方面此时中国近代经济的发展已有了相当的规模，社会经济的基础已发生了重大的变更。相应地，社会的政治基础、文化基础、经济组织也必须做出相应的改变。但另一方面，中国社会中传统封建小农经济的基础没有被根本触动，中国的社会经济基础并没有因西人东来而动摇。所摇摇欲坠者，只是清王朝的政治统治基础而已。这种状况也决定了中国的商会制度从建立伊始就掺杂着新旧两种成分，商会治理也就呈现出多元面相。

综上，结合中国近代商会的演进历程可知，商会治理的本质简而言之就是指商会是作为一种治理机制而存在的。商会治理是商会在与利益相关者的互动中，不断完善自身结构并提升运行效率的动态过程，商会通过商业贸易网络和参与公共事务治理来获得利益相关者的持续支持，对会员企业和行业利益的维护是商会治理发展完善的根本动力。

中国近代商会是近代中国特殊国情下多方共同作用的产物，是中国近代经济发展史上不可或缺的组织或团体，商会本来仅是中国新式商人的民间团体，但实际上承担着许多本应属于官方的司法、行政职能，这是时代背景决定的，同时也是团体力量的觉醒。因此，在治理视域下，近代商会在国家、组织、经济、社会、精英等不同的维度呈现出多元的样态。

本书在"治理"视域下，探讨西南地区近代商会治理的历史面相，有助于学界和知识界深化、拓展商会研究的学术范畴，以滇桂地区的近代商会为透视窗口，进一步凸显近代商会不仅是近代中国经济的领航者和牵引者，也一直是近代中国政治进步、社会和谐的一个重要引擎。

### 三　治理视域下中国近代商会研究的学术史

自 20 世纪 80 年代以来，商会研究成了中国近代史研究中的热点和焦点，随着各地商会档案文献的整理和出版，涌现出丰硕的学术成果。但在近十年来，商会史的研究并未得到实质性的突破，究其原因，主要是研究的范式未得到超越。本书旨在在治理研究范式之下，对商会史研究的学术话语做一些浅尝辄止的思考。

（一）国家治理视角下的商会研究

商会与政权或政府之间的关系是商会研究中备受关注的议题。近年来，除了对以往研究观点的深化外，主要集中在以个案来探讨商会与政府或地方政权之间的关系。朱英、夏巨富以20世纪30年代广州市电力公司整理接管案为例，具体分析并阐述中央与地方之间的权力博弈、官商之间的隔阂，以此凸显了双方错综复杂的利益纠葛。[①] 裴艾琳以广州商会组织作为研究案例进行探究，从而揭示出民国时期政商关系的一个侧面，研究指出1925—1938年商会和政府之间长期保持着一种以合作为主线的向心运动趋势。[②] 杨迪对武进县商会重建作了整体阐述，指出国民党政府势力的渗透致使武进县商会成为同行公会与县府之间的重要纽带，肩负"中间人"的责任，既向各同业公会下达县府派令，又向县府代承各同业公会事宜。[③] 颜志以清末山会商务分会的"理案"材料为主题史料，通过分析山会商务分会与地方官员在"理案"过程中官商权利的互动及变化，展现官商权利在"理案"过程中是一种相互配合、共进共强、互相促进的关系。[④] 李平亮、曾忠轩通过对战后吉安县商会整理委员会的社会背景和组织结构的梳理，探讨"商整会"在力图恢复吉安商业的同时，又积极参与地方社会秩序重建，并以税费摊派、议员选举和余粮征购等事件为例，对这一时期商会与地方政府的关系作进一步的探讨与分析。[⑤] 赵

---

① 朱英、夏巨富：《官商纠葛：以1930年代广州市电力公司商办权争夺为中心》，《广东社会科学》2016年第5期。
② 裴艾琳：《广州商会（1925—1938）：民国政商关系的一个侧面》，《江海学刊》2020年第6期。
③ 杨迪：《抗战胜利后武进县商会的重建》，《西部学刊》2020年第12期。
④ 颜志：《论清末官商权力的共进——以清末山会商务分会的"理案"为中心》，《西南大学学报》（社会科学版）2017年第2期。
⑤ 李平亮、曾忠轩：《商会与抗战胜利后地方社会秩序的重建——以吉安县商会整理委员会为例》，《江西师范大学学报》（哲学社会科学版）2018年第3期。

珊通过对天津商会解纷机制运用实践的研究，对国家、商会与商民三者之间在以纠纷解决为代表的城市治理领域中的互动关系进行探讨，指出天津商会解纷机制搭建起国家正式解纷系统与民间非正式解纷系统之间有效互动的桥梁。① 李娟婷以商会与商业行政为主题，以商事立法、商事司法、商业金融等为切入点，进而评估商会在政府的效果等一系列问题，对近代中国商会与国家商政关系进行整体性研究。② 林雄从新型政商关系这一角度入手，对商会经济理念与实践进行了探讨与研判，认为商会经济代表了共同体经济理想的社会追求，构成了国家治理体系和治理能力现代化的重要部分，其未来将会有广阔的发展前景。③

商会的政治参与职能是商人组织得以发挥政治本领和体现政治地位的重要标杆，其中关于商会政治参与问题成为研究的焦点。潘标立足1912—1937年这一历史时段，分析杭州商人政治参与意识与参与程度的变化，认为国家基础性权力强弱是近代中国商人政治参与意识与政治参与程度高低的根本原因。④ 朱虹对抗战后中华民国商会联合会力争国大代表和立法委员名额这一争取参政权的重要政治活动作了具体论述，认为这是商会争取参政权的一次尝试。⑤ 黄建以政商关系为切入点考察其在清末民初商会现代化历程中的作用，指出政商关系从和谐走向破裂，解释了清末民初商会从繁荣走向衰落的发展轨迹。⑥ 赵燕玲通过对孙中山北伐时期粤北地方社会的研究，认为北伐期间粤北地区商会对孙中山的支持出现反复态度，其实质是自清末以来地方社会在保持自治性的同时对国家制衡作用的反映。⑦ 刘杰、郑成林以抗战前汉口商会为研究对

---

① 赵珊：《塑造与运作：天津商会解纷机制的半正式实践》，《开放时代》2019年第2期。
② 李娟婷：《商会与商业行政：北洋政府时期的政商关系（1912—1927）》，经济管理出版社2015年版。
③ 林雄：《商会经济新探：新型政商关系下商会经济理念与实践》，广东人民出版社2016年版。
④ 潘标：《国家权力与近代中国商人的政治参与——以杭州为中心的讨论》，《江汉论坛》2020年第2期。
⑤ 朱虹：《近代中国商人的"参政运动"——抗战后商会争取国大代表、立法委员名额述论》，《安徽史学》2020年第3期。
⑥ 黄建：《清末民初政商关系与商会的现代化》，《贵州社会科学》2018年第8期。
⑦ 赵燕玲：《孙中山北伐时期的粤北地方社会》，《韶关学院学报》2020年第1期。

象，结合国民党训政体制以及湖北地方政经环境演变实况，对汉口商会与政治互动作探讨，指出汉口商会在法令和政令合理制度空间之内与政府展开政治合作，通过商人组织独特的影响力，从而推进政府政策的讨论与执行。①

部分学者对商会在政治事件中的活动、角色及其影响进行研究。潘健对福州商会成立时间作了考辨，指出福州商会1904年5月即已成立，并参与了1905年全国抵制美货运动。在抵制美货运动中，福州商会制定了福州商界抵制美货的八条公约，印发抵制美货传单等。②朱英从《上海总商会议事录》这一珍贵原始文献入手，对"二次革命"期间上海总商会的若干重要史实进行梳理和探究，指出上海总商会在"二次革命"期间的反常表现是因为缺乏远大的政治识见，但就商人本性而言又属正常。③朱英对长期沿袭的"上海商会是抵制美货运动的发起者和领导者"这一结论质疑，对其在抵制美货运动中所扮演的角色和发挥的作用作进一步探讨，指出上海商会不仅是抵制美货运动的重要参与者之一，也是作用与影响非常独特的参与者。④

此外，部分学者对商会的对外活动也进行了初步探讨。张维缜以青岛总商会"一战"后对德索赔为个案，对当时的政商关系进行探讨，认为青岛总商会"一战"后争取德国赔偿款的种种努力未能奏效，但近代中国商人群体维护自身权益意识增强。⑤王建具体阐述和分析了"二战"期间西南地区商会在中国与法属越南过境纠纷中的抵制行为，以此彰显西南地区商会在国际事务中的捍卫国家、民族以及自身权利的作用。⑥

---

① 刘杰、郑成林：《训政体制下商人组织与政治互动——以汉口商会为中心（1929—1938）》，《安徽师范大学学报》（人文社会科学版）2019年第6期。
② 潘健：《近代福州商会成立时间考》，《福建史志》2018年第1期。
③ 朱英：《再论"二次革命"前后的上海总商会》，《广东社会科学》2018年第5期。
④ 朱英：《再论辛亥革命前的上海商会与抵制美货运动》，《史林》2021年第6期。
⑤ 张维缜：《一战后中国对德索赔初探——以青岛总商会的活动为中心》，《学术研究》2019年第3期。
⑥ 王建：《"二战"前期西南地区商会与中国在法属越南过境权》，《贵州社会科学》2018年第11期。

(二) 组织治理视角下的商会研究

对全国各区域商会组织架构和功能的研究，呈现出以下的趋势。

第一，关于东北地区商会组织研究。董瑞军通过对1903年到1931年"九·一八"事变前近代东北商会的产生、发展、曲折前进历程的论述，对东北商会的产生原因、结构以及运作等方面进行分析，认为近代东北商会通过自身不断完善、进取，为东北经济发展、社会稳定作出了贡献。① 陈晓敏、曲广华对黑龙江商会的成立、组织系统以及附属机构作具体阐述，认为黑龙江商会设立本体组织系统，即总会—分会—会所，附设外围组织系统商事公断处及商团，组织运作具备了现代社会的特征。②

第二，关于华北地区商会组织研究。唐晔以保定商会为对象，利用制度变迁理论对其在清末民初、南京国民政府前期以及抗战时期三个时段的表现进行研究，指出在强制性制度变迁过程中，不仅要完成正式制度层面的变革，还要落实与之相配套的非正式制度层面的变革。③ 魏国栋对清末保定商会的创建背景、成立以及组织系统做梳理和剖析，指出保定商会在创建之初，确立了会员—行董—会董—总、协理四级层次组织机构，并建立了商务裁判所和商团下属商务分会等附属机构，其具有严密的组织结构及系统，因而具有较强的组织实力。④ 常忠义、刘秋根以张家口商会为研究对象，对商会的设立及其组织机构的改组作初步探讨与考述，指出张家口商会经历了七个阶段社会政局的变革，其体制与组织机构相应的至少经历了七次改组。⑤ 申艳广以正定府商会为研究对象，对其建立、组织运作以及主要活动进行梳理和论述，指出正定府商会在成立初期的组织结构和主要的实际运作情况，表明其由传统行业组织向近代商会的转变过程。⑥ 李小东从商会组织层面考察并探讨了高阳

---

① 董瑞军：《近代东北商会研究》，辽宁大学出版社2020年版。
② 陈晓敏、曲广华：《清末民初黑龙江商会组织系统初探》，《佳木斯大学社会科学学报》2020年第1期。
③ 唐晔：《中国近代中小商会发展之路——以保定商会为中心》，《中国经济史研究》2021年第6期。
④ 魏国栋：《清末保定商会的创建及其组织系统探究》，《保定学院学报》2019年第1期。
⑤ 常忠义、刘秋根：《张家口商会始立及其沿革》，《石家庄学院学报》2017年第5期。
⑥ 申艳广：《正定府商会的成立、初期组织运作及活动》，《河北师范大学学报》（哲学社会科学版）2017年第1期。

商会与京津商会组织建构京津冀商业互动圈的历史过程，对其形成的潜在动因也进行了具体的剖析。①

第三，关于华中地区商会组织研究。张芳霖以清末民初南昌商人和商会组织为视角，从市场环境和制度变迁的历史维度出发，探讨了南昌商人及商会组织的时代特征与演变趋势，进而揭示了中国近代市场环境与制度变迁的内在机制。② 倪骏以近代江西商会为研究对象，对其组织情况和组织活动进行考察，探寻其演变过程。③

第四，关于华东地区商会组织研究。汪林茂立足《绍兴商会档案汇编》这一文本史料，分别从其历史发展、商会活动以及组织体系三个方面对绍兴商会进行了具体的论述，指出绍兴商会在组织和制度体系上与传统会馆、行会有所不同，其承担着部分商务管理的职责，起到沟通政商的作用。④ 胡新建对宁波商会组织发展变迁史进行研究，探究了从晚清以前宁波传统行会到改革开放以来的宁波商会组织。⑤ 麻健敏对福州地区民间商会组织进行研究，分别对其在发展工商业、促进福州地方经济建设中、社会主义改造和建设中以及改革开放中发挥的作用一一进行论述。⑥ 朱英通过对上海总商会议事厅修建的谋划、经费筹集以及落成使用等方面的考察，分析上海总商会在自塑形象、募集经费和成果展现等方面的具体举措，从而反映出其近代中国"第一商会"领袖群体的地位。⑦

第五，关于华南地区商会组织研究。陈国威以广州湾商会为研究对象，对其组织结构、运作经验、制度历史等进行相关梳理，指出广州湾商会随着环境的变化，不断地调整内部组织结构，以此来适应社

---

① 李小东：《20世纪初期高阳商会互动圈的建构——基于京津冀一体化视角的考察》，《武汉理工大学学报》（社会科学版）2016年第3期。
② 张芳霖：《市场环境与制度变迁——以清末至民国南昌商人与商会组织为视角》，人民出版社2013年版。
③ 倪骏：《近代江西商会组织的演变与转型（1906—1953）》，硕士学位论文，江西师范大学，2016年。
④ 汪林茂：《〈绍兴商会档案汇编〉的史料价值和特点概述》，《浙江档案》2019年第7期。
⑤ 胡新建：《宁波商会组织发展变迁史研究》，浙江大学出版社2016年版。
⑥ 麻健敏：《福州商会史》，福建人民出版社2016年版。
⑦ 朱英：《民初上海总商会议事厅的筹建与落成》，《广东社会科学》2020年第6期。

会的发展。① 李沛原以潮汕商会法为研究对象，对近代潮汕商会法中的组织结构、商会成员的相关规定，以及潮汕商会法的实践情况进行研究和考察，认为近代潮汕商会法在促进商人沟通、稳定经济发展以及维持社会治安等方面发挥了重要的积极作用，其潮梅商会联合会这一立法创新成果对现代构建潮汕地区商会联合会制度也有着重要的借鉴意义。②

第六，关于西北地区商会组织研究。贾秀慧从会员、理监事制度、选举及议事制度、经费来源四个方面对民国时期新疆商会的组织运作进行分析和论述，指出新疆商会内部科学化、民主化的组织运作使其在经济发展、政商联系以及社会管理方面都发挥了重要作用。③

第七，关于西南地区商会组织研究。简瑞以北海商会为研究对象，对北海地区的商人组织进行相关梳理，在此基础之上对北海商会的成立发展及其组织结构进行具体阐述，总结归纳出北海商会具有规整贸易市场秩序、协助处理地方事务、促进城市建设和丰富市民文化等社会功能。④ 韩寒以贵阳商会为研究对象，具体阐述了贵阳市商会组织历经"贵州商务总会""贵州省城总商会""贵阳县商会""贵阳市商会"四个时期，指出维护商利是商会组织的根本诉求，民族大义是商会的基本价值。⑤ 王建以近代贵州商会为议题，对近代贵州商会的缘起、空间分布、商会内部结构、商会运行机制、商会的实践活动等作了综合考察，从而分析商会对近代贵州政治、经济、文化、社会发展的作用。⑥ 罗杨焱以大理下关商会为研究对象，对其建立发展的背景、全面抗战时期的组织变迁和职员分布特征，以及解放战争时期的金融调控职能等方面作了专门梳理和系统的论述。⑦ 刘高秀对腾冲商会的个案进行研究，认为

---

① 陈国威：《广州湾商会组织结构及其社会功能探析》，《广州大学学报》（社会科学版）2018年第11期。
② 李沛原：《近代潮汕商会法研究》，硕士学位论文，华南理工大学，2019年。
③ 贾秀慧：《试析民国时期新疆商会内部组织运作》，《伊犁师范学院学报》（社会科学版）2016年第2期。
④ 简瑞：《近代北海商会组织结构及其社会功能探析》，《广西地方志》2021年第5期。
⑤ 韩寒：《近代贵阳商会组织的嬗变》，《贵阳文史》2021年第1期。
⑥ 王建：《近代贵州商会研究》，中国社会科学出版社2022年版。
⑦ 罗杨焱：《大理下关商会的组织变迁和金融职能研究（1937—1949）》，硕士学位论文，云南大学，2019年。

商号发展成为商会，在某种程度上看，腾冲商会是口岸经济发展的产物。①

此外，关于商业联合会的研究也是商会组织形态研究的又一重点。朱英选取若干临时会议为案例略作考察和分析，探讨中华全国商联会的作用和影响，指出中华全国商联会是应对紧急重大事件不可或缺的一种重要补充形式。②朱英从会议筹备、召开以及讨论的主要内容三个方面对中华全国商会联合会第一次代表大会作具体论述，并对本次大会做了客观的评价，认为全国商联会第一次大会的召开在各方面都具有积极作用与影响，但也存在一些不足和缺陷。③朱英通过对全国商联会成立之后四届会长选举的考察，探寻其选举纷争背后的原因，指出全国商联会前四届会长选举纷争表明像全国商联会这样的重要民间社团自身协调解决内部纷争能力不强，仍受制于国家及政府的主导。④朱英对商教联席会议作具体梳理与阐述，并对其作出肯定的评价，认为本次联席会议虽然存在某些缺陷，但其是近代商界与教育界跨界组合的一次创举，是国民大会成立之先声。⑤王永进从商人话语权视角对上海商业联合会建立的历史条件、运行机制、主要活动及其影响等方面进行研究，将商团的研究视野放到商业和商人本身，从而解读特殊时期商人及商业的命运和特性。⑥

（三）经济治理视角下的商会研究

关于商会与地方社会经济的互动一直以来是学界的研究热点。商会如何推动社会经济的发展以及商会对政府金融财税政策的调适是两大研究主题。

---

① 刘高秀：《腾冲口岸的商号和商会发展》，《现代商贸工业》2016年第22期。
② 朱英：《不可或缺的"临时机关"：中华全国商会联合会临时大会述论》，《社会科学战线》2019年第7期。
③ 朱英：《论中华全国商会联合会第一次代表大会的筹备与召开》，《广东社会科学》2019年第5期。
④ 朱英：《论中华全国商会联合会会长选举纷争》，《兰州大学学报》（社会科学版）2019年第5期。
⑤ 朱英：《试论1921年"商教联席会议"》，《江汉论坛》2019年第7期。
⑥ 王永进：《变局中商人话语权研究》，浙江大学出版社2020年版。

一是从税政的角度对商会与政权的关系进行探讨。魏文享结合天津商会档案史料，以所得税和营业税为例，分析商会在两大税类征稽中的实际角色，指出天津商会在政府的税收实施和商人的税权表达方面均担负重要角色，在反复呈请减税、维护集体协商权、参与营业税代征等方面都有突出表现。① 魏文享、张莉围绕自征与代征的转换逻辑，对天津营业税征收中的路径选择问题进行探讨，指出政府在自征与代征之间的反复变化，商会、同业公会不断呈请的代征，反映出营业税征收中的制度困境以及税收生态问题。② 梁长来对筹办所得税过程这个微观历史事件进行深入分析，找到造成筹办过程曲折的微观基础，揭示税制改革博弈中的普遍规律和特殊规律。③ 另外，还有学者对商会在国家财政金融中的作用进行了研究。刘杰以商人团体为切入点，对商人团体对货币改革的认知、态度及参与行为做系统梳理，进一步探讨货币改革与商人团体的关系，揭示货币改革中政商互动博弈的复杂历程，并借以透视商人团体在国家财政金融运行之中所扮演的角色及作用。④

二是部分学者以地方商会为个案，探讨了商会对城市和地方经济发展的重要作用。王建挖掘贵州商会档案，围绕抗战期间商会振兴乡村经济的举措，在肯定商会在近代贵州乡村经济变革中发挥重要作用的同时，也指出其在乡村振兴中的缺陷不足和弥补措施。⑤ 刘杰结合原始档案资料和地方报刊资料，深入探讨了汉口商会促进地方商业发展、维系地方经济秩序的主要举措以及与政府的多维互动面相，充分肯定了近代商人组织在地方市场综合治理中的重要贡献。⑥ 颜志以1905年到1927年的绍兴县商会为研究对象，通过对绍兴商会以维护秩序去保障经济运行的活

---

① 魏文享：《沦陷时期的天津商会与税收征稽——以所得税、营业税为例》，《安徽史学》2016年第4期。
② 魏文享、张莉：《自征抑或代征：近代天津营业税征稽方式的路径选择（1931—1937）》，《华中师范大学学报》（人文社会科学版）2019年第2期。
③ 梁长来：《1920年北洋政府开征所得税中的官商博弈》，中国财政经济出版社2019年版。
④ 刘杰：《商人团体与货币改革——以20世纪30年代国民政府货币改革为中心》，《史林》2018年第6期。
⑤ 王建：《商会与近代贵州乡村经济》，《保山学院学报》2020年第1期。
⑥ 刘杰：《商人组织与地方市场秩序——抗战前汉口商会与区域市场的治理》，《湖北大学学报》（哲学社会科学版）2019年第1期。

动,以及商会活动对经济运行的保障进行研究,全面探讨绍兴商会与地方商业秩序的关系。① 胡锋以安庆和芜湖为考察基点,立足近代皖江地区商会的经济活动、政治活动、社会救济活动以及教育活动等,逐一展开具体论述,以此凸显商会在皖江地区近代化进程中的重要作用。②

三是部分学者对商会在政策制定与调整方面的影响及作用进行探讨。周海燕运用政府与市场关系理论分析南京国民政府主导经济法规制度变迁,对民国十年政府与市场关系进行分析与总结。③ 郑成林、史慧佳通过对抗日战争全面爆发前商会对度量衡改制的认知、态度以及行为的系统梳理,考察了商人、商会和政府在国家商政建设进程中的互动关系,认为在抗日战争爆发前的度量衡改制中,如何调适习惯、科学与法理,拟订完善的制度,是政府、商界和知识界需要共同面对的难题。④ 张世慧以清末地方档案、报刊资料为中心,呈现了商会频繁、深入参与商号破产清理的总体状况,从而表明商会改变了以往破产案审理、分配过程中商人的被动局面。⑤

(四) 社会治理视角下的商会研究

关于社会治理视角下的商会研究,部分学者以地方商会为个案,对商会在地方社会治理中的措施和作用进行探讨。辛沂认为无锡地方商会居于地方治理的主导地位,无锡商会成为地方实权的把握者,相应地承担起部分行政和社会管理功能,还发挥着加强与政府以及社会各方的协调合作作用。⑥ 吴巧瑜基于对早期香港潮州商会个案的考察与分析,对香港潮州商会的社会治理功能的表现、演化以及影响其社会治理功能发挥的主要因素做了具体论述。她认为近代香港潮州商会的社会治理功能

---

① 颜志:《服务于秩序——清末民初浙江绍兴商会研究(1905—1927)》,浙江大学出版社2019年版。
② 胡锋:《近代皖江地区商会活动研究(1905—1937)——基于安庆、芜湖的考察》,《安徽理工大学学报》(社会科学版) 2017年第1期。
③ 周海燕:《民国十年(1927—1937)经济发展中的政府主导与市场互动研究》,《江西财经大学》2017年第5期。
④ 郑成林、史慧佳:《南京国民政府度量衡改制中的商会参与》,《历史研究》2017年第4期。
⑤ 张世慧:《清末商会与商号破产清理》,《学术研究》2020年第7期。
⑥ 辛沂:《近代商会与无锡地方治理》,《档案与建设》2018年第8期。

主要表现为自治功能、为会员服务功能、社会慈善和公益功能以及影响政府政策功能。而影响其社会治理功能发挥的因素主要有商会的合法性、商会的治理结构、商会的社会网络以及商会的外部制度环境四个方面。① 刘晓堂、刘静静参考民国多伦县商会档案，对多伦县商会在社会治理中发挥的重要作用作具体阐述，指出多伦县商会深入参与商务管理、社会管理以及公益事业，在处理蒙汉关系、民事诉讼、地方政治生态等诸多方面也发挥了积极作用。② 尤育号以清末温州士绅与温州商会为个案，考察了商会与其他地方机构、社团的互动中的社会经济和政治活动，指出清末温州商会的社会职能与活动从"在商言商"扩展至与商务相关的地方社会的其他领域。③ 谢磊以丹阳商会为例，对抗战胜利后社会重建中商会与政府形成的"民进官退"的特征进行了研究，认为丹阳县"民进官退"主要有四个方面的表现：一是替代政府管理技术人员，二是主要促成邑人投资设厂，三是积极承办建设工程，四是积极协助政府维持治安。④

还有学者从某一现象或案例入手探讨商会社会治理的实践举措和意义价值。王大任对近代东北商人群体组织与政府共同进行社会治理这一特殊现象做深入分析，认为东北商人群体参与乡村社会秩序的建立和维系是对乡村社会网络关系的"嵌入型治理"。⑤ 谈萧对商会调处纠纷问题进行研究，不仅对近代中国商会和古代中国商人团体调处纠纷进行了历史分析，也对当代中国商会调处纠纷进行了调研，还对国外商会调处纠纷进行了比较研究。⑥ 陈晓荣以商会等社会组织对小区域货币的管理为切入点，分析社会组织的成长及其社会治理能力的发展历程，探讨"第

---

① 吴巧瑜：《近代香港民间商会组织社会治理功能研究——基于早期香港潮州商会的个案分析》，《学术研究》2017年第11期。
② 刘晓堂、刘静静：《民国多伦县商会档案概述》，《阴山学刊》2019年第6期。
③ 尤育号：《清末温州的士绅、商会与地方社会略论》，《史志学刊》2019年第3期。
④ 谢磊：《试论抗战胜利后社会重建"民进官退"的格局——以丹阳县商会为例》，《苏州教育学院学报》2017年第2期。
⑤ 王大任：《嵌入性治理——近代东北商人群体与乡村基层社会》，《中国经济史研究》2020年第5期。
⑥ 谈萧：《商会调处纠纷论》，法律出版社2020年版。

三部门"对社会治理的理论意义和实践价值。①

在商会的社会活动方面，部分学者对商会在灾荒救济和慈善活动中的作用和举措作了探讨。陶水木以上海商界与灾荒救济为主题主线，揭示上海商界救济民国时期各类灾荒的事实，论述近代中国经济中心上海的商界（包括工商业者、商会与工商同业公会、各类公司企业行号）在民国时期各类灾荒救济中的作用和影响。②葛吉霞、卢锐对近代商会公益慈善事业的经费筹募机制、运行机制做具体阐述，指出近代中国商会以延续和发展传统会馆公所的慈善事业、与地方自治机构联合办理公益事业或与其他地方慈善组织分工协作三种方式开展慈善公益活动，从而培育了商会的社会治理能力。③张佩国以清末嘉定县南翔镇振德堂、育婴堂的"争河""夺堂"为个案，通过对善举实践的分析，指出地方善举在近代转型中表现出文化传统的高度延续性。④

部分研究还探讨了近代商会在商业教育和职业教育方面的举措与作用。葛吉霞、王志坚以近代常州商会参与职业补习教育的微观考察，探讨了近代商会参与职业补习教育的缘起、从办机制以及办学成效，指出近代常州商会通过采用灵活多样的职业补习教育形式，形成了近代常州职业教育发展中教育界和工商界深度融合的特色。⑤张东通过对浙江商会成立与发展缘起的探析，揭示了近代商业教育的沿革、性质、作用和地位，认为浙江商会在参与近代商业教育的兴办过程中，形成政府和商会共同兴办教育的良好格局，不仅培养出了大量的商业人才，还增强了整个社会的商业文化氛围。⑥

（五）精英治理视角下的商会研究

一是部分学者以商会人物为研究对象，对其生平事迹进行考察与分

---

① 陈晓荣：《民国社会组织对小区域货币的管理研究》，中国金融出版社2020年版。
② 陶水木：《上海商界与民国灾荒救济研究》，浙江大学出版社2020年版。
③ 葛吉霞、卢锐：《论我国近代商会公益慈善事业的运营机制及其现时代价值》，《海南大学学报》（人文社会科学版）2016年第5期。
④ 张佩国：《绅商与地方善举——清末嘉定县南翔镇"争河""夺堂"案研究》，《江海学刊》2020年第5期。
⑤ 葛吉霞、王志坚：《商会与近代常州职业补习教育研究》，《常州工学院学报》（社会科学版）2020年第2期。
⑥ 张东：《浙江商会与近代商业教育研究》，《当代经济》2020年第10期。

析，探讨他在商会实践行为中的作用和影响。朱英以曾铸为研究对象，依据相关史料对其在中美工约风潮中的表现与作用进行考察及分析，指出曾铸发起抵制美货运动，随后联络沪商与美国公使和总领事交涉，呼吁人人抵制美货，充分肯定其在抵制美货运动中的言行和影响。① 朱英还以王晓籁为研究对象，对他的为商请命的实际行动进行了探讨与评价，指出王晓籁凭借个人的社会威望和全国商联会的影响，帮助工商业者减轻负担，促进工商业发展。②

二是部分学者以商人群体为研究对象，探讨其在商会事业建设或政商关系中的实践举措。潘健从福州商会历任领导人的身份及其与政府的关系这一角度入手，初步探讨了清末民国时期商会作为社会自治团体的代表，在政府的管控中独立性逐渐衰微的过程。③ 于少波以近代广西玉林籍商人群体为研究对象，从主观条件和客观条件两个方面探讨其形成原因，认为广西玉林籍商人群体的生成原因不仅有个体因素，还受玉林自然环境、区位条件以及外商、时局等影响。④ 聂好春以上海总商会为例，探寻具有买办身份的工商资本家在商会事业机构建设中发挥的作用，指出买办在上海总商会的发展建设中，参与完善商会的事业机构与设置，如成立商事公断处、商品陈列所以及商学教育机构，创办商业舆论刊物，进行商会议事厅办公场所建设等。⑤

（六）西南地区近代商会治理的研究

爬梳学界既往研究成果，对于西南地区近代商会的研究，总体上还处于起步阶段。关于近代商会组织的研究，其时限已长达三十余年，并取得了丰硕的成果，整体研究呈现出多元化的发展态势。但是，目前学

---

① 朱英：《清末商界"第一伟人"曾铸与中美工约风潮》，《武汉大学学报》（哲学社会科学版）2020年第5期。
② 朱英：《为商请命：抗战后的"海上闻人"王晓籁》，《社会科学战线》2020年第11期。
③ 潘健：《近代福州商会与政府的关系：以商会领导人的变迁为中心》，《福建江夏学院学报》2018年第1期。
④ 于少波：《试论近代广西玉林籍商人群体形成的原因——近代广西玉林籍商人群体研究之一》，《广西地方志》2020年第4期。
⑤ 聂好春：《买办与20世纪初期商会事业机构建设——以上海总商会为中心的探讨》，《北京联合大学学报》（人文社会科学版）2018年第4期。

界对西南地区近代商会的研究还较为薄弱，主要立足于对商会组织架构和经济职能方面的研究，却较少涉及商会治理问题的探讨。

广西近代商会的研究，总体上还处于起步阶段。蒋霞的《近代广西商会述论》[①]一文认为，近代广西商会发挥了"言商""联商""护商"的积极作用，促进了省域经济的发展，但其职能的发挥和影响明显落后于中东部省区，同时，新桂系也在一定程度上钳制了商会的自由发展。陈炜的《近代广西城镇商业网络与民族经济开发》[②]一书以近代广西城镇为研究对象，着重分析其商业网点布局与商业网络结构，探讨了新经济形势下区域民族经济开发的模式与路径，其中也关注到商会网络的作用和影响，对本书的研究具有重要的启发。侯宣杰的《清代广西城市发展研究》[③]一书也论述了清末广西地区商会组织的演变历程。

相比较而言，由于云南近代商会档案资料还相对完整，近代云南商会的研究在西南地区商会研究中略胜一筹。对云南商会进行专门研究始于陈征平的《云南早期工业化进程研究（1840—1949）》[④]一文，她认为，20世纪初以来云南各商会的组织与运转，基本是一种政府行为，而不是由商人自发组织产生的。清末民初的云南商会积极推进工商矿业生产活动的制度化与规范化建设，商会于早期工业化进程中也曾做出了积极的探索和努力。由于地区社会经济条件与内地的差异，云南商会组织演进的过程也在官商博弈之中，在经济运行轨道上渐趋完善和发展。但由于思维定式和材料占有的局限，该文对云南商会的特殊面相和治理机制并未展开深度的考察和探究。

对云南商会与区域社会经济的互动关系做出深度探究的力作当属周智生的《商人与近代中国西南边疆社会——以滇西北为中心》。[⑤]该著极具地域特色，以滇西北各民族商人为主要研究对象，探讨这些民族商人

---

① 蒋霞:《近代广西商会述论》，硕士学位论文，广西师范大学，2000年。
② 陈炜:《近代广西城镇商业网络与民族经济开发》，巴蜀书社2008年版。
③ 侯宣杰:《清代广西城市发展研究》，巴蜀书社2011年版。
④ 陈征平:《云南早期工业化进程研究（1840—1949）》，《华中师范大学》2002年第1期。
⑤ 周智生:《商人与近代中国西南边疆社会——以滇西北为中心》，中国社会科学出版社2006年版；又见修订本《商人与近代中国西南边疆社会：以丽江等滇西北地区为例》，民族出版社2015年版。

与这个多民族聚居的滇西北地区社会变迁之间具体的互动关系，以及产生的历史影响。他认为，近代滇西北地区的商人群体和商会组织对区域社会经济发展有显著而深刻的影响。该著主要着力于表现商人和商人组织的商贸活动及社会活动，深入阐释了滇西北地区商人群体构成的复杂性和商人群体自身的地域文化差异，并以此为切入点来审视近代滇西北商人在西南边疆社会中的作为和影响。可以说，此著对云南商会的整体研究和区域差异性的凸显有极为重要的意义。

从经济治理功能和市场运行的角度，刘云明和罗群的研究也观照到了商人组织转型和商会的创设。刘云明从市场发展轨迹的脉络中进一步探究了清末商会的出现。[1] 罗群认为，近代云南商会的建立，将分散的商人凝结成一个相对统一的整体，并通过各地区的下属分会和分所层层联结渗透，改变了省内各地商人互不联系的分散孤立状态，从而使全省商人形成一个整体网络。[2]

从制度运行的角度，刘鸿燕对云南商务总会和云南总商会做了整体考察，她认为，晚清云南商会的设立，包含了云南商人的愿望、要求和行动，同时，又与以"官"为代表的上到封建国家政权下到各级地方政府的提倡、督促有密切关系，尤其在创始阶段，官方作用是主导性的。[3] 郝儒梁从制度因素出发，探讨了近代云南商会（研究时段在清末民初和北洋政府时期）在制度建设中起到的积极作用。他也认为，近代云南商会通过积极参与各种商务事宜，成为沟通商人与政府、商人与商人之间关系的中介组织。[4]

以云南商会的商事公断、社会治理和政治参与等职能为问题着眼点，部分论者有更加深入的探究。时攀对云南商会的商事公断职能做了整体的研究。他认为，云南总商会自成立便将商事公断作为其主要职能，在

---

[1] 刘云明：《清代云南市场研究》，云南大学出版社1996年版。
[2] 罗群：《近代云南商人与商人资本》，云南大学出版社2004年版。
[3] 刘鸿燕：《近代云南商会研究——以云南商务总会为主体的考察》，硕士学位论文，云南大学，2006年。
[4] 郝儒梁：《近代云南商会的制度分析》，硕士学位论文，云南师范大学，2007年。

当地扮演着商业社会有效治理者的角色。① 谢本书等从城市社会治理的角度探讨了云南商会的创始与城市经济发展的相互关系。该著认为，云南光复后，商会的发展对城市经济由传统向近代转型起到了积极的促进作用。② 胡兴东从社会秩序治理的角度出发，探讨了云南商会的社会控制功能。他认为，云南边疆民族地区商会组织作为一种社会控制力量在边疆民族地区产生重要影响，这成为一种重要的社会现象。商会成为新兴的社会控制力，每个商会有自己的规章制度，有解决会员之间纠纷的机制。同时，商会为了保证自己所在地区的社会秩序，还参与了整个地区的社会管理，成为当地社会控制的力量。③ 吴兴帜以河口商会为个案，将其置于滇越铁路与边民社会变迁的视角下，探讨了商会作为现代性的元素，在帝制中国向民族国家转型的过程中所呈现出来的"国家—社会"互动的多元复杂关系。④

综上可知，以往相关论者多数是对西南地区某个特定商会做了宏观研究，却尚未涉足对特定区域商会治理问题的深入探讨。因此，作为区域史的近代商会研究还有很大的空间。总而言之，上述成果为本书的研究提供了重要参考和借鉴。

（七）研究评述

通过对近代商会治理研究现状的梳理，有助于进一步突破商会史研究的瓶颈。基于既往的研究成果，未来的近代商会治理研究应从研究史料、研究地域、研究时段、研究内容以及研究理论等方面着手，进一步深化商会史研究。

第一，研究史料的拓展。目前，已有学者关注到中小城市商会和基层商会在社会发展中的推动作用，并对其进行了一定的探讨与研究，但受资料的局限，研究还很薄弱。因此，应进一步挖掘和拓展全国各地商会档案，将内陆更多的中小城市商会以及基层商会的档案纳入整理范围。

---

① 时攀：《近代云南总商会商事公断机制探析》，硕士学位论文，云南大学，2011年。
② 谢本书、李江编著：《昆明城市史》第1卷，云南大学出版社2009年版。
③ 胡兴东：《治理与认同：民族国家语境下社会秩序形成问题研究——以1840—2000年云南边疆民族为中心》，知识产权出版社2013年版。
④ 吴兴帜：《延伸的平行线：滇越铁路与边民社会》，北京大学出版社2012年版。

挖掘和利用涉及商会的报刊资料、地方史志以及商会人物的日记与回忆录等零散资料，从而拓展商会研究的史料基础。

第二，研究区域的拓展。从目前的商会研究现状来看，商会研究主要集中于苏州、上海、天津、广州等经济发达的大城市。近年来，也有学者对县镇基层商会、内陆中小城市商会以及边疆民族地区商会展开研究，对河北、山东、浙江、贵州、广西、新疆等地的商会进行个案研究，但对西南地区商会及其县镇基层商会的研究依然薄弱，亟待进一步加强。

第三，研究时段的延伸。学界对于商会的研究往往是在对某一时段的发展变迁进行研究后就得出泛化的结论或认知，但今后的研究应该从长时段的视域出发来对商会做整体考察。另外，在研究时段也出现不平衡，更多的是抗战前的商会研究，抗战时期的商会研究也应重视，尤其是目前对非沦陷区商会还有诸多问题未涉及，更应该加强对非沦陷区（尤其是抗战大后方地区）商会的研究，弄清商会在不同时局下的生存实态。对于抗战时期商会的组织演变状况和功能作用以及它们与政府和各方政治力量之间的互动关系也缺乏探究。

第四，研究内容的拓展。从学界的研究现状来看，不仅要继续研究商人与商会的组织治理和具体活动，从商会的组织治理及治理规则的变迁去探讨，还应从社会治理、国家治理、组织治理、经济治理等视角入手，对商会法制建设、商会的民间外交活动、商会的政治参与、商会与地方社会等方面进行探讨，特别是要关注商会对市场的推动作用和对近代商业转型所起的作用。商会与地方社会的互动、商会发展与地方政治格局变动的关系、商会与商业文化等专题性的探讨也应该值得我们进一步去思考和探索。此外，还要从精英治理层面对商会重要人物或商人群体进行探讨，从而在商会史的研究中突出"人"的作用。

第五，研究理论的创新。纵观近四十年来的商会史研究，学界在借鉴和运用各种西方理论与解释模式的同时，结合本土的原生态史料来构建中国式的商会史研究理论体系在目前显得特别重要。因此，我们更应该在今后的商会史研究中注重对地方性知识的运用，从地方性视野的研究路径中寻找中国商会史研究的本土化理论与方法。

## 四 研究区域、时限界定及主要目标

（一）研究区域界定

通常意义上，西南地区泛指西南五省（自治区、直辖市），主要包括重庆、四川、云南、贵州、西藏。源于该书主要立足于考察商会治理与边疆治理二者相结合的角度，主要将研究对象聚焦西南边疆地区较有代表性的云南和广西两省区。在此，需对西南边疆的界定略作交代。一直以来，学界对其地域范围的界定有不同的论说。西南边疆史研究的先贤方国瑜先生指出，"中国西南边界汉时已具轮廓，唯此地区社会发展较为延缓，设治稀疏。南诏以来，历大理前期、后期、元代至明初而渐加密，此过程是在疆域之内社会基础逐渐发展，并非疆界之逐渐扩大"[1]。进而在1938年创办《西南边疆》刊物时明确了西南边疆的范围，即以云南、西康、贵州为主，次及西藏、四川、湖南和两广地区。[2] 方铁认为，历史上的西南边疆，地域范围通常包括今云南、广西、贵州三省区和四川的西南部，以及历代曾进入中国版图的中南半岛北部地区。明代中期中南半岛北部地区脱离中国的版图，清代内地的范围向四周扩展，今广西和贵州的东部或不再被视为西南边疆。[3] 段金生认为，民国时期对西南边疆的认识有不同的界定，但从南京国民政府对西南边疆的治理视野而言，西南边疆地区仅涉及云南、广西及西藏3个与邻国接壤的省区，而民国时期的贵州、四川、西康等地理、政治或文化意义上的西南边疆地区不在讨论范围之内。[4] 王振刚认为，民国时期西南边疆范围是指具有整个陆地边境线的西南省区——西藏、西康、云南和广西四省区。[5] 丁世青认为，云南和广西在历史上就是西南边疆范围的主体部分。[6]

---

[1] 方国瑜：《中国西南历史地理考释》，中华书局1987年版，第675页。
[2] 丁存金：《方国瑜与元代西南边疆史地研究》，《学术探索》2019年第2期；又见娄贵品《方国瑜与中国西南边疆研究》，人民出版社2014年版，第73—75页。
[3] 方铁：《方略与施治：历朝对西南边疆的经营》，社会科学文献出版社2015年版，第20页；方铁：《西南边疆的形成及历史特点》，《地域文化研究》2017年第1期。
[4] 段金生：《南京国民政府对西南边疆的治理研究》，社会科学文献出版社2013年版，第35页。
[5] 王振刚：《民国学人西南边疆问题研究》，人民出版社2013年版，第3页。
[6] 丁世青：《区域差异与调控——西南边疆人口发展论》，社会科学文献出版社2014年版，第1—2页。

综上，通览近代商会的发展脉络，本书运用区域经济地理的相关理论，立足于在"空间"视域下，以商会为研究对象来探讨边疆的空间结构，进而对西南边疆的政治、社会经济及商人群体、商人组织的内在关联做出思考。① 因此，本书研究的西南边疆地区，泛指中国西南边境分布于滇、桂并自然延伸至川、康、黔的各少数民族聚居状况所决定的行政区范围。由于存在资料搜集和问题意识的凝练等诸多因素制约，本书将研究范围的重点立足于滇、桂两省的中心城市和重要民族聚居区域，同时兼顾较有代表性的边陲基层县镇。

（二）研究时限界定

1906 年云南省垣商务总会的成立，揭开了云南地区创办商会的序幕；1907 年梧州商务总会的设立是近代广西商会创办之始。1950 年 1 月，云南全省商联会结束了会务，由昆明市商会改组成立"昆明市商业联合总会"，代为领导全省工商界事务，意味着近代云南商会历史使命的终结。1950 年 1 月 17 日，桂林市商会和桂林市工商解放联合会改组，成立了桂林市工商业联合会，意味着广西地区近代商会开始正式转型。因此，本书的研究时限起止为 1906 年至 1950 年。

（三）主要目标

着力论证西南边疆民族地区近代商会治理的路径、模式和机制，为推进边疆治理和国家治理能力现代化奠定基础。当代中国，相比其他边疆区域，西南边疆的族际关系更为融洽，社会政治生态更趋稳定，这与西南边疆治理的历史进程密不可分。

## 五　研究价值、研究思路和方法

（一）研究价值

第一，学术价值。本书在近代商会治理路径层面，着重研究自上而下的国家行为作用和区域性内部自然的经济、社会结构、文化关系的影

---

① 张永帅：《边疆与中国近代边疆经济地理研究》，《青海民族研究》2021 年第 4 期；张永帅：《近代经济地理"区域"研究的深化》，《中国历史地理论丛》2021 年第 1 期；又见杨伟兵《中国土司历史地理与西南边疆民族史研究》，《思想战线》2022 年第 5 期。

响，可以弥补以往中国商会史、西南边疆史研究中的不足；在近代商会治理机制层面，既关注西南边疆地区商会组织演变的历史逻辑，又重视从地方商会治理去透视"边缘"与"中心"互动的整体概貌。

第二，应用价值。西南边疆是一个多民族区域，这一区域的社会经济治理与推进国家治理能力现代化密切相关，如何认识和总结近代西南边疆地区的治理经验，从具体典型的历史场景中梳理和总结边疆治理与国家治理的逻辑关系，对于当前推进国家治理能力现代化向深度和广度发展具有重要的现实意义。

（二）研究基本思路

首先，充分查询和占有西南地区近代商会组织的各种文献资料，尤其是民国时期近代商会的相关档案、调查报告和著作等原始材料，为研究奠定坚实的材料基础。

其次，在占有大量文献资料的基础上，赴昆明、南宁等中心城市和滇桂交界地区、滇西北、滇东南等相关各重要民族地区进行田野调查，进一步丰富研究资料的同时深化对西南边疆地区商会组织的认知，在此基础上把课题研究的问题意识具体化。

最后，围绕国家、地方政府和地方社会对西南地区近代商会的政策进行梳理，然后分专题进行分析，一方面分析这一区域内商会治理的内在机制，另一方面从中认识和揭示近代商会在西南边疆地区这样独特地域内的治理样态。

（三）研究方法

第一，采用历史人类学的方法强调定性研究，采取宏观与微观相结合的方式，既注意近代西南边疆地区近代商会组织的典型活动，同时又注意其中细微而普遍的影响因素。注重"深度描写"，强调用行为主体间的互动状况来动态展现西南地区近代商会治理的样态和模式。

第二，综合运用实证主义社会学中的"表达与实践"分析方法。课题组将通过丰富的第一手材料对西南地区近代商会的治理脉络和机制生成做更为深入的探讨和阐释，进一步深化和拓宽近代西南区域社会史的研究视野。

### 六　研究重难点和创新点

**（一）研究重难点**

第一，研究重点。本书利用较为丰富的商会档案和报刊资料对西南地区近代商会治理的历史脉络和治理机制做整体深入的探讨，用新的视角去审视这一独特区域内近代商会治理的多元样态，从国家治理、组织治理、经济治理、社会治理和精英治理等层面建构西南边疆地区近代商会的"五维"治理体系，初步探讨近代商会治理在西南地区呈现的异质性，重点阐释国家、商会与社会在西南地区近代商会治理中的制度安排与运行机制，透视近代西南地区政府、商会与社会的互动关系。

第二，研究难点。一是近代商会档案中有大量的章程和制度文本，但商会治理的实际运作与相关"规章"之间又存在一定差距。因此，在史料选取上也要注意寻找和推断其实践层面的"真相"，这将会避免陷入既往商会史研究中普遍性"立论"，尽可能发掘商会治理的地域特质。二是相关档案文献信息量大且分散、涵盖不均，档案和报刊资料存在结构化缺失，从中梳理和提炼有效信息实属不易。

**（二）创新点**

一是选题新。在商会史研究的范畴内，较少有论者对特殊区域的商会治理问题做过深入探讨。在已检索到的文献中，尚未见到直接针对西南地区近代商会治理的专门性系统研究成果。

二是视角新。从国家治理、组织治理、经济治理、社会治理和精英治理等层面建构西南地区近代商会的"五维"治理体系，将其运用于本书的框架设计上，对以往商会史和边疆民族史的研究有一定的突破。

三是材料新。本书充分挖掘利用西南地区县镇基层商会的档案、商会自办刊物和相关近代报刊、方志资料，解读透视这一区域商会治理的多重面相。

# 第一章

## 西南地区近代商会的国家治理

国家治理作为一个舶来品,现实层面源于西方政府治理理论,它既是一种政治话语实践,又是一种文本话语策略。中国古代王朝体制在长期的存续发展中形成了一套以王权主义为基础的治国模式。近代中国在西学冲击下做出回应,在改革与革命的合力推动下实现了国家治理从专制主义的"治民"向管理公共事务的民主化逻辑转型。大体而言,近代国家治理重构集中于以下三个方面:第一,王权主义价值系统瓦解后,运用什么知识重构治理观念;第二,知识与权力如何实现再结合,即何种力量推动了国家治理的重塑;第三,转型后的国家治理的核心指向为何?① 国家治理活动是依托一定空间进行的。根据不同治理需求,在特定空间范围内部署治理战略、管理公共事务是国家治理的常见形态。② 商会作为民间力量,又是实体性治理单元,在近代尤其是民国时期的社会格局中奠定了国家治理的空间基础。由于西南边疆地区特殊的政治、经济、社会和文化结构,近代商会从创设、变迁到转型始终与"国家因素"不可分离,而"中心—边缘"与"国家—社会"两类治理单元的交叉重叠使用构成了西南边疆地区近代商会国家治理的基本图景。

---

① 王光:《中国传统国家治理及其近代变革》,《黑龙江社会科学》2017 年第 3 期。
② 杨龙、吴涵博:《国家治理的空间建构:治理单元的设定与运用》,《天津社会科学》2022 年第 2 期。

## 第一节 商会创设的国家因素

西南地区近代商会的创设有着特定的历史条件和相应的社会基础，是"一种自主选择与政府倡导相结合的结果"。鸦片战争后，滇桂地区的商业贸易不断拓展，在政府劝办和商人主导的合力之下，新式商人组织——商会应运而生，在地区社会事务中具有重要的影响力。

### 一 商主官劝：近代云南商会的创设

鸦片战争以后，云南成为列强入侵西南的重要门户，其半殖民地半封建社会的演化过程较内陆地区要快速一些。1883年至1885年的中法战争，云南处于战争的最前沿，英、法列强加速侵略云南，传统自然经济逐步解体，地区商业贸易发展繁荣，近代云南社会经济面临转型。清末民初，云南地区商人组织从清中期的迟滞到崛起，进入从边疆民族地区商人组织到传统向现代的过渡转型。此后，云南的蒙自、思茅、河口、腾越、昆明相继开为商埠通商。1910年，滇越铁路正式通车。伴随着开埠通商和滇越铁路的通车，区域市场不断拓展。大商户敏锐地捕捉到云南的商业环境发生重大转变，意识到随着开埠和滇越铁路的修筑，市场必然发生变化，影响原来的经营，必须寻找出路和办法保障自身利益，求得发展，自身整合的趋向也更加明朗。

尽管云南地处西南边陲，商业起步较晚，但也因其特定的社会历史土壤和地理位置，为云南商人的经营和贸易创造了有利条件。清末民初之际，各地区各类商人逐步崛起并顺应趋势，从传统行帮商号组织过渡至现代组织——商会。

近代以来，仁人志士的救亡运动促进了民族工商业的产生和发展，一系列保护和奖励实业的法规为民族工商业的发展提供了有利的社会环境。洋务运动对民族工商业的发展使我国第一次出现了官督商办和官商合办的许多工厂、矿厂和公司企业，并使这些企业里的业主、官僚和商人逐渐向资产阶级转化。之后又经清廷推行新政，设立专门组织、颁布法令规章，倡办实业。清末新政之际，大力发展工商、振兴实业成为各地区社会经济发展的主导。"工商立国成为全国范围的共识，随着工商立国政策的确立和振兴工商政策的实践，政府和工商界的社团意识又导致商会的迅速发展。"① 云南地区也出现大致相同的现象。1898 年在北京成立农工商局，之后几经改组，至 1906 年改为农工商部，并颁布法令规章，其中就有专门的商会章程。1905 年云贵总督丁振铎奏准自行开辟昆明为商埠，成立商埠总局，管理商埠地区的通商事宜。1906 年清政府设立的农工商局，主管全省农工商行政事务，对昆明来说，着重管理商务行政。晚清之际，在倡办实业的政策和风气之下，云南商品经济快速发展，加之开埠通商，商人积极响应，商业活动也由最初的赶场发展至省内、国内甚至国外的地区商业贸易，云南商人的实力和资本不断得到增强，商帮、商号逐渐增多，实力更为雄厚。这一时期商人群体的力量不断壮大，造就了一批大商帮和大商号，各地区、各民族的商人群体高度整合，为云南商人组织向现代过渡、转型奠定了基础。

云南商务总会的创立是商主官劝的结果，其中官方劝办起了重要的推动作用。在清廷的倡导之下，云南商人顺应商业发展的趋势，禀陈云贵总督丁振铎奏准设立云南地区的商会组织，"云南地处边陲，蕴蓄非不宏富，特因风气开通较晚，商业素少讲求，近以开辟商埠，筑造铁路，百事振兴，所有蒙自、思茅、腾越等处进出货物日见繁盛，商界见闻渐广，事机可乘，亟应实力提倡，加意经营，俾得日征进步，较诸内地各商会关系尤为紧要，臣等查核所拟试办章程，计定名明义选举、分职、议事、用人、保护、规则等共八章，条理完备，尚属妥恰可行，所举总理马启元，协理王鸿图，既系众情允洽，应即照章准予派委，所请援案发给关防核与臣部历办成案相符，亦应一并照准"②。1906 年，云南绅耆马启元、王鸿图、董润章、祁奎、王连升、施复初等发起组织云南省垣商务总会，报请云贵总督丁振铎转请清政府核准设立，初定名为"奏办

---

① 虞和平：《近代商会的法人社团性质》，《历史研究》1990 年第 5 期。
② 《公牍：商部奏云南垣设立商务总会折》，《商务官报》1906 年第 19 期。

云南全省商务总会"①，并于同年 3 月设立商务总会事务所。

云南商务总会设立以后，按《商会简明章程》之规定，设置了相对完整的机构，由总理、协理主持日常会务，会董和帮董共同参与，"二董"各有明确的职能与权限。商务总会以昆明各行帮为基层组织，各行帮分别推选帮董参与会务，其中烟帮占主导地位。辛亥革命后，云南商务总会奉云南军都督府指令，一度改名为云南全省商务局，其职责发生了相应的变化，在短期内兼理全省的商务行政事宜，但性质仍为商民团体。到 1913 年 1 月又奉令改名为云南商务总会。在此阶段，其组织结构不断得到完善，运行体制也步入正轨。护国战争爆发后，云南商会积极响应北洋政府颁布的新《商会法》以进行改组事宜。1917 年 7 月，云南商务总会正式改组为云南总商会。北洋政府颁布新的《商会法》，在此前后，各地方县镇商会相继改组，有些地方增设了商会组织。

在军阀混战的时局中，云南商会通过自身的不断发展，在组织规模上也有较大的变革，其组织架构和运行体制也更加趋于规范和完善，并形成了以云南总商会为中心的区域商会网络。在"乱局"中，云南总商会和各地方商会在一定程度上发挥了协调、制衡社会的作用，在重大历史事件中表现出了对于政府的支持与合作，进行了抵制日货、抗议滇越铁路加价的运动，参与了区域市场环境整治，并呼吁政府取消拉夫派差和蒙剥路捐。云南商会被卷入或参与了军阀内部的派系斗争，又因利息，商会与军阀相互合作，各取所需。

1929 年年底，历时三年的滇军内部征战和滇黔两省战争暂告一个段落，龙云提出"三民主义革命建设的新云南"总体设想。这一时期，云南商会改组整顿，形成了较为完备的组织体系。组织架构和运行机制趋于完善，参与到了地方的经济事务和地区治理之中。商会切实履行了商人团体"辅助商政"的职能，在建立云南独立经济体系的实践中，商会竭力贡献建议和意见，并针对政府的各项举措予以积极的接洽和应对，切实维护了广大商人的利益，也保障了区域市场秩序的稳定，对政府经

---

① 李师程主编，云南省政协文史委员会编：《云南文史集萃》（五）（工商·经济），云南人民出版社 2004 年版，第 278 页。

济政策的制定和调整产生了重要影响。

抗日战争全面爆发后，云南成为西南大后方，由于内迁和滇缅战局的转变，云南呈现繁荣景象，商会组织和规模不断增长，组织规范性不断得到加强，商会更好地服务于战时地方社会经济的发展需要。商会、同业公会在物资管制、平抑物价、行业调控、维护市场秩序方面发挥了不可替代的作用。抗战胜利后，商会在国民党中央政权、云南地方政权和中共云南地下党组织三重势力的博弈下生存，组织效能明显衰退。新中国成立后，云南商会以逐步过渡的方式，实现了商会的现代转型。

从地方商会设立的初衷来看，由于云南多元的经济形态，为民族地区商人组织的现代转型提供了较为有利的发展空间。地域与民族是一切经济活动中两大基本的主客体因素。云南地处西南边陲，内与川、桂、黔、藏接壤，外与缅甸、越南、老挝毗邻，是通往南亚、东南亚的重要陆路通道，是贸易往来的重镇。鹤庆、中甸和丽江，则是滇西北贸易的重要枢纽，加之白族、汉族、彝族、纳西族、藏族商人的贸易往来和商人组织的整合与转型，地处滇川藏民族走廊地带的下关、大理、鹤庆、丽江和中甸等滇西北地区商会组织也就应运而生，各地商人在经济活动中形成了广泛的社会认同。

鹤庆于地势上为滇北重镇，是北上通往川藏，迤西经腾冲通往缅甸等地的要道。"鹤庆商业略占本省一部分，自乾隆中叶至道光年间，属商务萌芽期。光绪年间，大宗商品罂粟趋注滇省城，并扩展至广西、湖南、湖北等地，滇西、滇北均有所涉及，为商业趋重时期。"[1] 鹤庆商人的经营同省经营一致，也分为内部经营商务和外部经营商务。外部经营商务分为：由中甸及西藏各地收购药材、山货等运至滇省，销往香港、广东、上海、汉口等地；由上海购买丝绸等，香港购买洋纱、冶金等运回滇省，转运至下关后又到缅甸、仰光销售；由缅甸仰光购买洋纱、洋布转运至四川等地；在四川产丝最多的地方购条丝、改丝运至下关再售至缅甸。鹤庆的内部商务经营有其自身的独特性。一是在滇省特别是迤西地区商业发端较早、特为发达。鹤庆每年产的火腿三十余万斤、蔗糖三十余万斤、

---

[1] 杨金铠编著，高金和点校：《民国鹤庆县志》，云南大学出版社2016年版，第65—68页。

铁锅约七十万斤、绵纸五百驮、竹纸二百驮、草纸两千驮，铜铁丝、马匹、器具等均畅销，加之地理位置优越，北连丽江、中甸通往川藏，南迤经下关通往当时的腾越、永昌至缅甸等地，其物产主要运销迤西各地，也扩展至缅甸、暹罗。二是呈现工业、纺织业、商业兼而有之的特点。元明将滇疆列入版图，边民开垦农田、开采矿产又事商业，因而经营较为丰富。县志记载："政府遣中管，开采异常丰富，工艺繁兴。""他如务农而兼工艺者，固陈旧未经改良，如铜工、铁工、铅锡工及他工艺，于夏秋两季制备器具，于秋后登场后，相率赴八猛各夷地及缅甸边境售器具并务工作，岁吸收利益亦复不少。近十年来，织业大兴，机杼声相闻，日出布数百匹，供给本地需要外，尚能多数运销邻境。"[1]

晚清之际，鹤庆商帮通过经营和贸易成为迤西三大商帮之一，在地方社会具有很大的影响力。1906年云南省垣商务总会成立以后，下关等地原有行业帮会进行改组，新式商人团体"云南下关商会"设立，第一任会长和第二任会长均为鹤庆商号的经理。鹤庆也因其特殊的地理位置聚居了汉、白、彝族兼而有之的商帮，他们突破地域和民族，与以白族商人为主的喜洲商帮通婚，两者互相帮衬协作，使两大商帮的实力极大增强。在相对闭塞的滇西北，通过通婚等形式突破地缘和血缘限制而进行的族际交流和贸易巩固显得尤为可贵。1911年，鹤庆商会成立。辛亥革命后，鹤庆商会事务所改名为鹤庆商会，组织形式为总理制。此后又改为会董制，通过商会全体会员代表大会，选举产生正、副会长，杨德宝当选为会长。[2]

丽江居于滇西北一隅，以纳西族为主要聚居民族，其商会也呈现出地域与民族相互交融的特征。丽江是滇西北与川、藏、印的交通孔道，亦是滇藏贸易的中心和枢纽，是沟通内地与康藏的桥梁。由于安全条件、语言、气候环境、生活习俗等不相适应，内地商人北上丽江后止步，而康藏商人南下丽江后也停止，聚居于丽江地区的纳西商人是其中重要的中介。纳西商人将茶叶、糖、土杂等日用品运销至康藏地区，同时又将康藏地区的药材、毛皮、毯褥、山货、氆氇等运回销售。丽江的纳西族

---

[1] 杨金铠编著，高金和点校：《民国鹤庆县志》，云南大学出版社2016年版，第65—68页。
[2] 章天柱：《鹤庆商会史略》，《鹤庆文史资料》第8辑，第44—46页。

商帮主要从事滇、藏、印三地之间的贸易往来，各个商号多设立于这一商道沿线，如昆明、下关、丽江、维西、德钦、永宁、昌都、雅安、康定、拉萨、成都、重庆和印度的噶伦堡等地。① 丽江商业的发展相较于鹤庆和喜洲商帮起步较晚，是在其影响和带动下发展起来的。最初，喜洲和鹤庆商帮商号集中于县城大研镇，在这些商号的影响和带动下，纳西商人的贸易也由小及大，从最初的到鹤庆、喜洲、腾越等商号中提货、开店零售，逐步获利以股东形式参与分红，积累资本和实力后建立自己的商号从事商业贸易。纳西族商人因毗邻中甸、康藏，需要从事远途贸易，因而又有自己的马帮，将贸易延伸到了四川、西藏和印度一带。在这个过程中，形成了一个特殊的群体——马帮商人，以丽江商会会长赖耀庵为代表的赖氏马帮商人，他们较好地沟通了滇、川、藏和东南亚、南亚地区的贸易，是滇省较为活跃的商人群体。

中甸地处滇西北，是与丽江遥相呼应的滇藏商贸交流的重要通道。凡由云南运出康藏之茶、糖、布、线、粉丝、辣椒，并由康藏输入云南之山货、药材、皮毛、氆氇等类，均以中甸为交易场所。中甸商会是在政教合一的地域中，在多方势力较量下成立的组织。在地理位置上，中甸与藏区更为接近，其联系也就更为密切，加之深受藏文化影响，因而其交往也就更为频繁。在滇藏贸易之中，中甸除了占据地理上的优势外，也拥有宗教文化、语言上的绝对优势，进而形成了一群独特的商教合一的喇嘛藏商。喇嘛藏商在中甸商贸往来之中，实力非常雄厚。明清以来，寺庙经济始终占据滇西北藏区的主导地位。松赞林寺（后改名为归化寺）中的寺僧从事滇藏贸易，清代中后期后，为了加强集权，归化寺掌管了中甸全境的政治、经济、文化大权，成了政教合一的中心。为了进一步壮大实力，寺僧在滇藏贸易中不断扩大商贸区，积累资本，在境内具有雄厚的实力。县志记载："故在清末民初，商贾辐辏，商品云集。县城东外本寨，有大商店五十余家；归化寺左侧之白腊谷，复有大堆店（即贸易货寨之类）三十余所，形成一巨商堡垒，每年货财出入，最少

---

① 赵善庆：《形塑滇商：变动社会中的近代云南商会（1906—1950）》，社会科学文献出版社 2020 年版，第 58 页。

亦在七百万。"① 在各种势力的较量中，特别是辛亥革命以后，以喇嘛商人为主导的藏商的绝对权威和力量受到挑战。随着滇藏贸易往来的兴盛，前往藏区经商的内地商人逐渐增多，以鹤庆、丽江商人为代表，更多地参与到了藏区的商贸往来之中。1912年，中甸、维西改厅为县，先后成立了商会，选出总理一名，会董六名。② 商会与内地官僚、当地土司联系密切，形成了与寺院相对抗的力量。同时，为了对抗土匪和维护社会治安，商会、土司和寺院又有共同利益，商会从中不仅形成了与寺院、土司相对抗和合作的力量，也逐渐发挥出稳定社会秩序的作用。

### 二 会馆转化：近代广西商会的创设

广西地处岭南地区，高大的山脉萦绕四周，成为广西与中原地区的天然屏障。历代史书皆称广西为边陲之地，近代风气之开化虽较内地与沿海迟滞，但就商人组织的转型而言还是极为迅速的。商会有别于传统的会馆等商人组织。会馆是地缘与业缘关系相结合的组织，商人们以乡土关系、同业关系结帮进行贸易，并且借用会馆的形式在商业较发达的地区建造场所，作为商人往来住宿、储货、交易与议事等之用。而商会组织是一种脱离地缘关系，以业缘关系为主的组织。随着近代工商业的发展，交往关系的扩大，以业缘关系为核心的商业组织的出现，成为发展的新方向。清末以后，商人会馆的早期现代化趋势不可阻挡地展开。这里所说的会馆的早期现代化，并非指其原有基本组织形式与功能的完全消失和彻底改变，而主要是指其组织的结构方式、社会功能的内涵和发挥方向，通过自我调整以适应现代资本主义经济发展的要求。

清末之际，行会的发展和会馆的建立，标志着工商业发展到一定程度。广西商业同业公会成立最早的有藤县柴筒行公信堂和藤县柴船行顺和堂，成立于1891年至1892年间。之后，会馆普遍建立。各城镇会馆的普遍建立，标志着广西工商业的繁荣和发展。明末清初以来，外省商

---

① 段绶滋：《民国中甸县志》，《中甸县志资料汇编》（三），中甸县志编委会办公室1991年，第172页。
② 迪庆藏族自治州商业局等编：《迪庆藏族自治州商业志》，云南民族出版社1996年版，第48页。

人到广西经商和从事手工业者越来越多，到了乾隆年间，桂林、南宁、梧州、贵县、桂平、百色等较大的城镇都先后建立有广东会馆和其他会馆。如桂林，自明清以来先后成立的会馆大小共有14个之多，其中属于省级大会馆的有江西会馆、广东会馆、湖南会馆、福建会馆、四川会馆和浙江会馆等，其他地方性会馆有江西的卢陵（石阳）会馆和建昌会馆等，浙江的新安会馆和江南会馆，还有云贵会馆、两湖会馆和八旗会馆等。在大会馆之下，往往又按行业或地区成立各自的会，如湖南会馆就有李公会、文明会、清笆会、大木会、衡清会、零邑会、苟庆会、油行会、邵庆会、利涉会、廉溪会、衡山会、冠盖会、义和会、衡东会、春江会、东泉会、皮箱会、孙祖会、同福会、衡庆会、宝善会、琢肩会、罗祖会、通济会、衡邑会、小驳船会、轩辕会、祁邑会、桐壳船会等。这些按地区性组织的会馆或按行业组织的行会，基本上属于封建性的行会组织。会馆和行会（行帮）是封建社会发展到资本主义萌芽时代的产物，它起着联络同乡、同行友谊，互济互援的作用，维护同乡、同行正当权益；反抗雇主的剥削、压迫和防止同行的外来竞争的作用。它的行籍制度、学徒制度以及业务的保守、垄断是封建落后的具体表现。[①]

晚清时期，部分广西城市的会馆在形式上产生了以下几种分化。一是会馆向同业会馆和商会转化。由于资产阶级的强烈要求，1904年清政府颁布了《商会简明章程》，明令各省城市旧有商业行会、公所或会馆等各个组织一律改为商会。公元1905年清政府公布《商会简明章程》后各地商会陆续建立，商业较盛的城市均设有总商会，计有南宁、梧州、柳州、桂林、龙州、百色六所。各县商会组织成立最早的是横县、恭城、武宣商会，于1906年陆续成立，桂平县商会成立于1909年。柳州商会建立于1911年，史载："湖南、广东、江西、庐陵外地商贾云集占地经商。奏为广西南宁商埠设立商务总会，援案请给关防恭折仰祈，圣鉴事窃，臣部于上年二月间接准署广西巡抚张鸣岐咨称，据职商蒋虞等禀称，南宁地邻边境，风气未开，非速设商会，使龙州、百色、左右二江及横浔各州各埠多设分会，联络一气，不足以挽利权而兴商业，遵章公推总

---

① 庞智声编：《广西商业史料》，广西新闻出版局2018年版，第243—245页。

协理各员，请加札委颁给关防，等情，并黏抄章程名单到部。当经臣部查核，所拟章程尚未完全饬令，补正去后，嗣于十二月间接考察外埠商务大臣张振动咨称，据该职商等遵照部开，将文义未完之章程补足声复，并请将四川即用知县黄增荣派充总理，归善县廪生陈廷禄派充协理前来。臣等伏查，南宁地方居郁江之中，汇民猇错处水陆交驰。自光绪三十二年经前广西巡抚林绍年奏请开作商埠后，商务日形发达，亟宜设立总会，俾得与梧州首尾衔接，以资控管。除由臣部照章札委总协理外，所有南宁商务总会请给关防缘由，理合恭折具陈伏乞。"① 于是，许多商人会馆归并到商会行列，成为商人的组织成员。

多数商会以会馆的原址为会址，如阳朔粤东会馆曾用作商会会址，贵县商会成立于1909年，会址设在粤东会馆。商会与商人会馆的关系并非简单的取代与被取代的关系，商会成立后，许多商人会馆仍然继续存在，成为商会的组织基础和支柱。如"贵县商会的成员，粤东会馆中的粤人所经营的大中户商店占大多数，因而大中户说了算，所以商会仍不惜重酬，在粤延聘贤才，担任文牌员"②。1910年成立的玉林州商会，有会员237人，首任会长为广东人汤瑞云，与玉林粤东会馆关系非同一般。在一些地方，商会虽然设立了，但没有发挥其应有的作为民间商人组织的作用，未能满足商界的需要，组织形同虚设，广大商民对其也没多大兴趣。时人云："各商民不愿赴会，去岁控闭至今开会，是商会之设与不设等。"③ 在藤县，广东籍商人是当地商人的主体，"现虽立有商会，而新会大资本之油、米、柴行、丝、桂、杂货商户十余年间，用古岗堂名，在会馆办事。无论事之大小，均与商会不相往来。因商会各董事多系小本生意，既无巨资，不过假借商会之名为敛钱营私，抵制地方之计，后到商人，不用纳捐入会，只要遵会馆规定。不遵，则会馆有不保护之限制，无罚则。"④

---

① 《农工商部奏广西南宁埠设立商会请给关防折》，《政治官报》1908年第126期。
② 区础超：《贵县粤东会馆敬恭堂、广东义山广福堂史话》，《贵县文史资料》第8辑，1987年6月。
③ 侯宣杰、何一民：《清代广西城市发展研究》，巴蜀书社2011年版，第341页。
④ 彭泽益主编：《中国行会史料集》下册，中华书局1995年版，第964、967页。

二是保留了原有的名称。会馆在向新的组织转化的同时，仍有相当一部分以原有的名称留存下来，并在一定范围内发生作用。新中国成立前桂林仍保存有江西会馆、广东会馆、江南会馆、庐陵会馆、粤东会馆、江西会馆。会馆传统的职能已处于次要地位，而研究商务、交流商情、提高商智、培养人才、致力商战以及抵御外辱、维护国家主权成为主要职能。如南宁粤东会馆、柳州粤东会馆响应七十二行商电倡，对1907年英国企图攫取西江缉捕的行为"乞坚拒"①。桂林粤东会馆痛感地方治安权的丧失，无异亡国，通以朝鲜亡国为例，致电各界："韩亡先亡警察，西江捕权断难假手外人。近日税司迁调桂粤关员，非莫则法。缉捕若归税关，名为中自治，实乃授权外人，为祸滋大。"②

随着会馆作用的逐渐弱化，一种全新的能适应城市社会经济发展形势需要的商人组织呼之欲出，那就是延续至今的商会。清末，随着中外经济交往的不断深化，晚清政府和社会有识之士越来越认识到商会组织在中外经济发展中的重要作用。朝野在建立商会问题上的认识渐趋一致。于是，在清末新政改革中，政府把建立商会以法令的形式向全国加以推广。商部颁布《劝办商会折》明确指出："众览东西诸国，交通互市，殆莫不以商战角胜，驯至富强，而揆厥由来，实皆得力于商会。中国欲兴工商，则今日当务之急，非设商会不为功。"③ 1904年根据商部意见，清廷颁布《禀定商会简明章程》规定："凡属商务繁富之区，不论系会垣、系城埠，宜设立商务总会；而于商务较次之地，设立分会，仍就省分隶属于商务总会。"④ 根据这一规定，广西各地商会纷纷开始成立。

商会成立后，原来的传统商业社团如会馆、同业行会等组织在社会经济生活中仍存在并发挥作用。有些还加入商会，成为商会的下属基层组织。但是，并非所有的同业公会都是商会的基层组织，只有那些依据商会章程进行申请登记并取得会员资格的同业公会，才与商会存在从属关系。传统商业社团在经济生活中发挥举足轻重的作用，主要是因为构

---

① 《七十二行商分致各处电》，《申报》1907年12月3日，第一张第五版。
② 《桂林粤东会馆致团体电》，《申报》1907年12月24日，第一张第五版。
③ 中国史学会主编：《戊戌变法资料》第3册，上海人民出版社1957年版，第178—179页。
④ 《商部奏劝办商会酌拟简明章程折》，《大清法规大全·实业部》第7卷，第1—2页。

成商会组织核心力量的工商资产阶级势力薄弱，以及当时政府对商业组织发展严格控制，而且各工商业者对商会的群体归属感增强。各地商民需对外交涉之事一般以商会为中介转达或代理，如请免捐税、判定商事纠纷、贯彻工商法规、联络商情等，这一过程加深了商会与众商的关系并提高了自己的社会地位，商会逐渐成为众望所归。①

从历史条件而论，商会是在清末时期国内外动荡变化的政治形势和民族资本主义发展以及阶级力量对比等情况下产生的。广西商会的创建，首先是各工商业者在近代"商战"的刺激下寻求富国图强的方法之一。②其次是在外国商会的影响下，借鉴其他省的经验依法设立的。在近代广西，梧州商业发展最为繁盛，也最先受粤省兴办商会之风气所影响，于1906年提出创办商会，"梧州华洋杂处商务夙盛，各商业鉴于东省设立商会之成效，特倡议建立商会并刊定章程，即以各行首董充当副议员，另举正议员十二名"③。梧州商会最终创办于1907年，"梧州设立商务总会，公举戴曾谦、苏智邦为总协理，已由十三行商董禀由农工商部奏准立案，并请发给关防"④。梧州商务总会的设立是广西地区商会创办之始。随后，南宁、柳州、桂林、百色、龙州等地也纷纷效仿，于清末建立起商会组织。⑤据《1902年—1912年历年设立商会统计表》，广西商会历年累计36个，居于全国中等地位。⑥

就地方商会而言，百色商会的设立具有一定代表性。百色城位于滇、黔、桂三省的交汇处，是三省通商往来必经之地，近代随着陆路交通的发展，它成为三省交通运输的中心枢纽，是近代广西西部最大的边陲重镇，明末清初已有广东商人路过经商，清康熙五十九年（1720）百色就建起了粤东会馆，随后人数逐渐增多，民国时期又有大量广东商人进入。⑦广东

---

① 谭肇毅：《抗战时期的广西经济》，广西师范大学出版社2011年版，第135—137页。
② 蒋霞：《近代广西商会的创建及其影响》，《前沿》2012年第5期。
③ 《商务》，《东方杂志》1906年第3期。
④ 《商务》，《东方杂志》1907年第9期。
⑤ 广西统计局：《广西年鉴·第一回》（商业），广西统计局1933年版，第417—420页。
⑥ 虞和平：《商会与中国早期现代化》，上海人民出版社1993年版，第76页。
⑦ 韦国友：《论近代广东商人来百色经商的原因——百色城社会变迁研究之二》，《广西右江民族师专学报》2001年第4期。

商人在百色经营的行业有苏杭什货铺（即小百货店）、手工业作坊、典当行、水面业、船运业。另外还有经纪行、百货批发和进口行、专业性洋货销售店和特产收购庄、银号业、新式运输业、近代工矿业等，其他最主要的还有烟草和鸦片。营运鸦片是获利最大的行道，营运利润在3倍以上，这种高额的贸易利润吸引着各地商人的涌入和参与。[①] 广东商人的到来，开始把商业贸易引入百色城，起到了开启和促进百色经济向前发展的作用。同时广东商人带来的广商文化，对近现代百色城的政治、经济、文化都产生了深远的影响。在此，我们可以从百色商会成立的缘由中管窥广西地区商会成立的多重因素，主要涉及三个方面：一是商人具有较强的组织力，是百色社会经济繁荣的重要保障，可以为建设新百色助力；二是利用商会的组织力，肃清如"烟土生意"等非法行业，维系百色的正常商业秩序；三是可以利用商业团体力量严厉制裁走私和漏税等行为，维护国家民族利益。[②] 因此，百色商会的成立，对于区域社

---

[①] 韦国友：《论近代广东商人来百色经商的原因——百色城社会变迁研究之二》，《广西右江民族师专学报》2001年第4期。

[②] 《百色商会沿革》，《桂西日报》1947年1月5日第1版。具体内容如下：第一，事实非常明显，商人造成百色的繁荣，如果除掉商人，那么百色马上会黯然无光，形同死市。而由于百色在抗战期间从来没有沦陷，商人的富力更特别伟大。到了今天，上通云贵，下达邕梧，唤雨呼风，宏图大展，形成一种奇观。加以百色商人具有历史的坚强的组织力，见义勇为，当仁不让，常能为着社会福利事业捐输款项，动辄千万，视为平凡，这种现象就在桂、柳、邕、梧各大商埠，也不可多见。然而今天的百色在市政商，真是电灯不明，电话不灵，饮水不清，街道不平，塘亭不成，建设不兴，到处都有缺陷，根本谈不上现代的城市，政府虽然天天想把百色市政弄上轨道，可是经费支出徒唤奈何。在这方面，作为百色社会中坚的商人，应该利用历史的组织力，自发地筹募基金，协助政府，为建设新百色而共同奋斗，这是非常重要的。第二，据外间人说，今天百色还有极少数半封建的商人，在经营着"烟土生意"，地方最高行政长官也曾大声疾呼，依法严办。这种只顾自己发财而不顾社会死活的坏蛋份（分）子，是应该运用商会的组织力来加以肃清的。同时，百色的一般商业，偏于消费性，完全没有生产性。试问几家大烟庄和大洋杂店，对于国计民生，究竟有什么利益。老实说，在世界上一两个资本主义国家正在极度扩张商业势力的今天，这种纯消费性商业发展的结果，正足以把整个民族经济推进于殖民地的泥淖中，而永远不能自拔。所以，当前百色商人的任务，是放大眼光，集中力量，投资于民生工业，至少是农产品的制造或加工的事业。以百色商人组织力的强大，这种事业的成就，是可以拭目而待的，这真是百色商人的出路，也便是国家民族的出路。第三，做生意的目的当然在赚钱，但赚钱应该靠资本雄厚，经验丰富，行情熟悉，特别是组织坚强，而不应该靠武装走私或设计漏税。某些缉私机关不时缉获私货，有些商家售卖大批货物而不肯开出具单据，这些都是走私和漏税现象多少存在的证明。走私和漏税，直接妨害国家民族利益，间接影响社会道德，是犯罪的行为。应该运用商业团体力量予以严厉制裁才好。

会经济的发展十分有必要。

此外，外部因素也是百色商会成立的个中缘由。"百色商会于海禁既开，逊清当局，以迭受外侮，工商业务，事事不如人，尤羡英人以商务发达国势强盛，于是颁布商会法，凡国内都市有三百家以上之商店者，俱得组织总商会，直隶农商部，不受地方府道指挥管束，其权之大，可想而知，同时百色商人，因粤东会馆事，与百色厅田骏丰起纠纷。鉴于商人过于散漫，力量终欠宏厚，爰有组织商会之动机，然以事属首创，缺乏指导，恐致偾事，仅欲组织分会，而隶于南宁总商会，继以权利义务不得其平，遂毅然呈奉农商部核准并颁发铜质关防，于宣统三年八月由百色厅龙育麒亲自送到会，百色总商会，于焉诞生矣。"①

由上所论可见，商会的出现是当时广西城市商业经济有所发展，市场扩大和商人作为一种社会力量不断增强的结果。因为清代广西商会有总会、分会之分，一般而言，在省会和比较重要的商业中心城市设立有商务总会，下属各中小城市，直到乡镇都普遍设有分会和会所。分会、会所一般要服从总会的指导，彼此间组成了一个层层统属、不可分割的有机整体。这样商会这一新式商人社团组织便在广西大中城市到各级圩镇这一十分广阔的区域内构建了较为严密的商业管理网络系统，由此极大地便利了各级城镇间的经济交流。而传统会馆，以浓厚的地域性和血缘性为组合纽带，极大地妨碍了会馆的融合，也因此妨碍了清代广西城市工商业界人士在更大范围内的联合。

民国时期，广西商会组织有更大发展。据统计，1934年广西成立商会组织共81家。② 1937年，广西商会共141家，其中县市级商会78家，直辖会员2619人；区镇商会63家，直辖会员1832人。③ 到1948年，广西各地市县商会和区镇商会共144家，会员数达4865人。④ 其中，1929年广西商会联合会一度成立，后因政局动乱，被迫中辍。1933年秋，商人们对当时政府所征收的商业牌照税表示不满，桂林、柳州、南宁、梧

---

① 《百色商会沿革》，《桂西日报》1947年11月1日第4版。
② 广西工商局：《广西省工商业团体概况》，1934年，第2页。
③ 《广西省人民团体统计》，1937年，广西壮族自治区档案馆，全宗号：L15—1—17。
④ 广西省政府统计处：1949年，《广西省统计摘要》第4号，第63页。

州四大城市的商会联合会召集各县商会，共同组织全省商会代表请愿团向政府请求修正牌照税。请愿结束后，各代表深刻意识到以往缺少组织的失策，于是依法呈报省政府准予成立筹备会。1934年3月1日，召开各市县商会代表大会，广西省商会联合会正式宣告成立。1936年冬，省商联会的工作因故停顿。

抗战爆发后，广西商会组织为适应战争形势积极联合各地商民，从组织形式上完成地区性联合。1937年9月，奉省政府的命令恢复原有组织，一度中辍的广西省商会联合会恢复活动。通过商会的联合，商民深切体会到"合谋而势不孤"的益处，《广西省商会联合会报告书》称："现在我们站在商业的立场，深切地了解历史社会所赋予吾人的使命，要完成这一历史任务，必须加紧本身的团结……"① 这一时期更多的商人表现出时代责任感，为救国而发展社会经济，广西商会组织也积极投入。同时期，广西处于西南大后方，1944年以前大部分疆土幸免于难，商业发展获得相对稳定的空间。内迁广西的工厂和人口的数量急剧上升，广西城市规模进一步扩大，商业城镇出现短暂繁荣，也就是所谓的战时畸形繁荣。据统计，至1938年10月底，全省登记商号共20000余家，占全省工商号总数的八九成。这一时期广西的对外贸易在新桂系贸易统治的政策下，桐油、矿产等重要物资的出口取得较大成就，进口显著增加，边境贸易一时兴旺。但广西商业与对外贸易的发展严重受制于战争形势的变化。② 抗战期间，省商会联合会召开过几次代表大会，分别是：1937年12月，由柳州、桂林、全州、荔浦等十余市县商会发起，在桂林召开代表大会，得到全省五十多个市县商会响应；1941年春，奉省政府令遵照修正商会法改选，召集第二次代表大会，到会代表达三分之二以上人数；1944年，奉省政府令遵照非常时期人民团体组织法改组为理事制，召开第三次代表大会。

抗战胜利结束后，随着新桂系跟随国民党政府发动内战，广西的金融市场日益混乱。不良商人和桂系权贵互相勾结，投机日盛，催生了经

---

① 段艳等编：《广西壮族自治区经济史》，山西经济出版社2016年版，第139页。
② 段艳等编：《广西壮族自治区经济史》，山西经济出版社2016年版，第156页。

纪业行号的剧增和经纪行业的"兴盛",从而造成商业的短暂畸形繁荣。他们借机搜刮本已积贫积弱的百姓,这种竭泽而渔的做法显然无以为继,广西的商业很快复归萧条。据统计,1946年广西经济较为发达的玉林、贵县等地商店数均在500家以上,桂林有商店97家,资本总额12458万元(国币),同年桂林市拥有商业同业公会27个。到1949年桂林解放时尚且有同业公会37个。此时期由于纸币大幅贬值,到1949年,梧州商业又陷入大萧条状态。[1]

总的来说,广西商会的作用主要有:第一,平抑钱价,整顿国法,解救清末金融危机;第二,招商平粜,接济民食;第三,振兴商务,保证交通,兴办实业;第四,维护工商业资产阶级利益,反对清政府的捐税加征,组织领导商民的抗捐抗税斗争;第五,站在华商立场上,同帝国主义政府和外国的银行、洋行进行周旋和有限的斗争;第六,商会的建立使新兴的民族资产阶级有了自己的社团组织,为其提供了一个集体活动场所。[2] 积极"言商""联商""护商"是商会的主要社会功能,如制定和宣传规范市场日常交易规则,传导商业信息使市场交易成本降低以及出面维护商人的利益等。各地商会的努力,推动了商业经济发展。广西商业资本的投资与工业资本的投资的差距日益拉大,据1933年统计,"梧州的工业资本共计一百八十九万元左右,而商业资本,仅银钱业的资本,就有二百万元左右"[3]。在南宁,1933年"商店979家,资金895269元(法币),全年营业额33932290元(法币)……工业制成品亦几为洋货充斥"[4]。此外,商会还兴办教育、从事各种社会福利工作以及热心于公共建设、改善人们的生活环境等。商会倡导社会公益事业,使教养功能社会化日益明显,弥补政府社会救助工作的不足。然而,与其他省份相比,广西工商业还很落后,商会组织的力量和影响有限,在全省经济生活中的作用不是很大。

---

[1] 广西省政府统计处编:《广西统计年报》,1947年,第96—97页。
[2] 庞智声:《广西商业史料》,广西新闻出版局2018年版,第243—245页。
[3] 梁桂清:《解放前梧州工商业发展情况及其特点(1897—1949)》,《广西地方民族史研究集刊》第2集,广西师范大学历史系、广西地方民族史研究室编印,1983年。
[4] 泽吾:《南宁市场历史简述》,《南宁文史资料》第16辑,第41页。

当然，商会的出现，将清末民国时期的广西城市社会组织进一步推向制度化和法治化。与会馆由来自同一地域的商人自发组合建馆相比，商会则是自上而下的，是政府通过法令的形式予以推动建立的，是"依法"建立的社团组织。除政府制定了相关法则外，商会以政府相关法规为蓝本，多制定有周详的章程规则，大至选举方式、议事制度、办事规则，小至经费收支、外联程序都有周密完备的制度和规范，可谓组织严密、职责分明、分工细密，具有现代化社会组织的特征。这与会馆制度松弛且规则随意性较大形成鲜明的对比。

总之，会馆发展到商会，是晚清以来广西城市社会组织现代化变革的重要标志。但需要指出的是，由于广西商会是建立在原有会馆、公所等传统商人组织基础之上的，使得这一看似新式的商人社团组织也融入了不少旧式传统因素，内部构成呈现出新旧杂合的局面。因此，广西商会的出现和发展并不意味着会馆的消亡。

## 第二节 商会对国家政令的因应

### 一 清末民初国家对商会的"劝办"

商会是近代资本主义和资产阶级发展到一定阶段的产物，但与西方国家的商会相比，实际上中国近代商会并没有遵循自然演进的路径。诚如有论者指出："晚清商会组织的产生绝非历史的偶然，而是有着广泛、深刻的历史背景，是晚清一系列经济、政治和社会变动的产物，其中既有外来因素的影响，也有中国社会自身的因素和客观需求。"[1] 由此可知，中国近代新式商会的产生是一种内外合力、相互作用的结果。

在近代中国新式商会的成立和演进过程中，政府扮演着重要的角色。古代自秦朝确立"重本抑末，重农抑商"的政策后，历朝历代皆不重视工商业发展，甚至采取抑制之法，这使得整个封建社会的工商业发展缓慢，中国商人社会地位亦十分低下。"中国近代重商思潮滥觞于郑观应

---

[1] 马敏等：《中国近代商会通史》第1卷，社会科学文献出版社2015年版，第51页。

等商人和士大夫所提出的商战思想。这一思想的产生，又同当时的民族危机意识不无关系，是经济民族主义的重要内容。"[1] 商战的实质即通过动员国家力量展开经济角逐，通过商业的发展遂而振兴中国，自此轻商、贱商的社会风气逐渐逆转，从而促进了商会的诞生。1895 年甲午战败，使得清廷背负了巨大的政治和经济压力，这就刺激了清廷进一步对"重本抑末"政策进行深刻的反省。清廷逐步意识到，发展工商业可以富国强兵，抵御外辱。随后在戊戌变法时期，维新派人士曾呼吁设立商会，但随着维新变法的失败，商会也被迫宣告"夭折"。直至 1903 年，清廷为振兴工商业，设立商部，制定《奏定商会简明章程》，谕令各省迅即设立商会，规定"凡属商务繁富之区，不论系会垣，系城埠，宜设立商务总会，而于商务稍次之地，设立分会"[2]，此举开近代中国正式设立商会之先河。1904 年，中国工商企业为了维护自己的利益，应对外国厂商的冲击，在清廷的支持之下，借鉴吸收国外经验，建立了中国近代商会制度。

从各地商会设立过程来看，实质上是一个官商互动的过程，[3] "尚且处在襁褓之中，就已经与封建政权结下了不解之缘，此乃清末商会的特点之一"[4]。由此可知，商会虽不是官办或半官方机构，而是具有明显独立性和自治特征的商办新式社会团体，但商会的诞生得益于清朝政府的"劝办"支持，并在很大程度上受到国家的影响，国家不同的治理政策改变和推动着中国近代商会的发展进程。

## 二 北洋政府时期政府对商会的改组

1912 年 1 月 1 日，中华民国成立，对商会这一工商界社团来说，无疑意味着进入了自己的时代。此时的商界已然成为资产阶级革命派实行民生主义的依靠力量。孙中山及其同仁把以实行民生主义为目的的振兴实业活动推向全社会，从而激起了商界振兴实业的使命感。中华民国的

---

[1] 马敏等：《中国近代商会通史》第 1 卷，社会科学文献出版社 2015 年版，第 69 页。
[2] 《奏定商会简明章程》，《东方杂志》1904 年第 1 期。
[3] 马敏等：《中国近代商会通史》第 1 卷，社会科学文献出版社 2015 年版，第 129 页。
[4] 马敏等：《中国近代商会通史》第 1 卷，社会科学文献出版社 2015 年版，第 132 页。

成立，虽并不意味着商界真正服膺民主共和的政治信念，但商人的参政意识和外交意识不断增强，常常用这一口号作为自己所言所行的主要依据，并以此来维护自身社会地位思想的发展。就工商界赖以生存和壮大发展的经济领域而言，中华民国的成立，使政府及其官员的经济建设意识进一步增强，社会各界的振兴实业活动进一步高涨。这一切给商会的组织发展和活动开展提供了较之晚清时期更加有利的条件，商会迎来了新的生存条件，使它们以新的姿态活跃在经济、政治、外交等各个领域，以谋求自身发展。

1915年《中华全国商会联合会会报》所载的致云南省事务所公函中指出："自本法施行日起，以六个月为限，须依本法改组商会，并依第四条之程序，经农商部核准。现在为时将近，自应遵照办理。惟敝总会对于此项公布之商会法有不能已于言者，商业一门上关国计之盈虚，下系民生之休戚，当此改章伊始，若规模不善，贻害商业前途何堪设想，细释本法条件，凡改组商会，须先依其所列事宜，拟具章程禀请该管地方长官，详由地方最高行政长官咨陈农商部核准后，方得设立，即举定会长会董，设立商品陈列所、工商学校，每年商会之预算决算与其他工商事业，均须照办。是值将商会隶属于县知事之下，所举正副会长亦无声明，加札委任及颁给关防之体制，从此商会限于卑下阶级，层层隔阂，已无维持商务之权力，且全国商会联合会已为取消枢纽一失更乏呼应，提倡之效果在前清专制时代，自海禁开后尚变，二千年抑末政策，为重商主义通行，各省设立商会，既予崇隆名器复，颁便宜章程，今也共和开国，不料同心拒逆之，商会竟发生有种种之苛利义务，则应担权利，则尽削可慨。孰甚现在广州商务总会已将新商会法逐加讨论，详细规划印刷成本通函。各省征集意见，拟由上海总事务所联衔具呈要求。大总统修改另行公布，以利推行。"① 可见，云南商会对于北洋政府提出的改组相关事宜表现出极大的赞同，"敝分所亟愿赞同，合将开会讨论，谬抒管见者，五事印刷函送贵总事务所附入议案，以资参核采择办理，务

---

① 《商会文牍函各商会为请政府改修商会法致上海全国商会联合会总事务所各函云南省事务所公函》，《中华全国商会联合会会报》1915年第2卷第7期，1915年12月21日，第13页。

期达到另行修改之目的"①。

北洋政府时期,新颁布的商会法规定各地商会必须依法改组商会,且须由农商部批准。商业与国计民生休戚相关,此次商会改组将影响云南工商业的前途,云南商会只有拟订章程、依法改组,并积极响应中央政府的政策才能冲破层层阻碍促进工商业的繁荣发展。

这一时期,商会从一种社会组织自主行动发展为由国家监管的社会团体,云南、广西商会对国家治理的响应亦是积极的,但是其中也出现了一些曲折,如商会法施行不便等困难。如云南昭通商务分会在给全国商会联合会总事务所的公函中就提到了这个问题:"敝分会僻处滇边,见闻较迟,阅贵会报已知商会法早已颁布,其中如何窒碍,本难悬揣。顷于阳历六月下旬,始奉农商部颁发商会法及商会法施行细则到滇省,行县转饬到会,限期改组禀核报部等因。敝会召集全体会董逐条研究,均称商会发动之初,系在前清时,诚恐官商隔阂,特设此商务机关,以期遇事,便可直接最高行政长官,尤有要紧事件,更可直达工商部之文何等尊崇。且自改革以来,商务之摧残,损失正属不少,而赖商务之助资公家者亦属不浅。"② 对于上述情况,昭通商务分会也有相应的应对策略,"今农商部改组各条,直视商会为不足轻重,况事事禀由官长转详,与平民何异,似此设立商会,并无任权之能力,则商权日减,商情日蹙,与其徒存虚名,仰地方官之鼻息,何如解散,免生后日之困难,惟再四筹思。如不早为改组,恐商情涣散,影响全体,其后事何堪设想。若照饬改组,阅各报均未遵从,未便由我贻作俑之讥,惟暂仍旧。总期全国商会公禀,大总统保存效力,如何修正,明定妥章,再行遵办"③。

综上可见,云南各地商会对于全国商会联合会的改组提议基本上是表示认同的,并且积极配合进行商业改组,认识到如果不积极改组会影响工

---

① 《商会文牍函各商会为请政府改修商会法致上海全国商会联合会总事务所各函云南省事务所公函》,《中华全国商会联合会会报》1915 年第 2 卷第 7 期,1915 年 12 月 21 日,第 13 页。
② 《商会文牍函各埠商会致全国商会联合会总事务所函》,《中华全国商会联合会会报》1915 年第 2 卷第 10 期,1915 年 7 月 18 日,第 8 页。
③ 《商会文牍函各埠商会致全国商会联合会总事务所函》,《中华全国商会联合会会报》1915 年第 2 卷第 10 期,1915 年 7 月 18 日,第 8 页。

商业的发展前景，不堪设想。对于国家的政策，商会也持有认同的态度。

### 三 南京国民政府前中期对商会的双重"管治"

1928年，南京国民政府成立后，随着政府结构及司法体系的日趋完善，对全国商会、同业公会等团体进行了整顿和改组，加强对民间社会的控制，以稳固统治与重构秩序。受此影响，商会的政治参与意识和政治参与活动比民国初年有所削弱。为了厉行工商政策、促进经济发展、增强国力，南京国民政府于1930年11月1—8日召开了全国工商会议，这在一定程度上加强了政府与工商界之间的联系，对政府制定各项经济政策，尤其是谋求经济主权的完整、制度运作的统一、弊政陋规的逐步废除等方面有着较大影响，对改善中国当时经济秩序、促进工商业的发展，亦具有十分重要的意义。但此时期的商会并没有完全丧失政治自主性，对经济民主乃至政治民主依然有着强烈期盼，努力争取商人选举权，积极参与国民会议，成立废战会主导废止"内战"等活动。直至抗战前，商会仍是在政治、经济和社会诸领域有着较为重要影响的社会团体之一。

云南、广西虽僻处西南边疆，但云南、广西地区的商会组织对于中央政令的执行也是积极主动的。1929年，"关于省县商民协会及其他各级工商团体行文应如何规定"这一问题，云南省府作出了一系列相应的规定："中央通过之农民协会及商民协会组织条例规定，该会之组织须向当地官厅呈请立案，在县为县政府，在省为省政府，是省县政府对于当地之农协、商协实处于监督地位，则农协、商协对于当地之省县政府一律用呈，已无疑义，其他各级工商团体与农协、商协同属职业团体，其应受当地官厅及全省工商行政主管官长之监督，及其对当地官厅及全省工商行政主管长官行文应一律用呈，自属当然之事。"[1] 此时不再是商会被动地被政府管理，而是逐渐从地方商人利益组织走向了凝聚力量造福商人的联合。不仅如此，西南各地普遍设立商会，而且入会的商户颇

---

[1]《关于省县商民协会及其他各级工商团体行文应如何规定》，《行政院公报》1929年7月4日，第25—30页。

多，活动越加频繁，"以市府袒护已取消之商协，主持两会选送代表五人改组新商会，并令缴销关防，议决一致援助"①。可见，政府曾拨款给各商会团体，以支持商会发展。后随着商会自身的发展壮大，政府停止了对商会的补助支持。

我们可从梧州商会的具体事务中窥见一斑。梧州商会始创于1910年，初称梧州商务总会，1914年改称梧州总商会，1930年改为梧州市商会，1932年定名为梧州商会。1934年，"梧州商埠各民众团体：政府每月补助费，省府饬自本月起一律停止。梧州商埠地处本省门户，为商业繁萃之区，故各行民众团体，较省内各县为多，然多因经常费无着，仰给予地方政府之补助，统计每月数达千余元。兹政府近查该县地方收入锐减，库款支绌。昨特电饬苍梧县长陈文中"②。而对于国家这一政策的落实，梧州商会也有具体的应对举措，"所有各民众团体补助费，着由二月份起，一律停止支给，裁留之款，拨作地方政费"③。

这一时期，云南地区商会的设立在南京国民政府相应的"管治"政策下，达到一个高峰阶段。"商会之设，原以振兴商务为宗旨，滇自前清末年，昆明县设有商务总会，省外各地方如昭通、蒙自、河口、磨黑等四十余属亦次第成立商务分会。迨入民国四年十二月暨五年二月，前北京政府曾将商会法及商会法施行细则分别修正，先后公布，当经前省长公署通令所属商会遵照办理，昆明县则由商务总会改组为云南省总商会，其余所属则由商务分会改组为商会，厥后各属商务日渐发达，未设商会地方，鉴于商情之贵于联络，亦呈请设立商会。"④

根据云南省总商会颁行的商会改组大纲，云南商会的治理策略转变为委员制，"据云南省总商会以接准各省商会联合会总事务所函送开会议决商会改组大纲，到滇曾自动改组为委员制，并照上海总商会呈请中央政府核准暂行章程。酌量本省地方习惯情形，拟具云南省总商会暂行

---

① 《总商会昨开常会》，《京报》1930年8月19日第7版。
② 《梧州商埠各民众团体》，《南宁民国日报》1934年2月3日第6版。
③ 《梧州商埠各民众团体》，《南宁民国日报》1934年2月3日第6版。
④ 《省府公文·训令·第五第九号（六月十二日）》，《云南省政府公报》1937年第9卷第53期。

章程草案，呈经本府核准施行，并闻该总商会曾分函所属商会查照。各省商会联合会总事务所议决商会改组大纲，自动改组商会事宜"①。根据层级隶属，各县镇商会均依规变动。如彝良县牛街商会，"彝良县牛街商会呈报第三届职员任满，改组为委员制办法前来此外，各属想亦不免。复查前北京政府所公布之商会法及施行细则，虽今日各省商会联合会总事务所业经议请中央迅速修正商会法，以便商民有所准绳。但在新法则未奉明令公布之前日，法则自不能认为无效，是各商会改选职员仍应依照旧法办理"②。究其原因，云南地方政府也表明了个中缘由："滇省商务以地处边隅，交通不便，与他省不同，商界既鲜富商大贾，商业知识比较又复幼稚，以积久大备之成法。"③

当然，这一时期西南各地商会在按照规章办事时都尚有缺漏，"历届依照办理尚多违误，兹若任其自动改组，既无完备法则，足以依据复不体查地方情形，将见分歧百出，无从核办，似此情形"④。关于这种情形的处理，云南地方政府认为，"反不如静候中央明令办法，藉资遵守尚易为功"⑤。因此，云南地方政府对于商会改组方法慎之又慎，"此本府对于改组办法不能不加以审慎者也，惟查商会为商人团体，关于自动改善方案，于商务原亦有关系，兹值改革之初，本府为顺应潮流革新会务起见，所属商会改组为委员制一节，既经总商会分函自动办理，应即量予通融"⑥。

作为地方政府，由于政治格局和社会历史的复杂面相，也采取了一定的变通，"即饬由各该商会查明，如该会职员任期已满，而又才财不

---

① 《省府公文·训令第五第九号（六月十二日）》，《云南省政府公报》1937年第9卷第53期。
② 《省府公文·训令第五第九号（六月十二日）》，《云南省政府公报》1937年第9卷第53期。
③ 《省府公文·训令第五第九号（六月十二日）》，《云南省政府公报》1937年第9卷第53期。
④ 《省府公文·训令第五第九号（六月十二日）》，《云南省政府公报》1937年第9卷第53期。
⑤ 《省府公文·训令第五第九号（六月十二日）》，《云南省政府公报》1937年第9卷第53期。
⑥ 《省府公文·训令第五第九号（六月十二日）》，《云南省政府公报》1937年第9卷第53期。

致两乏，即便斟酌地方情形，并参照现在通用之商会法，则先行拟具改组办法呈请查核。或该商会职员查系曾经改选任期尚未满两年，抑或职员任期已满而地方人才缺乏，经费又复有限者，仍应暂行照旧办理一矣"①。直至后来，南京国民政府将修正过的商会法相关细节明令公布，然后令商会严格按照商会法的规章进行改组。"中央政府将修正商会法则明令公布，再行查照改良，如此办理，庶足以昭慎重，而杜纷扰。"②

全面抗战爆发后，时局动荡不安，国民党当局加强了对商会的督导和监控，规范了商会和同业工会的设置，建立了政府部门与商会之间的沟通机制。在此状况下，云南商业日益繁荣，商人组织激增，推动了战时云南商会组织的演变，不仅有效服务了战时需要，而且为西南大后方的发展带来了新气象。③ 这一时期，南京国民政府对商会的政策又做了顺应战局的变更，"商会法前经修正公布在案，兹将该法再加修正，应即通行饬知，除明令公布并分令外，合行抄发修正条文，令仰知照，并转饬所属一体知照……除分令外，合将商会法抄发，仰该县长即便遵照，并转饬所属商会一体遵照"④。在此基础之上，又规定了商会改组的具体时间要求和任务要求，公函中具体指明的四个问题是：应按指定设立商会并及时依法改组，未按指定设立的公会需要登记在册，如逾期则国家不承认。公函中还指出：由国家颁布的商会法抄发送至各地商会，并依靠地方长官去推动实行，未成立商会的限期成立，已成立的商会不经政府认定视为不存在，逾期不改组的商会将不被政府承认。⑤ 就政府对商

---

① 《省府公文·训令第五第九号（六月十二日）》，《云南省政府公报》1937年第9卷第53期。
② 《省府公文·训令第五第九号（六月十二日）》，《云南省政府公报》1937年第9卷第53期。
③ 赵善庆：《统制与嬗变：抗战时期云南商会的组织演进述论》，《暨南学报》（哲学社会科学版）2016年第4期。
④ 《奉行政院令·修正商会法》，《云南省政府公报》1938年第10卷第44期。
⑤ 《准经济部代电·请令饬遵照修正商会法、工业商业输出业三同业公会法一案》，《云南省政府公报》1938年第10卷。公函的四点内容具体为：一、经指定而未成立公会者，限六个月内组织成立；二、经指定而已设有公会者，限六个月依法改组完毕；三、未经指定而已设有公会者，限于六个月内重行办理设立手续，逾期不重办设立手续，认为不存在；四、已设立之商会及商会联合会，应于一年内依法改组完毕，逾期不改组，认为不存在。相应电请查照，严加督饬遵办，并自十一月一日起，凡依旧法组织改组，或改选呈报备案者，应请发还原件，分别依照上开各点饬知照办。

会事务的干预而言，显而易见其并不是为了维护政府的利益，而是基于商业贸易是否通畅的考虑。

为了使商会的职能运行得到更好的保障，政府便实行对商会进行立案。对申请立案的商会，政府一般都同意给予保护，而正是这种国家法之外的规则填补了国家管理的空缺，政府给予商会一个合法身份，商会可以有效地稳定地方秩序。随着政府对商会治理的细化，商会法也逐步完善，甚至是具体到商会法某处笔误的处理，"前据该部呈为修正商会法第二十九条第一款乙目原稿缮写错误，请转呈更正……经奉交立法院先行更正去后，兹准立法院渝公字第六四号函复，以修正商会法第二十九条第一款乙目内'逾一千元至三千元者'一句，因原件油印不甚清晰，致将三千元之三字误缮为'二'字，请转呈更正"[①]。可见，商会法的修订，任何一处细节都要严谨订正，然后传送至各地商会。

随着商会法的完善，商会逐渐被纳入政府监督的体系之中，"自修正商会法、修正商会法施行细则、商业同业公会法、商业同业公会法施行细则、工业同业公会法、工业同业公会法施行细则、输出业同业公会法、输出业同业公会法施行细则，于二十七年十一月一日施行以后，依据经济部所定办法，对于四川、贵州、云南、广西、西康、陕西、甘肃、青海、宁夏、重庆等十省市，限于六个月内（本年四月底止）将境内重要之商业、工业、输出业一律依新法组织公会，已有公会组织者一律依新法改组，非重要之商业、工业、输出业已有同业公会之组织者，一律于六月内重新办理设立手续。至于商会则限于年内组织，或改组完成，此项办法函达四川等十省市后，各业同业公会均陆续依照新法进行办理，呈报本部备案，惟完成期限，重庆市须展至本年九月底，四川、甘肃须展至八月底，始能办毕，其余各省大约与上述三省市同期间办理完竣"[②]。

总体而言，抗战时期，云南由于独特的地缘优势，许多工商企业纷纷迁往昆明，云南变成了抗战的大后方，云南的商业贸易曾"盛极一

---

① 《建厅奉经济部训令·饬即更正修正商会法第二十九条第一款笔误》，《云南省政府公报》1939 年第 11 卷第 24 期。
② 《四川贵州云南重庆等十省市商人团体改组情形》，《中央党务公报》1939 年第 1 卷第 7 期。

时"。在云南工商业繁荣的背后，是国家加强对工商业团体数量和质量的改造，尤其是商会被纳入统制经济后，政府对商会的组织和职能的影响力空前增强。①

**四　抗战结束后对商会治理的式微**

抗战结束后，各个省区的商会整改即将完成之际，政府又出台了一系列规定整改商会，尤其是加强了对商会基层组织同业公会的管制，将其纳入政府基层治理的范畴。就云南而言，输出业公会对于实施计划经济和发展出口贸易是极为重要的，"输出业同业公会法前经奉令，定于上年十一月一日施行，本部依该法第二条第二项之规定，对于重要输出业，指定应行组织输出业者计为：植物油业、茶业、生丝业、丝织品业、猪鬃业、牛羊皮业、肠衣业及药材业，八业并依同法第九条之规定，本年拟先就重庆、万县、长沙、昆明、梧州、福州、永嘉、鄞县等处酌予督促各该业成立公会"②。此项输出业公会之组织，以严密同业组织，实施计划经济为目的，对于输出贸易之进展，关系至为密切。"惟事属创办，目下筹设之际，亟须详查最近各地该项输出业情形，并由关系各方妥须筹划，共策进行。我国输出各业商人，或未调查新法之真谛，与共设立程序，或狃于旧习，惮于创始，更盼关系各主管官署共同积极推动，随时设法扶植，予以详切指导，以期各业由散而整，组织力趋健全，除分行外，相应检同输出业同业公会法暨其施行细则各一份，函请贵省政府查照办理，并转行所属关系各机关遵照，即对当地应行组织公会之输出业公司行号予以辅导督促，依法组设公会，以便早观厥成。"③

尽管政府对商会的治理此时还存在一些立法和组织章程上的不足，但是基本上对商会的设立原则、职能部门、任职人员、议事规则等作出了明确的规定。除此之外，在面对社会公共问题，如经济危机等情况下，政府也会协同商会积极应对。当然，因全国经济普遍不景气，且云南地

---

① 赵善庆：《统制与嬗变：抗战时期云南商会的组织演进述论》，《暨南学报》（哲学社会科学版）2016年第4期。
② 《市商会昨再度讨论预防年关经济危机》，《中央日报》1946年12月15日第2版。
③ 《市商会昨再度讨论预防年关经济危机》，《中央日报》1946年12月15日第2版。

处西南边疆地区，难免会受到牵连。"在近来全国普遍不景气中，本省僻处西南，恐难免受他埠波及，为未雨绸缪起见，曾于本月六日举行一次座谈会，讨论如何先事预防，已引起各方注意。十日金融界又开座谈会，对于此可能发生之危机所见略同，希望政府银行、商业银行与工商界通力合作，共渡难关，故今日请本市工商界及金融界到此交换意见，预筹防范之道。"①面对如此情境，为了防患于未然，商会和金融界都曾召开座谈会洽谈此事，皆认为会受到经济危机的影响，因此希望政府银行、商业银行与工商界通力合作，共度经济危机。经过商会和金融界的商议，提出应对经济危机的意见，"一、将本市危机情形代电请省商联会转全国商联会转呈财政部，并由市商会代电国大本省代表转请有关机关予以注意，对于当前国税负担问题，亦发代电呼吁；二、请银行界及各同业公会转告各会员，在此恐慌将临之时，紧缩业务，不可扩大，经营务须稳重，以渡此难关；三、年关将到，商号存货滞销，借贷困难，希望收交者不必追迫过甚，以全其信用，尤盼银行界予往来户以体谅；四、凡能以不动产或货品抵押者，请银行界及同业间予以接受"②。以上的意见，只能暂时解决紧急的问题，并不能从根本上解决问题，关于此次经济危机的最终解决，仍要依靠国家的力量，需由"央行转请总行预筹安妥办法"，并解决"行庄对于减息及放宽贷放尺度之困难"。"以上办法，不过尽力之所及暂救目前之急，尚望各界指教。次由邓理事等提议请将昆明市危机情形书面交本市中央银行促其注意，并可作为根据，由央行转请总行预筹安妥办法。侨民银公司林兹岷先生曾起立解释行庄对于减息及放宽贷放尺度之困难。昆明商业银行经理张春如建议请商会与银行公会组织联合贷放机构，由央行予以协助。主席提议由商会推金纱布三业为代表，并请银行公会推数代表，经常保持联系，对于本市工商金融重大事件，随时磋商，以上提议案经通过。"③

1946年，随着国民党政府统治危机的加深，全国经济危机日趋严

---

① 《市商会昨再度讨论预防年关经济危机》，《中央日报》1946年12月15日第2版。
② 《市商会昨再度讨论预防年关经济危机》，《中央日报》1946年12月15日第2版。
③ 《市商会昨再度讨论预防年关经济危机》，《中央日报》1946年12月15日第2版。

重,工商业纷纷破产,情况非常紧急。云南省经济状况更加脆弱不堪,工商业险象环生。同年年底,在全国性经济危机的情况下,昆明直接税局却命令同业公会推广的印花税增加到八亿元,限期一年达标,并指派大量人员监督清查。此举一出,震惊整个昆明商界,令工商业者惶惶不可终日,工商业者纷纷向商会诉苦,并请求商会帮助工商业者发声。工商业者希望可以减少印花税并放宽时限,商会针对此提议多次开会商讨,最终推举出一名代表向直接税局转述工商业者们的请求。然而,直接税局并没有采纳商会的意见。此事不了了之后,直接税局对印花税问题的监督日益严格。"最近直接税局饬令属会各同业推销印花税加额八亿元,统限十二月内如数销清,并加派大批人员,沿市清查。举市惊骇,不可终日,曾纷纷到会而述困苦,恳予代为呼吁,分别核减缓办,迭经开会商讨,推举代表向税局陈情,乃该局以奉行部令,不予采纳,致无结果,且督催尤严。窃查半年以来,全国经济危机日益深刻,商业破产,迫在眉睫,朝野上下早已洞悉无遗。滇省僻在穷荒,经济状况尤为脆弱。当此年关在迫,险象已见,诚恐牵一发而动全身,影响大局实非浅鲜。"①

昆明商会曾召集各方人士商讨此事,却一直苦于无对策。这种巨额税收,会造成工商业极大的负担,昆明的工商业者实在是无力承担。昆明商界面临如此困境却无法破局,而额外增加巨额印花税无疑是雪上加霜,昆明商业已经艰难至此。"属会历经召集有关各方商讨,挽救对策,尚无具体办法。如果此一巨额负担,乘危加诸商场,因而激成崩溃,则政府所失,岂止此十亿国币而已,再查此等税收重担,向来放在正当商人肩上。正当商人所经营者,无非与国计民生有关之货品,乃以农村凋敝,购买力竭,秋收早毕,市场迄无动态。各业商店倒闭,则恐妨碍社会,维持则纯系坐赔开支。近数日来,黄金外币疯狂上涨,正当商业受害尤深,货值比例猛落,抛售更无市场,银行比期已穷于应付,巨额税收何从张罗。商艰至此,言之痛心,竭泽而渔,鱼固就烹,渔宁有望。属会爱护国家,岂敢后人,战前输将,成绩昭然。今日之事,为国家安

---

① 《市商会昨再度讨论预防年关经济危机》,《中央日报》1946年12月15日第2版。

危计，为政府利害计，轻重之间，筹之至审。"① 对此情境，昆明市商会代昆明商界向上呈送陈情书，"恳予转请全国商联会代为沥陈下情，呈请财政部俯赐鉴核。对于本省印花税应按照实际筹用数，陆续推销，不能形同摊派，骤令短期内整饬勒缴。至综合所得税，则请暂缓实行，以维护商场安定，商场如不急骤崩溃，则社会经济前途或有转机，亦即所以维护国家之安定也"②。昆明市商会为昆明商界争取了一线生机，商会期望财政部"饬令四行两局在今年新旧历年关，头寸吃紧时期，对于各商业银行以及正当营业之商号工厂，遇有急需，请求借款时，凡以房屋工厂或各种货品抵押者，应请破格通融，先事准备，至紧要时期，予以适量低利贷放。其因以前借用时期届满，而在此困难时期，未能偿还者，并请斟酌情形，予以展限，以资救济而渡难关"③。

对于商会的困境，国家政策的调整也起到了一定的疏导作用，有效制止了不合理税收，保护了工商业的发展。"滇处边徼，工商落后，经济力量远逊腹省，胜利以后工商两界呈不景气象，市面萧条，开支日增，经济前途暗礁潜伏。近因黄金外币逐渐狂涨，影响所及滇省尤岌岌可危。新旧历年关转瞬即届，设因应付不慎，牵动本省市面，对于国计民生妨害非浅鲜。本会有鉴及此，曾经邀集经济有关人士，一再开会商讨挽救办法，亟应未雨绸缪，先事预防。除劝告各业商人慎重经营正常业务外，应恳钧座转呈财政部鉴核。"④ 从中可知，因云南地处偏远边疆民族地区，工商业本不够发达，经济力量比其他省份要逊色不少，且当时战乱频仍，致使工商业更加凋零，经济萧条，工商业前途渺茫，而此时商界又处于货币疯狂贬值的境地，工商业者自身岌岌可危又生怕牵连国计民生。在商会身陷囹圄之时，政府扮演了极为重要的角色，政府提出一系列帮助商会的举措以解商会燃眉之急。

而对于国民党政府提出的不合理条款，商会也为了维护商人自身的合法利益和市场秩序而积极斗争。1946 年梧州商民全体罢市就是其中较

---

① 《市商会昨再度讨论预防年关经济危机》，《中央日报》1946 年 12 月 15 日第 2 版。
② 《市商会昨再度讨论预防年关经济危机》，《中央日报》1946 年 12 月 15 日第 2 版。
③ 《市商会昨再度讨论预防年关经济危机》，《中央日报》1946 年 12 月 15 日第 2 版。
④ 《市商会昨再度讨论预防年关经济危机》，《中央日报》1946 年 12 月 15 日第 2 版。

为突出的事件，"抗议蒋记党部非法勒索，梧州商民全体罢市，联合桂柳邕等地商会代表进京，要蒋府取消水上卸货统治办法。梧州商民于九月下旬全体罢市，起因为该县国民党党部把持海员工会，成立'起卸组'，凡商轮靠岸即强征起舱费等，各商号曾呈请当局取缔此种非法勒索，并自动起卸货物，以示反抗。不料该会竟派武装便衣队封锁各码头渡口，不准商人自由起卸货物，于是激起公愤，全市罢市，并联合桂、柳、邕等地商会代表，组织请愿团进京请愿，要求当局取消水上起卸货物的统治办法，并解散'起卸组'，现仍无圆满结果，各商仍继续抗争中"①。与经济较为发达的地区相比而言，西南边疆地区的商会组织也表现出了自己相对独立的一面，与国民党政府"非常"之行径进行了抗争。

商会在政府的监督治理之下服务对象和职能发生了扩展，不再纯粹地只是为了商人牟利，逐渐有了凝聚社会力量、造福人民的社会意义。云南地区商会认为，团结商人组织、加强商会联合是非常有必要的，是商界急需加强的。"团结商人组织。我国人向被称为一盘散沙，缺乏结合力，因之而行动散漫，步调不一，现本省商界同胞，除市商会所属各业，近年已加强各单位公会组织外，其全省一百三十余县局，成立县商会者，不过八九十县，而此八九十县县商会中，经费多无来源，致会务陷于停顿。与省商联合会未切取联络，省商会乃筑于各市县局商会之上，市县商会健全与否，关系于省商会之现状，意义至深且巨，商会既为人民团体中不容或缺乏之重要组织商人之一切福利事业，实非赖商会推进不可。各地商会加强组织，则上至省商会乃至全国商联会，即可发生最大之力量，全国商人即可凝结为一团，以共谋吾商界之福利，贡献吾商界为人群社会服务之目的。"②

从西南地区近代商会的发展历程来看，一方面，近代中国经济政策的推行在很大层面上依赖各地商会的执行。在滇桂地区商会中，多是以中央对于地方的行政指令下达，加上地方经济部门的配合，再与当地商

---

① 《梧州商民全体罢市》，《解放日报》1946年10月20日第3版。
② 《纪念商人节告全滇商界同胞书（续完）》，《中央日报》1948年11月1日第7版。

会协作，共同达到政策推行的目的。而在其中，商会与地方经济管理部门以协商沟通为主，行政威胁为辅，以达到最好的协商效果，而在较为偏僻、经济极欠发达的乡镇，商会的作用显著，在行政管理无法下达的区域，需要商会承担起组织社会生产的责任，这点在西南边陲地区尤为明显。云南和广西的政治格局及社会经济发展程度都相较复杂，交通极为不便，再加上民族众多，文化生态和语言体系复杂，需要更为基础的组织发挥经济治理作用，而商会在近代西南边疆地区无疑承担起了这份责任。

另一方面，近代中国局势混乱，政权更迭频繁。当政者需要尽快恢复社会生产为前线军事作战提供生产生活物资，因商会对于政府加快对基层管理有重要作用，故而商会与政府的协商更为温和，二者更偏向于合作关系。对于合作而言，商会的管理者在一定程度上并不惧怕当局政府的强制行政指令，相反可以组织各类商会组织对政府进行施压，而松散的中央地方政权也基本决定了对于基层治理的失控。

近代中国的社会转型对商会的发展起到了重要的作用，商会的发展壮大也对近代中国的国家整合凝聚起到了积极意义，而商会法律制度的建立促使商会组织的成熟化发展。在各种合力的作用下，商会逐步发展为不可忽视的社会力量，为近代中国的发展提供了可能性空间。

## 第三节 商会与民间社团的博弈

商民协会是20世纪20年代中国大革命时期出现的、由商民组成的民众团体。商民运动是以商民协会为依托、以中小商人为主体的南方商民踊跃参加国民革命的运动，其时间限于1924—1930年。中国的商民运动以广州为开端，许多中小商人、店员和摊贩都被发动起来，加入商民协会，投身商民运动，广东从而成为北伐的根据地。国民党二大通过《商民运动决议案》后，商民协会和商民运动得到了蓬勃发展，并向全国蔓延。总体来说，商民运动促使广大商人摆脱了"在商言商"的束缚，关心时局政治，反帝爱国的热情也空前高涨，成为反帝爱国运动中的一支重要力量，为北伐的胜利和国民革命的迅速发展作出了重要贡献。但是，商民运动也存在着若干缺陷，其中较为突出的是中小商人希望通过商民运动改善自身命运的目标无法实现，且国民党制定的商民运动方略较为偏激，导致在商民运动期间引起较大纷争。

调处商事纠纷是中国近代商会的主要职能之一，除了商会内部纠纷与商会之间纠纷，也会有商会与其他社团的纠葛。我们可以通过梧州商民协会的废捐运动和梧州商会与海员公会起卸组的纠纷这两个案例来管窥商会在"国家—社会"二元博弈之下的生存与处境。

### 一 1926年梧州商民协会的废捐运动[①]

1926年12月，梧州商民协会为了废除爆竹捐、冥镪捐等苛捐杂税，先后派出商会代表请求苍梧县政府取消，但结果都不如人意，政府不为所动。恰逢此时，广西省商民部长陈立亚经过梧州，于是梧州商民协会向陈立亚表达了废除苛捐杂税的请求。陈立亚答应了梧州商民协会的请求，承诺其返回南宁后会向广西省政府提议取消不合理税收，并叮嘱商民协会有困难向政府报告。于是，梧州商民协会一面向广西省政府和广西省国民党党部上报情况，一面决定于12月8日发动请愿游行。梧州商会向政府请愿游行的当日，到场有三千多人，各埠商民代表均出席大会。大会结束后立即举行了游行，游行时秩序井然，高呼口号，派发传单。经过裕利捐公司时，游行队伍被街兵恐吓制止，此举导致群众的反抗。因见人多势众，街兵后弃枪逃跑。群众将枪支捡回保管，上报梧州警备司令部并将枪支送回，但梧州警备司令部借口拒绝收回枪支，商民协会只好将此情况上报至市党部。

1926年12月9日，梧州警备司令部和苍梧县政府竟然污蔑商民协会撕毁国旗和总理遗像，并命令商民协会将捡到的枪支送回警察局。商民协会派遣沈善腾、李安山、李显三人送还枪支，谁知警察局却将三人扣留。商民协会为营救三人，及时将此情况上报国民党梧州市党部，致

---

[①] 主要史实见于中国人民政治协商会议梧州市委员会文史资料组编《梧州文史资料选辑》第7辑，1984年，第31—35页。

电广西省党部和广西省政府,并积极向市党部请示。但是此时情况却不见好转,苍梧县政府竟然发表公开宣言攻击商民协会。直至12月11日,市党部得到广西省商民部的指示后,由农、工、商、学团体共同担保才释放沈善腾、李安山、李显三人。至此,苛捐杂税取消及商会协会三人释放后,苍梧县政府便要求改组商民协会,并再次污蔑市党部甘立申、周济、钟山三人撕毁国旗和总理遗像后,严海峰、黎植松等人便把矛头对准了甘立申、周济、钟山三人,并以武力驱逐三人出境。严海峰、黎植松等人为了搞垮商民协会和市党部,无所不用其极,事态严重不可收拾。市党部和工代会不得不致电广州总司令部、广西省党部、广东省政府、第七军军部请求制止此种恶行。

12月17日,严海峰、黎植松等人以"各界党员驱除反动派委员会"名义,召集所谓各界驱除反动派的游行示威。"是日到会者,有收买之流氓烂仔百多人,连同被欺骗的农民和被迫的小学生以及泥水木匠、牲口杂货行工会等共约一千人。其时,农民手持农具,流氓烂仔手持铁器。会上议决直接收回民国日报,驱逐甘立申、周济、钟山三人,改组市党部。游行时沿途高呼'打倒市党部、民国日报''驱逐甘立申、周济、钟山'等口号,以作鼓动,形势相当紧张。当时,市党部、民国日报、工代会、商民协会,早已报警保卫,始终不为捣摧。当晚,党部大会因共乐戏院不允借该院为会场,临时改在城厢小学开会,到会一千多人,会上群情激愤,一致决议,否认违反中央决议的'各界党员驱除反动派委员会',并呈请省党部惩办严海峰、黎植松、廖家昌、何杞等反动分子。"[1] 12月17日晚,农、工、商、学联合会经议决,再发出宣言否认,并决定19日开一个农、工、商、学、妇联各界群众大会,向政府请愿,要求惩办假冒各界群众名义,违背民意的豪绅严海峰、黎植松、廖家昌、何杞等。

12月19日正午12时,农、工、商、学、妇联各会召集各界群众开会,报名参加的团体数十个,共一万多人。11时许,群众正踊跃赴会,

---

[1] 中国人民政治协商会议梧州市委员会文史资料组编《梧州文史资料选辑》第7辑,1984年,第33—34页。

警备司令王应榆突派武装军警数队,分头截击赴会群众,同时捣毁市党部、民国日报,围攻工代会,搜劫商民协会。其时军警气势汹汹,如临大敌,加以枪声四起,因此,全市秩序大乱,军警则四围搜索抓捕党部、工会委员,抢掠衣物。当时被捕者为市党部执行委员蔡美利,《民国日报》主笔谭寿林,全国总工会执行委员、梧州市工代会委员长钟山,中华内河轮船总工会广西第二分会委员长胡奕卿等四人。搜索约半小时,警备司令部就张贴布告,称已拿获勾通刘震寰,私运军械,企图作乱之首恶甘立申、周济、钟山三人。其实,甘立申、周济并未被拿获,而被拘捕的只是钟山、谭寿林。捣毁市党部、工代会、《民国日报》、商民协会时,并未闻有搜获枪械之事。所谓私运军械,勾通刘震寰等事,群众皆认为纯属谎言。但其时梧州正当清党前夜,群魔乱舞,一片白色恐怖气氛,各团体只有各派代表赴粤,向政治分会、总司令部请愿而已。

剖析整个事件的前后因果,诚如论者所言,"在革命浪潮激荡的1920年代,许多政党与阶级竞相标榜自身的革命性,而将政治对手扣上'反革命'的帽子,以此打压竞争对手并争夺政治资源与社会地位"[①]。不难看出,这场废捐运动也受到此时革命政治文化的影响,商民协会和商会围绕系列问题相互争斗,使梧州商界内部一度陷于混乱纷争的局面,各方势力夹杂其中,集中反映了此时商会治理的困境和政商之间的博弈。

**二 梧州商会与海员公会起卸组纠纷始末**[②]

抗日战争胜利后,在1946年梧州商会与海员公会起卸组发生了严重的纠纷,事态严重,牵连甚广,内情复杂。

(一)海员工会起卸组成立经过

1925年,梧州成立了港梧轮船工会桂省分会,时值"五卅"惨案发

---

[①] 朱英:《"革命"与"反革命":1920年代中国商会存废纷争》,《河南大学学报》(社会科学版) 2012年第5期。

[②] 主要史实见之于中国人民政治协商会议梧州市委员会文史资料组编《梧州文史资料选辑》第7辑,1986年,第63—69页。(第一章第三节材料原经梧州工商联派出干部向陈汝辑、温天培、卢培、潘梓材等了解,后来再由黎革梧访问李绍希、王星焕等商会有关人士深入调查整理而成。)

生，穗、港海员及机器工人积极响应参加了"湾九大罢工"，纷纷离港返穗，组织示威游行，6月23日在沙基一带，受到恼羞成怒的英帝国领事馆开枪扫射，死伤学生工人群众多人，酿成"沙基惨案"。1926年，港梧轮船工会桂省分会，改为中华内河轮船工会桂省分会。总会设在香港，直至1940年又改为梧州海员工会，隶属于中华海员工会。总会设在上海，主持人为杨虎。梧州海员工会成立时邀请苍梧县县长罗绍徽参加，省府派侯匡时为代表监选，上海总会亦派出监选人陈叔阳。选举结果，温天培为理事长并负责上河轮船工会，下河则由何锦源负责。常务理事有陈中、李侠云，理事黄焕衍、卢培、刘振明、陆子和、肖振海、马耀泉。陈星辉则为机器工会负责人，与海员工会有密切关系。海员工会内部分为五个组，即引水组、水手组、轮机组、厨业组、起卸组。当时正值抗日战争期间，广西上下河航运统由西江战时服务社指挥，安排调度一切工作。该社负责人潘月樵将所收入运费拨出10%作为救济失业海员工人经费。

1945年抗战胜利后，西江战时服务社亦撤销，为了解决失业海员的生活问题，这些海员临时参加起卸组工作。同年10月间，由苍梧县政府召集挑运工会、民船工会、海员工会、梧州商会、盐业公会等代表协商，议定关于海员工人起卸收费办法。当时县长陈汝辑，由劳工科的陈衍祥参加主持，商定以中等米价作为收费标准；每日由商会按照市场成交价格挂牌，以保障不受当时物价波动影响，收费办法按照轮船运费的10%收取。假如这批货当日未起卸完毕，超过下午5时，则加收一倍，每市担米价涨50元为一级，不足50元亦作升一级计算。这样的收费办法是不尽合理的，但当时商人为了能够多做生意，但求周转快捷，货如轮转，利润滚滚而来，因而费用虽稍多些，初期并不计较。

（二）商会与起卸组的矛盾

光复以后，梧州各行各业均纷纷恢复经营，市场日趋兴旺，货运频繁，特别桂、浔两江土产，源源集中而来，平码经纪行及下河采运业更如雨后春笋，蓬勃发展，日用百货及工业品亦自沪、惠等地如潮涌进，往来运输量日见增加，起卸组亦迅速发展成为三个大组，约共900人，正副组长12人。初时工人每天收入大米十余斤，后增至二十多斤，比陆上挑运工人收入高出许多，而且仅是将货物在筏口搬落船，或在大船与驳船间过载，工作较为轻松。由于运输量日增，起卸工作常有不能配合，忙迫时每有将货物乱丢乱放现象，造成残损，引起商人不满。平码行卖出土产，多是及时在河面装卸转载，运往广东各地。由于起卸组无法应付，迫得改雇临时工装卸，受到起卸组制止。就是店内工人或者船上人员自行装卸，起卸组亦要按章收费，因而经常发生纠纷争吵，矛盾日深，时则口角相争，甚至大打出手，双方工友各向上级汇报，难免添油加醋，事情和矛盾越发尖锐，商人群情激愤，曾发生平码经纪行及盐业联同罢市，宁愿不做生意亦不愿受起卸组刁难；纵有已成交的土产，亦把上河开来的船只，开往郊区白沙角以下界首（属广东地界）地方，然后过船转载运往广东各埠，以示抗议。其时起卸组工人亦起来罢工，在谭公庙饮鸡血酒，歃血为盟，宣布罢工，形成僵局。

商会方面以徐树棠、徐甘棠（盐业工会理事长）兄弟及李品苔为首，坚持撤销起卸组，有《新人报》《梧州日报》等支持。起卸组方面由于收入日增，组织日渐庞大，得到苍梧县党部书记长邓以彭、各地权贵及省府代表严海峰的支持，以《苍梧日报》为喉舌，声势显赫。因梧州商会和海员商会的矛盾事态严峻，引起了各方的关注，省政府曾派罗福康来梧州调解此事，但因为梧州商会和海员起卸组都不愿让步而没有调解成功。

（三）地方官吏的干预及舆论的推波助澜激化了矛盾

起初，海员工会为了维护一时未能就业的海员，成立起卸组，原为一时生产自救性质，是一时权宜的解决办法，后因业务发展迅速，收入日益庞大，引起了一些地方官吏的觊觎。首先是苍梧县党部书记长邓以彭插手下去，为当时主持起卸组业务的海员工会常务理事陈中的幕后策划人，以何锦源为海员工会监工，由县党部派希超为副监工及文书，又在海员上层人物中发展国民党员增强政治力量，并从起卸费中提出40%由邓以彭请示严海峰（时在桂林任广西省府田粮处长）分配给各有关方面。从此，海员工会有后台撑腰，为起卸组最兴旺全盛时期。同时，滥收起卸费，如旅客自携行李，自挑床板，甚至自挽一袋骸骨，亦被码头筏口起卸组人员强行收费，违反了起卸组初期成立的宗旨。时适有报人李焰生由桂林来梧主办《新人报》三日刊，乘机起而责难，推波助澜，大造舆论，市井哗然。该报从而利市十倍，由三日刊改为日刊，市民争相购阅。苍梧县党部主办的《苍梧日报》则起而争辩，连篇累牍，几无日无之。另有《梧州日报》，是由省府直接领导，社长为陈炎，平素持论较为慎重。其间，海员工会理事长温天培曾通过第三者与商会理事长徐树棠接触，愿每日酌送钱礼为饵，借以缓和商人矛盾，但徐氏未敢遽然接纳，诚恐他日东窗事发，实无面目见商界人士。同年8—9月，有梧州轮船工会理事长李品芗（当时任安徽省政府主席李品仙之弟，梧州红帮头子）大力支持徐氏，积极收集起卸组弱点，以其各种不合理收费情况，起卸工作赶不上运输形势需要，影响市面工商业发展等为理由，向法院提出控告。在此之前，省政府曾派罗福康来梧，召集双方调停，但由于彼此坚持，故未能获得妥善解决办法。

因兹事体大，商会方面派出多名代表与外界商会联系，以求壮大声势，争取支援。海员起卸组听闻此事后联合船上的工作人员连续罢工三天，因而造成了严重的航运中断，数千名旅客被迫滞留，此次海员起卸组罢工导致旅客们怨声载道。在梧州政府多次劝说海员工人复工无望的情况下，梧州商会迫不得已设宴邀请政府领导，在宴会中揭露出海员起卸组滥收费用、刁难旅客等恶行，并直指此举严重阻碍了海运业务的发展，才使此事真相大白。同时，商会派出几位代表去面见时任南京国防部部长的白崇禧，向白崇禧陈情请愿。白崇禧了解此事后，立即致电桂商主席黄旭初彻查此事并妥善处理。黄旭初查明此事后，下令撤销起卸组，至此，梧州商会获得此次纠纷的胜利。

(四) 双方纠纷的发展和结果

由于双方纠纷日益扩大，商会方面派出代表多人，如派黄元秋（锦泰行经理）往抚河昭平、平乐；派李绍希（泰米行经理）往桂平、江口、邝堤（和诚行经理）往南宁；叶藻芳（维新行经理）往柳州，往各地与商界联系，争取支援，以壮声势。起卸组亦声言罢工三天，以示对抗。温天培号召在船上工作的海员工人参加罢工，因所收起卸费船上工人亦有分占，故非常团结。因而造成航运中断，震惊全省，数千名旅客滞留梧州，旅店挤迫，怨声载道。时适越南胡志明（当时化名阮爱国）

到梧，访问专员欧仰羲，亦感诧异。同时，影响最大的是军运问题，因为当时广州行营有很多后勤补充物资如辎重粮食等经梧运穗，设有梧州军运处，负责人为周怿棣（时任梧州民革主委），即电广州方面报告。时广州行营主任张发奎复电，指令必须马上复航，否则以妨碍军运论处，故梧州军运处会同第三区行政专员公署、苍梧县政府、梧州督察局、宪兵队联合发出通告。

由苍梧县县长陈汝辑在新西码头旷地，召集海员工人，善言劝，不要造成停航，致干罪咎。但海员工人当场竟然鼓噪起来，陈氏亦觉得难以理喻，只得草草收场。翌日，即先行复航。商人以有所借口，由徐树棠在平码公会召开会议后，徐即率同黄元秋、李绍希及海咸业代表王星焕等人赴桂林，会同省商联会顾问王绍桢共代表五人，还有玉林、贵县，平乐、荔浦商会代表参加，由省商联会理事长龙铭昂率领前往省府厅、局、处分别请愿（只有田粮处长严海峰拒不接见）。"是晚，梧州商会在桂林市广东酒家设宴，邀请各厅、局长及各市县商会代表参加，由徐树棠在席上将起卸组滥收费用、刁难客商、妨碍货运、影响业务等种种情况，向当政诸公及各地商界同仁详为讲述，使真相大白。同时李品芗与徐甘棠分头赴广州，去电白崇禧（时在南京任国防部长）报告梧州商会与起卸组事件，请求给予支持。而徐树棠则于桂林请愿后，与南宁商会理事长赖寿铭、柳州商会理事长黄桂林、商会理事长李锦涛等同往南京，面谒白崇禧，详陈一切。之后由白崇禧致电桂省主席黄旭初速予查明处理，黄即派社会处长李一尘来梧调查后，即出示省府命令取消起卸组。"① 至此，商会方面取得胜利。

梧州商会与海员起卸组的纠纷以至聚讼，当时商会聘请律师李光，海员公会则由陈嘉英律师出庭。本来这些诉讼，只是民众团体之间的纠纷，不论胜负如何均不至于负刑事责任，但自省政府派李一尘来梧州处理后，即由专员欧仰羲下令苍梧县县长陈汝辑将海员工会理事长温天培扣押，其他有关人员如陈中、陈星辉随即出走，苍梧县党部书记长邓以彭逃避，《苍梧日报》停刊。后来法院传讯陈汝辑（时陈已辞去县长职）

---

① 梧州文史资料委员会编：《梧州文史资料》第 7 辑，1984 年，第 68—69 页。

与温天培对质，当时陈有些顾虑，没有出庭。据说，李品芗曾托陈炎转告，劝陈离梧暂避，并愿给予资助。但专员欧仰羲及地方法院院长冯圣明与高等法院院长唐联桂均对陈说，此事与陈无关，如不出庭，反招误议，并提出愿作保证，因此陈便出庭。结果，证明陈当时仅属处理不当，以致事情扩大，并无涉及其他。至于温天培，则由法庭宣判，以妨碍交通影响军运罪名，判处有期徒刑十年，至临近新中国成立时释放。

当日起卸组与商会发生纠纷，虽然弄至罢市、罢工，并要求商会补发工资而得不到解决，本来仍然可以继续磋商，而温天培竟号召船上海员机器部、中舱部等均参加罢工，因而造成停航事故，以致交通中断，后来受到刑事处分，此为最重要原因（原海员工会理事卢培语）。至于新中国成立以后，温天培因其他问题再度入狱，则与起卸组旧案无关。

从上述事件背后的深层次原因来看，中国近代商会成立之初便包含了民间和官方二重因素，甚至成了沟通民意和政府的纽带，此时的商会大多带有半官方的意味。后随着商会的不断发展，商会的独立性逐渐加强，社会性逐渐凸显，国家的直接管理削弱。但是商会虽然是一个社会组织，却依然受到国家的监督治理。在商会与其他社团的纠葛调处中，"中心—边缘"的博弈在近代社会的多元力量共生共存中得以彰显。

## 第四节 商会对时局的认识与计策

由于中国历代封建王朝长期实行抑商政策，加之儒家"贱商"思想的主导，自古以来中国商人的政治意识淡漠。鸦片战争后，中国的社会性质开始发生变化，近代中国的"社会"与"国家"均出现了前所未有的发展变化，而且相互之间一度建立了某种新型互动关系，对近代中国从传统向现代的演变产生了不容忽视的深刻影响。社会的转型推动商人的政治参与意识和行为逐步发生变化，商人的政治思想意识由传统的在商言商、不问政事发展为自治自立的爱国民族主义思想，且商人参与的政治活动也日益活跃起来。经济与政治本就是密不可分的，但在近代中国的两派政党之争的初期，商会并未直接介入，到国民党与进步党的斗争日益明显激烈之际,商会作为民间社会组织,以中间力量的姿态开始关注时局。由此可见,维护自身的经济利益始终是商人参与政治的目的所在,这也是近代商人政治参与的一个特征,但商人政治参与在思想上、行动上也带有保守性和自身的局限性。不置可否,近代新式商会的发展壮大对于时局的影响是意义深远的,其曲折发展的过程,反映的既是国人主动谋求富强的自觉心理,又是中国现代化探索的曲折历程。

20世纪二三十年代,西南边疆地区军阀连年混战,时局多变,商会在军阀政争中因时因势而变,在政局和时局的转变中有自己的作为和应对之策。如1917年8月31日,云南商务会力劝唐督军出征,"云南商务总会农二十七日特开临时大会,议决以商务总会名义恳请唐督军为维持云南秩序起见,中止观复四川之举,外界传闻此举系唐督军为自身计,特授意该会以便同转马首"①。

前有滇商会为维持云南的稳定秩序劝阻唐督军出征,是谓保护一方百姓,后有桂商会急电粤军停战议和,"速下停止攻桂明令,由该商户推出代表商订粤桂议和条约,粤军总司令陈炯明给商会复电承诺谈和,并请该商会向桂军索回雷威、保捷两地为停战让步,否则粤军仍分三路向桂挺进"②。粤军攻打桂林,本已成定局,但桂商为停息粤桂之间的战火做出了许多努力,通电粤军司令请和,并向各方发出了维系和平的呼吁。"概自改革迄今,瞬已十稔,内讧外侮纷至沓来,凶荒频仍,旱涝为虐。华北五省饿殍载道,西南半壁战云弥天,统一令下,为时已久,和平解决乃竟无期,而北蒙之战事正烈,南满之侵略不已,迩来广东复图进攻桂边,倘再发生战事,势必重陷吾民于水火。回忆连年以来,因战事而困于土匪之劫夺,溃兵之抢掠,吾民已力竭财匮,不堪支持。惟商人直接受害,较各界为尤酷。桂省连遭兵燹,商业之凋敝已极,况兵火余生,何堪再战。倘非其图挽救,则风雨孤舟,载胥及溺,指顾间事耳。幸逢中央顾全大局,开诚相见,湘川黔滇,归附有望,从此南北一家,市廛不敬,恢复久耗之元气,活动垂绝之生机,不特桂民之幸,抑

---

① 《滇商会力劝唐督军出征》,《顺天时报》1917年8月31日第2版。
② 《桂商会急电粤军停战议和》,《顺天时报》1920年12月4日第2版。

亦全国攸赖者也。务望各秉良心，扶持濒危，共策进行，劝告粤省勿致兵端再起，内乱延长，困吾民于内争，吾国前途或有转机，敬布腹心，宁侯明教。"①

面对桂商息战祈求和平的呼吁，粤商也给予了肯定的答复，"连年受交战之掠夺，四民疲敝，商人之直接被害，尤其特甚"②。可知，粤商对于桂商停息战火的请求表示赞同，认为近代以来国家内讧外侮不断，战事激烈，百姓困苦，百业凋敝，如在此情况下又起战火，必定雪上加霜，导致民不聊生。对此问题粤、桂商会达成一致，决定共救危局，携手合作避免战火。陆荣廷委托梧州总商会致电广东总商会，要求两广息战，"数年来内讧外侮，饥馑旱涝，相交而至，西南战争已久不熄。平和会议，开会无期，蒙古战事日激。际于此时，两广如再起战事，势必陷我民于战祸之中，连年受交战之掠夺，四民疲敝，商人之直接被害，尤其特甚。广西省每年遭遇兵祸，商业濒于危机，曷胜愤慨。若仍不互相补救，则灭亡可立现，所望共救危局，一致防两广再开战祸"③。

"在时局岌岌可危的境况之下，商会也申明大义，积极呼吁各方维护地方社会秩序。"国家外遭遇强敌入侵，内有华北五省饿殍遍地，西南地区战火连天，和平遥遥无期。粤桂百姓已是苦不堪言，若此时粤军再起战火，一定会让两省百姓更加水深火热。粤、桂商会毅然决然承担起民族大义，几次三番劝阻粤军以和为贵，不要再使无辜百姓受到战乱迫害，"一为生命财产，一为国家存亡"，深切恳请粤桂停战，并直言："我辈商人直接感受痛苦，尤为残酷，历观各省兵燹之惨状，触目惊心，正具同情，提议商会及各团体共图调解，以息战端。"④ 广西省总商会也通电各省商会："民国成立，于今十年，乱象时呈，民生日敝，同人等感怀时局，方切杞忧，况战争之祸起于萧蔷，实足以灭国威而伤元气。我辈商人直接感受痛苦，尤为残酷，历观各省兵燹之惨状，触目惊心，正具同情。此次粤桂两省互相猜防，祸机四伏，桂省当道。前经通电全

---

① 《桂林商会之呼吁》，《京报》1921年3月27日第3版。
② 《粤桂之熄战运动》，《京报》1921年5月22日第2版。
③ 《粤桂之熄战运动》，《京报》1921年5月22日第2版。
④ 《桂林商会之呼吁电》，《京报》1921年6月30日第3版。

国，愿粤政府订桂粤不相侵犯之约，尚未得确实答复。此间商民多属外籍，桂省当道，保护素周，感情亦复深厚。细察内容，对于侵粤一唇，不特无此论调，并且无此意思。历数往事，默察内情，洵堪共信，特恐事机所迫，时势难迴，祸患之来，间不容发，此则同人等所以私尤窃叹者也。诸公爱国爱乡，尚乞速电粤中当道，本粤人治粤，桂人治桂之初衷，归两粤不相侵犯之约，保境息民，共敦睦谊。并电粤商会及各团体共图调解，以息战端，则两粤人民同深感祷矣。临电激切，泪墨俱弛。"①

之后，由于粤军入桂后大肆掠夺，百姓深感痛苦，桂商不放弃希望积极联络各界，希望两军息战、进行民治，并召集各商会开会议定组织息战急进团，"一、要求陆荣廷提出息战条件，交该团讨论一次，再向孙陈方提出；二、以桂省商民全体名义，向粤省公民推诚联络，进行省治，打消双方军阀势力；三、拟订纲要十二项，经大会公决后，即通告各界，一致遵照办理"②。

在军阀混战年代，西南地区的商会也有明确的政治主张。云南省总商会一致主张联省自治，共同抵御外辱。"天祸中国久矣，贫弱已极，糜烂其民，推源祸始，靡不谓军阀之流毒，党系之营私，固也。然而实制度不良，有以阶之厉耳。夫军阀之所以横肆，党系之所以交恶者，争权攘利也。争权攘利，则群情涣散，意见分歧。党同伐异，入主出奴，其因地盘而抱侵略主义者，更无论矣。离心离德，惟力是视。波谲云诡，弃信悖常。杀人盈城杀人盈野，编民何罪，罹此鞠凶，何一非立法未善，有以致之耶。盖前用总统制，而总统已屡被迫逼。若改用委员制，殆亦难免纷扰。且恐号令不出国门，将来争委员长之事，难保不有。盖皆权利有以召之也。审时度势，知中国地广人稠，欲集权则必有权所不能及者，不能及则不能治也。滇省主张联省自治，业已有年。试行之已有小效。他省亦多有赞同者，惟时机未熟，尚碍进行。今曹吴颠覆，当可与民更始。联县，欲联县必先联村，欲联村必先联市。市各有家，自治其

---

① 《桂林商会之呼吁电》，《京报》1921年6月30日第3版。
② 《粤桂两军之息争难》，《晨报》1921年7月8日第2版。

家，家非一人，自治其人。人治矣，家治矣，市村县治矣，于是一省胥治。渐而推及邻省，而邻省亦各自治。放之全国，而莫不然。循序渐进，用力少而成功多。彼军阀之存在者，不过筹边御侮，党系之纯洁者，更可集思广益。迹难近于分权，道不外乎自治。无权可争，无利可攘，枭雄敛手，亿兆同心，国是既定，精神强固，而和平之统一可望矣，夫联省云者，先张吾帜，导以先路，而基础必本于自治，欲联省必先。商界因饱经困苦，而希冀幸福。惟联治其庶几乎。敢贡一得之愚，以求明达之采择焉。"① 此时，云南地区商会已经认识到军阀之祸波谲云诡，主张联省自治以保护商界，更是保护贫苦百姓。滇商认为没有权利可以争夺，没有财物可以攫取，才会减少战争，只有联省自治才能让国家安定，云南安定，百姓安定。

对于广西地区，粤桂之争已经数年不休，为此死伤的人数众多，而且战争消耗了大量的金钱，工商业停滞已久，损失巨大。粤桂贸易对于维护时局和地方权益甚为重要，"粤省对桂贸易，尚称巨大，全桂大宗进出口货物，皆以广州为吐纳，次于广州者，则为佛山，佛山之各项工艺品，销于桂省者，为数亦非常巨大，书籍纸料鞋土布尤占大宗"②。然而因为粤桂战事连绵不断，饿殍遍地，百姓苦不堪言，商业也停滞不前，亏损巨大。"粤桂战事，纠葛经年，杀人盈野，其间生命财产之损耗，固极重大，而两粤商务，因战事影响停顿至两年之久，损失尤不可以数计。兹幸桂局和平解决，从此商务可望恢复战前原状，不特商人庆幸，即两粤人士同深欣慰……前当军事时期，运桂货物仅至梧州或桂平，以销货地区面积言，已减少四分之三以上，而复因军事影响，工商凋零，购买力退减，故货物之来往，实等于零。"③ 终于在粤桂商会共同的努力下平息战局，两广之间的商业往来也逐渐恢复，道路交通也开始畅通，商业得以复苏。"桂局解决后，两粤商务已渐次恢复，梧州商务顿呈活泼气象，各路交通均能畅达无阻。在最近之旬日间，于粤桂间关系最深

---

① 《滇商会高唱联治》，《晨报》1925年2月2日第3版。
② 《两粤商务已渐次恢复》，《益世报》1931年3月15日第3版。
③ 《两粤商务已渐次恢复》，《益世报》1931年3月15日第3版。

之西江商业，受此和平空气激荡，宛如春风所被，万物昭甦，咸有欣欣向荣之态，爰将最近调查所得报告于关心粤桂商务者。……今年新春后，和平空气日浓，商人对此初颇观望，迨悉桂局和平解决，已有具体办法，且见入桂之第八路军实行撤回，于是始跃然而起，纷谋恢复战前商务，或致函昔日有商务关系之行号，查探近情，或派人迳赴桂柳邕各埠，就近接洽，或将最近之货价开（缺），迳函前往兜接生意，咸抱无穷之希望。"①

在军阀混战期间，西南边疆地区大部分商会经历了从凋敝到复兴的艰难历程。就梧州商会而言，"在军事期中，梧州一埠，其直接间接所受之影响，实较战地外之任何商埠为大，梧州之商务地位，完全消失，工商各业凋零，达于极点，迨最近第八路军实行撤退，抚大两河，恢复交通。梧州各行商人，知绝处逢生之时机已至，遂尽然兴起，准备恢复，凡办出入口货物者，均赶急派人兼程往上游各埠采办土产运梧，以便转运港粤，一面则准备运货前往应市，冀收捷足先得之效，一时商场中整顿一种忙碌状态。查梧州商号，目下已将日用品物，先行运往南宁桂各埠试销，运邕（南宁）之第一批货物共两船，已于上月二十八日由梧出发，其运往桂林之货物尤多"②。粤桂战事停息之后，两省之间商业往来开始恢复，道路顺畅，往来频繁。桂商会为和平事业贡献自己的力量，虽是商人也心系国家，是言商亦言政的商会典范。

商会发展需要极为稳定的社会环境，进而决定了商会对于时局的认识和参与。在数起商会纠纷中，多是在资源、人力、交通等关键问题上发生冲突和矛盾，尤其是北洋政府统治时期对于地方治理较为混乱，中央权力松散，西南边疆地区很多时候处于军阀割据分裂状态，各个省份或地区各自为政，在一定程度上造成了社会生产的混乱，政局变动、商会发展和商人利益之间存在着多重变量，三者之间的影响不可剥离。

---

① 《两粤商务已渐次恢复》，《益世报》1931年3月15日第3版。
② 《两粤商务已渐次恢复》，《益世报》1931年3月15日第3版。

## 第五节 商会对国家利权的维护

近代以来，帝国主义列强发动侵略战争，侵占中国领土、划分势力范围，对中国进行了残酷的军事侵略。随着资产阶级自身力量的成长壮大，西南地区近代商会在国难当头之际，以实际行动和义举，为维护国家利权贡献了重要的力量。

### 一 商会力争国家主权

1916年，天津法国领事馆强行霸占我国国土，驱逐和拘捕华人警察，蛮横无理，严重侵犯了我国领土主权的独立完整。对此事件，南宁商会虽在千里之外，却义愤填膺去电北京请求严正交涉，南宁商会呼吁"严重交涉，保我主权"①"请政府誓死力争，万勿让步，民国幸甚"②，为保护国家主权奔走呼号。

滇商会曾力争中日问题，并去电唐继尧。面对滇商对时局的关怀，唐继尧也深感欣慰和敬佩，"中日问题业由专使先后提出大会，以待公决"③，并请滇商静候佳音。云南商会也曾就中日问题去电各省省议会，深切恳求收回各国侵占的土地，"请政府向日使严重交涉，照约力争，务达收回自治之目的，以固疆域而重国体"④。"唐督转滇商会鉴，阳电悉具见，关怀时局，共保国权深为慰佩，中日问题业由专使先后提出大会，以待公决。日人方面已无问题，此事中央以毅力主持，务期贯彻本旨，外事艰棘，端须因应得宜，尚望邦人君子持以镇静，是所盼切。"⑤云南总商会为"旅大"问题通电各省省议会、总商会、教育会、工会，"旅顺大连乃我国之疆土，东省之要地，前经日人租借，曾于1898年3

---

① 《南宁总商会电》，《参议院公报》1916年11月11日第2卷，第16页。
② 《南宁总商会电》，《参议院公报》1916年11月11日第2卷，第16页。
③ 《院复滇商会文电》，《晨报》1919年3月14日第6版。
④ 《关于旅大问题之滇商会电》，《北京晚报》1923年4月3日第3版。
⑤ 《关于旅大问题之滇商会电》，《北京晚报》1923年4月3日第3版。

月 27 日中俄条约及 1905 年 2 月 27 日中日条约均经载明租期 25 年，至民国十二年（1923）三月二十六日业已期满，应即照约收回前华府会议列强有保持中国领土完全及归还以前各国所侵占中国土地之决议，事不可缓，亟宜此期满时间一致进行，电请政府向日使严重交涉，照约力争，务达收回自治之目的，以固疆域而重国体"①。

此外，在片马事件之后，滇商致电总商会和各团体，希望团结一致抗议英国，维护主权，坚决维护片马，"云南总商会关于片马问题，致电本地总商会及各团体，力言英国之不当为。维持主权，请一致起而力争"②。

可见，西南边疆地区商会组织在时局变动中表现出强烈的政治参与意识，并积极融入全国商界之中，努力获得各界的支持与响应，为维护国家主权发声。

## 二　商会维护国家利权

清末之际，清政府先后与列强签订了一系列不平等条约，这些条约多数涉及对国家利权，尤其是中国矿产资源的掠夺。云南商会提出要废除不平等矿业条约，如与法国签订的粤桂滇三省矿业，严重束缚了云南矿业发展。云南商会提出了"拟请政府解除与法国前订之粤桂滇三省矿约归国人自办"③ 这一议案，并致电外交部、农商部交涉相关事宜，"窃本会本届临时大会据云南商会提出，拟请政府解除与法国前订之粤桂滇三省矿约归国人自办一案。大致以此约为前清季年所订定。丧失国权，可胜一叹，应设法建议解除，以免妨碍我国矿业之发达。嗣后无论任何一国，欲在中国领土内与吾国人为矿业之经营，须按照吾国所定矿业条例办理，以释纠纷。经众讨论，交付审查。旋据报告，谓审查原案主旨，系欲收回与外人所订特殊矿约。悉令按照吾国所订矿业条例办理。在事实上一时虽难办到，而对于政府不可不先行建议，以备遇有相当时机，得以提出解除各种束缚之矿约。固不懂粤桂滇三省矿约须与法人交涉，

---

① 《关于旅大问题之滇商会电》，《北京晚报》1923 年 4 月 3 日第 3 版。
② 《滇商会为片马问题通电》，《益世报》1923 年 4 月 4 日第 3 版。
③ 《废除特殊矿约之消息》，《黄报》1921 年 12 月 22 日第 3 版。

但取消粤桂滇三省矿约得有成效。自可援案与各国逐渐争回，以期达国人自办之目的。复经大会续议，按照原案通过外，并议决请求政府将该约宣布，交由本会共同研究。详为条陈，藉补采择施行，理合据案呈请钧部察核，迅准将前清时与法国前订之粤桂滇三省矿约提出交涉，设法解除，以维主权，而保利源"①。事实上，这大抵只是云南商会的期许而已，一时间清廷确实无力拒受不平等条约，但云南商会的提议也起到了一定的积极作用，之后通过与法国政府交涉也收回了一部分事关主权的权益。

清末与外国签订的不平等矿约，不仅对矿业发展有诸多制约，而且影响工商业的发展，面对如此丧权辱国的矿约，滇商决意请求政府设法解约，以示主权。当时，许多商会和商人意识到在风雨飘摇的年代不可能独善其身，于是在力所能及的情况下，力争取回国家的管辖权，如沪商积极争取收回钦渝铁路。在沪商收回钦渝铁路问题上，西南地区商会也积极响应，提议"请将许可法人之条约，与以废弃，仍归中国人自办"②，商会在维护铁路利权方面发挥了重要作用。

云南地处边陲，与越南毗邻，而与国外的商业往来需要经过法属越南。在途经越南时，滇商的货物时常遭遇不合规矩的扣押，政府与驻京法国大使就此问题多次交涉，却始终没有结果。"云南与腹地之交通，向由法领越南经过，出入口税均按定章，货物通过其境者，应征收税率已达税率值百抽二，人民之通过者，除签字费外，非商人营业之货物，概不征税，载在约章，殊为平允，不意法人之于越南，苛酷多端。滇商往来腹地，及货物输出输入，亦常遭留难，历来皆不照约章办理，迭经政府与驻京法使交涉，要求承认中国货物及邮政包裹通过越南，予以特殊之待遇，均不得圆满之结果。近据云南总商会电称，越南重征华商通过税，近更变本加厉，普通税率已达百分之十，即旅客之新衣新器，均各有税，其率全无一定之标准，有带有磁瓶或一未经常见之器物，其税率多超过原值之数倍，旅客商人受害实深，电请外交部援引条约，根据

---

① 《废除特殊矿约之消息》，《黄报》1921年12月22日第3版。
② 《沪商会运动收回钦渝铁路》，《晨报》1921年12月22日第3版。

成案提出抗议,外交部得电之后,业已调查详情,预备草案向驻京法国公使提出抗议。"① 越南此种做法严重违背了国家之间的公平正义,云南商会多次呈奏政府抗议,外交部得电之后,提出"予以特殊之待遇,均不得照约征收"②的主张。"云南与腹地之交通,向由法领圆满之结果。近据云南总商会越南经过出入口税均按定电称,越南重征华商通过税章,货物通过其境者应征收,近更变本加厉,普通税率已达税率值百抽二,人民之通过者百分之十,即旅客之新衣新器,除鉴字费外,非商人营业之,均各有税,共率全无一定之货物概不征税。载在条约章标准,有带有磁瓶或未经常,不意法人之于安南,苛酷多见器物,其率多超过原值之数端,滇商往来腹地,及货贷之倍,旅客商人受害实深,电请输出输入,亦常遭留难。每外交部援条约,根据成案提不照条约章办理,迭经政府提出抗议,外交部得电之后,与驻京法使累次交涉,要求承让已查详情,预备案汇向驻京中国货物及邮政包裹通过越法国公使提出抗议,以期达到。"③

此外,在中越贸易中,还有一些途经越南转运港沪的滞留货物,被以法国和越南修建谷柳机场为由扣押,不准退运,对此昆明商会请外交部驻滇特派员向法国领事馆据理力争。在昆明商会的据理力争下,货物滞留越南的问题得以解决。"我国存越南商货竟难退运港沪,昆明商会请据理力争,法越正修葺谷柳机场。法越当局近派士兵修葺谷柳机场,并加扩大,观察家称:此举显系日所唆使,自滇缅路开放后,港沪与我西南各省之联运,业已恢复,凡出入口货物,莫不经由该路畅运无阻,国际贸易空前活跃,我滞存越南商货,前经越方允许酌纳手续费后,得退运港沪,现忽食言,不准退运。昆明商会请外交部驻滇特派员向法领事力争。各业昨日商定越南存货统运办法,存货限三日内登记完毕,并向有关方面交涉车兜关于越南存货之疏运事宜。"④ 昆明市商会召开会议,提出了应对举措,"一、推举代表组织委员会,设法统筹启运各货;

---

① 《越南税关重征华商税款》,《京报》1923年2月27日第7版。
② 《越南税关重征华商税款》,《京报》1923年2月27日第7版。
③ 《越南重征华商通过税》,《益世报》1923年2月27日第3版。
④ 《竟难退运港沪》,《革命日报》1940年11月11日第2版。

二、推举严燮成、李梦白、杨显成、邓和凤、周润苍、赵海如、甘汝棠、王公弢、张军光等五十九人为委员,并起草章则;三、定名为云南商界统一运输越南存货委员会;四、各委员中推举代表晋谒龙主席请示;五、订八月十日午后二时开第一次委员会议;六、仅三日内(自八月十日起至十二日止)将各滞货登记完毕,通告各业知照。"① "查此次运货,约需车兜二千个,并请政府及外交办事处向滇越车公司及海关越南当局交涉,严禁竞卖车兜,影响整个运输便利。"②

此事一波三折,在滞留货物退运港沪途中,越南又突然反悔,竟私自拍卖华商的存货,此举严重侵犯了华商的利益,华商为维护自身利益和国家管辖权积极交涉,"华商存越货物,前经外部交涉,越督已允退运港沪,未几又撤销原意,市商会嗣接中法快运社函称,据该社沪社函告,越督已下令拍卖过境货物,货款除去入口税及其他费用外,余款发还货主,该会以事关商人血本,急电外部,请向法大使及越督严重交涉,仍尤退回港沪,顷悉外部已于昨日电复商会,谓已在积极交涉中"③。

先有滇商反对法国在云南的无理对待,后有滇商反对英国在缅甸八莫设关收税。英国人在距离八莫很近的地方课以重税,滇商苦不堪言。云南商会积极维护滇商利益,主张"与英使严重抗议,以维华货,而重约章"④ "向英使提出抗议,要求取消"⑤,并请政府与驻京英使"严行交涉,以维商业,而固主权"⑥。英国在缅甸八莫设关收税,此举严重违背了滇缅的约法三章,对两地的工商业往来产生了极大的危害,云南总商会对英国此举提出严重抗议,要求取消。

面对近代中国的不平等条约,滇桂各地商会都表现出了自己爱国正义的一面,如思茅商会致电北平反对中日关税互惠协定,"我国工商业不发达,与日订立互惠协定,是乃名为互惠,实为惠日而不惠我也。为

---

① 《越南存货统运办法》,《中央日报》1940年8月10日第4版。
② 《竟难退运港沪》,《革命日报》1940年11月11日第2版。
③ 《外部积极交涉中》,《中央日报》1940年12月24日第4版。
④ 《英人设置缅甸税关》,《晨报》1924年12月6日第7版。
⑤ 《英人设置缅甸税关》,《晨报》1924年12月6日第7版。
⑥ 《云南商会反对英人设关收税》,《益世报》1924年11月5日第3版。

今之计，我们实行保护关税政策，互惠协定，望我国府万勿予以批准，致失去关税自主之真义。国人君子，共起图之"①。

综观之，近代以来，西南边疆地区商会组织在力争国家主权和维护国家利权方面发挥了重要作用。出于民族资产阶级自身发展需要，商会组织首先寄希望于政府当局，以强硬态度争取国家主权和领土完整，承担起除规范商业活动发展之外的历史使命和担当。但是，多数情况需要强大的中央政府的强势干预和管理，因此后期云南商会和广西商会开始组织商团等武装组织，自发反抗不平等条约和外敌入侵，激发了普通民众的爱国热情，增强了民族凝聚力，也进一步加强了商会基层治理的能力。

回溯近代中国近代商会的产生，就不能忽略其赖以产生、存在和发展的政治条件，而清末以来的国家转型则给予了商会发展极大的驱动，而后国家正式介入了商会的管理，进行了一系列的整改，把商会纳入政府监督的范围之内，这使得商人在城市社会中的地位合法化，工商业也得到长足发展。

随着近代中国政治格局的变动，商会的政治参与范畴也随之日趋扩张，且商会本身也出现了新的变化，商人的政治意识更趋加强，商人的政治参与活动已经上升到了一定的高度，由过去的"在商言商"变为"在商言政"，商会的政治参与行为显著加强，引起了社会各界的广泛重视，并产生了一定的社会影响。

## 第六节　过渡中的变革：商会的转型与改造

### 一　云南商会的转型与改造

1949年12月9日，国民党云南省政府主席卢汉率部起义，宣布云南和平解放。在新中国成立后，中共云南省委着手对旧商会和同业公会进行全面彻底的改造，由于云南工商业发展及形势的特殊性，在组建工

---

① 《反对互惠协定》，《京报》1930年4月6日第3版。

商联之前先将商会改组为商业联合总会。1950年1月，昆明市商会改组为昆明市商业联合总会，简称"商联总会"。此后，各地商会相继改组为商联总会，而政策执行较晚的地区则直接改造为工商联组织。昆明市商业联合总会是一个过渡性的机构，成立后主要围绕对旧政权工商业的接收接管工作和对旧式工商业者的思想改造。

（一）昆明市商业联合总会的建制沿革

1950年1月18日，昆明市商会改组为昆明市商业联合总会。与此同时，云南省商会联合会停止会务。市商联总会设执行委员会和监察委员会。执行委员会设主席1人，副主席4人，执行委员18人。监察委员会设主席1人，监察委员6人。在各同业公会代表大会上，邓和风当选为执委会主席，陈子量、吴瑞生、李师同、田炎培当选为副主席。赵永年当选为监委会主席，严燮成、李琢庵等当选为监察委员。[1] 同年1月13日，本省私营工业、少数较大的商业组织成立了云南省工商业工作者协会。同年6月进行了组织调整。调整后，徐佩璜任总干事长，李琢庵、孙孟刚任副总干事长。原旧制商会中的理事严燮成、赵永年、邓和风、黄美之等人担任干事。1950年12月22日，根据《共同纲领》和昆明市第二次各界人民代表会议决议，昆明市商业联合总会与云南省工商业工作者协会合并，成立昆明市工商业联合会筹备委员会。成立大会推选出常委11人、委员43人。李琢庵任主任委员，副主任委员为邓和风、孙孟刚、王正帆，严燮成、蔡淞沄等为常务委员。在常委会下设置5个专门委员会：接管整理委员会、辅导委员会、调查研究委员会、财务委员会、调解委员会，分别处理有关会务。日常会务分别交秘书室、组织科、计划室具体执行。1951年12月底，经过市工商联筹委会接管整理委员会的工作，原131个同业公会整顿改为82个同业公会（计有工业22个、手工业18个、商业42个）。

1952年11月22日，昆明市工商业联合会成立之后，为了健全同业公会组织，使它更能适应形势发展的需要，昆明市工商联积极配合工商行政管理部门，对各同业公会进行了整顿改组，将原有的82个同业公会

---

[1] 马文章：《云南省工商业联合会简史》，云南人民出版社2009年版，第26页。

合并为 68 个,并建立了 213 个区分会,37 个同业小组,5 个联合小组,开展了各业活动,充分发挥同业公会的组织作用。同年 12 月,为了协助与推动本省各专区、市县工商联组织的建立、健全和加强对全省工商业者的领导,以迎接即将到来的国家大规模经济建设任务"云南省工商业联合会筹备代表会议筹备处"正式成立,由李琢庵任主任。1953 年 1 月初,云南省工商联筹备委员会成立。在筹委会的推动下,各地陆续改组和健全各县市工商联组织,进一步组织工商界学习,加强对私营工商业者的自我教育和自我改造。1954 年 1 月底,云南省工商业联合会正式成立,李琢庵任主任委员。截至 1954 年 6 月,全省正式成立工商联的县市为 46 个,有 65 个县设置筹备委员会,2 个县正在筹备成立筹备委员会,其余 21 个县因属于少数民族聚居的边远地区,尚无建立工商联组织的需要。

(二)昆明市商业联合总会的业务活动

昆明市商业联合总会除继续料理日常会务并为移交、接管进行必要的准备以外,主要进行了以下工作活动。

首先,参加了"云南各界迎军筹备会"的活动,并动员各同业公会积极捐献慰劳礼品。1950 年 2 月 20 日,陈赓、宋任穷两位将军率大军入城与全市人民相见。这一天,昆明全城沸腾,万人空巷,全市人民以无比激动的心情,从来未有过的盛大场面,夹道迎接解放军。工商界在市商联总会的动员下,争先恐后地捐献慰劳礼品,表现了空前的热情,如布业捐献了棉布一百疋,毛巾数百打及现金四千多元,西药业捐献药品约值二万元,其他各业的捐献都不在少数。市商联总会的执委主席邓和风、监委主席赵永年各捐白蜜皂一千二百块,副主席吴瑞生捐盘尼西林针水一千多瓶,委员王炎炯捐火柴五千大包等,工商界捐献的礼品和现金总价值新人民币十多万元。同月 22 日,在云南各界欢迎人民解放军的大会上,市商联总会代表本市工商界把一面大银盾作为礼品献给人民解放军。

1950 年 3 月,国家发行第一次胜利折实公债,西南区的配额为 700 万份,云南省为 100 万份,昆明市商联总会组织各界成立推销胜利折实公债委员会,商会人士被推为委员的有严燮成、李琢庵、邓和风、赵永年、陈子量等人。接着昆明市商联总会也成立了商界推销公债委员会,负责劝购公债工作,在市商联总会的推动下,至同年年底,昆明市商界认购公债60万份,胜利地完成了这一任务。认购公债的商号和个人数量最大的有茂恒商号的王少岩、永昌祥的严燮成、锡庆祥的董仁明、万通的伍体贤等。这期间,市商联总会还成立了税务评议委员会,由邓和风任主任委员,协助税收机关办理评议事项发动。所属行业会员完成应缴税款,使国家税收工作能顺利进行。

1950年6月23日,省委统战部召开第一次工商界代表茶话会,邓和风、伍体贤、王昭明、严燮成、徐佩璜、陈子量等20位工商界代表人物参加会议,宋任穷在总结发言中说:"今后的主要任务是调整工商业,发展工商业。"他对调整工商业的公私关系、劳资关系和税收问题做了阐述说明。他说:"公私关系要贯彻公私兼顾的政策,国营工商业是社会主义性质的、是进步的,必须大力发展,但是发展是有一个限度的,即不能挤垮私营工商业,一切正当的私营工商业需要加以扶持,协助逐步恢复和发展。这是国家的既定政策,一定要坚决执行。订货加工是必需的,是国营工商业扶助私营工商业的一种办法。"[①] 他还强调:"希望各位一方面广为宣传解释,要大家打消顾虑,放手拿出资金,发展生产事业。实现社会主义起码还得一二十年以后的事,就是到了社会主义阶段,过去的私营工商业家,仍然有工作可以做,并且还视其能力及工作的需要,使他们工作做得更好;另一方面希望各位在云南工商业界中,起带头推动作用。"[②]

1950年9月,为了使资产阶级工商业者了解《共同纲领》中有关工商业的政策,解除顾虑,积极经营,根据中共中央西南局的指示精神,昆明和贵阳联合组织了以工商业者为主的"昆筑北上参观团",前往首都北京及重庆、武汉、天津、济南、青岛、上海等一些大城市参观。昆明参观团成员33人。其中工商业界有杨克成、王昭明、伍体贤、孙天霖、赵谦庵、施次鲁、张相如、杨润苍、李镜天、周作孚、苗天宝、聂

---

[①] 云南省地方志编纂委员会编:《云南省志(卷43)·中共云南省委志》,云南人民出版社2000年版,第21页。

[②] 云南省地方志编纂委员会编:《云南省志(卷43)·中共云南省委志》,云南人民出版社2000年版,第22页。

叙伦、郑灿、赵桂馥（女）、周肇岐、李仲英（女）16人。参观活动历时3个月，同年12月19日返回昆明。参观团在北京期间受到朱德、董必武、林伯渠等中央领导人的接见，聆听了他们的讲话，在上海受到陈毅市长和华东局领导人的接见和宴请。通过此次参观活动，广大工商业者受到了教育，提高了思想认识。

1950年4月，昆明市第一届各界人民代表会议召开，工商界有38名代表出席。商联总会的领导人等还参加了人民拥政会及拥政会所开展的活动。在先后召开省、市第一届人民代表会议前，商联总会分别召开了各业代表大会，按照规定名额选出了出席省人大的工商界代表4人，出席市人大的工商界代表商业23人，工业15人，共38人。经济上实行调整，政治上"朝内有人"，是对资产阶级两个不可分离的重要政策。云南省委特别重视对工商界代表人物的政治安排，吸收他们参加政权工作，对他们进行团结与教育，使他们与人民政府的关系密切起来。在1950年12月25日召开的云南省各界人民代表会议895名代表中，有工商业者代表93名，占10%。

随着社会逐步稳定，政策逐渐深入人心，一批在1949年前离开云南的工商界知名人士相继归来，投身云南新政权的建设。如恒盛公商号的总经理张相时、云茂纺织厂的董事长王少岩，先后从香港回来；南屏电影院的经理、董事长，安宁温泉宾馆经理刘淑清（女）也从美国回到昆明。同时，工商界人士在纳税、退押、爱国捐献等方面都做出了不少成绩，特别是在抗美援朝的爱国增产捐献运动中，工商界人士掀起了捐献热潮，他们扩大生产，改善经营，增加收入，注意节约并减少浪费，积极捐献，表现出很高的爱国热情。[①]

中国共产党在云南和平解放初期对商会和广大工商业者改造的初步成效，主要归因于其对工商界开展了正确而有效的统战工作。首先，在思想上必须明确，对工商界的统战工作是城市统战工作中主要的一环，"因为资产阶级是四个阶级之一，为新民主主义社会较长期争取团结改

---

[①] 中共云南省委统战部、中共云南省委党史研究室编：《中国资本主义工商业的社会主义改造·云南卷》，中共党史出版社1993年版，第231页。

造的对象，做好这一工作在发展生产，繁荣经济以及国家工业化上将起很大的作用，对于这点首先在思想上应当引起必要的重视"①。其次，统战工作必须在调整工商业，吸收工商业者中有代表性者参加政权工作，以及既团结又斗争等方面进行工作。围绕这一点，云南省委统战部主要做了两方面的工作。一是掌握公私兼顾、劳资两利政策。对私营工商业进行改造，必须对国家有益，对工人有利，同时使工商业者有利可图。"一般工商业者，在初期总是对政策不了解，生产及经营不积极，经过全国调整工商业以后，人民政府各财经业务部门，做了一系列加工订货，收购贷款，调整地区及批发零售差价等措施以后，工商业者普遍体会了新民主主义的经济政策，这样大大地鼓励了他们生产及经营的积极性。统战部门在这一工作中，协助政府工商部门进行具体工作，反映情况、意见，了解资方思想动态，进行教育，使之认识政策，解除顾虑，积极经营。"② 二是吸收工商界有代表性的人物参加新政权的工作，在团结与教育过程中提高他们的积极性，这是一项不可缺少的措施。这不仅在政治上团结了民族资产阶级，让他们感到"朝内有人"，而且使四个阶级之一的资产阶级与人民政府的关系也密切起来。因此，在筹组商业联合总会之后成立的工商联中，都有相当一部分旧有商会和同业公会的代表人士参与工作。此外，还通过组织学习，使工商业者首先了解新政权的政策措施，解除了许多不必要的顾虑，加强了联系，使党的政策与资产阶级的脉搏跳动逐渐通气。其中最有效的途径，就是通过工商界自己的组织，通过其进步分子来团结、教育一般资产阶级，批评少数落后分子，检举违法商人，贯彻实施我们的政策，"如在评税中充分发动群众，发扬了民主，分编工商大小组，成立税务推进委员会，在协助、宣传、评议、复查、征收、检举违法等方面起了很大的作用"③。当然，由于云南

---

① 中共云南省委统战部、中共云南省委党史研究室编：《中国资本主义工商业的社会主义改造·云南卷》，中共党史出版社1993年版，第32页。
② 中国民主建国会云南省委员会、云南省工商业联合会编：《云南工商史料选辑》第1辑，1988年，第32—33页。
③ 中国民主建国会云南省委员会、云南省工商业联合会编：《云南工商史料选辑》第1辑，1988年，第34页。

各地社会经济形势的复杂性，商会的改造并未形成完善健全的转型机制。较全国其他地区而言，云南对工商业的整顿工作也相对进展缓慢。

**二 广西商会的转型与改造**

1949年12月11日，镇南关解放，解放广西的战役经过一个月零五天，胜利结束，广西全省宣告解放。1950年2月8日，广西省人民政府在广西省南宁市成立。为了对旧商会和同业公会进行彻底改造，政务院公布《工商业联合会组织通则》，根据中共中央和广西省委的指示，先后有一些市县在改组改造旧商会、旧工业会、旧同业公会的基础上，成立了工商联组织。

1949年10月，中共桂林市委发动组织各行各业成立联合会，11月28日，桂林市工商解放联合会成立。1950年1月17日，原桂林市工商解放联合会和旧市商会改组合并，成立了桂林市工商联合会，下设59个同业公会，并在全市工商户中进行登记，划分地区，进行管理。[1]

桂林市工商联在桂林市经济和政治等多方面都付出了很大的努力，为桂林市的城市发展作出了巨大的贡献。当时，桂林经济不景气，工商业者生产经营积极性不高，对于生产经营充满了顾虑。工商联通过对工商业者进行思想工作，将当时"发展生产，繁荣经济，公私兼顾，劳资两利"的政策广为宣传，在一定程度上消除了工商业者的顾虑，促进了工商业者复工复业。1950年5月27日至7月17日，桂林市工商联为尽快恢复发展生产，组织工商界21名代表北上参观学习。在参观北京、上海、天津等8大城市的69个工厂、商店、农场后，工商业代表消除了顾虑，增强了信心，在回到桂林后多位代表增加资本，扩大经营，这对于当时桂林市的经济恢复起到了极大的推动作用。[2] 新中国成立初期，为了稳定物价，恢复市场经济，以桂林市工商联为代表的广西商界动员同

---

[1] 中共桂林市委党史研究室编著：《桂林五十年·中共桂林地方史大事记》，中共党史出版社2007年版，第4页。

[2] 中共桂林市委党史研究室编著：《桂林五十年·中共桂林地方史大事记》，中共党史出版社2007年版，第5页；中共广西壮族自治区委统战部、党史资料征集委员会办公室编：《中国资本主义工商业的社会主义改造·广西卷》，中共党史出版社1992年版，第6页。

业会会员遵守法令，拒收银元，专收人民币，确保人民币在市场中占据地位，促进并维护市场的稳定。

与此同时，工商联在促进桂林市同业公会的发展建设方面起到了一定作用。1950年5月中旬，桂林市工商联为改善当时同业公会当中残存的保守排外思想和行帮行为，对当时的同业公会进行整顿，将同业公会由原来的37个增至57个，其中在工业方面增加到4个，手工业方面增加到24个，商业方面增加到29个，设立同业工会委员会。①

1952年9月20日，桂林市工商业联合会召开第二次会员代表大会，这次会议宣布桂林市工商业联合会改组。此时，桂林市商业联合会下属有32个同业公会、摊贩联合会和郊区分会。自此以后，工商联就不再是单纯的私营工商业者的组织，而是各类工商业者联合组成的人民团体，在代表和领导机构中增加了国营、合作企业的代表，同时私营工商业代表和领导成员也以进步分子占优势，中国共产党对工商联机关增派了党员干部，从而加强了党的领导。

---

① 中共广西壮族自治区委统战部、党史资料征集委员会办公室编：《中国资本主义工商业的社会主义改造·广西卷》，中共党史出版社1992年版，第306页。

# 第二章

## 西南地区近代商会的组织治理

商会,是近现代的民间商人社团,其承继传统的会馆组织,在协调商事运作、维护商业秩序、保护商人利益等方面发挥着至关重要的作用。一定意义上,探索特定区域的商会形态变迁,有助于深化对区域商会组织结构、运作经验和制度历史等的探索。商会的组织治理,即学界一般所论的商会治理,是指商会内部通过一定的制度安排和组织架构,合理分配商会内部权利与权力以决定商会内部事务的组织机构及其权力运行关系。[①] 在西南地区近代商会的变迁历程中,商人发挥自我组织、自我协调的功能,以求稳定的商业环境。正因此,会馆、行会、公会、商会相继出现。商会组织更是西南边疆地区内地化、近代化转型的重要标识,省、县市、镇各级商会组织通过组织结构的优化调适,以期与国家或政府主导之下的政策相匹配,进而构建起自己的区域网络。因此,西南边疆地区近代商会随着时局和政局的变化,不断地调整内部组织结构,适应近代社会的发展。或许,在近代社会里,除了政府机构,占据社会政治空间的社团组织力量,其实也体现着一种权力的力量,从而促使政府不能忽视这种力量,而商人间或体现出这种力量时,并非体现着某种统治者的意志,只是一种维护秩序的需要,西南边疆地区近代商会组织正是这种历史态势的反映。社会的组织化是近代中国国家构建的产物,[②]

---

[①] 陈欢:《我国商会治理机制研究》,硕士学位论文,杭州师范大学,2013年,第3页。
[②] 冯静:《中间团体与中国现代民族国家的构建(1901—1937)》,复旦大学出版社2012年版,第79页。

从现代民族国家建构的背景下来看，商会组织的演进也说明了，商人群体也以特有的组织化方式参与建构社会。同时，商会组织治理的研究，也为我们通过社会组织寻找一条接近中国国家与社会关系的"真相"提供了一条可行的途径。

## 第一节 商会组织形态的演进

### 一 雏形：清末民初商务总会的初设

（一）商务总会的设立

中国古代社会中的结社现象，历史悠久，源远流长。最早可追溯到春秋的官方政治社团，发展到两汉时期，除官社外已经出现了民间社团。经济领域内的商人团体结社发展为唐宋时期的"行"，行业组织的为首者称为"行头""行首""行老"等，当时的"行"已经具有了商业行业和"工商业者组织"的含义。在明清时期，商业活动范围得到进一步的扩大，"行"已经被"会馆""公所"所取代。

鸦片战争后，西方列强打开中国国门，带来了政治、经济、文化上的强烈冲击，中国近代历史形成"亘古未有之大变局"，中国自此融入世界发展的大潮流之中，被迫开始了现代化的历史进程。中国作为鸦片战争中的战败国，不仅丧失了国家主权和尊严，而且背负了巨大的经济压力。鸦片战争之后签订了一系列不平等条约迫使中国开放通商口岸，到1895年开放口岸多达40多处。开放口岸不仅为西方资本主义的进入创造了重要条件，而且在一定程度上刺激了国人睁眼看世界。如果说条约口岸的开放反映的是中国被迫现代化的发展历程，那么自开商埠则是国人主动谋求富强的一种自觉行为，意味着国人从被迫开放走向自觉开放，并对中国社会产生广泛而深刻的影响。自此，中国近代的经济发展以商业发展为开端，逐渐形成了一系列的商业制度和统一的国内市场，为近代商会的产生和发展奠定了坚实的基础。

中日甲午战争后，清廷为了维护其封建统治，推行"新政"，试图进行自上而下的全方位改革，改革内容涉及经济、政治和社会生活等诸多领域。在经济上晚清政府大力实施奖励工商、振兴实业的政策，倡导民间兴办实业，并从法律上予以保护。国家在一定程度上放弃对经济生活的专制统治，承认商人的合法地位，使工商业者拥有一个相对独立的经济活动领域。"新政"改革中，清政府改变历代统治者严格控制、限制和禁止民间成立社会组织的一贯做法，转而主动倡导和鼓励商人设立新式商会，允许商会享有较大的独立性和自主权，并在法律上给予商会以法人地位。

1902年成立的上海商业会议公所，被普遍认为是中国人自己创办的近代意义上的第一个商会。1903年，清廷设置了商部——中国第一个近代意义上专职管理全国实业的中央机构。商部的设立是救亡图存的产物，是经济发展的客观需要，是重商思潮的政治化和现实化。作为一个具有近代色彩的中央机构，商部既注意借鉴外国成法，又努力结合国内实际，初步建立起一套从中央到地方行之有效的运转体系。在中央，设保惠司、平均司、通艺司、会计司和司务厅等，因事分权，职掌明确。在地方，设立商务局和商务议员，作为商部掌控的省一级振兴实业的领导机构与人员，推动了民间兴办农、工、商、矿，西南地区的商业和商人组织因此而有所发展。

1906年清廷把商部改组为农工商部，于省一级设立劝业道，府州县设立劝业员，形成农工商部—劝业道—劝业员，从中央到省再到府州县的全面实业推进体系。同年，云南绅耆马启元、王鸿图、董润章、祁奎、王连升、施复初等发起组织云南商务总会，上报至云贵总督丁振铎，并请他呈递上级政府，希望政府可以核准设立，定名为"奏办云南全省商务总会"，3月在昆明威远街设立事务所。后经农工商部批示，云南省设立商务总会。1908年，奉准把旧抚署左守备衙门拨作商会会址，迁入福照街（现五一路）。按照农工商部颁发的商会章程规定，云南全省商务总会设总理、协理各1人主持日常会务，总理和协理均由会员选举再由工商行政管理机构加以委任。总理和协理各下设会董10人、帮董10人。会董由会员选举出任，职务是处理商会事务，帮董由参加商会的各业代表选举出任，职责是协助会董处理商会事务。总理、协理、会董、帮董任期均为一年，可以连选连任。云南商务总会第一任总理为王鸿图，协理为马启元，两人均为组织发起人。王鸿图经营庆丰，是全省最大的工商业主，通过捐纳坐任道员和京堂的官职，道员居二品，京堂居四品。马启元经营兴盛和，是鹤庆的工商业大户，通过捐纳出任二品武职副将。第一任会董有袁嘉猷、宋升培等，第一任帮董有杨钧、周肇京等人。①

辛亥革命发生后，国家政体发生了重大的变更，昆明爆发了"重九起义"。1911年10月30日，滇军将领蔡锷、唐继尧等人在昆明举行武装起义，并于次日凌晨完全占领云南，活捉总督李经羲，推翻了清王朝在云南的统治。起义成功后即成立了云南都督府，宣布云南独立，蔡锷任都督。为了维持工商事业，云南军政府都督蔡锷派王鸿图、马启元等负责办理商务总会事务，任命陈德谦为总理，胡源为协理，会董、议员成员不变，把原来的名称改为"云南全省商务总局"。名称虽改，性质未变，仍为人民团体，并非工商行政管理机构。总理改称总办，协理改称会办。王鸿图任总办，马启元任会办。其余会董、帮董仍沿其旧。②

在"重九起义"爆发前的同年9月，云南劝业道改为云南省城商务总会，依然推举陈德谦为商会总理，施焕明为商会协理，祁奎、杨蕴山除了担任会董外，还推举祁奎作为参议长，杨蕴山等十人为参议员。另增加三十八人作为帮董，设立商团局，职能是维护省会的治安管理，并把辖区分为九个，且九个区各自举荐一名代表，任命胡源为正监督，陆腾武为副监督，各街道设立商团长一职。在接到都督府的指示后，云南省商务总会立即按照指示办理相关事务，并积极地组建商团。1911年11月，云南全省商务局已经按照都督府的指示把所辖区域划分为九个区，然后由各区的街董、首事人等抽选辖区内商铺和住户的壮丁后，集体点名，登记入册，由此正式组成商团。商团的总团长由胡源担任，胡源带领商团向军政府领取相应的枪械，并经过一系列操练，然后按照次序把商团成员分别派遣到各个不同的辖区，与辖区内的派出所巡警共同守护辖区安定，并且与守护共同巡逻。

---

① 云南省政协文史委员会编：《云南文史集粹》第5卷（工商·经济），云南人民出版社2004年版，第278页。

② 云南省政协文史委员会编：《云南文史集粹》第5卷（工商·经济），云南人民出版社2004年版，第279页。

辛亥光复后云南商务总会组织又逐步完善,"光复后,大汉四千六百零九年(1911年)九月改为云南省城商务总会,仍推陈德谦为总理,施焕明为协理,除会董外,并推祁奎为参议长,杨蕴山等十人为参议员。至十一月禀都督府令,改为总理云南全省商务局,兼理商务行政事宜,另委陈德谦为总理,胡源为协理,会董、议员仍旧,并加推帮董为三十八人,设商团局,维持省会治安,推九区代表,任命胡源、陆腾武为正副监督,各街设商团长。1912年2月,市面渐趋安定,又正式招募商团学员,由各区挑选商家子弟,年岁在十八岁以上,二十五岁以下为合格,共一百余十名,以商务总局为商团驻扎和操练的场所,由当时的卫戍部队派军事人员前来加以训练,正式成立了商团。商团经费及训练所需的服装伙食、饷项等均由商务总局筹付。至1912年底国内局势安定,商团随即退伍裁撤。1913年正月,仍正名为云南商务总会,推陈德谦为总理,胡源、周忻先后推为协理,成立商事公断处,举陆腾武为处长并设评议员二十四人,并组织全团商联会云南省事务所及云南商团学校,毕业学员一百四十名"[①]。

在云南全省商务局时期,开始设立商团局维持省会昆明的治安,主要是因为云南在民初,匪患猖獗,商旅不堪其扰。特别是迤西地区,由于地处云南与东南亚各国(缅甸、老挝等)对外贸易的交流要塞,往来商旅,屡遭洗劫。据云南商务总会有关史料记载:"奉前军政部谕令商务总会组织商团以保卫治安,维持大局等因,迅即组织成立,旋于民国元年五月奉文裁撤在案。"其主要任务是保卫治安,维持整个商业大局的安全稳定。其组织形式:"惟挑选商团编列入队时,日间操演军事技术,夜间轮班巡查六城街道。"任命胡源、陆腾武为正副监督,各街均设商团长。"商团的经费由各商帮酌情担任,由局征收,由各商帮监督用途",商团驻扎和操练的场地设在商务总局,并由当时的驻扎部队派遣专业的军事人员来为商团训练,自此商团正式成立。商团日常经费以及训练产生的服装费、伙食费、饷银等都是由商务总局去筹备并且支付的。近代云南商团是在国内时局动荡、社会秩序混乱的大背景下组成的,

---

① 陆复初编:《昆明市志长编》卷十二,昆明市志编纂委员会1984年,第467—468页。

其目的主要在于保护自己成员的利益。商会筹组云南商团，以捍卫商旅、维持地方治安为宗旨，为商品经济活动提供社会环境的安全保障。①

1905年，晚清政府颁布《奏定商会简明章程》后不久，全国的商务总会发展到五十多个，商务分会八百多个，商务分所更是多达两千多个。广西的南宁于1907年组织成立南宁商务总会，南宁府所属各县，如武缘（鸣）、隆安、永淳、横州等地的商会，均隶属于南宁商务总会。南宁商务总会设有董事会，再由董事互推总理、协理各一人，职责是处理商会事务。商会经费是由入会的各商户自愿捐助，没有额度的限制。② 梧州商务总会在1907年建立。辛亥革命时，梧州各界人士通电响应，代表商会签字的为卢桂荣，之后先后担任过商会理事长（负责人）的有：惠安平码行的卢香林、公昌行的陈兰高、德裕烟丝店的廖义夫、公和利平码行的徐惠清、鸿昌行的梁纪挤、集大成布庄的陈竹轩、品昌烟丝店的黄叙伦等。③

（二）各地商务分会的设立

随着商务总会的发展，西南边疆各地商务分会也接续创设。在1743年前，丽江就存有府城市（今大研镇）、白沙市、束河市、七河市等集市。由于这些集市毗邻多省，商贾云集，往来交流频繁，成为固定的经常性的产品交换中心。④ 1794年，粤商筹资组建了粤东会馆，粤东会馆就是后来本县商会和同业公会的雏形。1909年6月30日，在华坪成立了华坪县商务分会，由吴天运任分会长、李荣才任副分会长。随着农工商部奏定的简明章程的颁布，1911年永胜县商会成立，设会长1人。1915年华坪县商务分会改为华坪县商会，有商会会员500余名。1947年6月15日，宁蒗县永宁商会成立，成员均系外籍坐商。⑤

1912年4月25日，在丽江设立了丽江商务分会，经过商户投票后

---

① 陆复初编：《昆明市志长编》卷十二，昆明市志编纂委员会1984年，第467页。
② 南宁市政协文史资料研究委员会编：《南宁文史资料》，1987年，第230—237页。
③ 南宁市地方志编纂委员会编：《梧州市志·政治卷》，广西人民出版社1998年版，第2622—2623页。
④ 丽江地区志编纂委员会编：《丽江地区志》中卷，云南民族出版社2006年版，第235页。
⑤ 丽江地区志编纂委员会编：《丽江地区志》中卷，云南民族出版社2006年版，第235页。

／ 第二章　西南地区近代商会的组织治理 ／

公选杨兆瑞为丽江商务分会的总理，另选赵绪等14人为分会会董。丽江商务分会的章程明确规定了商会是"以振兴商务，促进改良工商业为宗旨"。丽江商务分会的实际领导权一直被掌握在少数商会内部的工商大户和部分官员乡绅的手中，他们难免公器私用，利用商会权力去壮大自己的经济实力。但是，商会仍然在工商业发展中发挥了不可替代的作用，商会在积极联络和维护各商户之间的感情、维护商业治安和商道安全、调解处理商务纠纷、修桥铺路便利交通等方面做出了一些贡献。①

1910年，郁林州（今玉林）商会正式成立，会员237人。② 1915年，广西商务较繁盛的地区，如南宁、梧州、桂林、柳州、龙州、百色等，均相继设立总商会。③

在西南边疆地区，随着商务总会和商务分会的建立与发展，商务分所也逐步在集镇兴办，如1912年，中甸县的同知（知府副职）冯舜生遵照云南省行政公署的训令：通饬各属一体创设商务分会，由此经过核实后批准成立中甸县商务分所，分所事宜具体由赵祚昌等人负责。次年，中甸县商务分所更名为中甸商务分会，并推选赵即桂担任总理，另设会董9名，制定了《中甸商务分会章程》，"就本地现有之商业联络，研究振兴与保护诸方法，于商界旧有之陋习及流弊务必设法改革，于本地之土产及相宜之制造务设法提倡扩充，于输入之外货务设法仿造，于商人之困苦纠葛多代为解免"④。

1914年，鹤庆商会进行了改选，梁正轩任商会总理，另设会董6名。商务分会将会址设置在鹤庆会馆，将上一任自治局抽收的茶捐赠给商务分会做经费，并制定了商务分会的《商会简章》。1915年，按照云南巡按使部署的命令，将商务分会定名为"中甸县商会"，以"振兴商务，促进改良工商业"为商会的宗旨。1916年，周尚德出任商会会长，另设会董10名。1917年，杨锦春出任商会会长，另设会董12名。1918年部以简出任商会会长，另设会董12名。1920年以后，中甸县商会遭

---

① 丽江地区志编纂委员会编：《丽江地区志》中卷，云南民族出版社2006年版，第235页。
② 玉林市志编纂委员会编：《玉林市志》，广西人民出版社1993年版，第803页。
③ 《百色商会沿革》，《桂西日报》1947年11月1日第4版。
④ 云南省中甸县地方志编纂委员会编：《中甸县志》，云南民族出版社1997年版，第263页。

遇了劫匪的洗劫，因此变乱，商会分崩瓦解，商业凋零堕落，往日里殷实富裕的商户也纷纷迁走。①

## 二 完型：北洋政府时期省级总商会的创设

北洋政府时期，随着军阀割据混战，政府式微，商会的生存空间逐步扩大，职能逐步拓展，商会组织是一支不容小觑的经济、政治力量，因此政府非常重视商会的改组。军阀政争下，大小军阀的军费基本上都是由商会提供的，商会是各种政治势力与地方军阀的财政后盾。

1914年年初，北洋政府颁布的《商会法》规定："会董由会员投票选举，会长、副会长由会董投票互选。""本法所谓商会者，指商会及商会联合会而言"，"商会及商会联合会的为法人"，规定省设商会联合会，县设商会，县以下的商业繁盛区设事务分所；还规定了商会的职责，并限定所有商会必须于6个月内按规定改组。《商会法》公布后，以上海总商会为首的全国工商界不干了，他们的激烈抗争迫使袁世凯政府收回了强化管理的尝试。

1914年，全国政局稳定后，农工商部指令旧颁商人通例、旧商会章程、商事公断处章程仍属有效，云南商务总局随即依照旧商会章程改组为云南省总商会，把总、会办名称改为正、副会长。云南省总商会每次改选都要发生一次风波，表演一场竞选贿选的丑剧。会长一职是竞选或贿选的目标。参加竞选或贿选的行帮都是当时掌握云南经济命脉、影响云南政治的鸦片烟帮，参加竞选的人物又是鸦片烟帮中拥有最大财富的几户资本家或其代理人。这些竞选或贿选的行号及人物彼此之间在经济上既有联系又有矛盾。竞选时彼此攻击，甚至互相咒骂，好像有不共戴天之仇。竞选结束后则又互相利用，互相勾结，以把持商会为其行帮及商号谋取利益。云南省总商会在1914—1929年经过多次改选，其间担任过会长、副会长的有陈德谦、周忻、董铭章、施复初、祁奎、王连升、张荫后、李槃吉、施焕明等，最后一任为尹养初。

1917—1919年，商会业务兴盛。1919年，梧州总商会改组为梧州市商

---

① 云南省中甸县地方志编纂委员会编：《中甸县志》，云南民族出版社1997年版，第263页。

会，1921年，定名为梧州商会。① 1921年，孙中山命粤军讨伐广西陆荣廷，陆倒台后，自治军起，兵祸连年不断，民生凋敝，市场萧条冷落，商会业务亦随之逐年衰落，多陷于停顿状态。原南宁府（道）所属各县商会亦早已经各自为政，脱离隶属关系。1924年秋，李宗仁、黄绍竑、白崇禧上台掌握广西军政大权，商会亦随之恢复设置，尤以1925年当局成立广西省长公署以后，政局渐趋安定，市场商业日趋繁盛，商会业务不断拓展。

### 三 定型：南京国民政府时期商会的改组

南京国民政府成立后，国民党政权与民族资产阶级之间的关系需要重新审视，由此南京国民政府采取强制手段对商会进行了整顿和改组，还对商会及同业工会实施严格的监督与控制。伴随着政府力量的延伸，西南地区商会组织的架构出现了新的调整。

新桂系对商业的发展也尤为重视，认为发展商业是使广西能够自给的重要保证。1929年，为了统一对商业进行领导，广西成立了商业联合会，不久因政局纷乱而告停顿。1934年3月重新恢复。各地商会因地方不靖，曾于20世纪30年代前组织维护商队或商团。自从新桂系的民团建立后，下令各地护商队或商团一律裁撤，由民团负责维持治安。至1935年，广西计有1个商业联合会，51个县商会，7个区商会。②

新桂系采取了一些发展商业的措施，使广西商业得到一定的发展，如商店增多、贸易增加、圩市增多，市场繁荣、商会、同业公会和商业公司的增加等都是商业发展的表现。③ 广西商会也逐渐建立和完善内部管理制度，商会的内部组织机构分非常设性和常设性两种，"非常设性的机构，是由全体会员或会员代表组成的会员大会，种类分定期会议及临时会议两种。会员大会的职能主要是商会成员通过召开会议来解决商会的重大事务。如修改商会的章程，选举、罢免会长，确立会费标准，决定会员的除名，商会的清算与解散等事项。1942年李锦涛当选为桂林

---

① 梧州市地方志编纂委员会编：《梧州市志·政治卷》，广西人民出版社2000年版，第2622—2623页。
② 《百色商会沿革》，《桂西日报》1947年11月1日第4版。
③ 杨乃良：《民国时期广西经济建设研究》，崇文书局2003年版，第223页。

市商会理事长，选举的程序较为规范。首先，召开会员大会选出数名常务理事，再在常务理事当中以无记名方式投票，以得票数满投票人的半数者当选，一次不能选出时应以得票最多的两人再进行决选。梧州商会章程规定，任何人、任何部门不能任意解散商会，只有经过召开会员大会，有四分之三以上代表出席，并且出席的代表有三分之二以上同意方得决议。广西商会联合会也是通过召开各商会代表大会来商量重大事情。常设性的机构，一般负责召集会员大会并向会员大会报告工作，执行会员大会的决议，制定商会的活动策划等工作。如梧州商会就常设执行委员 15 人，监察委员 7 人，候补执行委员 7 人，候补监察委员 3 人，并在执行委员中选五名常务委员，然后在常务委员中选 1 人任商会主席"①。

广西的众多商会中，百色总商会的设立过程是曲折的。因百色商人过于散漫，且实力不够雄厚，所以百色商人虽然有想要组织总商会的心愿，却不能达成，只能隶属于南宁总商会。直至 1911 年百色总商会才正式成立，而后又经历过数次改选。"因时局动荡，多次险渡难关。于海禁既开，逊清当局，以迭受外侮，工商业务，事事不如人，尤羡英人以商务发达国势强盛，于是颁布商会法，凡国内都市有三百家以上之商店者，俱得组织总商会，直隶农商部，不受地方府道指挥管束，其权之大，可想而知，同时百色商人，因粤东会馆事，与百色厅田骏丰起纠纷。鉴于商人过于散漫，力量终欠宏厚，爰有组织商会之动机，然以事属首创，缺乏指导，恐致偾事，仅欲组织分会，而隶于南宁总商会，继以权利义务不得其平，遂毅然呈奉农商部核准并颁发铜质关防，于宣统三年（1911 年）八月由百色厅龙育麒亲自送到会，百色总商会，于焉诞生矣。"②

当时总商会之组织，设总理、副总理各一人，会董四人，一年一任，连选连任，历届商会领导人均履职尽责，尽管时局动荡多变，均兢兢业业经营商会事务。"筹备完毕，选举黎时雍为总理，黄嘉堂为副总理，一连两任。迨民国二年，改选叶文献为总理，李叔鳌副之，又一连两任。

---

① 谭肇毅：《抗战时期的广西经济》，广西师范大学出版社 2011 年版，第 135—137 页。
② 《百色商会沿革》，《桂西日报》1947 年 11 月 1 日第 4 版。

至民四①，改选黎辅臣为总理，苏隶浓副之。时袁氏称帝，缴龙济光部龙瑾光，率部假道百色，进侵滇之护国军，迫广西独立，陆荣廷调马济偕驻色之黄自新部，缴龙部械，当时情势较为险恶，各商人人自危，惧怕大祸临头之戒。本会几经奔走，幸赖天佑百色，卒渡难关。民六，改选梁运裳为总理，林瑞卓副之。在此数年当中，客军频频过境，本会为金融为治安尽却相当贡献。更一手奉令改会长制，下仍为会董，两年一任，但仍称总商会，选举幸世昌为会长，黎弼臣副之，后因田南道、尹王安，奉转部令，以训令行之，遭受拒绝，因矇呈百色不合总商会资格，奉核准改称商会，另颁钤记，任满后，选弼臣为正会长，姚星桥为副之。时桂省政变，地方非常骚动，至民十，选叶文献为会长，梁星波副之，桂政变后，粤军来，自治，与刘华堂缴马骁军械，叶会长奔走双方，始免两军巷战，滇黔部队相继频繁，人民生活仍得于艰苦中度过，此系环境使然，本会不过尽其职责之所在，协助政府努力维持而已。至民十三，有选黎弼臣为会长，陆希赤、周显臣副之，仍继续叶前任未竟工作，努力金融之维持。"②

面对多变的政局，先有1927年的劳资纠纷，后有1929年的百色起义，百色商会陷入困境，虽几经曲折，所幸能正常运转。后1931年、1933年、1936年又分别进行了一系列的整改，百色商会不断得到完善。"迨至民十六年有商民协会之组织，以店员为中心，因本会地址不敷，而建筑后楼为办公处所，同时又有工人会之组织，因组织不严密，且训练未周，每因细故，引起劳资纠纷，为药材业与工人纠纷一案，几酿成党部与商会摩擦，幸得县府善为调处，始告冰消。民十八年，百色发生起义，时周振堂为会长，商团枪械全数被缴，复勒取巨款，商人处在势力之下，欲抗莫由……只有用面面俱圆手段应付，以图安全而已。至民二十，改主席制，分设执行、监察两委员会，执行委员会执行会务，监察委员会监察会务之执行及财政收支，执行委员会又设常务委员会，处理日常事务，于常务委员会中设主席一人，以总其成，商会组织稍称完

---

① 指民国四年，以下民六、民十、民十三分别指民国六年、十年、十三年。
② 《百色商会沿革》，《桂西日报》1947年11月1日第4版。

备。但十年来，地方多故，应付为艰，动辄得咎，但不愿就主席职，而商会又不能中途解散，因陋就简，由叶作轩、关宝臣相继充临时主席。至民二十二，始正式选举黎弼臣为主席，其后许荣峰、黎弼臣、刘子隆、梁善廷、关宝臣相继充任。至民二十六年抗战期间，更严密组织人民团体，分业组织各同业公会，由各同业公会参加商会组织，改理事长，分组理监事会，略如主席制时之执监委员会由廖建凡、关宝臣及黄汉明相继充任理事长，以至于今。"①

1931年3月21日，昆明市商会召开第一次会员代表大会，宣告昆明市商会成立，从此昆明市商会进入了一个较有作为的历史时期。在龙云建设"新云南"的过程中，昆明市商会组织架构得以完善，在商业发展中有效运行。工商同业公会作为商会的基层组织，在经历中央政府对商人团体组织法规与政策的转变之下，其组织架构和治理体系不断完善。昆明市商会成立后，依法指导旧有但未曾照新法组成的公会，经过将近一年时间，组成昆明市商业同业公会70余个，之前的组织名称，类皆冠以地名，今则以货品性质为准。至1936年，昆明市商户不断增加，同业公会的组织架构也较前更加完善。

昆明市商会的基层就是商店、行号、公司，基层组织为工商同业公会，是按照当时实行的商会法实施细则组织的，以发展工商业、谋取工商业福利、矫正工商业的弊害为宗旨。抗战前夕，昆明组成了同业公会的行业计有73个。商会和同业公会在政府的领导下，对各业商业活动进行规范管理，近代工商管理制度建设逐渐步入正轨。② 在商会的管理下，各行业开始进行了整合，一些不适应时代发展需要的行业，如金箔业、扎花业逐渐被淘汰，广货业、丝绸业按其经营业务分别并入纱、布业，绸缎业并入棉布业。同时，新增了一些行业。商会的成立，矫正了工商业弊病，调解各类商事纠纷，推动了城市工商业的发展。③ 昆明市商会

---

① 《百色商会沿革》，《桂西日报》1947年11月1日第4版。
② 何一民主编：《抗战时期西南大后方城市发展变迁研究》，重庆出版社2015年版，第502页。
③ 何一民主编：《抗战时期西南大后方城市发展变迁研究》，重庆出版社2015年版，第501—503页。

不断地进行整改以适应时代的新变化，发展了当地工商业，为工商业谋福利，推动了城市经济的发展。

抗战时期，昆明市商会洞察抗战时局，提出商人必须加强团结，建立一个组织严谨、关系密切的商会，于是昆明商人们特意请示政府，经过云南地方政府许可后开始筹建全省联合商会。"商会负责图谋工商业之发展，促进对外贸易之责，关系国计民生，依照商会法规定县市商会成立后，应组织省商会联合会，以资团结力量，共策进行，本会感于抗建时间，责艰任重，商人（缺字）救国，非有严密组织，加强团结，不足以赴时机，而应影响，诸如稳定外汇，调节物价，加强联系，齐一心志以为我商界谋福利，为社会而努力，以及仇货之加紧取缔，战时物资之供给，对敌反封锁之实施等，均属急务，非团结我商界同胞，加强机构，集中力量，不足以负巨尽本身天职，故筹组省商联会，为当务之急，特经本会执监委会议决，发起组织并呈奉党政当局核许，惟兹事体重大，必须各地商界同仁，一致赞助，协力策进，始克有济。市商会发起组织全省商会联合会，电蒙自等商会为发起人，二月后即正式组织成立。"[1]

昆明市商会经过全省联合商会拟定了筹建云南省商联会的方法以及相关费用的预算。此提议由第十六次执监联席会议表决通过，并特意致电下关、蒙自、昭通、盐津、保山、腾冲、思茅、个旧八个县的商人，邀请他们成为昆明市商会的发起人，并征求了各县商会的同意，由此昆明市商会正式成立，"1. 筹备处由市商会负责主持，各赞同之县商会得派代表到省参加，惟愿自备费用，或就省函托代表参加，否则即由本会主持办理；2. 由筹备会遵照中央颁布商会法及商会法施行细则进行筹备、组织、拟定各县市商会代表人数、会费、单位等重要问题，征得各县商会同意，呈报党政当局核准后，定期举行成立大会；3. 筹备工作预计以两月完成，关于筹备期间所需一切费用，由市商会另行拟具详细预算及来源，呈请党政机关核定预算另订之"[2]。

---

[1] 《全省商会联合会》，《中央日报》1941 年 12 月 13 日第 3 版。
[2] 《全省商会联合会》，《中央日报》1941 年 12 月 13 日第 3 版。

### 四 地方商会组织的演进

（一）滇东地区商会的分合

曲靖位于云南省东北部，是边疆中的内地，是云南连接内地的重要陆路通道。1913年废府、州置曲靖县，属滇中道。1929年直属云南省。清末民初之际，曲靖等地也曾率先成立商会。1903年，会泽县率先成立商务会，它是曲靖地区最早的商民群众组织。宣统元年，陆良县设商务分会，组成人员有总理一人、书记一人、巡丁一人，经费开支靠收货驮捐，每月收入银元20—40元，其收入除维持分会开支外，余款交县实业所开办地方事业。① 1916年2月，依据北洋政府新颁布的《商会法》，曲靖地区早先设立的会泽、曲靖、陆良、罗平四县的商务会依法改组为商会。沾益、宣威、师宗、富源等县的商会相继成立。1923年，罗平成立板桥商会分事务所。

1929年8月15日，南京国民政府重新制定并颁布了《商会法》。《商会法》要求特别市、特别县和其他各个县市全都设立商会。根据《商会法》的要求，曲靖区内各个县政府都把商会当作政府的下属机构，并把商会由会长制改为委员制。各县商会贯彻政府法令，反映商民思想和经营情况，代政府催收税金，摊派捐款，为驻军筹款筹粮；调解商民纠纷，办理商民开业、歇业、停业、转业的申请手续；代各商户办理"领贴"（营业执照）手续；协助政府维护市场秩序，取缔无证商贩和违法商贩；搜集市场动态、物价指数向政府报告。同时，准许商户兴办实业，曲靖各县的食盐公卖大多由商会负责。

曲靖地区各县的商会依法组建和履行职责，设立领导机构，期满换届选举或改组，由省总商会和当地政府双重领导，既是商民的自治团体，同时又代政府履行一部分对商民和市场的管理职能。师宗县商会曾设立一个公盐行，对豆温、小坡等地的行商供应盐巴零售。② 各县商会在大的集镇设立分支机构，对商人和市场进行管理。1931年，马龙县商人自

---

① 云南省陆良县商业局编：《陆良县商业志》，云南省陆良县商业局1986年铅印本，第17页。
② 云南省师宗县商业局编：《师宗县商业志》，云南省师宗县商业局1987年，第11页。

发组织帮会性质的"财神会",会首公推,任期一年,每年农历三月十二日商人按期聚会,祭祀财神,商讨商界大事,会费由商人自愿捐助,不足者,于会期设赌局抽头补足,至1946年纳入政府管理,代行商会职责。[1] 陆良县商会在章程中明确规定,商会的性质是商界推选组织,经政府批准,协助政府办理商界事务的群众组织。其任务如下:(1)以整顿商业、图谋工商业的发展,增进工商业公共福利为宗旨;(2)经费由会员交纳;(3)经费开支每年均须编制报告宣布并报地方官转呈省厅查核;(4)凡有关工商业者之间的争论请分会调处时,秉公调处,如调处不服,听其向地方官起诉;(5)政府需工商界捐款时,由商会公正分摊。[2]

表2-1 曲靖地区各县商会设立情况[3]

| 名称 | 设立时间 | 会长 | 会址 | 经费来源 |
| --- | --- | --- | --- | --- |
| 会泽县商会 | 1903年 | — | — | — |
| 陆良县商务分会 | 1909年 | 王宏庆 | 城内南大街 | 收货驮捐 |
| 宣威县商会 | 民国初年 | 浦在廷 | 宣和公司内 | — |
| 罗平县商会 | 1912年 | 彭永年 | 县城内 | — |
| 沾益县商会 | 1912年 | — | 西平镇北门街关岳庙内 | — |
| 曲靖县商务分会 | 1913年9月 | 赵守先 | 学院街财神庙后院 | 收货驮捐 |
| 师宗县商会 | 1930年初 | 何鼎南 | — | 设公盐行 |
| 马龙县财神会 | 1931年 | — | 财神庙 | 商人捐助 |
| 平彝县商会 | 1942年11月 | 伍文浩 | 平彝县党部 | — |

我们可以看出,曲靖地区的商会组织是成立得比较早的,但是其大多发展不良,存在会址临时借用、经费拮据等问题。民国时期成立商会

---

[1] 云南省马龙县商业局编:《马龙县商业志》,云南省马龙县商业局1991年,第13页。
[2] 云南省陆良县商业局编:《陆良县商业志》,云南省陆良县商业局1986年铅印本,第17页。
[3] 张玉胜编:《曲靖商业史稿》,云南人民出版社2018年版,第111页。

是为了让工商业者组成一个社会团体，以此来维护工商业者的利益。但是，也有个别地方的商会以权谋私、中饱私囊，此举引起商民的强烈反对。如沾益县商会两任会长孙云龙、殷天龙均有违法恶行，1947年9月2日，沾益县商民270余人联名上书云南省社会处，告发理事长孙云龙长期不召开会议，把持商会，违法谋私，包庇亲朋，妨碍商会振兴，请求罢免其理事长之职。经政府核准后，改选殷天龙为理事长。1948年，沾益县商会在龙华路北段设"商会检查站"，向过往车辆收取通行费，每辆收银元半开2—3元。同时，印发私营商业"营业证"，按商店规模大小收国币3万—10万元的营业证费。[①] 1949年下半年，沾益县商会瓦解。

（二）滇西地区商会组织的分立

凤庆原名顺宁，地处滇西边疆，古为百濮地，为蒲蛮所居，故古时顺宁以"蒲蛮"之谐音亦称为"蒲门"。1913年，迤西道改为滇西道，顺宁县属之。1914年，滇西道改为腾越道，顺宁县属之。1929年裁道，直隶省府。1950年2月22日，顺宁县人民政府成立。1954年8月26日，顺宁县更名为凤庆县。1912年，成立顺宁县商务局，总办木正明，继任任廷柱、赵复盛、西佛昌。1922年，根据《商会法》改组商务局为县商会，每届任期2年。首届正副会长段尚志、李期实；二届张彩南、李国华；三届周效虞、杨超。民国十七年（1928）秋，改组为委员制，胡作霖任主席。1930年8月，改组章程，仍以2年为一届，首届主席李德和，1933—1942年二至六届先后任主席的是赵正清、胡作舟、王润、朱家祯、木向荣。六届会议通过了《顺宁县商会章程》，以振兴商务、对外贸易、增进工商业公共福利为宗旨，调处商务纠纷，代表商人利益向政府陈述意见。[②]

顺宁商会组织了盐业、茶业、纱业、百货业、丝绸呢绒业、新药业、制革工业、纺织工业、针织工业、铁器业、旅店业11个同业公会。1944年，改组为理监事，主席改称理事长。1946年10月改选，甘正文当选

---

① 张玉胜编：《曲靖商业史稿》，云南人民出版社2018年版，第111页。
② 云南省凤庆县志编纂委员会编：《凤庆县志》，云南人民出版社1993年版，第280页。

第七届理事长，木向荣、李仲远为常务理事。1949年改选，杨立三当选第八届理事长，张少牧、王乃祯为常务理事。商会办理政府分派的摊捐派款等事务，设有大秤、升、斗等计量具，为商业交易服务。

保山市处于滇西居中的位置，是中国通往南亚、东南亚乃至欧洲各国的必经之地，境内腾冲为云南重要的近代工商业发祥地之一。1912年4月12日，保山县城各商号为了商业发展，成立永昌商务分会，会员39人。1917年，永昌商务分会奉命改组为保山商务分会。1921年2月，保山商务分会改选，设特别会董与会董。1922年2月，保山商务分会改组，定名为云南省保山县商会，拟定《云南省保山县商会章程》（18条）呈报云南省实业司及省长公署核准立案，并由省实业司正式颁发"云南省保山县商会"钤记印章。1924年，保山县商会改选。依照《商会法》规定，先期推定会董，由会董选举正副会长，9月19日，在县长李润东亲临监督指导下，举行会董大会，正式投票选举正副会长。选举结果为王嗣赓得票最多，当选为会长；董友惠得票次多，当选为副会长。1927年4月19日选举产生赵嘉典为会长，高维翰为副会长，会董为李宝仁等20人。1930年，依照新颁布的《商会法》，商会改组为委员制。1931年3月9日，保山县商会召开第四届会员代表大会，县长赵道宽莅会监视指导，投票选举产生常务委员5人，李瑞书当选为县商会常务委员会主席，当选人员均于当天宣誓就职，并呈报云南省建设厅及省政府备案。

之后，保山县商会进行过多次改选调整。王纲、林叔寅、王有喜、孙耀先、杨茂春等都担任过保山县商会会长职务。保山县商会成立后，水石坎一带道路极艰险，年久失修，妨及商业交通，商会于1912年筹银300两，修理道路。公断处受理的案件有三类：（1）产生纠纷的一方是工商业者；（2）贷款、汇款、债务、合伙买卖、合伙租赁、劳资等方面的纠纷；（3）向司法机关起诉前或起诉后，两方愿意交办或司法机关委托办理的案件。保山县商会设立了商务公断处，曾在1921年这一年内，调解处理工商业者之间的争议案件多达167起，其中多数争议的起因是贸易摩擦和债务等问题。自民国元年以来，商会及商务公断处的经费均由商会会员负担，或者由各商户捐助。保山县商会经过政府批准后开始收取出售货物的分成，积累了3000多银元，然后用这3000多银元放贷生利息，以此满足商会的开支。①

（三）滇西南和滇东北地区商会组织的分化

建水，位于滇南红河北岸，元时设建水州，明代称临安府。清乾隆年间改建水州为建水县。1912年10月，临安府所在地的建水县被裁撤，由临安府府长兼理建水县行政事务。1913年，撤销临安府，复设县治于建水，改名为临安县，将建水县北区划出，设曲江行政委员，属县级行政机关，隶蒙自道。建水商会组织始建于1910年，会址设在城内玉皇阁，1919年8月改名为临安商务分会，由何士芬担任经理。1912年8月成立临安商务分会，曾组织过商团，武装押送货物，后改称建水商务分会。1920年再改为建水县商会，由杨宝藩、王者义担任会长和副会长，杨应昌任特别会董，会董由李鸣鹤等35人组成，并制定了《建水商会组织章程》。商会所辖范围除县城外，还扩大到曲江、溪处、新街三个地区。"商会下先后成立16个同行业的公会，计：粮食业同业公会、屠宰业同业公会、成衣业同业公会、百货业同业公会、国药业同业公会（后改为中西药业公会）、丝绸呢绒业同业公会、棉纺织业同业公会、旅店业同业公会、食盐业同业公会、陶器业同业公会、理发业同业公会、木业同业公会、食馆业同业公会、锡器业同业公会、银楼业同业公会、食糖业同业公会。"②

1923年，商会由曹文俊、王均元继任会长和副会长。1924年，铁路银行建水分行行长李桂林被选为商会会长，副会长由王永庆担任。1926年，商会会长由曹文俊再次担任，副会长是曾瑞镛。1928年，商会更名为建水商务委员分会，段国良任执行委员。1929年，由杨春和任主席，下有成员若干人。此后，历届商会负责人相继由王肃庵、付子乾、喻泉斋、杨树清、李春贵等人担任主席或会长。之后，商会理事长由李光裕担任，副理事长马汝龙、李春贵，下有理事十余人。③ 可见，商会的建

---

① 保山市工商业联合会编纂：《云南省保山市工商业联合会商会会志》，第41—44页。
② 建水县志编纂委员会编：《建水县志》，中华书局1994年版，第173页。
③ 建水县志编纂委员会编：《建水县志》，中华书局1994年版，第173—174页。

立有利于区域商人之间联络感情，有力改进商户的生产和销售的环节，协调商品的价格，使商界维持在一种相对平稳运行的状态，从而在一定程度上促进商业的发展。[1] 建水商会为维护商界的声誉和促进建水经济的繁荣做出了一定的贡献。

僻处滇东北地区绥江的商业市场源头，最早可以追溯到清雍正年间（1723—1735年），发展到清乾隆、嘉庆年间（1736—1820年）时，绥江的河坝街、神仙街等地的临时商业店铺达100余间，不仅商铺繁多，而且沿河坝街一带铁炉、缫丝、竹木器、编织、牲畜等市场也非常热闹兴旺。到民国时期，营盘上、大汶溪、上下新街至范家岗等地段的商业市场繁荣兴盛。抗日战争时期社会环境变得恶劣，再加上遭遇了自然灾害，绥江的商业衰落，市场萧条，没有了往日的繁华景象。1947年，绥江县开始大范围种植罂粟，致使烟帮、烟贩纷纷涌入绥江，绥江的商贸业逐渐复苏。1949年，因为绥江地区匪患不断，商铺纷纷关门歇业。由此，鸦片带给绥江商业的畸形繁华也短暂逝去，绥江商业市场日趋萧条。[2]

绥江县商会始建于1912年，称"绥江县商务分会"。次年，为改进县城商务，先将各同业组成帮，再由帮组成商会，拟定章程，呈请公署转呈省实业厅及商务总会备案，并召开商务分会第一届全体会员大会，决定每隔4年召开一次会员大会。至1945年，共召开10届会员大会。第一届商务分会设商董、副商董，特别会董为负责人；第二届设商董和副商董；第三届起改商务分会为商会，负责人改称会长、副会长；第八、九届称主席；第十届称理事长。1949年，县内盗贼蜂起，慑于兵燹匪患，商会正常活动停止。1950年县人民政府成立，商会活动恢复。1952年绥江县工商联合筹备委员会成立，商会组织自然消失。[3]

---

[1] 建水县政协文史资料委员会编：《建水文史资料》第1辑，内部印刷，1989年，第177—179页。

[2] 绥江县志编纂委员会编：《绥江县志》，四川辞书出版社1994年版，第75页。

[3] 绥江县志编纂委员会编：《绥江县志》，四川辞书出版社1994年版，第82—83页。

表2-2　　　　　　　　　绥江商会历届商会负责人名录①

| 届次 | 职务 | 姓名 | 商业 | 牌号 | 任期 |
|---|---|---|---|---|---|
| 一届商务分会 | 商董 | 凌邦泽 | 槽坊 | 泰来恒 | 民国二—四年 |
| | 副商董 | 黄希愚 | 茶馆 | 惠龙号 | |
| | | 林荣新 | 布店 | 荣兴 | |
| | 特别会董 | 肖培钦 | 槽坊 | 吉兴号 | |
| | | 凌家熙 | 槽坊 | 泰来恒 | |
| | | 聂乾生 | 布店 | 崇德怡 | |
| | | 凌家仕 | 槽坊 | 泰来恒 | |
| 二届商务分会 | 商董 | 凌家熙 | 槽坊 | 泰来恒 | 民国四至八年 |
| | 副商董 | 聂乾生 | 布店 | 崇德怡 | |
| 三届商会 | 会长 | 聂乾生 | 布店 | 崇德怡 | 民国八至十一年 |
| | 副会长 | 肖培钦 | 槽坊 | 吉兴号 | |
| 四届商会 | 会长 | 尹应和 | 百货 | 申记 | 民国十一至十八年 |
| | 副会长 | 聂乾生 | 布店 | 崇德怡 | |
| 五届商会 | 会长 | 肖培钦 | 槽坊 | 吉兴号 | 民国十三至十五年 |
| | 副会长 | 聂乾生 | 布店 | 崇德怡 | |
| 六届商会 | 会长 | 尹应和 | 百货 | 申记 | 民国十五至十七年 |
| | 副会长 | 凌家仕 | 槽坊 | 泰来恒 | |
| 七届商会 | 会长 | 凌家珍 | 山货 | 兴隆乾 | 民国十七至二十五年 |
| 八届商会 | 主席 | 王国馨 | 药室 | 遂生颐 | 民国二十五至三十二年 |
| 九届商会 | 主席 | 黄泽膏 | | | 民国三十二至三十四年 |
| 十届商会 | 理事长 | 邹世俊 | | | 民国三十四年 |

绥江商会的体制和对物价的检查监督标准也时有变更。民国初期，绥江县未专设物价管理机构，由县商会兼管物价。② 1926年，县公署对县商会低落铜元，提高肉价并且未先行呈报县署核准的行为，张贴布告

---

① 绥江县志编纂委员会编：《绥江县志》，四川辞书出版社1994年版，第83页。
② 绥江县志编纂委员会编：《绥江县志》，四川辞书出版社1994年版，第84页。

晓谕县民,除撤销商会会长职务,所加肉价作废,仍照原价实行。①1946年,县政府布告称:"赶场日,不肖奸商四处拦路截买,大批贩运出境,数日入市售者寥寥,演成粮价飞涨之现象。以此垄断居奇,殊堪痛恨,若不严行查禁,影响所及,各项物品继涨增高,民不聊生矣。倘有故违,一经查获,除没收粮米外,并依法严惩。"② 民国时期,由县商会管理度量衡,组织行、帮或同业公会自查,对市场上不合格的计量器具予以处理。商会设专人管理公秤,度量衡器具以商会、行、帮使用的为准。③

#### (四) 广西地方商会组织的演化

柳州府商务总会自清光绪年间就已成立,后发展至民国,改组为柳州县商会,并立同业公会,直至1905年改为柳州市商会,1952年正式成立柳州市工商业联合会。1908年5月1日,柳州府商务总会成立,为柳州有商会组织之始。1916年,柳州府商务总会改组为柳州总商会。1926年,柳州总商会根据广西省政府转发的《全国各地商会组织条例》,改称为柳江县商会,与此同时,各行业成立同业公会理事会。1932年,为保护行业利益,协调行业关系,经柳州总商会同意,先后成立了经纪、国药、百货、图书等行业的同业公会。民国三十八年(1949),同业公会发展至50个。④

玉林地区,清光绪年间兴业县商会成立,1910年玉林州商会成立。1930年改组商会,会员496人,并设蒲塘、船埠分会。1930—1933年,玉林县核准登记的商号448家,注册资本为7.74万元(国币,下同);兴业县核准登记的商号305家,注册资本为5.6万元;1937—1941年,玉林县城先后成立海咸京果杂货业、绸布洋杂业、百货业、木材业、饮食旅栈业、船埠盐业、国药商业、土布业、烟丝业、油坊业、石码业、汽车业、缉行业13个同业公会,会员813人。1950年12月18日,玉林县工商业联合会筹备委员会成立,接管了旧商会,改组了县城24个同业

---

① 绥江县志编纂委员会编:《绥江县志》,四川辞书出版社1994年版,第87页。
② 绥江县志编纂委员会编:《绥江县志》,四川辞书出版社1994年版,第91页。
③ 绥江县志编纂委员会编:《绥江县志》,四川辞书出版社1994年版,第92页。
④ 宋继东:《柳州市志》,广西人民出版社1998年版,第333页。

公会，会员有 1200 多人。①

梧州是广西省内的重要商埠，历来商业繁盛，占据省内第一的位置，所以梧州商会也出现得比较早。梧州商会先后经历了四次改组及变更。第一次是梧州商务总会改组为梧州总商会，"该会成立在前清宣统元年，名为梧州商务总会，采取总办理制，由各行商担任会长，按照会费份数多寡举派董事出面组织，迟至民六始遵照工商部颁行商会法，改组为梧州总商会，其苍梧、藤县、平南、桂平等县商会均隶属之，由是体制较崇，即行正副会长制，以下则为董事，仍由各行商按认会份派出，名额无限"②。第二次是改组为梧州市商会，"至民十八，依照中华全国商会联合会施行《商会暂行章程》，始改组为梧州市商会，采委员制，由会员选举执委三十九人、监委十五人，由执委推选常务委员七人，就常委互选一人为主席"③。第三次是按南京国民政府新颁行的商会法进行改组，"是年八月间，复奉实业部，颁行商会法，各省商会重新改组，限期六月改组完竣，同时颁布工商同业公会法，各公会则限十二个月改组完成之完竣，该会遵令依限改组，仍称梧州商会，于民十九年二月成立，报由梧州市政府呈请第八路总指挥，转呈实业部核准备案，及至九月间备款向部请领钤记，旋奉部令驳覆，须先由各行商组成工商同业公会为其基础，方属合法健全，复令重新改组，当经由督饬各行商如属同业七家以上者改组成立公会"④。第四次是广西省设立工商局之后按广西省党部的要求进行的改组，"迨至二十二年七月间，本省设立工商局，并分设工商局驻梧办事处，苍梧党部执行委员督促指导，严限各同业公会组织成立，该会逐因而得以改组健全之举，并奉广西工商局核定，以梧州市制早经取消，不必冠以市字，应改组为梧州商会，以符名实。现查本埠已组成同业公会，凡十八而加入商会者，实占十五，此次改组溯源推算，业满四年，该会得各同业公会举派代表及各商店派出代表共同组织。统计该会会员共六百二十八人，商店单行加入商会者三百九十三人，同

---

① 玉林市志编纂委员会编：《玉林市志》，广西人民出版社 1993 年版，第 652—655 页。
② 《梧州商会沿革及设施概况》，《南宁民国日报》1934 年 3 月 12 日第 6 版。
③ 《梧州商会沿革及设施概况》，《南宁民国日报》1934 年 3 月 12 日第 6 版。
④ 《梧州商会沿革及设施概况》，《南宁民国日报》1934 年 3 月 12 日第 6 版。

业公会举派代表二百五十余人,此次代表出席选举共四百四十九人,照章已超过三分之二,故此改组选举,商人踊跃参加"①。

综上所述,西南地区的近代商会组织,经历了一系列变更后发展至今,对于商业的发展和经济的推动曾发挥了不可替代的作用。从西南边疆地区近代商会的沿革来看,商会内部有着较为完善和合情合理的结构及规则,且随着时代变化而不断更新,商人也有较强的凝聚力和向心力。商会大多还拥有较为完备的商会法律体制,自商会设立初始就颁布了多项商会法规、同业公会法规,且对商会组织法律地位进行了制度性规范。商会基本得到了政府的尊重,具有相应的法律地位,在方方面面政府也充分给予了商会自治权,非常重视商会的意见。由此可见,西南边疆地区的近代商会与政府形成了政商和谐互动的局面,有力地带动了西南边疆近代的经济繁荣发展。

## 第二节　商会组织的规则制定

### 一　商会章程制定的原则和体系

（一）商会章程制定的原则

商会章程是商会成员用以明确他们的合作、界定他们相互间的权利义务以及规范商会发展的制度安排,是保证商会的发展方向、商会的民主决策与自律的依据。商会的章程一般适用于不特定的多数人,对设立人及未来所有会员均具有约束力,在这个意义上,商会章程是法律规范。②

章程原则是根据章程内容来确定的。③ 以云南省商务总会、云南省总商会和云南省商会联合会的章程为例,④ 章程原则主要有法定性、真实性、经济性、自治性等基本特征。

---

① 《梧州商会沿革及设施概况》,《南宁民国日报》1934年3月12日第6版。
② 魏静:《商会法律制度研究——以商会自治为视角》,法律出版社2012年版,第130页。
③ 魏静:《商会法律制度研究——以商会自治为视角》,法律出版社2012年版,第130页。
④ 本书将云南省商务总会、云南省总商会和云南省商会联合会的章程附录于"参考文献"之后,该部分不再一一标注相关内容出处。

第一，法定性。各商会章程的制定都是要通过一定的法定程序，不能随随便便就制定出来。云南省总商会章程规定："本总商会依法改组，定名为云南省总商会。"这些章程的成立是有法律保障的，是在合情合理的情况下制定的。云南省商会联合会章程第一条："本章程依据民国二十七年一月十二日修正商会法及其施行细则与民国三十一年二月十日公布非常时期人民团体组织法订定之。"

第二，真实性。商会章程从设立之日起就是合法的存在，商会在运行过程中必须按照章程，不得违背章程的组织原则。云南省总商会章程第十六、十七条指出："本总商会依商会法施行细则第四条之规定，得附设商事公断处，悉依商事公断处章程并细则办理之。""本章程未经规定各事宜，悉依商会法及施行细则办理。"云南商会联合会章程附则第四十三条指出："本章程自呈准备案之日施行。"

第三，经济性。商会的设立是为了保护商人的利益，方便交易的同时促进生产力的发展。而商会章程的制定，也是为了保护商会和商人的合法权利不受侵害，制定商会章程使商会在运行过程中，在面向社会的同时具有了权威性。云南省总商会章程第二条说明："本总商会以振兴商务促进改良工商业为宗旨。"云南省商会联合会章程第三条指出："本会以谋工商业及对外贸易发展，增进工商业公共福利及矫正共同业务上之弊害为宗旨。"

第四，自治性。商会内部有其内部自主管理的程序，除了政府，不受任何部门和人员的控制，因此商会内部有其自治性。例如云南省总商会章程第五条、第六条、第七条和第八条明确指出："本总商会设会长一人，副会长一人，会董五十八人，特别会董八人，均为名誉职。""本总商会除前条规定职员外，得设下列办事各职员，均由会长任雇，酌给薪资。文牍一人；会计兼庶务一人；书记四人。""会长、副会长、会董之选举，特别会董之选举，以及各职员之选任解职等事项，悉依商会法及施行细则所规定者办理。""会长主持全会事务，副会长协助之。会长缺席时，副会长代行其职权，特别会董及会董有参议协助会务之权责。"与此同时，云南省商会联合会章程也在第二十、二十一、二十二、二十三条指出："本会设理事二十一人，监事七人，由会员代表大会就代中用记名选举法举任之,以得票最多数者为当选,次多者为候补。""理监事如遇出缺时,以候补理监事依次递补,以补足前任未满之期为限,在未递补前,不得列席会议。""本会设常务理事五人,由理事会就理事中用记名连选法互选之,以得票最多者为当选。""本会设理事长一人,由全体理事就当选常务理事中用记名单选法选任之,以得票最多者为当选,监事由监事中选举一人为常务监事。"由此可见,商会章程的制定还遵循自治的原则来管理各商会,并以此来维护自己的权利,履行自己的义务。

(二)商会章程的体系

商会章程的内容主要包括商会的目的、宗旨或任务;商会的名称、住所(事业所在地);会员的资格及其权利义务;会员加入或退出商会的条件及程序;商会内部组织机构的设置及其职权、任期、通过决议的程序;商会财产的来源、使用原则;商会章程修改的程序;商会的终止程序和终止后资产的处理办法,商会章程的必要记载事项主要包括商会的对外关系和对内关系。另外,根据自治原则,商会可以在不违反法律强制性规定的情况下规定相关事项。[1]

以云南省商会联合会章程为例,章程的主要内容一般包括:总则、职务、会员、组织及职权、会议、经费及会计、附则等。[2] 在这个大框架下,章程必须记载商会的基本情况,如商会的目的、宗旨、名称、住所、经费等,以便于商会的人相对了解商会的基本情况;另外要记载商会会员的资格和权利义务,以及商会内部组织机构的设置和各自的权责,以便于商会能正常运行,商会成员的权利能得到保障,实现商会的宗旨。商会章程的这些必要记载内容是由商会成员自行决定的,法律不作明确规定。[3]

---

[1] **魏静**:《商会法律制度研究——以商会自治为视角》,法律出版社2012年版,第130—131页。

[2] **赵善庆**:《形塑滇商——变动社会中的近代云南商会(1906—1950)》,社会科学文献出版社2020年版,第371—380页。

[3] **魏静**:《商会法律制度研究——以商会自治为视角》,法律出版社2012年版,第130—131页。

## 二 商会规则的共性和差异性

（一）商会规则的共性

一是商会的宗旨，是图谋工商业及对外贸易之发展，增进工商业之福利。二是商会辖属范围，以本县区域为限，不设公断处并且不属于职责内之事不加干预。三是组织架构，均设立主席、常务委员、执行委员和监察委员，并且均为名誉职。四是会议形式，均设立定期会议和临时会议，并且在定期会议中，会员大会一般是一年一到两次，执行委员会和监察委员会议一月一到两次。五是商会经费，设立事务费和事业费两种，并且经费预算需向所在县报告。

（二）商会规则的差异性

此处特别选择了云南地区较有代表性的会泽县商会、元江县商会、墨江县商会、彝良县商会和熠峨县商会章程为个案来做对比分析。①

一是商会职责范围不同。元江县商会章程细化全体职员公司职责范围，其中包括：（1）调处工商业者之争议；（2）主持工商界营业之组合；（3）就县属气候、土宜、礼俗各方面，分别提倡适宜之各种工艺；（4）对于农产物出境之采运，随时维持其现状；（5）对于运销出境之特产物品，设法扩充，使销额日见增加；（6）关于通过境土之商运或遇发生危险情事，当设法救济之。

璧山县商会职责包括：（1）筹议工商业之改良及发展事项；（2）关于工商业之征调及通报事项；（3）关于国际贸易之介绍及指导事项；（4）关于工商业之调处及公断事项；（5）关于工商业之证明事项；（6）关于统计之调查编纂事项；（7）得设办商品陈列所、工商业补习学校或其他关于工商业之公共事业，但须经该管官署之核准；（8）遇有市面恐慌等事，有维持及请求地方政府维持之责任；（9）办理于第三条所

---

① 会泽县商会章程收录于《曲靖商业史稿》（张玉胜编，云南人民出版社2018年版，第223页），元江县商会章程收录于《历史文献所见云南少数民族民事习惯选辑》（胡兴东编，中国社会科学出版社2020年版，第272—275页），墨江县商会、彝良县商会和熠峨县商会章程收录于《中国近代商会与产业协会章程汇纂》（祖伟、王春子编，法律出版社2020年版，第87、191—199页），本书将以上几县商会章程附录于"参考文献"之后，该部分引用内容不再一一标注。

揭宗旨之其他事项。

二是章程中的特殊规定。元江县商会章程规定有下列各款情事之一者不得充本会会员代表：（1）背叛国民政府经判决确定或在通缉中者；（2）曾服公务而有贪污行为经判决确定或在通缉中者；（3）褫夺公权者；（4）受破产之宣告尚未复权者；（5）无行为能力者；（6）吸食鸦片或其他代用品者。

### 三　商会规则的职能

第一，保护商人利益，推动商业振兴。商会章程的制定，很大程度上规范了商会的运行，起到了保护商人利益，推动商业振兴的作用。与此同时，商会章程的制定为市场良好运作提供了制度保障。云南省总商会章程第二条指出："本总商会以振兴商务促进改良工商业为宗旨。"云南省垣商务总会章程指出："本会为联络商情，保护商业而设，应保护会员商人之权利。"在此基础上，商人能够通过合法的途径来保护自己的利益，并不用担心问题得不到解决。

第二，宏观管理，下情上达。《商部奏定商会简明章程》（以下简称《章程》）第八款："凡商务盛衰之故，进出口多寡之理，以及有无新出种植制造各商品，总会应按年由总理列表汇报本部，以备考核，其关系商业重要事宜，则随时禀陈。至尤为紧要者，并即电禀。""商务盛衰之故，进出口多寡之理，以及有无新出种植制造各商品"皆属会馆商业活动需要关注的内容，《章程》规定要作为商务总会常规上达的商情按年列表汇报，并规定特情特办。该条款是对商会应服务于政府的职能规定。

第三，互通商情，处置意外。章程做了各会董如何承担责任的说明。商会有要紧事，则应立赴商会酌情。其关系商务大局者，应由总理预发传单，届期各会董及各商理事人，齐集商会，共同会议。务须开诚布公，集思广益。例如云南省垣商务总会章程："本会为联络商情，保护商业而设，应保护会员商人之权利。"《章程》第九款说明"各会董既由各商公举，其于商情利弊，自必纤悉能详。应于每星期赴会与总、协理会议一次。使各商近情，时可接洽，偶有设施，不致失当"。

第四，仲裁国内商事，调处涉外纠纷。云南省垣商务总会章程："凡集股外资借本经商托言亏折，实系侵蚀滥用倒闭卷逃希图脱片累者，赴本会报明查确，即行送请地方官追究。"云南省总商会章程第十五条指出："本总商会依商会法施行细则第三条之规定，得附设全国商会联合会云南省事务所，悉依联合会章程办理之。"《章程》第十五款："凡华商遇有纠葛，可赴商会告知总理，定期邀集各董，秉公理论，从众公断，如两造尚不折服，准其具禀地方官核办。"①

第五，动用商会公费，扶持保护地方商业大户。《章程》对商会资金来源及其开支做了严格的规定。资金来源于注册费、凭据费、簿册费，"此外该商会不得干部定章程外别立名目再收浮费"（《章程》第二十一款）。"各商会应于每年底由总会列开四柱清册，将所收公费报部查核。除节省开支外，其实存项下应以七成为商会公积，以一成为总理、协理及分会总理红奖，以二成为会董红奖"（《章程》第二十二款）。"商会既以公费七成提为公积各分会应按季将余款解交总会，汇存在银行生息。总理及会董，不得任意挪动，违者按例惩罚参处"（《章程》第二十三款）。然而，有五项开支，允许商会"应行酌量动支"并"准其核实报销"。其中第三、四两项规定，体现了商会作为商业阶层利益代表，扶持保护地方商业大户，维护商业整体利益的本质。第三项规定："公积之数，约逾五万两以外，遇有巨商创设行号，公司足以抵制进口货物，收回中国利权者，该商集资已得十之七八，尚短二三成，一时无可抬集各会董会议时，可从众议决，量予资助，用示国家振商之至意。"（《章程》第二十三款）第四项规定："大市设值银根奇紧，该商为该处人望所系，适以积货过重，不能周转，一经倒闭，必致牵累商务大局者，总会应举行特别会议，从众议决，准将存货抵借公积款若干，力为维持，定期缴还月息约以四厘为率，以副保商之实政。"（《章程》第二十三款）②

第六，打击不法商贩，维护商业秩序。《章程》第二十四款："商会之设责在保商。然非一视同仁，不足尽其义务。各商品类不齐，其循分

---

① 崔恒展：《清〈商部奏定商会简明章程〉中的商会职能及其启示》，《山东社会科学》2007年第5期。

② 崔恒展：《清〈商部奏定商会简明章程〉中的商会职能及其启示》，《山东社会科学》2007年第5期。

营业者固多；而罔利病商，自相践踏，亦复不少。又如柴米油豆，攸关民生，日用各物，无故高抬，藉端垄断等情。该总理及会董，务须随时留心稽察。如有上项情弊，宜传集该商，导以公理。或由会董会议按照市情，决议平价。倘敢阳奉阴违，不自悛改，准该总理等移送地方官援例惩治，以警其余。"① 云南省商会联合会章程第十二条规定："本会会员因特殊情形，经主管官署核准解散或停止执行职务者不得退会，要依法处置，再做出相关决定。"

总而言之，章程的制定对商会的治理起着举足轻重的作用。商会章程是商会成立及运行的法律依据。从以上附录的各县商会章程可知，章程对商会的性质、地位、产生程序以及职能等重要方面均作出了规定。这些规定基本反映了商会产生和发展的客观规律，初步体现了现代市场经济原则和现代法治精神。② 因此，建立健全具有科学规范的商会章程是西南边疆地区各商会在组织治理中的重要环节。从治理的语境而言，商会章程的演变见证了近代以来中国商会在会员规则、会董规则和监督规则等运行秩序的变迁，以及在选举规则、议事规则和公断规则等实践上的变迁。正如有论者所言，虽然近代中国商会的自治秩序有过断裂，但一经承续，就又开始形成一定的以秩序为依归的制度均衡，为转型中国社会治理提供了可利用的制度资源。③ 因此，章程的制定规范了商会的运行，促使商会的治理得到强化。

## 第三节　商会制度的嬗变及运行

### 一　商会制度设计及运行

晚清之际，随着"五口"通商及长江内陆各口岸的开埠，中国被迫

---

① 崔恒展：《清〈商部奏定商会简明章程〉中的商会职能及其启示》，《山东社会科学》2007年第5期。

② 许昀：《奏定商会简明章程——中国近代第一部关于商会的法律文件》，《社团管理研究》2007年第3期。

③ 谈萧：《制度变迁中的自治秩序——以近代以来中国商会自治规则为例》，《山东大学学报》（哲学社会科学版）2009年第6期。

纳入世界市场体系。诸多不平等条约的制度安排，使外商在华获得种种贸易特权，形成以通商口岸为中心的中国近代市场体系的新格局。传统的经济制度和商人组织，已难以适应新的市场环境的要求。为此，清末政府推行了一系列的"新政"，试图建立统一的市场制度和商业组织，以实现商人的自我管理。

晚清政府的一系列措施，也让西南地区的商会组织得到了发展。僻处桂西地区的百色，是西南地区的重要外贸通道。从百色商会设立的情况，就可窥见商会制度的渊源，"百色一埠商贾云屯，物产日盛，商场夙称殷繁，邀集同人即在厅城之外组织商务总会，公举监生黎时雍为总理，职员黄受中为协理，并拟会章二十二条列折呈请转禀，咨部颁给关防等情。即经批令转饬，补造职业名册在案。兹据接署，该厅同知陈嵩泙饬据该职商等补造履历清册，连同章程呈请核办，据情详请转咨加札委用，并刊发关防。查百色厅在广西思恩府之西北界左右二江之间，上达滇黔川楚，下同粤沪闽江，商务繁兴，梧浔相一，亟应设立商务总会以资联络提倡，详核所呈章程尚属妥协，总理黎时雍、协理黄受中既经公推，应即照准札派，并援案刊给关防一颗，文曰广西百色厅商务总会之关防，俾资信守，仍由臣部责成该总协理等切实经理。朝廷振兴商务之至意，所有广西百色厅设立商务总会援案请给关防缘由"①。

清末商会的设立，不仅有力促进了我国商人的团结，促进商业的发展，同时它也在社会生活领域起着广泛的作用。从晚清时期的《商部奏定商会简明章程》来看，商会具有一定的权力，具有制定规章制度的权力。商会为了有效地管理入会商人和开展经营活动一般都要制定适合自身的规章制度，不仅规范了入会商人自身的行为，也规范了商人要遵守的伦理规范以及行业之间的行业规范。商会的这些规章制度，不仅约束了商会商人，而且在一定程度上对商业有序发展起到了规范作用。

民国时期的商会制度，基本沿袭前清的做法，继续发挥着重要的作用，不管在北方还是南方，商会对于经济发展的推动都是卓有成效的。1914年，政局逐渐稳定后，农工商部下令，旧时的商人通令、商会章程

---

① 《农工商部奏广西百色厅设立商务总会请给关防折》，《政治官报》1910年第955期。

仍然有效。1916年，北洋政府颁布新的《商会法》。在新颁布的《商会法》中，将商会定义为法人社团，指出商会作为法人组织，独立享有民事权利和承担民事义务，这就从法律上明晰了商会的性质和地位。1916年《商会法》公布后，云南全省商务总会改组成为云南总商会。原来的总理和协理改称为正、副会长。会董人数由原来的10人增至60人，会董人数的增加，加强了会员参与商会事务的管理。云南总商会从1916年至1928年，共进行了五次换届选举，大致为每两年一届。①

北洋政府时期，商会的性质、作用都一脉相承，没有根本的改变。西南地区的商会也得到了继续的发展，商会的制度及运行也进一步合理化，"据段议员提议，拟请咨政府成立云南省总分工会，当于五月三十一日列入议事日表，第二十次大会讨论结果照原案可决在案。查工业乃商业之母，工业振兴则商业亦同时发达，议案所云诚属确论，滇省比年工业亦渐有向上之机，所请设立总分工会以奖劝而促进之洵为要图，特查总商会及商会之设，原已包括工商两业在内，故商会法于发起设立商会及组织商会之职员暨商会所办理之事，皆合工商两业而规定之，又按商会法第四十四条载，本法施行前，成立之工务总会或分会，自本法施行日起，一律裁撤，但得于六个月以内依本法与同地商会合组，其地原无商会者，亦得依本法改组商会等语，是于原有工会尚须改为商会，或与商会合组揆其用意似。以吾国工业尚属幼稚，社会经济人才又时感困乏，工商既有密切关系，与其各自为会，反觉筹措维艰，莫若合组一会进行，又较便利。况滇省经费支绌，现设之总商会、商会皆系合工商两业所组成，而其经费尚时苦不给。若分别工商各自设会，则经费、人才两项即为先事解决之问题，果经费不虞拮据，人才不虞困难，则工商各自立会或更易收工业发展之效，除将来案令发省总商会召集工商业者开会讨论，详细具复，再行拟办"②。

对于云南省总商会提出的请求，云南地方政府也针对性地给出了具

---

① 《云南总商会卷》，1928年，昆明市档案馆，全宗号：32—25—14。
② 唐继尧、吴琨、由云龙：《令云南省总商会送请成立总分工会议案（第四十九号）》，《云南实业公报》1923年第11期。

体的意见：

据云南省总商会正会长张荫后、副会长董铭章呈称，职会查工商二者各有相需为用之理，滇省僻处天南，物产丰富，特以制造未精，遂致行销不广，外货充斥，寖成绝大漏卮。自总商会、商会设立以后，提倡诱掖，各种工艺虽有向上之机，而视他省出品之精美则瞠乎，其后皆由于材财两绌，一切遽难兴举耳。兹段议员拟请设立云南总分工会顺时势之潮流，图工业之改进洵属切要。如果工业人才众多，经费易于筹措能自立会，与农会、商会鼎足而三，共谋发展互策进行，岂不甚善。无如滇省工业颇为幼稚，经费更无从筹划，有难与他省工商各自设会者相提并论，奉令前因，遵即召集工商业全体开会宣布议案，详加讨论，并就经费、人才两项从长计议，为兹事之解决签请工之与商有密切之关系，相济而成之事实，故商会之组织，皆合工商两业之分子而成立，并未有何区别，经费由会员负担，载在会法。就省城总商会而言，向无的疑，几经困难，虽劝有各商帮之常年捐，各大商家之特别捐，并呈准坐支蒙剥路之二成等项，而仍入不敷出，拮据时形，其中工业者之担负为数甚微，若各自设会，则省垣之工厂寥寥，其慷慨捐资势所不能，此外之业工艺者殷实之家极少贫寒之辈，最多资本薄弱，勉谋生计，值此米珠薪桂颇难支持，负债累累者有之而赖终日劳动之资，以为一家生活者，所在皆是更安。有余力以负担会费，是应促其进步而反增其苦累，此对于经费问题，中国戕视工人之积习由来已久，欧风东渐，有劳工神圣之名次，究未尽行破除。而滇垣肆业工艺者，大都愚鲁粗率之人，囿于见闻通晓文义者百不得一，如总商会每届改组各业，推举帮董，求一明白事理、热心公益者，颇难其选，于此而欲其独树一帜，分道扬镳，则适当之人才将于何取之，不得其人则滥竽充数，有会与无会等耳，此对于人才问题实存困乏者也。夫省会为商务繁盛之区，工人荟萃，已所筹款尚如是之艰难，人才又如是之缺少，推之省外各县莫不皆然，与其各自立会，情势隔阂，莫若因仍旧贯免除困难，且现在之总商会、商会原系工商组合，久已团结，一气合同而化，似未可显分界限，徒有虚名，请为核复等语。复经各会董再三审查，所议确属实情，一致表决应请矣。诸异日社会经济裕如工业人才辈出，再议设立总分工会较为妥协，此时请暂勿庸置议，所有遵令召集工商全体会议，各缘由理合具文呈请，衡核指遵。①

此时商会的制度和运行开始步入正轨，而商会的合同凭据也要立字为据。如僻处边陲的德宏地区就有具体的规定："立出商会合同凭据文约人申德富、李发贵等。为因本年我关由此大有幸福，非有祸患。但卡苦之贸易，大有商场之战，无论农商两途，人人通能得衣食丰足。众商人同心，维持立规条，所来之客有主人各归主人。无主人之客，那人领得可归那人。其路途接客须要分明，当日欠债之人，不得邀约。倘有情形进至家中，当要退还主人逐年之市价钞，不得高抬少卖，概作一样价钞，不论那家送客，须要两人抬枪挂刀，勿得空身自由，要送至交界方能脱担。若送来之家有此祸患，众人不能光顾，好好预备。全送之人，遇此强盗，以作三分抬担，客人愿抬一分，主人一分，商会一分，那人勿得异言。未接自来之客，只能有债要债，当日有此送礼勿致再言。倘若无知之徒，内中呵卖客人货物，查得实确，众商人须要重罚，勿得讲此人情。现下古永、猛点、拱腊、戞独、芒允各处，俱有口角。情敝由此，岂能往此他处前行。自立商会合同之后，众人心同一体，生死相顾。如错在别人之手，必须帮为改祸呈祥。如若错无过之人，须要帮称理。此系人人情愿，个个悦服，非谁人逼迫。此情恐口无凭，故立商会文约为据是实。"②

1931年3月21日，昆明市商会召开全体会员代表大会，正式宣告昆明市商会成立。据《昆明市商会章程》③载昆明市商会的任务或职责如下所示：

---

① 唐继尧：《咨复省议会工会已纳于商会之中，暂勿庸另设由》，《云南实业公报》1923年第13期。

② 国家民委民族问题五种丛书云南省编辑委员会编：《德宏傣族社会历史调查（三）》，云南人民出版社1987年版，第97页。

③ 《昆明市商会章程》，1932年，昆明市档案馆，全宗号：32—25—124。

第一项　筹议工商业之改良及发展事项

第二项　关于工商业之征调及通报事项

第三项　关于国际贸易之介绍及指导事项

第四项　关于工商业之调处及公断事项

第五项　关于工商业之证明事项

第六项　关于统计之调查编纂事项

第七项　得设办商品陈列所、工商业补习学校或其他关于工商业之公共事业，但须经该管官署之核准

第八项　遇有市面恐慌等事，有维持及请求地方政府维持之责任

第九项　办理合于第三条所揭宗旨之其他事业

此外，还设立一些附属机构，如昆明市商会组经济研究会。"昆明市商会近组织经济研究委员会，业已正式成立，并为布置各地经济通讯，究战时战后各项工商金融问题，特函请各地有关方面，交换工商情报，本报亦被邀参加。"[1] 对于选举问题也有具体的说明，"至于理事人选，按区域平均选举，并在商联会下设商事指导，负责健全各县商会的工作。对于各县商会，已组织的实行加强组织，对未曾入会的商店行号，拟请以政治力量强迫入会，并促进各县各行业组织各同业公会"[2]。

总而言之，南京国民政府时期的昆明市商会已经加强了组织建设，并对商会制度不断进行完善，下属各县市的商会工作也相应加强。不仅如此，此时的昆明商会不仅是民间的商业团体，还有政治力量介入其中。作为新兴商人组织的近代商会，拥有完善的组织机制，在联络商情、调查商事、开启商智、维持地方市场运行、加强市场监管和调解商事纠纷等方面，都不同程度地制定了与之相符的措施和法规准则，以适应和激励新兴商人的行为和商业活动，商会的运行管理模式突破了传统牙行、行帮以及会馆等对商人的严格管控，符合近代商人追求利润最大化的需

---

[1]《昆明市商会组经济研究会》，《贵州商报》1944年2月16日第3版。
[2]《昆明市商会今举行代表大会》，《扫荡报》1945年9月22日第3版。

求，便于商业资本和商人群体的异地交往、流通。

## 二 商会改组与整顿

1927年以后，国民党政府实行了高度集权的党国政治，商会的政治地位日益边缘化。自上而下推行的各项工商业制度及新《商会法》和《工业公会法》，用法律的形式建立起严格的政府、商会、同业公会、商号之间的层递关系，削弱了商会在市场经济活动中的主导作用。如梧州总商会在时局危难之中就面临此境况："梧埠自战事发生以来，商业停滞，交通断绝，以致各埠商人颇感不便，近日战事虽已平靖，而商业犹未恢复原状，柳州总商会特为此事致本埠总商会电。……敝埠已宣布自治，惟商业停滞月余，能否疏通商输，照常往来，乞速电覆，柳商会叩。商会自接此电后，立即致电航业公会，请其商酌办理。"① 由此可见，梧州商会因战事而商业停滞、交通阻塞，梧州各个商埠的商人颇为苦恼。后虽然战事已停，但是梧州地区的商业依然未恢复。"柳州商会电称，敝埠已宣布自治，惟商业停滞月余，能否疏通商输，照常往来，乞速电覆。商输来往关系交通，至为重要，现在能否照常行驶，请即通知贵同业酌夺办理。"②

这一时期，云南各地商会也相继进行了改组。如镇雄县商会，"该县商会第二届职员前据呈报清册，系于民国十二年三月十七日改选，迄今任期已满，自应依法改选，惟来呈称，为改组尚属误会，合行令仰该知事转行该会迅即依法改选，列册报核。据该县商会会董协丰厚等呈，改组期到，请饬召集商界改组，仰即转行，依法改选，列册报核，实业司指出镇雄县商会第二届职员已过任期，要求镇雄县商会依法重新改选并及时上报"③。漾濞县商会也即时进行改组，"该会章程内规定，设会董二十二人，来册仅列十九人，殊与章程不符，尚应改为一律。又会董田豹年尚未满三十岁，与商会法有被选权之年龄须在三十岁以上之规定不

---

① 《梧州之消息》，《益世报》1921年8月4日第6版。
② 《梧州之消息》，《益世报》1921年8月4日第6版。
③ 由云龙：《实业司令镇雄县知事姚煌（第二二六号）》，《云南实业公报》1925年第33期。

合，应即撤销，以候补人补充。另造册二份呈核。又该会附设商事公断处，应照公断处章程第六条及第九条之规定选定各职员，造具清册二份，呈转核办。又该会因设立公断处，另拟章程尚有详略失宜，及与商会法不合之处。兹由司饬科就原章代为修改，由该商会遵照另缮二份一并呈司核办，并饬更正，来册为第三届，发还原章清册"[①]。漾濞县的商会改组遇到了一系列的问题，因不符合规章制度而几经周折，由此可见，中央政权对于商会的改组是非常严格的，必须遵守相应的规章制度。此情况在顺宁县也曾出现，顺宁县商会职员与规定的人数不符，商会职员职位名称混乱等，一律按照相应的制度进行整改，"商会分事务所办法只能设董事数人，由该商会会董公推住居或营业于该右甸分事务所区域内之会董充任，并公推一人为会长，勿庸委任，亦勿庸另订简章。查册列该分事务所职员竟选至二十人之多，且非由顺宁县商会会董中推出者，况不应为董事而称为会董，均属不合，合将简章及表发还，应饬遵照上指各节办理，另行推定列册转报来司，以凭核办。又该顺宁商会中如无住居右甸之会董，可增加会董数名，专由右甸选出，即以充任事务所董事。又分事务所图记可自行刊用具报，勿庸呈请颁发，仰即转行遵办，并报道查考"[②]。

在商会整顿过程中，僻处滇南的个旧县商会的各项成绩都较好，云南实业司也认可个旧商会的规范化运作机制。"该商会职员办事尚属认真，深堪嘉尚表列。应革小菜捐已由该会商承该知事另行筹款抵补实行，取消办理甚是。至应兴事项请饬锡务公司设立化验所一节，自系为划一个锡成色起见，前本司于拟将滇锡直销外洋案内亦曾注意，及之该公司能否成立此项化验所，各炉号能否照送化验，应即由该公司体察情形，为计划办理。"[③] 对改组核查中出现的问题，实业司也提出了具体的整改意见，如墨江县商会，"该商会前报核准章程第五条内，会董一项系规

---

① 由云龙：《实业司令漾濞县知事段韬（第三九九号）》，《云南实业公报》1925年第36期。
② 由云龙：《实业司令顺宁县知事郭之翰（第二五九号）》，《云南实业公报》1925年第33期。
③ 由云龙：《实业司令个旧县知事马镇国（第九零六号）》，《云南实业公报》1923年第16期。

定为十五名，来册选列十六名，殊与章程不符。又查册列高尚品，系该会民国十年七月改选曾选充会董，十二年六月改选又选充副会长，此次复被选充会长，许世泽于十年七月暨十二年六月两次改选均选充会董，此次复被选充副会长。又李东春、杨国樑二人系该会民国十年七月暨十二年六月两次改选均被选充会董，此次复被选充会董。核与商会法第二十四条再被选者得连选连任一次为限之规定不符，兹仍将原册发还，应由该会将高尚品、许世泽、李东春、杨国樑职务取消，先由候补人中得票多者依次升补会董三人，假定为会董十七人，然后由十七人会董中互选会长、副会长各一人，另行列册二份呈转来司，再凭核办，仰即转行该会分别遵照办理，勿再误延"①。墨江县商会存在商会职员比在册人数多，且多人出现连选连任的情况，实业司命令墨江县商会罢免相关的违规人员，并重新进行选举。

对于问题较多的商会组织，实业司也逐条对应中央颁行的章程提出不合规不合法的条文，并要求逐一整改。如罗平县商会，"该县商会既经遵令依法改组，即应依照商会法办理，乃核阅所拟简章及其办法尚有种种不合。兹逐一开单指示，仰即转行该会遵照办理，将章程妥为更正，另行缮具章程、职员清册各二份转呈核办，所请颁发该会钤记之处，应候已章程报到时再行核发。又查该县商务以板桥地方为盛，该板桥地方前已拟设立商会，曾据该县前知事李上理呈，经省公署及本司核令，依法办理在案。兹该县城内所设商会以板桥作为分事务所，已未得板桥商会会员同意，按之事实设商会于县城，设分事务所于板桥，有无窒碍应由该知事查核情形，与该两处绅商妥酌办理，仰并遵具报"②。当然，实业司也严肃指出了罗平县商会简章的不合之处："（1）商会职员应于选举确定后，依照商会法施行细则第六条之规定，备具职员姓名、年岁、籍贯、住址、商业行号及就职日期清册，呈报不应将姓名列入章程之内，其章程内只须规定设会长一人、副会长一人、董事若干人、特别会董若

---

① 由云龙：《实业司令墨江县知事李顺祺（第九二六号）》，《云南实业公报》1925年第39期。
② 由云龙：《实业司令罗平县知事杨恒昌（第九二九号）》，《云南实业公报》1923年第16期。

干人；（2）特别会董之设置，应依商会法第十条之规定，不得逾会董全数五分之一，今该会会董设二十人，特别会董竟设至六人之多，实属不合；（3）会内办事人员，章程内只须规定其大纲及办事人员之名目额数，不应将姓名列于其内；（4）查商会附设商事公断处，应依商事公断处章程设处长一人、评议员九人至二十人、调查员二人至六人、书记员二人至六人，其处长由被选评议员中互选任之，并须各按所设评议员、调查员额数预选二分之一候补人，选定后造具姓名、年龄、籍贯、住址、职业、得票数目、就职日期清册呈报。今该会附设公断处，乃推举处长竟至二人，其余人员付诸阙如，亦属不合。又按商会法未附设商事公断处之商会，凡工商业者之争议，得由商会调处，是该会虽未设有商事公断处，亦得调处工商业者之争议。未设有商事公断处之商会始得调处已属明。兹该商会会董等如于处理会务不其纷惟，原有不必附属设商事公断处，并可藉省经费，应由该会斟酌办理；（5）凡商会设立分事务所者，其分事务所之董事长、董事应依商会法，以商会额定会董中住居或营业于该分事务所区域内者充任，兹该会分事务所设董事长二人，已属不合，在核其姓名，又与该会会董姓名不符，尤属非是；（6）该商会简章第二十四条规定，有大商入境购货，必经商会议决，定单盖用章记云云，似觉限制过严，而条文文义复欠明了，此节尚照再加考查。"① 罗平县商会章程与现实中的运行有较大的差距，主要存在着职员设置与简章不符，职员人数与简章不符，职员与实际不符，商会内部职责重叠，大商入境处理欠妥等问题。可见，西南地区各地方商会，尤其是县镇一级的基层商会的组织运行机制是不健全的，后均经实业司统一规范。

此外，还有剥隘（今文山富宁县剥隘镇）商会的问题也是较多，"民国十三年十一月内据该县剥隘商会呈报，会长罗典、副会长罗九贤辞职，补选会长、副会长情形，请立案，等情。当经省公署核以所选会长、副会长均系召集会员补选，并不由本届会董互选而出，且何显芳又未在会董之列，不得被选会长，令饬另行依法互选，选定后将会长、副

---

① 由云龙：《实业司令河口对汛督办陆锦先（第一零四号）》，《云南实业公报》1925年第31期。

会长及由候补人升补之会董分别造册二份，并填明就职日期，报由该知事转呈核办在案。迄今半年有余，尚未据遵办具报前来，殊属玩延，合行令仰该知事督催该会迅即遵照前令办理，即日转报来司，以凭核办"①。剥隘县的会长、副会长的选举不符合相关规定，且长时间拖延，迟迟不解决问题，实业司令该地官员进行监督整改并且及时上报。

由此可见，云南实业司对云南地区商会的整改是比较严格的，必须遵守章程，对于不符合章程的商会便督促其尽快整改。如地处滇西南的勐海商会，因其僻处边陲，政令不通畅，加之地方社会经济发展的差异，商会组织的运行也存在不同程度的问题。"勐海商人张云煊等发起设立商会，拟具章程一案咨司查核办理。勐海为普思出入暹罗必经之地，既有商家一百余十户，该张云煊等能发起设立商会，以期团结，群力发展国际贸易，洵属扼要之图，深堪嘉尚，自应准其照所拟章程亦尚详妥，应即由该发起人等依法选举职员，依式列册具报，并再补选章程一份，附呈送司，准咨前由，相应咨复贵道尹，请烦查照转饬遵照办理。"②

地方政府实业司对于商会的管理是严格按照规章制度的，需要各地按时上报检查商会的工作实效。"民国十一年五月间经前实业厅查照商会法拟定商会成绩表式，通令各属商会查照表式，限于十一年八月内将十年内经过事项依照表式确切填列，报由地方官转呈查核，并迭经令催查报。迄今各属商会列报者已居多数，而该属商会应行查报之表尚未据报，殊属玩延，合再令催，仰即转行该属商会迅速遵照前颁表式，将民国十年及十一年成绩即日详切填报来司，以凭核办，勿再违延。"③ 对于有些事关社会治理的问题，经实业司核查商会成绩表后也会提出相应的解决办法。河口地区的水质不良，常常造成本地人生病，实业司联系河口商会号召乡绅们捐款改善水质，重视卫生安全问题。同时，实业司指出河口土质适宜种植，建议商会根据土质的具体情况去号召人们加以利

---

① 由云龙：《令饬转催剥隘商会依法另选职员列册报核由》，《云南实业公报》1925年第34期。
② 由云龙：《实业司咨普洱道文》，《云南实业公报》1926年第53期。
③ 由云龙：《实业司令镇南等十六属催查报商会成绩表由》，《云南实业公报》1923年第12期。

用，最大限度发挥河口土质的优势。"该商会民国十年份成绩表既据声明误填各节，另行更正填报前来，应准将前报十年成绩表取消，至十一年、十二年表列事项除抽收货捐作充经费，已另案令饬查复核办外，其应兴事项栏内，以该区水毒，夏秋水涨，人民感毒发生剧病，拟建自来水等语，应即集绅会议妥筹款项及办法，早日开办以重卫生。又称该区气候、土质宜于种植，高山矿地均能种棉等语，属热心实业，暨有资本者当不乏人，并应由该督办广为劝导人民。查照本司种树章程、种棉白话等分别种植，以尽地利，是为至要，仰即遵照办理，并转行该商会遵照。"①

商会设立之初，是为了联络商户之间的感情，促进商业的发展。鉴于商会的重要作用，商会应按照政府的制度严格整改，依法办理各项事务。云南实业司对商会整改提供了一系列详尽的措施，并请地方政府监督。"商会之设，原为联络商情，改良工商事业，以期发展起见，商会应办之事，如调商会设立之初，是为了联络商户之间的感情，促进商业的发展。鉴于商会的重要作用，商会应按照政府的制度严格整改，依法办理各项事务，不得延误或者阳奉阴违。云南实业司对商会整改提供了一系列详尽的措施，并请地方政府监督。处工商业者之争议，设立商品陈列所、工商业学校，维持市面，调查工商业之状况，统计征集工商物品，改良工商事项，皆明定于商会法中，而职员资格与夫任期及其经费至筹集，成绩之报核，其大体亦皆特为规定，凡所以昭慎重，杜把持严考核。"②

云南地方政府认为商会应认真履职尽责，不应辜负商会设立的初衷，"滇省地处边陲，工商业极为幼稚，加以地瘠民贫，设立商会虽不能依法，责以事事必行，然亦须竭尽心力认真办理，始不负商会之职责而有以负政府人民之希望，乃查各属商会认真办理者固多，而就历年所报事项、成绩详加考核，其办理不善亟应认真整顿改良者约有十端。云南省

---

① 由云龙：《实业司令河口对汛督办陆锦先（第一零四号）》，《云南实业公报》1925 年第 31 期。

② 唐继尧、由云龙：《省府通令各属商会整顿改良具报查核由（第一零八号）》，《云南实业公报》1926 年第 49 期。

地处边疆，工商业比较落后，再加上自然环境恶劣，导致百姓贫瘠。设立商会虽然不能用法律去约束入会商人去做好每一件事，但是必须要尽心尽力，要用认真负责的态度处理事务，才能不辜负商会设立的初衷，才能不辜负政府和人民的期望"①。同时，明确指出此时商会存在如下问题：商会抽取分成却不按章程，虚假设立商会，不按时召开商会会议，商会职员为了多次连任而更换姓名等，并严肃指出，如果不加大整改力度，就不足以体现设立商会的好处，商会的整顿需要当地政府官员的督察。② 可见，地方政府对商会组织的整改尤为重视。"凡兹十端，皆其荦荦大者，其他关于捐款托人，抽收不加稽核，虚立商会名目，全未依期会议，被选职员换用名号列册，希图蒙混，得以多次连任之类，亦间有所闻，非大加整顿改良，不足以收设会之效，除分别令行外，合行令仰该县长、知事、委员、督办迅即遵照，严行察查，并转行该属商会，如有上列情事，即行认真整顿，切实改良，如无上列情事，并应力加勉励，勿蹈其弊。"③

地方各县镇商会也明确表态，提出了整顿的关键问题。"本署前以商

---

① 唐继尧、由云龙：《省府通令各属商会整顿改良具报查核由（第一零八号）》，《云南实业公报》1926年第49期。

② 唐继尧、由云龙：《省府通令各属商会整顿改良具报查核由（第一零八号）》，《云南实业公报》1926年第49期。具体内容如下：商会办理之善否，自当凭所报成绩以为考核，乃有于办理成绩积之数年。迭次令催延不呈报者，此其一；商会职员任期届满即应改选，乃有任期届满延不改选，迨经催诘始行藉事搪塞者，此其二；商会职员与公断处职员连任只得一次，乃有已经连任一次复行被选，希望再行连任，迨经诘驳始行取消文牍，往返徒费时日，此其三；商会职员及公断处职员须年在三十岁以上者，始有被选之权，乃有年龄不满三十岁，亦列为被选职员，迭经严令取消而仍漫不经心者，此其四；商会经费关于事务所用费，须依法由会员负担，而商会职员原由会董被选而来，其经费仍须会员一全负担，乃有仅由会员负担而职员竟不捐助，义务不平致生枝节者，此其五；商会经费除事务所用费由会员负担外，其关于事业费，始得另行筹集，乃有一事不办，借口设会抽收捐款，致利商之举反以病民，此其六；商会经费之款，预算、决算及其事业之成绩，应每年依法编辑报告，刊布周知，乃有收入之款几何，支出之数若干，办理者何事从未报告刊布，局外人竟莫能窥其内幕者，以致抽收捐款，商人辄为诟病，此其七；凡商会附设公断处，则关于工商业者之争议应即交公断处办理，乃有附设公断处而商会复代为调处者，权限不明，致滋纠葛，此其八；商会或公断处调处事项，应以工商业者之争议事项为限，乃有产业争执及非工商事项之债务，亦竟越权干涉者，此其九；商会调处事项如两造不服调处，自应听其向地方官厅告诉，乃有押勒服从，横加武断者，此其十。

③ 唐继尧、由云龙：《省府通令各属商会整顿改良具报查核由（第一零八号）》，《云南实业公报》1926年第49期。

会之设，原为联络商情，振兴商务起见，凡商会职员宜如何认真整顿，依法办理，以符设会本旨，乃考该各属近报商会成绩表及近来状况，其间成绩可观者，固属不乏而亦有徒具商会名称，无事绩可考者，有职员任期已满，延不改选迹近把持者，有改选职员并不依法办理、任意争执、互相攻讦者，复有藉筹会费名目未经呈准、任意抽收捐款者，既负国家设立商会之本心，且失地方工商人民之厚望，若不认真整顿，工商业前途其何资以改进，亟应通令设立商会，各地方官迅即一面考查该处商会有无上指各情事，据实查报，以凭核办，并即转行该商会务期认真整顿，以符本省长注重工商业之主意。……迄今遵令查复者已居多数，该属仍延未据报，殊属玩延，现在亟待考核，合行令催，仰该知事、行政委员迅即遵照上指各节，查明呈复，以凭核办，勿再玩延。"[1]

1927年，南京国民政府建立之后，面对商民协会和一些地方党部强烈要求取消商会的呼吁以及各类工商团体的纷争，同时也为应对形势的变化，成立了民众团体整理委员会，开始对包括商会在内的各类民众团体进行整顿与改组。至1930年年初，国民党中央执行委员会正式下令撤销商民协会，经过整顿改组的商会则陆续重新登记，得以继续保存。国民党对商会的这次整顿改组，是中国商会发展史上的一次重要事件。此次改组对西南地区的商会发展产生了深远的影响。

以广西百色商会为例，百色商会因为没有遵照政府法令按时整改而被政府停止商业活动，商会的公文和财产全部被政府没收。百色商会对于政府要求整改的政令，居然置之不理，所以才导致了被动改组的后果。百色商会长时间没有登记在册。在政府关闭百色商会后，给出了另外的方案，如果百色商人想要重新成立商会，需要按照政府的规章制度重新组织商会，必须按时登记在册，只有这样才能在乱世之中以正法度。后来百色商会想要重新建立商会，广西地方政府准许其成立，并强调其要依法办理。"百色商会不遵令改组省府令该县政府饬该会停止活动，并将钤记公文及一切财产暂收管。省政府以及百色县商会，前经再令饬，

---

[1] 唐继尧、由云龙：《令缅宁等三十三县暨阿墩行政委员（第二十一号）》，《云南实业公报》1923年第19期。

限期遵照中央法令改组，乃竟搁置不理，迄今尚未呈准注册，殊属玩视功令。昨特令饬百色县政府，即饬该会停止活动，并将所有钤记及一切财产暂予收管，如该处商民以为有组织商会必要，应即照中央修正人民团体组织方案重新组织，呈转注册，以重法案。"① "百色商会各商发起重新组织，省府指令准予备案。省政府前以百色县商会未遵法令改组，经令县转饬该会停止活动，各情曾志前报。查省政府昨经据该县政府呈报，该会业经遵令停止活动，并由省商号发起重新组织，业饬迅速照章办理。"②

当时，大多数商会会及时依法改组。如梧州商会和大理商会在实际运行中就比较规范。梧州商会的问题主要集中在同业公会会员的管理规范方面，"该会第一届执监委员四年任满，本当依法改选，惟奉实业部令开，略以各同业公会为产生商会之母，凡同业达七家以上者，即须组织同业公会，加入商会为商店会员，各派代表共同组织，乃为合法健全之商会。该会以前改组在同业公会法尚未公布之先，故无同业公会之基本组织，于法诚有未合，嗣奉令饬而后，经通告各行依法办理，现各业同业公会经次第成立，本会亟应从新改组，期达健全。除同业公会会员，另案办理外，兹特派出登记员招子丰、陈晓沧二人前赴无同业公会之商店逐户调查，重新登记，以昭翔实。昨已由会分别通函各商号知照，并开列五点，而便办理，以利登记进行"③。

大理县商会的问题则是工业团体改为大理职业公会后理监事的选举。"大理商会改组，工业界成立职业公会，选定理监事正式办公。大理县商务委员会原为多数工商团体所组织，政府近为便利管制工商业，以应抗战需要起见，由中央社会部颁布条规，饬令将工商团体组织划分，以清眉目而便管理。大理县各工商团体于奉到命令之后，即于四月五日就商会会议室邀集各工商同业公会负责人员开会，讨论改组问题。当由云南省社会处派谢督导员汝杰莅会指导，遵照中央所颁法规，将大理商务

---

① 《百色商会不遵令改组》，《南宁民国日报》1935年12月14日第8版。
② 《百色商会》，《南宁民国日报》1936年1月24日第6版。
③ 《梧州商会筹备改组》，《南宁民国日报》1933年11月15日第6版。

委员会由商业团体改组为大理商业同业公会，工业团体则改为大理职业公会，工商两集团于十四日各推选理监事到会。工商两团体仍同在商会旧址办公，同时议定于十六日成立，各理监事宣誓就职，由县党部代书记长刘竹轩、监事谢督导员于改组后前赴蒙化（即现在大理巍山县）指导。"①

由此可见，云南实业司对各地商会的实际情况都有一定的把握，整体上大致了解行业之间的基本行情，据此提出有效的改良措施。这种统一规划管理的方式，有利于商户公平交流交易，为商业提供了良好的发展环境，促使商会组织的运行步入正轨。

### 三 商会会议执行与商会选举

具有近代特征的选举制度，在近代中国最早并不是出现在政治生活领域，而是实行于新式民间工商社团商会之中。近代中国商会的选举制度不同于传统工商组织带有随意性的"推选"方式，是一种全新的"选举"规定，体现出近代民主色彩。这种制度性规定在其常态选举中基本上能够得以贯彻执行，以往强调工商界上层人物挟其雄厚经济实力垄断商会领导权的说法与史实并不相符。在清末民初，商会选举中未曾出现过严重的舞弊和贿赂行为，但是，到了1920年以后，由于各种方面的因素影响，开始形成派别纷争乃至选举风潮，尤其是受到不同派别政治军事力量的制约，至此，商会选举呈现出从常态向变态的演变趋向。②

云南商务总会设立以后，按《商部奏定商会简明章程》之规定，设置了相对完整的机构，由总理、协理主持日常会务，会董和帮董共同参与，"二董"各有明确的职能与权限。商务总会以昆明各行帮为基层组

---

① 《大理商会改组》，《滇西日报》1943年4月19日第1版。具体选举情况为：由商业团体中选出李铭勋、杨国宝、陈宗同、杨锡龄、李藻、李旺、洪纲、赵佩卿、李香为理事，李震国、李柱堂、李冠臣、杨文彩为监事，赵仰光、李汉勋为候补理监事，并公推李铭勋为理事长，杨国宝、陈宗同为常务理事。工会团体选出张渐逵、何朝富、杨炜明、马明义、怀蔚如、杨朝举、杨汝政、杨廷辅、李晋庵为理事，王怀民、杨陶臣、李润英、常金为监事，刘盛群、徐中和为候补理监事，并公推张渐逵为理事长，何朝富、杨炜明为常务理事。

② 朱英：《近代中国商会选举制度之再考察——以清末民初的上海商会为例》，《中国社会科学》2007年第1期。

织，各行帮分别推选帮董参与会务，其中烟帮占主导地位，清末之际云南商业环境呈现出迥异的情形。之后，按照商会章程，设总理、协理各一人主持日常会务。云南商务总会总理、协理由会员选举，再由工商行政管理机构加以委任。第一任总理为马启元，协理为王鸿图。第一届任期满后，经改选，王鸿图当选总理，经营同庆丰，王鸿图系全省工商业第一大户、清末"钱王"王炽之子，捐有二品道员四品京堂。马启元经营兴顺和，系玉溪工商业大户，捐有二品武职副将头衔。总理、协理下设会董10人，由会员选任来执行会务。第一任会董有袁嘉猷、宋升培、高凌云、朱琨、朱文选、李云蔚、熊灿文、曹琳、王白川、李春国；设帮董10人，由与会各业代表选任，协助会董执行会务。第一任帮董有杨钧、周肇京、吴清泉、杨荫廷、周树堂、于洁溪、王级坤等人。总理、协理、会董、帮董任期均为一年，可连选连任。马启元总理等任期满后，复推王鸿图为总理，董润章为协理。宣统二年（1910）正月，王总理奉派参加南洋赛会，董协理润章因病请假，复推陈德兼代理总理，施焕明代理协理。①

　　北洋政府时期，商会选举制度日趋完善。以剥隘商会而言，剥隘商会会长罗典和副会长罗九贤辞职后，需要另选会长和副会长，剥隘商会按照规章制度向上呈报，并请实业司立案。实业司立案后，通知剥隘商会选出会长、副会长后要及时就职并上报。但是剥隘商会却迟迟没有上报，实业司让该县知事监督此事尽快完成，并次日上报。"民国十三年十一月内据该县剥隘商会呈报，会长罗典、副会长罗九贤辞职，补选会长、副会长情形，请立案。当经省公署核已所选会长、副会长均系召集会员补选，并不由本届会董互选而出，且何显芳又未在会董之列，不得被选会长，令饬另行依法互选，选定后将会长、副会长及由候补人升补之会董分别造册二份，并填明就职日期，报由该知事转呈核办在案。迄今半年有余，尚未据遵办具报前来，殊属玩延，合行令仰该知事督催该

---

① 赵善庆：《形塑滇商——变动社会中的近代云南商会（1906—1950）》，社会科学文献出版社2020年版，第72—73页。

会迅即遵照前令办理，即日转报来司，以凭核办。"① 从剥隘商会的会议执行和选举来看，需要严格以实业司的规章制度为准则，且本地官员负有监督之责。

南京国民政府时期，商会选举制度渐趋成熟，并在西南边疆地区普遍实施。

1940年，昆明市商会筹备改组委定期召开会议。此次会议已按规章制度报备政府，并邀请相关的政府官员参会并监督，一切详尽事宜皆按规章制度处理，可见政府对商会的管理已步入正轨。此次会议主要是议决商会选举事宜，"议决定于四月十九日午后七时开预备会，正式选举大会定为四月二十四日午后一时举行，分别通知各科预备，并除呈报党政机关鉴核外，并呈请省党部、建设厅、市党部、市政府派员莅会监视指导，至凡未改组各业，应于代表名单详加声叙选举权，交商事科办理"②。

1945年，昆明市商会如期召开第四届第三次会员代表大会，参会人员有商会会员，也有非商会会员，非商会会员大多是政府领导和各界代表来宾，主要议题是商会改选。会议执行规范，并取得预期效果。一是由商会主席周润苍报告开会内容："一、为物价狂跌，工商交困，请政府设法予以救济案；二、修正商会选举章程案；三、普查各公会人数、资金及其支配案；四、电蒋主席、龙主席致敬。"③ 二是由社会部专员奚永之，社会处科长顾致中，市党部书记长刘镇宇等人致辞。三是商会开始讨论商会提案，讨论结束后开始选举，商会理事中的周润苍、邓和凤、黄美之、甘汝棠、李琢庵等连任，严燮成、朱文高、王振宇、陈德齐等当选新理事，李岐山、高文卿、杜宗琦、蔡松等当选为监事。之后，昆明商会召开第二次理监事联席会议，主要议题有："一、修正通过市商会章程草案、办事细则、会议规则、会员入会退会规则及会计规程草案；二、定期本月二十二日午后二时举行本届第四次代表大会；三、推定甘汝棠为代表大会秘书兼商事科主任，朱文高兼商务科主任，金人宣兼财

---

① 《梧州商会筹备改组》，《南宁民国日报》1933年11月15日第6版。
② 《昆明市商会定期选举》，《中央日报》1940年4月16日第4版。
③ 《昆明市商会昨开会员代表会》，《扫荡报》1945年9月7日第3版。

务科主任，邓和凤兼公断处长，分别函达并呈报备案。"① 出席此次会议的有李琢庵、甘汝棠、严燮成、邓和凤、王振宇、金人宣、朱文高、蔡淞云等，会议由理事长李琢庵主席主持，讨论事项甚多。在大会第三天，选举了二十一名理事，十名候补理事，七名监事，三名候补监事，并将定期举行商联会成立日期及理监事就职日期。这次大会是由昆明市商会召集的，所以市商会主席严燮成占了地利人和，以98%的最大多数被推选为理事长，昆明历来捐款最多的商界巨子董澄农仅占天时，未能在竞选上与严氏决雌雄。事后，特在昆明某报上登启事一则，表示体弱多病，无心闻外事，也是这次商联会中的余闻一页。② 可见，商会选举中还存在内部会员之间的博弈。

此外，云南省商联会也以会议的方式明确了自己的宗旨。1942年11月17日，云南省商联会召开第一届代表大会，出席的各县代表来宾约二百人，由严燮成主席报告并阐明开会意义："一、决定会章及各种方案；二、慎选贤能，求谋商人福利；三、严密组织增进团结；四、协助政府争取最后胜利。"③

广西地区南宁商会、百色商会、桂林商会和省商联会，也严格按照政府规定的商会章程创建、改组、执行和选举。此时商会的设立，不仅是为了维护商人团体的利益，对稳定市场秩序也产生了积极的作用。尤其在社会环境动荡的年代，更是为经济的平稳发展保驾护航。除此之外，商会也存在一定的局限性，出现了部分商会会员玩忽职守，不遵守规章制度等情况。如南宁商会会定期举行代表大会，在会上选出管理和监督商会的委员。南宁商会自从按照政府要求改组后，准备推选出一位负责办理改组相关事情的筹备委员会负责人。1934年5月8日到6月22日期间，南宁商会举行筹备会议，讨论商会改组的相关问题，且通知同业公会也要限期选出代表，有十三个同业公会已经按照指令完成选举。6月22日下午举行第七次商会筹备会议，讨论选举执掌管理商会的相关人

---

① 《昆明市商会举行代表大会》，《扫荡报》1945年9月22日第3版。
② 《昆明市商会举行代表大会》，《扫荡报》1945年9月22日第3版。
③ 《云南省商联会开首届代表会》，《中央日报·扫荡报》（联合版）1942年11月19日第5版。

员。"一、拟定何时开代表大会、选举执监委员请公决案，决议定本月二十八日正午十二时举行代表大会，选举执监委员；二、请推定大会职员、以便分别担任职务案，决议推定雷赞臣、梁惠廷二人为布置员，简公为、周翰荣为发票员，梁锦初、徐莱洲为收票员，梁谕书、劳寿之、冯子佳、雷文安为唱票员，吕和发、王朝佐为纠察员，林伯耆、李清甫、李竹轩、刘巽文、萧刚莹、梁仲书、廖经甫、梁凤樵、谢荣卿、李渭杰、康文儒、曾志高为招待员；三、选举票应否制定执行、监察两种，以便分别选举案，决议毋庸分别，惟选举票内须注明执委监委人数，开票时双方如有同名者，即以何方票多为当选，如票数相同者，则以抽签法定之。"① 在会议上，讨论了选举必须慎重，按时缴纳会费等问题，还讨论了商业对于国计民生的重要性，商会对于国家强盛的影响，除了讨论商会的重大责任，还分析了当今形势下商会地位衰落等问题。商会主席萧刚莹指出，"一、商业与国计民生关系之重要；二、商业之盛衰关系于国运之存危；三、中国及我省商业地位之危险；四、商会责任重大；五、选举执监委员须慎重；六、会员须按期缴纳会费"②。

百色商会和桂林商会也执行了较为规范的选举议程。"百色商会第二届执监委员，自民国二十一年四月选出后，迄今已届期满，县府特令饬改组，另行选出第三届执监委员。该会奉令后，即进行筹备，兹已筹备完竣，定于八月三日正午十二时，在该会大礼堂投票选举，并请县党部、县政府派员指导临选。查是日商会会员百余人，选举结果以黎弼臣等十五人当选为执行委员，黄希垣等七人当选为候补执行委员，谭晋华等五人当选为监委员，至正副主席，闻待开常务会议时推出。"③ "桂林市商会十九日下午二时在该会举行新任委员宣誓就职典礼，到该会会员各团体机关代表二百余人，由前任商会主席唐善元主席即席致开会辞，新任执监委员及候补委员李锦涛等三十八人宣誓就职，由市府徐科长虎君、省党部代表钟龙监誓。宣誓毕，由钟云龙、徐虎君、社会部派驻桂林商

---

① 《南宁商会定期举行代表大会》，《南宁民国日报》1934年6月26日第7版。
② 《南宁商会昨举行代表大会选出执监委员（节选）昨举行代表大会》，《南宁民国日报》1934年6月29日第7版。
③ 《百色商会改选二届执监委员》，《南宁民国日报》1934年8月22日第6版。

运督导员方思齐、陈市长代表钟自若等相继致辞,多希望新任委员能加强组织,协助政府安定金融,劝募公债,努力抗建。"①

与云南省商联会同期,1942年广西省全省商联代表大会召开,"到会各县代表五十余人,由龙鸣皋主席报告开会意义颇详,继由省党部省府代表致词,至十一时散会。下午一时大会,由各县商民代表报告会务,散会后即推举代表审查提案,提案共十八件,内容多为税收、商会经费及商运输问题,今日上午继续审查,下午开始讨论。市商会创办商报捐款,已收到十二万余元,捐助较多者为新申公司及和泰兴商号各捐五千元,募捐队长黄绍贞个人亦捐助五千元"②。商联会讨论通过多项议题:"一、河池县商会因课征名目变动发生税收争执,由会转呈税局核办;二、怀远县商会请求直接税局改善一时营利事业商人采运货物案,修正通过;三、荔蒲县商会拟呈请政府令饬营业局转令各县采运站按当地时情揩牌给价,令各县政府勿长期将船舶统制封禁以免阻碍货物交通,经修正通过;四、桂林市商会拟请直接税局改善所得税、利得税征收方案,经修正通过;五、三江县商会提议商店经理合于应征年龄者,拟请准予纳会一役以安后方经济,决照案转呈;六、柳江县商会提议拟由商联会呈请财部调整对于免税糖类准免贴印花销案,决议通过;七、桂平县商会提议,关于埠关坚持贴一,应随时报到随时检查放行,以利运输;八、桂平县商会提议,驿运管理处可在无交通工具地带设立,已有交通工具地带拟请撤销,以轻负担,经修正通过;九、商人交火车转运之货物,不论付出或到达目的地时,应请车站方面尽量设法保护,免受日晒雨淋而损伤,本案决照通过。"③ 当然,根据时局所需,商界代表通过会议也提出了诸多临时议案:"一、商业牌照由当地商会转领转发;二、呈报省府,请体念民艰,对沦陷收复区商民,免追收三十年度所得税及过分利得税;三、省商联会经费增加至二万六千四百元;四、各商会会员缴纳会费,照原定级数加一倍;五、桂市商会筹办商报,由商联捐助一万

---

① 《桂林商会委员昨日就职》,《扫荡报》1941年11月20日第3版。
② 《广西省商联会今日讨论提案》,《扫荡报》1942年3月12日第3版。
③ 《桂商联大会闭幕》,《扫荡报》1942年3月14日第3版。

元；六、桂市商会创办商报，将创办草案与募股办法分发各县商会，限一月内答复；七、请政府免收商业铺捐；八、向未入会者或欠缴会费之会员，去函警告；九、以商联大会名义，要求省府准予在参议会中占一个参议员席。"① 可见，商会组织在国家民族危亡之际，尤其是在抗战时期也从自身的立场出发，希冀通过组织秩序的规范进一步彰显商会及其商界的使命担当。

**四 商会经费及财务收支**

清末，在商会创设初期，根据商务总会的章程，商会成员必须履行一定的义务。商会会员必须缴纳一定的会费，包括注册费、凭据费、簿册费三种。《章程》对会费的缴纳也作了明确的规定："本会原为联络商情，保护商业而设，不能不仍于各商酌输经费以供会需，谨遵部章二十一款注册，凭据簿册三项筹费如下：1. 注册费。滇省各商资本充足者固多，而小贸经营者亦复不少，若会一律照缴，诚恐力有不逮，自应酌量变通，按照各业注册之实数，拟每两酌输一厘；不上百两者，一概免输。无论输纳多寡，均由本商面缴本会，掣取收条为准（奉部复缓办）。2. 凭据费。凡各商买卖契约外贸合同抵押券定货议单并一切凭据均以所载之实数以期限之多寡，酌输会费，由执据人缴清，本会盖用图记为准（奉部复缓办）。3. 簿册费。各商进付收放存欠折及词诉胶葛，均以账簿为凭，如不划一盖图真伪难分。兹遵章由本会照部颁簿册格式分给各商，遵式自备送交本会加盖图记为准，其费容后酌输（奉部复缓办）。"②

北洋政府时期，中国依然是以自给自足的小农经济为主体，同时中国的民族资本主义有了初步的发展，官僚资本形成并发展，外国资本在国民经济中也占有重要地位，这种经济状况导致北洋政府的财力分散，中央政府资金严重匮乏。在社会环境动荡，中央政府资金匮乏的年代，商会的经费主要来源于哪里呢？以云南商会为例，商会经费主要来自会员会费、货物税费、社会捐赠、政府补贴等。云南省政府提出了具体的要求："商会

---

① 《桂商联大会今午闭幕》，《扫荡报》1942年3月13日第3版。
② 《奏设云南省垣商务总会章程》，1906年，昆明市档案馆，全宗号：32—25—28。

法规定，总商会、商会经费分为事务所用费、事业费两种，事务所用费由会员负担，事业费并无何项限制，滇省已设商会之各地方，除事务所用费悉遵商会由会员负担不议外，至于事业费一项，或由地方原有公款内划拨，或呈奉核准抽收过境落地捐或驮捐，有案者或援案呈请抽收，尚在试办期间与饬令酌减，尚未呈复核准，难定案者或私自抽收，未经呈报，以及擅自增加，不遵定案者杂糅分歧，殊无定辙。查设立商会之旨，原期促商业之振兴，抽捐重繁难保不无滋扰卫商，反以病商。值此财政徐图统一之秋，商会经费关系预算决算，未便在听各行其是，除分令外，合行令仰该会转知所属各商会限于文到十五日内，迅将该商会事业费筹集来源与种类、捐率及年收确数于何年何月抽收曾否，呈奉何机关核准定案，据实专案呈报来署，以凭统筹核办，自经此次通令以后，倘有再敢玩延不报以及所报或有不实者，一经发觉，定即照例惩办，决不姑宽，凛之慎之。"[1] 地方政府除了规定商会经费的来源外，还严禁商会的苛捐杂税行为。当时的社会环境本就动荡不安，百姓生活困苦，如果商会收取过高的商品税，不仅不会促进商业发展，反而会被百姓所诟病。

南京国民政府时期，商会的会费收支与政府之间存在诸多纠葛。1932年秋，百色商会请求禁止临时政府单位以各种借口向商会借钱。百色商会本就拮据，经费并不宽裕，当地政府还要恶意压榨，导致商会经济困难。"百色商会，以年来商业凋零，杂税苛捐，已蒙政府次第豁免，惟地方各机关团体，每藉办理地方事务，临时组合委员会，一经成立，未奉准立案，便行使职权，其会内经费，专向商会借用，此种担负，极为繁重，稍一阻挠，即被指为反动，商民被厌不堪，特电请省宪，明令制止，省府据电，已令民厅查核依法取缔。"[2] 百色地区的商户和百姓不堪其扰，百色商会向省府汇报了这种情况，希望省府可以明令禁止这种行为，地方政府依法取缔了这种非正常借款行为。

较为特殊的是，广西地区还成立了省政府修改货币发行准备保管委

---

[1] 唐继尧、由云龙：《令全省各地方官（第七六号）·转行所属商会将该会事业费如何筹集专案呈报由》，《云南实业公报》1923年第23期。
[2] 《临时机关》，《南宁民国日报》1932年8月14日第5版。

员会，保管委员会设于南宁，梧、柳、桂各地概不设分会，委员额增加，梧、柳、桂等地商会主席均参加为会员，这个保管委员会对于商会经费收支有较好的保障。"本省为实施管理货币，巩固钞票信用起见，业经支财地代电核定广西省货币发行准备保管委员会简章公布在案。现查简章内第一条原定保管委员会设总会于南宁，并于梧柳桂各地各设分会。兹因两粤行钞现正商议互相流通办法，粤桂各发行准备保管委员会亦应联络一致，粤省仅于省城设会，并未设立分会，本省银行总行系设南宁，情事正复相同，兹特于南宁设会一所，其他梧桂柳各处概不设立分会，惟将委员名额增加，所有梧桂柳各商会主席均参加为会员，俾得就近查核当地银行所存发行准备金及行钞流通数目按时报告邕会，以明真相，而使统筹。第二章'组织'（四）邕梧柳桂商会各一人。第三章'任务'第八条：保管委员会每月须检查准备库所存硬币生金及行钞印制发行数目一次，南宁由该会派员检查，梧柳桂各处由各该地商会代表会员检查报告该会。"① 同时，其章程也明确了具体的运行办法，"本府为实施管理货币、巩固行钞信用起见，业经订定广西省货币发行准备保管委员会简章公布施行在案，照章规定于南宁设立总会，于梧柳桂设立分会，均由当地党政金融机关及地方团体派出代表共同组织，计总会九人，分会七人，除由本府及请党部指派外，合行电仰各该商会各派定代表二人，邕宁地方财监会派定二人，梧柳桂各地方财监会各派一人参加，共策进行"②。

这一时期，各地商会拥有自己独立支配的经费，经费的来源有这样一些形式：由会员捐纳和筹集，这是最主要的方式；由其他货捐拨支的；集合股份，由会员认购股份，商会收取会员股息等。总体上来讲，各地的商会都拥有可以独立支配的经费，经费有大体一致的来源，以商会会员自己捐赠和筹集为主，也存在抽收商品税费、商会经营收入、政府捐助等方式。如广西省商会联合会的活动经费由各县商会分摊。第一届代表大会中规定，按各县的贸易情形，分甲、乙、丙、丁、戊、己、庚七

---

① 《货币发行准备保管委员会简章》，《南宁民国日报》1936年7月17日第6版。
② 《电南宁商会等饬派员共同组织货币发行准备保管委员会》，《广西省政府公报》1936年第130期。

等，最高缴会费300元，最低30元，每年分两次缴纳。在第四届代表大会时，除按旧法收纳会费外，大会还议定设立商联银行等办法筹集经费。同时，建立较明确、严格的财务制度。各商会使用直行改良中式簿记记账，用收支原理，财务总结每岁一次。商会建立了明确、严格的财务制度，各商会皆使用中式记账方式去记录商会经费账单，商会财务每年总结一次商会账本，桂林商会每年编造一次预算决算报告公开刊布，并由地方主管署转呈省政府备案。梧州商会对每年的预算和决算都经过一连串的严格审查和核准，首先由常务委员根据每年财务情况分别编制预算和决算案提交执行委员会审查，执行委员会审查完后添加审查意见，然后送交监察委员会审查后才将提案交付会员代表大会议决。商会财务管理制度化，能较真实地反映出负债盈亏情况。[①]

1945年，云南省商联会通过的组织章程草案中，决定了省内商会的经费预算为国币六十万零九千余元，由昆明商会负责筹集总费用的五分之二，各地其他商会分为甲乙丙三个等级负责筹集相应额度的剩余经费。关于商联会本省组织的，通过了组织章程草案，决定全年度经费预算为国币六十万零九千余元，经费筹措由昆明市负担五分之二，其余各县分甲乙丙三等负担五分之三。[②]

## 第四节 商事公断与商会纠纷调处

1913年，云南商务总会奉颁章程组织成立商会公断处，其旨在"系立于仲裁地位，纯以和解息讼为主旨，向皆遵照章程细则，体查本省商业善良习惯、商人通例，并参照历次颁布《民法》，斟酌情法，妥慎办理"[③]。云南商务总会成立商事公断处，其组织依法规，在处长外设有评议员、调查员等，主要领导由云南商务总会的负责人兼理，主要负责调

---

[①] 谭肇毅：《抗战时期的广西经济》，广西师范大学出版社2011年版，第135—137页。
[②] 《云南省商联会举行代表大会》，《扫荡报》1945年9月22日第3版。
[③] 云南省志编纂委员会办公室编：《续云南通志长编》下册，云南省志编纂委员会办公室1986年，第540页。

解各类商业纠纷，调解处理案件采取联合评议制，受理上市纠纷，保护工商界利益。云南商务总会于1906年成立时的章程中明确载明："商家钱债各事，应先赴本会报明，由总理、协理暨会董等秉公妥议调查，倘理屈者诬骗狡诈，藉故隐匿，即由本会送请地方官从严逼迫，勒限偿还。"①商事公断处设立后，及时履行职能，"滇省自前清成立总商会后，关于商业争执，即由商会调解和息或法庭委托清算账目之事"。"民国元年，全国工商会议各省代表提议及全国商联会建议设立商事公断处，前云南总商会乃呈工商、司法两部，请准立案。民国二年（1913年），先后奉颁章程及办事细则，遂于是年五月正式组织成立。依据法规调处工商业间争执，立于仲裁地位，纯以和解息讼为主旨。"②

商事调解和公断处工作在云南商会的常态工作中占有较大比例。按云南公断处章程的规定，商事公断处有权受理三种情况的案件："即（1）产生纠纷的一方属于工商企业家；（2）属于商事纠纷，例如贷款、债务、合伙、买卖契约、汇款、合伙租赁和劳动纠纷等；（3）在未向司法机关起诉前或起诉后两方愿意或司法机关委托办理的案件，还有司法机关委托调解或公断的事项，即不属于上列范围的纠纷，商事公断处也可以受理。"③云南实业司也对各地商会的商事公断处进行监管，"商会职员及附设商事公断处职员，每届改选选定后，应依商会法施行细则及商事公断处办事细则将各职员姓名、年岁、籍贯、住址、商业行号、就职日期等项列册报由地方官转呈核办，乃查各商会于职员选定后列册呈报之案，其册列各项详明记载者固多，任意增列或漏列者亦属不少，虽迭经指令更正，仍难免凌乱无纪。兹特由本司规定册式，嗣后各属商会关于列报职员清册务须依式造报，以期划一"④。

---

① 周钟岳总纂，李春龙、牛鸿宾点校：《新纂云南通志》卷一，云南人民出版社2007年版（详文见"附录一"）。
② 云南省志编纂委员会办公室编：《续云南通志长编》下册，云南省志编纂委员会办公室1986年，第49页。
③ 陈子量：《云南商会》，《云南文史资料选辑》第49辑，云南人民出版社1996年版，第25页。
④ 由云龙：《实业司令各知事、督办、县长、委员（第六二号）》，《云南实业公报》1925年第31期。

## 一 商会商事公断职能的运作：以商会参与倒闭商号债权债务清理为中心的考察

1929 年，南京国民政府颁布新的《商会法》，商会经过整顿后仍继续合法存在，但其诸多职能受到政府强权的控制和影响。与民初相比，这一时期商会的商事公断职能呈现出弱化的趋势。关于工商业之调处及公断，《商会法》第三条第一项第四款规定："本为商会之职能，其未成立商事公断处之商会所办理之商事公断事宜，两造如均愿遵从，应认为有效。至从前施行之商事公断处章程非商会法之附属法令，依民国十六年八月十二日国民政府之训令，除与中国国民党党纲或国民政府法令抵触外，应准援用，自不应商会法施行细则第四十二条规定而失效。"[①] 虽有政府威权的干预与控制，但此后各地商会仍一如既往地承担和处理了大量的商事纠纷案件，有力地促进和规范了工商业的发展。1930 年初，由于云南的商业发展受到世界经济危机的严重影响，经营鸦片生意的大批商号纷纷倒闭，因此，在这一时期商会受理的案件中关于倒闭商号的债务债权清理案件占多数，案情也较大，情况较为复杂。从 1932 年开始，昆明市商会联合多方力量着手清理大批鸦片商号的倒闭案，这些案件牵涉面广，还和市政府等机关及法院联合组成"临时债权债务委员会"来处理，经过历时四年的清理调处，致使昆明市商会应在 1935 年就须改选第二届的时间被推迟，待清理工作完毕移交后，1937 年 4 月才进行第二届的改选事宜。

（一）商会组织各商号成立债权团

1929 年末，资本主义世界爆发了空前的经济危机，并持续了 3 年之久。中国经济也被卷入这场危机之中，造成全国市场的普遍萧条。云南经济在唐继尧、龙云统治时期，由于军阀混战，财政收入短绌，支用浩大，遂采取"寓禁于征"的政策，鼓励公开种烟，借鸦片烟罚的收入以资挹注，造成农村及城市的经济日益不振。在此种背景下，1933 年昆明

---

① 郑成林、张世慧：《控制与依赖：南京国民政府时期商会商事仲裁制度述论》，《江汉论坛》2015 年第 5 期。

市发生大批烟商倒闭，这次倒闭的大小烟商号 70—80 家，因亏损严重，停止或改组的十余家，被牵累亏损的 400—500 户，外县肩挑小贩被牵累的数百户，市民被牵累的 1000 户，通过组织债权团清理的 10 户。这次烟商倒闭，由炳兴祥、瑞福隆两户开端，继为新康、合盛隆、同兴祥、康记等十余家，共计亏损旧滇币 2000 万元以上；其未经组织债权团或已组织未经商会处理，亏损金额多在旧滇币数十万元至数百万元者，有天成祥、协议昌、锡昌、庆云祥等十余户，亏损共约 1000 万元，总数共 3000 万元，相当于当时市面货币流通总额的 1/3。上述烟商倒闭的直接原因是外地烟价暴涨暴跌，各商号大肆进行投机倒把，一方面空卖汇款，套取现金；另一方面赊购鸦片，以图牟利。当外埠价格暴涨时，不惜高价收购鸦片，迨价格暴落，销售不出，又不惜拉价售卖汇款，既受货价损失，又受汇水损失，以致严重亏损，终于倒闭。烟商倒闭直接受影响的是山货业（90% 以上）、丝棉业全部受累；百货业 100 余户，受累十余户；布业 100 余户，受累 30 余户。以地区而言，受直接影响的为昆明市，鸦片集散地下关、祥云、云县、曲靖、泸西等地亦受到影响。此外，波及并倒闭商号的存款户，贻累至数 1000 家之多。其中盛丰号存款户达 1300 余户，以小额存款户为多，且系辛勤积蓄，持以为生，或系孤儿寡母，或为零星小贩。"各债务人血本有关，焦急万状，有因此冻馁者，致病甚至毙命或举室轻生者。"① 此次倒闭风潮不仅影响到商业、手工业，还影响到金融业，在炳兴祥等商号大卖比期汇款时，省富滇新银行也大量吸收了不少汇款而致无法交兑，因而造成市场银根紧缩，利率高涨，汇率提高，物价下跌，百业萧条。另外，也给巨商大贾、官僚地主借机牟利大发横财。② 在此情势之下，"特货"价格猛涨，影响市场经济。1932 年 9、10 月以后，不少殷实商号（如瑞福隆、炳兴祥等）纷纷倒闭，商业面临极大危机，由此形成的债务纠纷很多，昆明市商会随即呈请云南省政府主席龙云，请求设法解决。在云南地方政府几经周折协调后，昆明市商会组织债权债务清理委员会对有关各户进行清理，经过

---

① 《商号破产档案》，1933 年，云南省档案馆，全宗号：106—4—2858。
② 李珪主编：《云南近代经济史》，云南民族出版社 1995 年版，第 338—339 页。

两年多的时间方才得到解决。

1932年1月15日，同兴祥债权团成立，并布告各债权人及时登记。"同兴祥债务一案，曾由各债权人开会推定丽日、升宏、祯祥、益昌和、张鹤轩、复义和等为代表，组织债权团，业已成立着手办理该号清算等事项，债权登记手续应恳先行布告，派员监同办理，以昭积重。"① 昆明市商会发出布告，规定自布告日起，限七日以内携带证书，到本会内同兴祥债团办事区办理登记。1932年1月21日，德和祥倒闭后，昆明市商会又召集双方调处，该号债权团即组织成立，清理该号借账事件。"该号经理杨明甫自被押公安局后，已存多日，以该杨明甫之父（即该号老东家）杨鑑堂出面仍未到省，以致债账问题仍无办法。市商会又于召集双方到会调查，经双方辩论多时，该杨明甫承认设法请求其父来省出面料理该号债务，各债权人亦即承诺只需杨鑑堂出面，则可和平了结，决不致有伤情面，是以该号债务必须杨鑑堂出面，方能有解决之望。"② 1932年，由于商场不景气，以致倒闭商号计有炳兴祥、瑞福隆、康记、德和祥、合盛隆、同兴祥、怡盛昌、云泰祥八家之多，所有各号债权团均已分别成立，一律附设昆明市商会内，并推定代表负责进行处理债权事务。"惟各号内容复杂，不易清理，是以虽历一月有余，仍无切实办法。倒闭各号之债权团认为此长拖延非所宜，当于昨日由各债权团代表非正式接洽晤商，拟于日内召集所有各号债权团代表开联席会议，筹备商妥着议，呈请商会转呈政府严于处罚，希望各债权事务早日结束，固此项联席会议已由发起人发出通知，各债权团推定代表即可正式召集。"③

对于如何查封清理德和祥财产之事，昆明市商会也予以积极调解。同时，云南省政府对债权人张鉴波也提出具体的要求。德和祥号宣告倒闭后，号东杨明甫乘间逃匿，经各债权人多方侦探，将杨明甫于恒和号内床下缉获，送请昆明市商会转送公安局拘押。该号债务虽经市商会召

---

① 《同兴祥债权团成立，布告各债权人速往登记》，《云南新商报》1932年1月16日第3版。
② 《德和祥之债帐问题必须杨鑑堂出面，方能有解决之望》，《云南新商报》1932年1月22日第4版。
③ 《各号债权团将开联席会议》，《云南新商报》1932年1月30日第4版。

集双方解决四次，债权人一再让步，遵允商会办法。而该号东杨明甫阳奉阴违，会商数次，办法均未实行。对此，云南地方政府作了明确要求，"原呈债权人张鉴波呈一件为欺诈取财后潜逃，恳恩通令严缉并予处罚，希以维商艰由。查所呈各节极关重要，除令饬昆明市政府及大理县将杨明甫、杨渭甫二人所有财产及寄存孙佩之等处烟土查封备抵，并将杨渭甫及其父杨鑑堂严缉归案究追处置，杨明甫等既有烟土存储广州，难免不前往藏匿，应候咨请广东省政府转饬所属，一体协缉，务将该杨明甫等及存储烟土一并缉获，咨解昆明市政府依法究办。除分别咨令通缉外，仰即遵照"①。此后，据杨明甫向该号债权团声明称，"彼因久拘公安局之待质所，殊难与外方谋而接洽，对于应偿债务，迄今数月无法办理，自问殊抱不安，拟请限期半月，邀请妥保具结，移出值缉队内，以便接洽。若半月无法仍愿移回原处。又伊弟杨渭甫因同人奔走请准保释出外等语。当经债团代表会议决定，认为可行，遂具呈市商会请转咨省公安局将杨明甫准予移至值缉队内管押候案，至该杨渭甫即请准予请保，暂为开释。惟该债团以为该杨明甫原承认分期交还之款，兹第一期者早已届期，特请商会严饬该杨明甫依照原议案从速筹处，勿得拖延"②。

由于受此次倒闭风潮的影响，云南市面商号倒闭达十余家之多，各债权人纷纷组织债权团以谋解决，并经商会召集各方讨论研商，虽历经数月，但仍无解决办法。鉴于此，商会召集各债团代表召开联席大会，发起组织联合债团大会。"本市商业不幸，倒闭频仍，自上年十一月之间相继倒闭者十余号，已声请商会正式成立债团千万元以上，实为滇省商界空前未有之奇灾。查债团之成立，不外清理债务人之资产以备抵偿，审核簿记以防隐匿，殊债务人之资产早已寄顿无浅，而簿记凌乱错杂，不易钩稽，足见各债务人昧良倒骗事。前曾有准备，其居心之狠毒，实与盗匪无异，虽蒙商会将各债务人送公安局拘禁，适便各债务人得优游避债之所，故各债权团着实让步，委曲求全。而各债务人事事敷衍，毫无诚意，若以此迁延，则各债权人窘迫日急，而各债务人反安居无事，

---

① 《查封德和祥财产 省府对债权人张鉴波批示》，《云南新商报》1932年2月3日第4版。
② 《德和祥债务近讯》，《云南新商报》1932年2月16日第3版。

言念及此，不禁令人愤懑之至。而窃念各债权团名虽有别，其痛苦则非联合其组织，联合债权大会以谋对付之力不可以，后凡各债权团务须互相援助，以求正义得伸，至应商事件矣。"①

（二）商会调处债权债务纠纷

1932年之际，滇中地区商场枯窘，倒闭商号有十余家之多，辗转牵涉，以致连带影响者不胜枚举，如名著滇中，素称商场名人的王安良所经营的盛丰号，此次因受风潮牵动以致发生挤提存款之事。对此，盛丰号经理王安良请求商会查账并设法救济，"盛丰号历有年所秉诸良心，信用昭著，历年营业有益无绌，以致存款生息者日益增加，惟上年特货营业，始而奇涨，继而惨落，受损之家不可胜计。幸商民预料所及，迄未从事经营而他号受损倒闭者层见迭出，市面金融大起恐慌，以致商民号中受此影响损失二百余万元，然尚不致亏折无如，各存户人人自危，恐受损失纷纷提取本金，实属应接不暇，计自上半年腊月已先后陆续推出存款三百余万元，有取无存，局转匪易，前此收侨存款系用辗转经营期以获利，始能保存本息所有成本，或贩货远出尚未销售，或他号拖欠遽难收回。复有置买不动产者亦难急于变动，均属缓急不济，未免应付维艰，惟总计现时存款共约陆百余万元，存户逾千余户之多。值此金融紧张，加以年关需款应付，稍一不慎，对于治安关系非轻，商民茹苦，含辛竭虑绵薄，勉为其难。又蒙亲友尽力维护，故得度过年关，幸无意外。惟是存款尚钜，来日方长，非筹妥善办法不足亘有利济。曾于年关休业期间邀集亲友询谋，签同先将账务切实清查，内外存欠除受各号倒闭不计外，尚可相抵。但内部情形恐有未明真相，滋生疑虑，故特恳请钧会（市商会）鉴核，迅予派员清查账务，并乞核示办法"②。1932年2月27日，昆明市商会召开第38次常委会，对盛丰号提及的上述请求也作出了讨论，认为"盛丰号为营业受累，周转不灵，请派员查账，核示办法，应以资救济案，查该号既经分呈省机关，应由会商承办理"③。

---

① 《各债团发起组联合债团大会》，《云南新商报》1932年2月17日第3版。
② 《盛丰号王安良请求商会查帐并乞核示办法》，《云南新商报》1932年2月21日第4版。
③ 《市商会第三十八次常委会议纪录》，《云南新商报》1932年2月28日第4版。

1932年3月2日，昆明市商会召开第40次常委会，根据瑞福隆债团、丽日升提出的困难解决请求，安排陈子量、何劲修、马纯龙三委员赴云南省党部陈述。同时，要求调查科查核，"奉派饬查赵渭臣与德和祥有无合伙关系案，查明赵渭臣与德和祥有无合伙情形，本应函请开释，惟桂建三等售与德和祥之货系赵渭臣经手交易，不无关系，备函公安局饬赵渭臣请保候"①。3月9日，昆明市商会召开第42次常委会，为德和祥等八债团组织云南昆明债权团联合会，请求政府设立特别法庭或特别裁判委员会，抓紧解决研判。②

1932年3月22日，昆明市商会对于清查盛丰号债务案所报告的本案债务经过情形进行了商讨，同意由各机关代表及商会所派清查员负责调查盛丰号账务，调查手续应由"本市总号及分号账务由各机关商会代表清查员会同订期着手调查；该号不动产之抵押于各处者，一面用函询问，一面由各机关商会派员实地调查；该号外埠分号账务货物由商会分别函电各地商会商号询问，并将其货物封存，非经各机关商会指拨其他商号债权不得私自提取或移转；清算调查期间，对于该号全部动产应如何处置案，议决该号所有一切动产、不动产一律封存，令该号经理负完全责，任备自行处分，各机关即依法办理"③。3月27日，盛丰号小款存户开债权代表大会，到会登记盛丰号之小款存户有三四百户，各户登记后组织盛丰号小款存户债权团，并组织全权代表会负责执行，代表人数推出五人。④

1932年4月2日，昆明市商会召开第46次常委会议，盛丰号小款存户债权团代表曹圣生等为组织债团代表会呈请备案，认为已清查盛丰号账务完毕。⑤ 4月16日，在市商会第47次常委会议上，盛丰号小款债团要求更正债团名称和暂借办事地点，并要求商会准予该号经理王安良转

---

① 《市商会第四十次常委会议纪录》，《云南新商报》1932年3月5日第3版。
② 《市商会第四十二次常委会议纪录》，《云南新商报》1932年3月13日第3版。
③ 《清理盛丰号债务》，《云南新商报》1932年3月24日第4版。
④ 《盛丰号小款存户开债权代表大会》，《云南新商报》1932年3月30日第3版。
⑤ 《市商会第四十六次常委会议纪录》，《云南新商报》1932年4月8日第4版。

/ 第二章　西南地区近代商会的组织治理 /　145

移入会办理一切债务。① 经昆明市商会与多方协调后，同意承认王安良维持该号业务，赞成盛丰号复业。"事历数月，该号账项虽已清算明白，但以现款无若碍难著良，所欠之款计达六百余十万元，存户逾千人以上，且存户之中不少孤孀妇孺均系辛勤血汗，存放生息以资用度者，该号一旦搁浅本息，均二无望誉有情急，无奈者常。该王安良应付商诸该号债团请求商民允准彼个人迁入商会，就地与债权代表筹商一切。该号搁浅之后，即由全体债权人组织债权团公推代表每日齐集商会，会同王安良研商解决办法，经各次会商之结果，各债权代表鉴于此事头绪纷繁，不易解决，若追令王安良自行破产，则非短期所能了事，且破产之后所得无几，结局更不堪设想，是以由各代表接受王安良之请求，由维持方面着手准许王安良复业营生。对于放存款项，按照数目之多寡，分别推期减息，负责偿还，如此则时期虽属延长，前途尚有希望，实资愈于破产决裂，凡以此种办法关系甚大，各代表未便擅专决定。"② 5月13日，昆明市商会召开第9次执监联席会议，要求审查盛丰号复业办法。根据盛丰号债权团商定维持复业情形，由昆明市商会推举陈子量、王汉声、沈圣安、何劲修、张茂林、李应祥、张厚安为审查员，将该号所拟办法详加审核。③ 盛丰号债务案暂告解决。此后，商事公断处一直在各商号的债权债务清理中扮演着主导的角色，积极协调各方提议，妥善解决倒闭商号的债务问题和生存危机。同时，各债团债委会也在具体手续的办理中发挥着重要的作用。

到1933年年底，盛丰号债权代表团的清理业务已逐步恢复常态。1933年12月2日，在昆明市商会第109次常委会议上，盛丰号债权代表团定于12月3日召开全体债权人大会，并请求商会派员参加指导，另选合法代表组织债权团体，以便解决债务纠纷，认为"盛丰号债权团既奉市府令饬，由会召集另行推选，自应遵照办理，由会推举陈子量、王汉声两委员出席，该代表团所召集债权大会宣布一切转饬遵照办理"。④

---

① 《市商会第四十七次常委会议纪录》，《云南新商报》1932年4月20日第3版。
② 《承认维持王安良，赞成盛丰号复业》，《云南新商报》1932年4月26日第4版。
③ 《市商会第九次执监联席会议纪录》，《云南新商报》1932年5月14日第3版。
④ 《市商会第一百零九次常委会议纪录》，《云南新商报》1933年12月9日第2版。

此后，盛丰号王安良向昆明市商会呈请保管该号总分各号应摊分炳兴祥等号债款，以作日后解决存款之用。①

在债务清理的过程中，商会对于商号的债务清理制度也逐渐成熟和完善。1933年12月底，根据昆明市政府的训令，在商会的督导之下，盛丰号旧董监会成立新债权团，并正式移交之前的相关清理债务手续。由商会召集同业公会及新债团分别拟具解决办法。当然，其中也有一些利益纠葛，盛丰号旧董监会并未移交，"盛丰号旧董监会呈报，仅负监察之责，并未经手银钱账目经过工作文件全被焚毁，无从移交，恳请备案。经常委会议决查照，旧董监会所订简章各条，办理不能辞责，似应遵照前令，从速移交。又据该董监会呈送图记，请祈截角，转呈核消，查此案前据该旧董监会呈报办理盛丰号债务经过各情，到会当将原呈发交该号债权团议拟，签复以凭核办"②。由于相关措施的执行遇到重重阻碍，执行力度也不够，债务清理中还是出现了各种疑难问题。

1934年6月，昆明市商会会同接收债委会专员共同处理各倒闭商号的债权债务。"民国二十一年秋间，本市汇水飞涨，烟价猛跌，大商小贾相继陷于危境，如炳兴祥、德和祥等号之后，先倒闭亏欠数目动至数十万，或数百万，一时市面恐慌风潮扩大，影响商业至深且巨。自倒号事件发生后，所有各号债权人均分别组织债权团，呈请商会处理，经几处之传讯，历数月之时期，虽各具端倪，卒以执行方面每有种种窒碍，经政府令饬市商会会同地方法院、实业厅、市政府、公安局、党部等各派干员合组处理债权债务委员会处理一切倒号事件，历时一年之久。"③在此背景下，1934年12月，由昆明市府派秘书李耀三、主任刘注东并加入公安局科长杨廷光等会同商会所派马纯龙、陈子量、何劲修、廖资始四委员接收办理，开始工作，并共同商定处理程序三项："（一）凡市商会及市政府接到关于债务之文件均交由各专员开会讨论决定，拟具办

---

① 《市商会第一百一十一次常委会议纪录》，《云南新商报》1933年12月16日第2版。
② 《市商会第一二〇次常委会议纪录》，《云南新商报》1934年2月14日第2版。
③ 《市商会会同接收债委会专员处理各倒号之债权债务经过》，《云南新商报》1934年6月28日第2版。

法签请市长核定施行；（二）开会日期每星期举行一次；（三）地点借昆明市商会内。"① 上述办法实施后，已开会 21 次，议决办理之案件计达数百案，对于执行各案，均照原判本办理，并已为各方所公认。

综上所述，商会商事公断处在 1930 年前期的角色和贡献体现了其广泛的参与度和多重的"职能性"。具体而言，在对倒闭商号债权债务的清理整顿中，商会作为中间人，会对涉及债务纠纷的财产与款项进行合理处置，依法保障债权人和债务人自身的安全和权益，并设法救济，以维商业。在具体的清理手续中，商会积极出面，与各方进行接洽、沟通，及时传达政府的指令，并及时组织商会常委会予以商讨应对措施，这也大大缩减了解决债务纠纷的成本，避免了因债务纠纷而产生种种不端事件。因此，在商会及其商事公断处主导下的倒闭商号清理案件，既做到了规范有序的处理，又有助于维护债权信用，以较低成本调解债务纠纷，从而维持了市面的稳定，保障了"新云南"建设时期商业秩序的有序运行。

商事公断处能较好地发挥其仲裁作用，解决了许多有关商事的问题，如欠债纠纷、违约纠纷、商标纠纷、劳资纠纷、房租地基纠纷等。商事公断处对商事纠纷的裁决，有利于商业活动的进一步发展，从而发挥了很好的社会作用。此外，由于云南与越南、老挝、缅甸三国之间有大量的商贸活动，在云南商务总会成立后，调解云南商人与华洋商人矛盾是其主要活动之一。例如民国元年（1912）六月，安兴大洋行鉴，倾接耀龙电灯公司："前与贵行定购红毛泥，立有合同，定有交期；过期不交，以罚银壹佰大元。嗣因务期太远，公司吃亏甚巨，误事非浅，已经居间人说合，于应补偿银数百元。内请贵行减让尾数百余元，即行找清，迄未了结。""慈尊处顿悔前言，报由商会开议，公平调处解决。"② 由此可看出商会为合同的执行提供了方便，并节省了谈判费用，降低了交易成本。

---

① 《市商会会同接收债委会专员处理各倒号之债权债务经过》，《云南新商报》1934 年 6 月 28 日第 2 版。
② 节录市工商联存《云南商务总会开办电灯公司案卷》，见《昆明市志长编》近代之二，第 156 页。

云南省总商会自成立商事公断处后，从1913年至1932年总商会商事公断处共受理纠纷3287件，其中解决纠纷1953件，和解纠纷680件，未决纠纷654件，结案率为80.10%。①总商会通过大量的、高效的公断行为使其成为当地商业纠纷调处的主要承担者。②此外，各地商会中也设立商事公断处或是专门机构来调处商事纠纷。如镇雄县商会，"镇雄县商会会长张培鼎等呈，为商会职员任期将满，请将商事公断处职员选举办法指示，并发给商会法及施行细则暨商事公断处办事细则。查该商会职员系于民国十二年三月十七日改选，今任期已满，曾经指令依法改选在案，应饬该会迅即依法改选，至呈叙该县商人渐次增加，商业已有振兴之象，所拟附设商事公断处自可照准"③。

## 第五节 滇桂区域商会网络的构建

### 一 云南商会网络的构建

自晚清之际中法战争后，云南地区思茅、蒙自、腾越、河口、昆明等口岸相继开放，云南地区被迫卷入世界市场体系之中，中外两种异质经济直接相对，这促使云南地区传统的社会经济结构与社会关系网络受到空前冲击，云南地区的传统商人组织及其网络也发生了质与量的变革。尤其是辛亥革命以后，制度的变革推动了商业与商人团体的新兴发展，商会的创设与商会网络的构建是其最突出的表现。值得注意的是，这一时期云南地区商业网络的形成与演变是构建区域商会网络的核心构件。

民国前期的云南区域市场，已经形成了以昆明为中心，以昭通、下关、蒙自（个旧）、腾越（保山）等区域中心城市、府州县集镇和农村集市、乡村商贩为节点，以近代铁路和传统驿道、津渡桥梁为纽带，同

---

① 张松：《从公议到公断：清末民初商事公断制度研究》，法律出版社2016年版，第179页。
② 云南省志编纂委员会办公室编：《续云南通志长编》下册，云南省志编纂委员会办公室1986年，第49—50页。
③ 由云龙：《实业司令镇雄县知事姚煊（第二九一号）》，《云南实业公报》1925年第34期。

时面向国内国外、互相联系、层次分明的市场网络。在区域商业网络得以形成的前提下，云南地区商人、商会组织的互动加强，市场网络化程度得到了进一步提高。

表2-3　1927年日本东亚同文书院统计之"云南各地商会一览表"[①]

| 道别 | 商会名称 | 创设年代 | 改组年代 |
|---|---|---|---|
| 滇中道 | 云南省总商会 | 1906年12月 | 1917年7月 |
| | 曲靖县商会 | 1912年12月 | 1920年8月1日 |
| | 会泽县商会 | 1911年 | |
| | 安宁县商会 | 1918年6月 | 1920年3月16日 |
| | 绥江县商会 | 1915年10月 | 1920年4月 |
| | 玉溪县商会 | 1911年4月 | 1917年5月30日 |
| | 元谋县商会 | 1913年3月 | 1916年12月 |
| | 盐津县商会 | 1913年4月 | 1919年5月8日 |
| | 宜良县商会 | 1912年 | 1915年 |
| | 彝良县牛街商会 | 1922年8月 | |
| | 镇雄县商会 | 1912年11月 | 1915年4月3日 |
| | 昭通县商会 | 1909年3月 | 1920年10月1日 |
| | 楚雄县商会 | 1915年4月10日 | 1919年5月8日 |
| | 牟定县商会 | 1912年7月 | 1917年2月 |
| | 寻甸县商会 | 1915年5月7日 | 1917年1月 |
| | 广通县商会 | 1921年5月1日 | |
| | 鲁甸县商会 | 1920年10月10日 | |
| | 巧家县商会 | 1922年3月 | |
| | 禄丰县商会 | 1921年2月1日 | |
| | 盐兴县元永商会 | 1921年1月10日 | |

---

① 东亚同文书院第21回中国调查报告书（1927年、第24期学生）第九卷"云南事情调查"第三编"云南省的商业团体及工会附农协会调查"第22页。

续表

| 道别 | 商会名称 | 创设年代 | 改组年代 |
| --- | --- | --- | --- |
| 蒙自道 | 个旧县商会 | 1921年4月1日 | |
| | 马关县八寨商会 | 1914年3月21日 | 1916年9月10日 |
| | 蒙自县商会 | 1907年9月 | 1915年5月 |
| | 西畴县商会 | 1918年8月1日 | |
| | 通海县商会 | 1911年5月 | 1915年6月 |
| | 黎县商会 | 1923年4月17日 | |
| | 黎县婆兮商会 | 1919年6月20日 | |
| | 建水县商会 | 1911年6月 | 1920年12月3日 |
| | 文山县商会 | 1911年4月 | 1915年6月 |
| | 河西县商会 | 1923年1月 | |
| | 阿迷县商会（开远） | 1912年12月 | 1920年10月6日 |
| | 河口县商会 | 1911年1月 | 1915年12月 |
| | 广南县商会 | 1913年5月 | 1917年1月 |
| | 泸西县商会 | 1914年2月 | 1915年9月 |
| | 石屏县商会 | 1914年5月 | 1916年5月 |
| | 富州县剥隘商会 | 1912年2月 | |
| 腾越道 | 云龙县商会 | 1916年10月 | 1921年3月 |
| | 鹤庆县商会 | 1910年2月 | |
| | 维西县商会 | 1908年 | 1915年3月 |
| | 芒遮板商会 | 1922年12月17日 | |
| | 姚安县商会 | | 1917年3月15日 |
| | 顺宁县商会 | 1912年8月 | 1922年1月2日 |
| | 华坪县商会 | 1909年3月 | 1919年9月 |
| | 宾川县商会 | 1922年11月1日 | |
| | 龙陵县商会 | 1912年3月10日 | 1915年11月 |
| | 盐丰县商会 | 1914年11月 | 1917年4月 |
| | 漾濞县商会 | 1915年4月 | |
| | 永平县商会 | 1917年1月26日 | |
| | 永北县商会 | 1912年11月 | 1917年4月 |

续表

| 道别 | 商会名称 | 创设年代 | 改组年代 |
|---|---|---|---|
| 腾越道 | 剑川县商会 | 1912年11月 | 1917年6月 |
| | 弥渡县商会 | 1914年4月 | 1915年7月29日 |
| | 大理县商会 | 1907年6月 | 1917年6月 |
| | 丽江县商会 | 1911年2月 | 1917年1月 |
| | 凤仪县商会 | 1906年7月 | 1919年6月 |
| | 洱源县商会 | 1912年11月 | 1915年7月 |
| | 保山县商会 | 1912年4月 | 1922年2月 |
| | 腾冲县商会 | 1912年3月 | 1922年 |
| | 蒙化县商会（巍山） | 1921年9月10日 | |
| 普洱道 | 墨江县商会 | 1912年6月 | 1915年6月 |
| | 宁洱县商会 | 1912年10月 | 1919年12月1日 |
| | 元江县商会 | 1912年8月 | 1916年5月 |
| | 元江县因远商会 | 1913年1月 | 1917年1月10日 |
| | 思茅县商会 | 1911年4月 | 1915年5月 |
| | 新平县商会 | 1912年10月 | 1916年7月 |
| | 宁洱县磨黑井商会 | 1912年10月 | 1919年12月 |
| | 缅宁商会 | 1917年8月1日 | |

表2-4　1927年日本东亚同文书院统计之"云南各地商会时空分布统计表"[①]

| 道别 年份 | 滇中道 | 蒙自道 | 腾越道 | 普洱道 | 累计 |
|---|---|---|---|---|---|
| 1906 | 1 | | 1 | | 2 |
| 1907 | | 1 | 1 | | 2 |
| 1908 | | | 1 | | 1 |
| 1909 | 1 | | 1 | | 2 |
| 1910 | | | 1 | | 1 |

[①] 东亚同文书院第21回中国调查报告书（1927年、第24期学生）第九卷"云南事情调查"第三编"云南省的商业团体及工会附农协会调查"第22页。

续表

| 道别<br>年份 | 滇中道 | 蒙自道 | 腾越道 | 普洱道 | 累计 |
| --- | --- | --- | --- | --- | --- |
| 1911 | 2 | 4 | 1 | 1 | 8 |
| 1912 | 4 | 2 | 6 | 5 | 17 |
| 1913 | 2 | 1 |  | 1 | 4 |
| 1914 | 1 | 3 | 2 |  | 6 |
| 1915 | 3 |  | 1 |  | 4 |
| 1916 |  |  | 1 |  | 1 |
| 1917 |  |  | 1 | 1 | 2 |
| 1918 | 1 | 1 |  |  | 2 |
| 1919 |  | 1 |  |  | 1 |
| 1920 | 1 |  |  |  | 1 |
| 1921 | 3 | 1 | 1 |  | 5 |
| 1922 | 2 |  | 2 |  | 4 |
| 1923 |  | 2 |  |  | 2 |
| 不明 |  |  | 1 |  | 1 |
| 累计 | 21 | 16 | 21 | 8 | 64 |

难能可贵的是，在1927年，东亚同文书院的学生在对云南地区的考察中，对云南商会遍设的地区分布、年次演进与层级结构做了全面的调查，相关的统计可以让我们清晰地了解云南地区商会网络结构的分布状况。其中，有两点是首先认可的，一是商会作为商人的新式团体，主要创设于当时经济繁盛之地，尤其是与设立地区商业经济的发展程度密不可分，所以商埠和交通主干线沿线地区设立的商会占主要地位。二是在商会的建立过程中，政府的督导劝办作用不可忽视，有些地方商会的创建，政府行为还占主导。尤其是在边疆地区经济贫瘠之地，政府政令鞭长莫及，受政府的管控和影响远不及商务富庶的县域。由此可见，军阀政争时期，云南商会网络结构的地区分布极大程度上受到当地政治与经济环境的影响，商业繁盛或政府管控力较强的地方，商会的分布就趋于集中或是呈网格状分布，反之，就呈现点状

分布的态势。以云南行政区划的"四道"为这一相关调查的时空分布依据，既是出于统计方便的需要，也是出于从云南各地商会改组进程、设立规模和区域布局等方面做出的考量。更为重要的是，"四道"商会的划分，既可以凸显出云南地区各经济带的商业发展状况和层次差异，也能彰显云南的区域经济地理和市场格局，并非简单的行政区划归属。当然，云南边疆民族地区政治生态的特殊性亦对商会的设立改组进程产生了重要影响，也在一定程度上从侧面推进或阻碍商会的演进历程和组织变动。

从表2-3、2-4可以看出，清末之际，云南地区商会初步设立，但还为数极少，彼此之间仍缺乏横向联系，各级商会之间如总会与分会、分会与分会之间的横向联系虽偶有发生，但各地商会仍处于封闭状态，还未形成网络关系。辛亥革命发生以后，政体的变更并没有中断兴办商会的进程，相反，云南各地方县属商会组织呈现出蓬勃发展的态势。西南军阀初步形成与发展阶段，云南地区的社会生产力和政治经济环境发生了深刻的变化，云南商会的组织网络也发生了明显的变化。1916年新《商会法》到滇后，商会新设立的状况虽不理想，但基本维持在与前期持平的状态。从一定层面而言，军阀混战时期，政府控制力相对较弱，反之民间社会力量的活动空间就越大。其中最关键的是，云南总商会的改组与运行，不仅加强了商会组织网络的构建，还形成了云南商会的层级体系。虽然云南总商会依章程之规定，其统辖地域只以省会昆明所属县域为界，但从职能发挥和影响程度而论，云南总商会和各地方商会已经形成了明确的"总会—分会"关系。云南各地方商会通过总商会的组织整合、职权归属和信息整合，从而强化了云南商会的省域整合，使之能发挥整体作用，同各地方商会相互沟通联络，推动云南地区商业经济的发展。此外，表2-3、表2-4的统计数据说明，云南商会网络的拓展与当时社会环境是息息相关的。至唐继尧统治前期，云南商会网络结构在量上的扩张已基本完成。一是在空间上，商会已遍及云南的四大经济地带；二是在时间上，经过近20年的发展，从无到有，从少到多，商会设立的总数已由清末的16个扩展到20世纪20年代的64个，由商会网络构成的商业网点基本已遍及滇省所辖各区域（见表2-5）。

表2-5　　　　　　　云南各道商会总数及普及率统计① 　　（商会数/总县数）

| 道名称（县总数） | 1914年（普及率） | 1927年（普及率） |
| --- | --- | --- |
| 滇中道（44个县） | 14个（31%） | 21个（47%） |
| 腾越道（43个县） | 13个（30%） | 21个（48%） |
| 蒙自道（24个县） | 11个（45%） | 16个（66%） |
| 普洱道（20个县） | 6个（6%） | 8个（40%） |

根据以上的滇省商会分布表可知，云南商会区域网络有三大显著特点。

一是商会的设立普及率与增加的幅度有明显的地域差异。从1914年到1927年，全国的行政区划为三级体制，即省（特别区）、道（盟、部）、县（旗、宗、设治局）三级。作为近现代政区的"道"，在云南地区的存在和划分基本是按云南经济地理格局的空间分布为依据的，整体上划分为滇中道、蒙自道、腾越道、普洱道四道，其中这四道分别有一个商埠开放，分别是昆明、蒙自（河口）、腾冲、思茅关，从四地商业发展的状况而言，就存在着显著的地域差异。清末之际，商会设立较多的区域是以下关、大理为中心的腾越道各地，仅次于1906年设立的云南省商务总会，同一年设立了下关商务分会，此后，1907年在大理、1908年在维西、1909年在华坪、1909年在鹤庆分别建立商务分会。到20世纪20年代，蒙自道的商会普及率已经超越滇中道和普洱道，达到省内最高水平。纵观之，民国前期商会总数最少、普及率最低的是普洱道，商会总数最多的是滇中道，蒙自道的普及率始终占第一位。通过这两段时期的对比可知，民国前期相较于清末，蒙自道的地位已领先于腾越道，商会网络的发展态势已跃居四道之首，其中占主要因素的是滇越铁路开通以后，沿线县镇商业的兴盛。此外，由于军阀混战时期，匪患频繁，茶马古道沿线的县镇并未普遍设立商会组织。加之地方政治格局的差异，因此，腾越道和普洱道的商会是偏少的。这表明，云南地区特殊的交通状况也决定了云南商会区域网络的地方差异。

二是商会网络主要呈现于当时通往省外境外的交通主干线沿线区域。

---

① 资料来源："云南商会分布表"，《支那省别全志》第3卷·云南省，第852—856页。

云南地区由于独特的地形地貌，山高谷深，坝区偏少，虽有红河、元江、澜沧江等河流，但由于水流湍急，水运极不发达，因此，河道沿线的商业县镇是极少的，大部分商业繁庶之地集中分布于交通主干线的沿线区域。云南商会主要集中分布于交通主干线的区域有昆明—叙州路（从昆明通过会泽、昭通到达四川叙州）、昆明—贵阳路（从昆明通过寻甸、曲靖到达贵阳）、建水—百色路（从建水通过蒙自、文山、广南、剥隘到达广西百色）、昆明—洪口路（从昆明通过玉溪、元江、思茅到达缅甸洪口）、昆明—缅甸八莫路（从昆明通过大理、腾冲到达缅甸八莫）五条主干线。滇越铁路的开通和商埠的设置同时推动了云南对外贸易的发展，因此，民国时期，云南的商贸活动中，对外贸易占很大的份额，商业贸易已经从省内或地域性贸易转变为以国际、省际贸易为中心。云南省际贸易的区域也基本覆盖在交通沿线，"迤东一带，与川黔交往，以昭通、曲靖为货物聚散中心；迤南一带，与两广、上海交易，以蒙自、个旧为货物聚散中心；迤西一带与康、藏发生交易，以下关、丽江为货物聚散中心；全省多以昆明为出入之总枢纽"。所以，商会也集中分布于通往省外境外的交通沿线区域。

  三是商会主要分布于矿产开采地带。云南多数地区交通不便，工业发展也较为落后，但是拥有丰富的矿产资源，在矿业产地聚集了大量的人口，如产锡矿的个旧、产铜矿的东川、产盐矿的盐丰和磨黑井。矿产的开采需要众多的矿工，其衣、食、日用等生活及生产用品均需外地供应，由此带动了本地商业的发展。此外，因生产的矿物要运销而聚集了大批的商人来矿区贸易。因此，这些地方的商会规模比较大，有稳定和充足的财政收入，并举行各种有益的社会活动，商会在矿区社会中扮演重要的角色。较为典型的是位于大锡主要产地的个旧商会。个旧拥有丰富的锡矿资源，发展较快。1889年蒙自开关以后，大锡很快成为国际市场上的紧俏商品，个旧锡业一度兴盛，自滇越铁路通车后，个旧从一个滇东南小镇发展成为闻名世界的锡都。1918—1930年的13年间，从滇越铁路运出的大锡达89900吨，锌条1900多吨，个旧锡矿在数十年间一直是产销两旺，为云南出口商品之大宗。据相关记载，"个旧是自古以来世界有名的大锡产地……这里商业也比较旺盛，商会拥有相当大的势力，民国十年设立以来直到最近的经费来源有炭捐、戏捐、销售簿册长彩、销售火药长彩等，年收入高达一万七百九十五元四角四，其用途为事务费、职员津贴薪水伙食医院等经费以及商团团款"[1]。由此表明，个旧商会在当地有了一定的势力。滇越铁路和个碧石铁路开通后，两条铁路把个旧与外界相互连接，原来居住在蒙自的大锡商人，逐渐迁到个旧居住，从此，个旧不仅是大锡的产地，同时也成为大锡交易地点，此后个旧的商业发展较快，商会的势力也逐渐扩大。

总而言之，这一时期云南地区总商会的改组和各地商会的次第设立，突破了传统行帮的屏障和狭隘主义，成为各行各业归属的中心。商会的设立，促使各地区各行各业的商人，乃至小商贩，处于同一共同体中，从组织上实现商人群体在同一地区的整合。从以上的统计表可知，云南地区的商会网络形成了1个总会（先是商务总会，后改组为总商会）、63个县镇基层商会的组织网络。云南省总商会自改组以后，按章程之规定，是以省会昆明县所属区域为县，但从其影响和职能的运作来看，已经居于"总会"的地位，云南地区各县镇商会从法令章程，抑或职权行使上以总商会为核心，各地方商会属于"分会"的从属地位。但是，总商会和各地方商会之间并不存在严格的上下级行政隶属关系和母子系统从属关系，地方商会具有组织上的相对独立性。然而在实际运作中，总商会与地方商会的关系又常常超越既定界限，演化为事实上的统辖和隶属关系。

从云南商会的网络格局来看，云南省总商会和各地商会之间虽无行政上的隶属关系，但已形成以总商会为盟主的一元化商会联盟。下关、腾冲、蒙自、昭通等地区，就地理位置而言，在区位优势上也具有各自的特殊优越性，但各地商会的设立与改组却仍然主动依附于云南总商会。云南总商会之所以能执云南各地区县镇基层商会的牛耳，是因为到20世纪20年代，昆明作为全省经贸中心的地位得到强化，并已逐步成为中国西南地区与东南亚之间的贸易枢纽和商品集散地。滇越铁路通车后，昆明与国际商业资本发生有机联系，商品流量骤增，中外贸易兴盛，昆明

---

[1] 《云南省的商业团体及工会附农协会调查》，《云南事情调查》，转引自《东亚同文书院中国调查手稿丛刊·24》，国家图书馆出版社2016年版，第30—31页。

取代蒙自而成为全省外贸中心。《云南概览》载:"昆明为本省省会,当滇越铁路之终端,各汽车路之起点,交通较便,省货外货,大抵在此分配批发,内对各县,外对安南、香港及上海等地,贸易均极繁盛。蒙自在昔未通车以前,为本省与安南、香港及上海等地贸易之吐纳枢纽……惟自滇越铁路通车以后,外货直运昆明,省货亦由昆明直输外埠,其重要地位,遂渐移至昆明。"此外,作为滇系军阀的统治中心,它在西南地区的政治地位不断提升,是当时西南地区近代化程度较高的城市之一,而且由于昆明所具有的独特地缘优势,昆明对云南乃至西南地区有着强大的吸附和辐射功能。云南总商会实际上已成为云南地区互不统属的地方商会组织的核心和依托。地方商会设立或改组呈文的呈转、批复,均由云南总商会审核或呈转,总商会认为不适宜的条款,还提出修正意见,错漏过多的会直接驳回;各地商会的改选程序、职员构成、入会会员登记、处理公断的案件和会员大会提案、经费收支清册等均需同时呈报云南总商会和云南省政府实业司备案。

在层级关系互动上,云南总商会处于云南商会网络的枢纽地位,全省性商会活动多由它来组织和领导,如对各地进行商情调查、征集货品参加国内外各类展览会,遇有重大政治经济事件时,总是通告传达各地商会予以办理;政府有关商界的政策法令往往由它转达,起到了"通官商之邮"的作用。正是由于总会与地方商会形成这样的"双向信息流",云南商会组织网络的构建才达到了双重的目的,一是既在形式上维持了总会与各地商会自成系统的格局,二是促使区域内各地商会建立起密切的内在联系,在区域经济发展格局和商业网络中融汇成一个有机的整体。纵观之,1916—1929年,云南各地区已普遍设立商会组织,多数地区已依据1915年新颁布的商会法完成改组事宜,这就促使商会势力的触角有效地延伸到边疆地带的县镇和特殊行政区(如芒遮板行政区等)。僻处行政区制比较特殊的滇西南普洱道的勐海也发起设立商会,"勐海商人张云煊等发起设立商会,勐海为普思出入暹罗必经之地,既有商家一百余十户,该张云煊等能发起设立商会,以期团结,群力发展国际贸易,洵属扼要之图,深堪嘉尚,自应准其照所拟章程亦尚详妥,应即由该发起人等依法选举职员，依式列册具报，并再补选章程一份，附呈送司"①。由此可见，云南商会的区域网络的形成，已经强化了商会组织的区域整合，使商会组织得以在省域内的经济活动和社会治理中更好地发挥作用。

**二　广西商会网络的构建**

近代广西商会组织肇源于1907年设立的梧州商务总会，此后，广西一些重要的工商业城镇纷纷仿效设立，其中，南宁、柳州、百色的商会组织分别成立于1907年12月、1908年12月、1910年4月。玉林商会成立于1910年，入会会员237人，至1930年发展为496人。在省城桂林，"纪元前五年（清光绪三十三年）魏虎文、马静齐……诸先生鉴于海禁已开，外贸日充闾里，土货渐滞销，而商人散无团结，遭受歧视，且京沪粤各地，已有商团等之商人团体组织，乃聚众议，谋组商会"②。"当时帮界（即省界）观念甚浓，分为广东、江西、湖南、本地四帮，意见分歧。幸得曾耀南各贤达，主张权利义务平等，奔走经年，各方洽谈，乃得翌年七月，正式成立，定名为桂林总商会。"③ 此后，民国期间广西各地商会曾依法改组，1934年3月1日，成立统一的广西省商会联合会。④ 至1948年，广西省商会数量进一步扩展。

民国时期，广西商会组织有更大发展。据统计，1934年广西成立商会组织共81家。⑤ 1937年，广西商会141家，其中县市级商会78家，直辖会员2619人；区镇商会63家，直辖会员1832人。⑥ 到1948年，广西各地市县商会和区镇商会共144家，会员数达4865人。⑦ 可见，民国

---

① 由云龙：《实业司咨普洱道文》，《云南实业公报》1926年第53期。
② 周泽华等编：《玉林商会志（初稿）》，1991年，第2页。
③ 《桂林商会史略》，桂林市档案馆，全宗号：07—1—5。
④ 《民国三十五年十月广西省商会联合会报告书》，广西壮族自治区档案馆，全宗号：L43—1—51。
⑤ 广西工商局：《广西省工商业团体概况》，内部印刷，1934年，第2页。
⑥ 《广西省人民团体统计》，1937年，广西壮族自治区档案馆，第37页，全宗号：L15—1—17。
⑦ 广西省政府统计处：《广西省统计摘要》第4号，1949年，第63页。

时期商会网点已遍及广西各地，甚至在相对偏僻的桂西地区，如上思、恩隆、靖西等地也成立了县商会，在商务繁盛的桂东南地区，商会网点则延伸到了乡镇一级，苍梧、怀集、藤县、岑溪、平南、融县、桂平等地在近代设立了县商会，不少乡镇商会也相继成立，如怀集梁村商会、藤县的蒙江商会、太平商会、和平商会等。[1] 商会的地域网络已经基本覆盖广西全域。

表 2-6　　　　　　　近代广西城镇商会成立情况一览[2]

| 名称 | 设立时间 | 会址 | 资料来源 |
| --- | --- | --- | --- |
| 梧州市商会 | 1907 年 | 五坊街 | 北洋政府统计局 1917 年 8 月关于广西商会成立报告 |
| 邕宁商会<br>蒲津镇商会 | 1907 年<br>1907 年 | 德邻路<br>蒲庙圩五圣公 | 广西工商局编《广西省工商业团体概况》，1934 年 7 月。<br>《广西年鉴》第二回，1935 年 |
| 柳州商会 | 1908 年 | 仁恩坊广庆堂 | 北洋政府统计局 1917 年 8 月关于广西商会成立报告 |
| 桂林市商会 | 1911 年 | 依仁路 | 北洋政府统计局 1917 年 8 月关于广西商会成立报告 |
| 龙州县商会<br>水口商会 | 1911 年<br>1928 年 | 龙州长镇西街<br>景星楼 | 广西工商局编《广西省工商业团体概况》，1934 年 7 月。<br>《龙州县志》，广西人民出版社 1993 年版 |
| 百色县商会 | 1910 年 | 城外横街 | 广西工商局编《广西省工商业团体概况》，1934 年 7 月。<br>《百色市志》，广西人民出版社 1993 年版 |
| 富川县商会<br>古城镇商会 | 1933 年<br>1916 年 | 城内镇武坊<br>维新街 | 《广西年鉴》第二回，1935 年。<br>《富川县志》，广西人民出版社 1993 年版 |
| 全县商会<br>兴全界首商会 | 1910 年<br>1919 年 | 县城内第四街<br>界首易家巷 | 《广西年鉴》第二回，1935 年。<br>《全州县志》，广西人民出版社 1998 年版 |
| 恭城县商会 | 1906 年 | 县城粤东会馆 | 北洋政府统计局 1917 年 8 月关于广西商会成立报告 |

---

[1] 广西统计局：《第一回·商业》，《广西年鉴》，1933 年，第 417—420 页。
[2] 陈炜：《近代广西城镇商业网络与民族经济开发》，四川出版集团、巴蜀书社 2008 年版，第 186—191 页。

续表

| 名称 | 设立时间 | 会址 | 资料来源 |
| --- | --- | --- | --- |
| 天保县商会 | 1910年 | 东街粤东会馆 | 北洋政府统计局1917年8月关于广西商会成立报告 |
| 贺县商会 | 1910年 | 八步仙城会馆 | 北洋政府统计局1917年8月关于广西商会成立报告 |
| 迁江县商会 | 1911年 | 城外西门正街 | 北洋政府统计局1917年8月关于广西商会成立报告 |
| 崇善县商会<br>驮卢镇商会 | 1911年<br>1912年 | 城内横街<br>驮卢镇米行街 | 广西工商局编《广西省工商业团体概况》，1934年7月。<br>许柱华整理《民国时期的驮卢商会》，《桂西文史录》第2卷，广西人民出版社1996年版 |
| 平乐县商会<br>二塘商会 | 1912年<br>1927年 | 县城内<br>二塘下街 | 广西工商局编《广西省工商业团体概况》，1934年7月 |
| 融县长安商会<br>和睦商会<br>东岭商会 | 1908年<br>1918年<br>1922年 | 长安镇融街<br>—<br>— | 胡罗铭《融安县工商业联合会沿革简史》，《融安文史资料》第3辑 |
| 上思县商会 | 1914年 | 太平街 | 《广西年鉴》第二回，1935年。<br>广西工商局编《广西省工商业团体概况》，1934年7月 |
| 柳城县商会<br>大埔镇商会<br>东泉区商会 | 1917年<br>1919年<br>1917年 | 北门街昌信押<br>大埔镇<br>东泉圩 | 广西工商局编《广西省工商业团体概况》，1934年7月。<br>余天来整理《凤山古镇商业及水陆交通》，《柳城文史》第4辑 |
| 陆川县商会<br>县南商会<br>良田商会 | 1923年<br>1926年<br>1926年 | 县城内<br>乌石背苏宗祠<br>良田圩 | 广西工商局编《广西省工商业团体概况》，1934年7月。<br>《陆川县志》，广西人民出版社1993年版 |
| 武宣县商会<br>三才商会<br>桐岭区商会<br>二塘圩商会 | 1909年 | 武宣北街<br>三里圩<br>桐岭圩中华街<br>二塘圩 | 《广西年鉴》第二回，1935年。<br>广西工商局编《广西省工商业团体概况》，1934年7月 |
| 宜山县商会<br>三岔镇商会<br>怀远镇商会 | 1909年<br>1932年<br>1932年 | 县城粤东会馆<br>三岔圩上<br>镇上粤东会馆 | 《广西年鉴》第二回，1935年。<br>广西工商局编《广西省工商业团体概况》，1934年7月 |
| 昭平县商会 | 1910年 | 县城外金庆街 | 《广西年鉴》第二回，1935年。<br>广西工商局编《广西省工商业团体概况》，1934年7月 |

续表

| 名称 | 设立时间 | 会址 | 资料来源 |
|---|---|---|---|
| 荔蒲县商会 | 1910 年 | 县城内 | 《广西年鉴》第二回，1935 年。<br>广西工商局编《广西省工商业团体概况》，1934 年 7 月 |
| 蒙山县商会 | 1911 年 | 城内会馆街 | 《广西年鉴》第二回，1935 年。<br>广西工商局编《广西省工商业团体概况》，1934 年 7 月 |
| 怀集县商会 | 1909 年 | 城内联桂中街 | 《广西年鉴》第二回，1935 年。<br>广西工商局编《广西省工商业团体概况》，1934 年 7 月 |
| 藤县商会<br>太平镇商会<br>濛江镇商会<br>和平圩商会 | 1910 年 | 城内粤东会馆<br>太平镇上元街<br>濛江聚龙下坊<br>— | 《广西年鉴》第二回，1935 年。<br>《藤县志》，广西人民出版社 1996 年版 |
| 平南县商会<br>六陈商会<br>大安商会<br>丹竹商会<br>思旺商会 | 1910 年<br>1911 年<br>1909 年<br>1909 年<br>1932 年 | 城内二甲街<br>六陈圩鸡街<br>大安圩<br>丹竹圩<br>思旺圩 | 《广西年鉴》第二回，1935 年。<br>广西工商局编《广西省工商业团体概况》，1934 年 7 月 |
| 桂平县商会<br>大湟江镇商会 | 1909 年<br>1909 年 | 城内粤东会馆<br>镇上粤东会馆 | 《广西年鉴》第二回，1935 年 |
| 象县商会<br>石龙商会<br>大湾商会 | 1925 年<br>1926 年<br>— | 县城粤东会馆<br>石龙圩 | 《广西年鉴》第二回，1935 年 |
| 横县商会<br>南乡镇商会<br>绿莲商会<br>校骑商会<br>百合商会 | 1916 年 | 县城内大街<br>横县南乡镇<br>横县绿莲圩<br>—<br> | 《广西年鉴》第二回，1935 年 |
| 靖西县商会 | 1914 年 | 县大街 33 号 | 广西工商局编《广西省工商业团体概况》，1934 年 7 月 |
| 宾阳县商会 | 1932 年 | 芦圩镇上 | 广西工商局编《广西省工商业团体概况》，1934 年 7 月 |
| 恩隆县商会 | 1923 年 | 平马镇 | 《广西年鉴》第二回，1935 年。<br>广西工商局编《广西省工商业团体概况》，1934 年 7 月 |

续表

| 名称 | 设立时间 | 会址 | 资料来源 |
| --- | --- | --- | --- |
| 三江县商会<br>富禄商会 | 1918年<br>1926年 | 三江林溪<br>富禄圩正街 | 广西工商局编《广西省工商业团体概况》，1934年7月。<br>《三江侗族自治县志》，中央民族学院出版社1992年版 |
| 灌阳县商会 | 1922年 | 县城湖南会馆 | 《广西年鉴》第二回，1935年。<br>广西工商局编《广西省工商业团体概况》，1934年7月 |
| 罗城商会<br>第二区商会<br>第三区商会<br>第四区商会 | 1929年<br>1932年<br>1926年<br>1927年 | 东门外布行街<br>小长安圩<br>黄金圩<br>龙江圩 | 广西工商局编《广西省工商业团体概况》，1934年7月。<br>《广西年鉴》第二回，1935年。<br>《罗城仫佬族自治县志》，广西人民出版社1993年版 |
| 郁林县商会<br>船埠分会 | 1930年<br>1932年 | 城南门街<br>船埠 | 《广西年鉴》第二回，1935年。<br>《玉林市商会志》初稿 |
| 永福寨沙商会<br>黄冕圩商会<br>雒容运江商会 | 1913年<br>1930年<br>1932年 | 县城粤东会馆 | 《永福县志》，新华出版社1996年版 |
| 宁明县商会 | 1932年 | 县城西街 | 《广西年鉴》第二回，1935年。<br>广西工商局编《广西省工商业团体概况》，1934年7月 |
| 阳朔县商会 | 1922年 | 县城大街 | 《阳朔县志》，广西人民出版社1988年版 |
| 天等县商会 | 1944年 | — | 《天等县志》，广西人民出版社1991年版 |
| 武鸣县商会 | 1922年 | — | 《武鸣县志》，广西人民出版社1998年版 |
| 钟山县商会<br>羊头镇商会<br>附城镇商会<br>英家商会 | 1928年<br>1932年<br>1925年<br>1925年 | 县城西乐街<br>羊头镇上<br>附城街上<br>英家镇商会 | 《钟山县志》，广西人民出版社1995年版 |
| 田西乐里商会<br>田西安定商会<br>田西旧州商会 | 1935年<br>1946年<br>1940年 | —<br>—<br>— | 《田林县志》，广西人民出版社1996年版 |
| 岑溪县商会<br>上义区商会<br>南渡镇商会<br>马路镇商会<br>连城区商会 | 1934年<br>1934年<br>1934年<br>1934年<br>— | 岑溪县樟木圩<br>上义区<br>南渡荣寿堂<br>马路镇旧公所<br>— | 《广西年鉴》第二回，1935年。<br>广西工商局编《广西省工商业团体概况》，1934年7月 |

续表

| 名称 | 设立时间 | 会址 | 资料来源 |
| --- | --- | --- | --- |
| 博白县商会<br>凤山分会 | 1921 年<br>1929 年 | 兴隆镇商会巷<br>凤山圩 | 《广西年鉴》第二回，1935 年。<br>广西工商局编《广西省工商业团体概况》，1934 年 7 月 |
| 苍梧戎圩商会 | 1911 年 | 苍梧旧街 | 《苍梧县志》，广西人民出版社 1997 年版 |
| 北流县商会<br>县四里商会 | 1915 年 | — | 《广西年鉴》第二回，1935 年 |
| 隆山县商会 | 1921 年 | 城内西华正街 | 《广西年鉴》第二回，1935 年 |
| 隆安县商会 | 1919 年 | 隆安县下颜圩 | 广西工商局编《广西省工商业团体概况》，1934 年 7 月。<br>《隆安县志》，广西人民出版社 1990 年版 |
| 思林县商会 | 1921 年 | 城内中山大街 | 《广西年鉴》第二回，1935 年 |
| 奉议那坡商会 | — | — | 《广西年鉴》第二回，1935 年 |
| 恩阳县商会 | 1934 年 | 县城那坡新街 | 《广西年鉴》第二回，1935 年 |
| 容县商会<br>杨梅圩商会<br>黎村商务分会<br>自良镇商会 | 1912 年<br>—<br>1926 年<br>— | 城外西街<br>—<br>黎村圩正街<br>自良镇西街 | 《广西年鉴》第二回，1935 年 |
| 兴业县商会 | 1929 年 | 城内大街 | 《广西年鉴》第二回，1935 年 |
| 修仁县商会<br>四达商会 | 1912 年 | 东圩石门底<br>四达横东街 | 《广西年鉴》第二回，1935 年 |
| 上金县商会 | 1911 年 | 响水圩 | 《广西年鉴》第二回，1935 年 |
| 思乐县商会 | 1934 年 | 县城内 | 《广西年鉴》第二回，1935 年。<br>广西工商局编《广西省工商业团体概况》，1934 年 7 月 |
| 都安县商会 | 1922 年 | — | 《都安县志》，广西人民出版社 1997 年版 |
| 兴安县商会<br>司门前镇商会<br>大榕江商会 | 1921 年<br>1924 年<br>1932 年 | 县城大街<br>司门前镇<br>文昌宫 | 《兴安县志》，广西人民出版社 2002 年版 |
| 金秀桐木商会 | 1926 年 | 桐木镇 | 《桐木镇志》，桐木镇志编纂小组编印，1988 年 |
| 榴江鹿寨商会 | 1915 年 | 鹿寨镇 | 欧树桑《旧鹿寨商会会长张兆卿》，《鹿寨文史》，第 2 辑 |

广西商会的发展不仅体现在不断增加的数量以及地域拓展上，在组织体系上也日趋完善，其突出表现在商会纵向组织网络的构建上。1929年广西全省商联会在邕宁的成立标志广西商会最高组织机构的建立，广西省各县市商会代表成为省商联总会成员。在广西商会组织机构中，在商联总会之下，广西各县、区、镇商会构成其纵向组织机构的第二层级，作为广西各商会基层会员的同业公会也同样被纳入广西商会管理机构中，处于组织机构的第三层级。虽然广西商会的三层级组织机构之间并不存在严格意义上的行政隶属关系，但它们却在业务上加强了盟友合作关系。因此，近代广西商会组织网点不仅在地域上拓及全省，而且其纵向组织机构网络也相对完备，在以广西省商联会为最高机构的组织管理体系内有效整合了各地商会及同业公会，为密切广西各商业行业间的联系与交往提供组织基础，也为各商业行业间社会关系网络的构建提供了重要的组织媒介。[①] 民国时期，广西商会纵向垂直组织网络演变为"中华全国商会联合会—广西省商会联合会—市县区镇商会"的三级体制。当然，这种网络组织并非强制性的行政统属关系，而更像是一种指导性的联盟关系。召开会议、经费往来、经济联系、信息传递、协调内外关系等是分属于不同层次商会的主要联系方式。

近代广西各地城镇相继设立了近120个大小商会组织团体。商会的出现使当时广西城镇商业经济有所发展，市场扩大和商人作为一种社会力量不断增强。近代广西商会有总会和分会之别。一般而言，在省会和比较重要的商业中心城市设立有商务总会，下属各中小城市，直到乡镇都普遍设有分会或会所。分会、会所一般要服从总会的指导，彼此间组成一个层层统属、不可分割的有机整体。近代广西的城镇商务总会与商务分会之间就形成了一种纵向垂直的组织网络，构成一个不可分割的有机整体，使商会势力有效地延伸到区、乡的广阔区域，密切了城乡社会经济的联系。可以看出，商会在广西大中城市到各级圩镇已构建起较为严密的商业管理网络系统，极大地便利了各级城镇间的交流。到20世纪

---

[①] 刘爱新：《近代广西经纪业研究（1885—1956）》，光明日报出版社2014年版，第222—223页。

二三十年代，广西商会组织演变成了一个复合型的网络结构，不仅将广西大中城市和县镇圩市结成一个有机整体，实现了广西区域社会经济的整合，并且被纳入全国商会组织网络中，在更广阔的地域空间运作，为广大城乡商民在重大事件中共享信息、共谋商利提供了组织前提。

当然，由于近代广西各地商会是建立在原有会馆、同业公会等传统商人组织基础之上，因而商会中也融入了不少旧式传统因素，内部构成呈现出新旧杂糅的局面。从表2-6中可看出，相当部分商会会址均建立在原先会馆内，这决定了其在城镇和区域经济中作用的发挥仍然离不开会馆、同业公会等传统商人组织的配合与支持。在一些偏远的民族地区，虽然成立有商会组织，但由于传统习俗等多方面因素制约，城乡民间商业在经济管理上依然是会馆一统天下，许多重要事务仍需会馆来组织处理，会馆的作用功能非同小可。

可见，由于地处边陲，国家治理在西南边疆地区还显得较为薄弱，政令执行力小，传统因素在商会治理中居于主导，使得现代治理体系未能在边疆民族地区的社会治理中有效融入。但也不能否认，会馆和商会等商人组织作为支撑近代广西城镇商业网络经营者活动的聚散点，在维系整个商业网络的运作过程中发挥着十分重要的作用，两者互为依托，相互配合又相互制约，共同推动了近代广西地区的经济社会发展。

此外，广西商会网络的运行还集中体现在以镇商会为节点的局部网络。长安镇位于广西融安县中部，是融安县县治所在地，是融安的经济、政治中心。1910年，融县商会成立于长安镇安顺堂，其成立于市场的转型时期，"海通以后，洋纱洋布逐渐充斥，阳罗、葛仙等土布完全消灭。湖南洪江之大布亦难输入，长安布庄当然歇业。因之蔗糖销路亦不如前。洋油盛行，花生短少而红生油（花生油）爰及稀疏。谷豆未见摆卖而近城之卖谷卖豆等行遂至有名无实。苏杭店在长安由四五家增至二十余家，竞争多而获利亦寡。杉木商行近日尤形困惫"[1]。这一时期，长安主要的传统贸易行业均遭重创，传统商业的日益衰落，商人需要统一的组织来稳定市场秩序，统领商业和商人群体的商会应运而生。商会通过多种渠

---

[1] 陈家谅：《融安县志》，广西人民出版社1989年版，第166页。

道拓展关系网络。第一，商会通过收取会费、奖励先进及举行餐会等形式团结整合商众。参加商会的各商号没有乡籍之分，所有商号共同参与的活动促使外省商人与本土商民达成共识。商会规定各商户应按日或按年缴钱作为商会应付官僚的费用开支。合股的按股数计征，每月每股征收银毫5角。1934—1937年按资本额计征，每年每百元资金征收会费1角。1938年以后则按各商号的营业额计征，每营业1万元征收会费银圆1元。除收取日常运作的费用外，商会以鼓励贸易为目的，另"抽行佣"，一般以购米100斤抽行佣1分，糖每百斤抽行佣4分，盐每百斤抽3分，黄豆每百斤抽2分，其他零售业务的商号按其零售总额进行一定比例的抽佣。所征行佣作为每年元宵节举行"奖红花牌"的费用，奖励共分十等。各商号所缴行佣在50元以上者为头名。按每5元一级递减，以此类推，至其他缴纳行佣不足5元者，仅能在牙祭期就餐，而无花红奖励。第二，商号掌握的护商队基本上能够保护一方平安，抵御小股土匪的侵扰，这使商会在地方上树立起良好的声望，而这种声望让作为外省商人的商会领袖们更易于获得地方民众的认同。"抽行佣"所得收入除用来"奖红花牌"外，剩余资金作为商会的经费，如商会所管辖护商队的费用开支均由行佣负担。护商队成立于1918年，直属商会管理。护商队设正副队长各1人，下辖4个班，每班11人，并配发枪支，主要担负保卫长安商号财物安全的任务。护商队主要担负巡逻码头、渡口店铺和各货栈的任务，商号如有大宗的货物运输，也可以请求商会领导人派护商队执行跟船、跟排护航的任务。第三，商会作为社会团体与政府交涉，政府经常通过商会向商人募集资金，这是商会领导人与掌握地方实权的官僚沟通的主要渠道，外省商人能顺理成章地以此建立与地方政府的关系。[①] 总而言之，近代广西商会通过多种渠道构建和拓宽了省域内及其他国内各地商会之间的横向互动和协同合作，从而与各地商会保持和发展了多层面的横向网络联系。也因此使其横向组织网络拓展出更广的生存发展空间，进而将其触角延伸到社会生活的各个领域，其社会经济职能也得到最大限度的扩展。

---

① 转引自何良俊《商绅分野：近代都柳江下游长安镇地方精英研究》，社会科学文献出版社2019年版，第98—103页。

# 第三章

## 西南地区近代商会的经济治理

　　一般意义来讲，治理通常被认为是运用政治权威管理和控制国家资源，以求经济和社会的发展。[①] 中国传统经济与社会实行官方一元化垂直管理体制，重要的经济社会资源和活动都受封建官府的严密监控和高度统制。在西方的冲击下，国家或政府不得不把高度集中的经济与社会管理权力有选择地让渡于民间力量。商会是近代以来最重要的工商社团，其组织形态萌芽于中世纪欧洲的商人行会，是商品经济发展的必然产物。综观之，清末民国时期，滇桂地区的商会组织迅速发展成为西南边疆地区近代最具现代意义和影响力最大的社会组织之一。商会的出现是西南边疆地区民间绅商参与公共领域重要的载体，也是商人主体意识不断增强和商人组织有序化发展的重要表征。

　　在中国近代经济社会剧变的历史中，商人与商会组织是经济与社会变迁的主导力量之一。自清末各地商务局创设伊始到各城市新型商会组织渐次组建，联络工商与振兴商务是商会组织的主要经济功能。民国时期，各地区、各层级商会组织不断发育壮大，商会逐渐意识到要为商业长期稳定发展争取宽松的营商环境，非具有"辅助商政之进行"的职能不可。[②] 总体而言，各级商会对政府经济政策的制定与区域社会经济的

---

[①] 李长文：《民间组织与地方治理——基于新疆异地商会的研究》，知识产权出版社2012年版，第5页。

[②] 刘杰：《商人组织与地方市场秩序——抗战前汉口商会与区域市场的治理》，《湖北大学学报》（哲学社会科学版）2019年第1期。

发展继续产生重要的影响，商会成为近代西南边疆地区经济治理的主体之一，在区域经济有序化发展进程中发挥着重要的作用。

西南边疆地区近代商会作为区域商人利益集体的代言人，在经济治理中发挥着重要作用。具体而言，商会是政府与商人之间的重要纽带，在商会中我们既能找到政府通过商会管理商业市场的痕迹，也能感知底层商人对通过商会议案解决社会问题的依赖。商人开始通过商会向政府反映商业中存在的问题，为商业制度的制定和修改建言献策，以维持贸易市场的公平与稳定。商会还从纳税人角度就税率标准、征稽方式等与政府展开了深度的互动，甚至在税法的修订、减征或缓征等涉税问题上与政府激烈博弈。在商会的领导和支持下，商人、商会、同业公会及各界人士团结合作，积极发声抵制政府不合理的税收制度，为市场发展主体营造了一个良好的营商环境。政商之间围绕系列问题互动博弈在一定程度上展示了近代商会参与国家和区域经济治理的复杂面相。

## 第一节 商会与区域市场运行

### 一 商会与区域物资调配

云南虽位于中国西南边疆，却地处亚洲腹地，自古以来就是东南亚、南亚和中国内地之间的交通枢纽。[①] 此外，云南地形地貌复杂多样，山脉、河流、多类型的气候带都对物产和商业贸易的发展有重要的影响，且同周边地区和国家往来频繁，促进了边疆地区各县镇商会的成立，为区域经济的发展提供了重要保障。

商品经济的发展，必然促进集市和对外贸易的形成，同样，集市和对外贸易的形成，又促进了商品经济的发展。以大理地区而言，大理地区商品经济的发展，使得大批集市陆续形成，除著名的"三月街"大集市外，还有八月十五日的"渔潭会"，七月的"松桂会"，前所、大仓、

---

① 罗群等：《云南省经济史》，山西出版传媒集团2015年版，第2页。

牛井、右所等大集市。① 大批集市形成的同时也丰富了商品种类和商品的销售渠道。商品经济发展初期，商品种类不多，以当地的土特产为主，销售也是以本地销售为主，随着集市的形成和发展，销售的产品种类逐渐由土特产变为茶叶、纺织品、工艺品等多种商品，商品经济与集市的相互促进发展还受到云南当地气候环境的影响。云南独特的地势和气候，有利于各种作物的生长，由此而形成多样性的物品交易样态。大理还是马帮和商会的集散地。其中最为大家熟知的是茶马古道。商会主要市场分布在省内各个地区：昆明、个旧、下关、蒙自、思茅、腾冲、通海等。集市是有固定街期的市场，是随着经济发展而形成的。另外各种庙会也是商品交易的场所。近代大理地区商品经济的发展，使下关成为滇西北商业重镇，下关是滇西北的交通中心，东赴昆明，西去保山、腾冲，南到景东、思茅，北通丽江、石鼓。下关的主要地理位置决定了其在明清以后便逐渐成为迤西的物资集散地。在此基础上商帮盛行，从而促进商会的发展。②

随着商业资本的产生和发展，光绪初年，聚集在下关的临安、四川、迤西三个商帮，为保护本集团的利益，加强彼此间的联系和合作，在财神殿共同组成"丝花会馆"，领导和管理商业方面的事宜。到清末民初，鹤庆商帮崛起，在下关组织了"鹤庆会馆"。每年会期，帮内商人聚集在一起，解决帮内各种经营方面所引起的纠纷，以调整帮内关系，一致对外。1906年前后，云南"总商会"（即云南省商务总会）成立，接着下关"丝花会馆"改名为"下关商会"。1930年前后改名为"云南下关商务委员会"。1941年前后又改名为"云南凤仪下关商务委员会"，一直到新中国成立前夕。③

云南边疆地区各县镇商会在物资调配方面有着重要的作用。商会在成立之初就发挥着调控物价、调配物资、维护市场公平等作用。在物资调控方面，商会在市场上发布商品的流通信息，商户可以根据市场需求

---

① 杨聪：《大理经济发展史》，云南民族出版社1986年版，第215、217页。
② 杨聪：《大理经济发展史》，云南民族出版社1986年版，第220页。
③ 杨聪：《大理经济发展史》，云南民族出版社1986年版，第229页。

来生产产品，这样既加速了商品的流通，提高了效率，又在一定程度上节约了各商户的运营成本。1930年12月以来，昆明市"滇货行情，可谓畅旺已极，此外之洋纱疋头等项，则疲滞非常，即申款港单法纸现金等，但是市价起落无常，极少大宗之交易。在西路大帮货驮即将进省，此帮货驮，约在四五百驮之间，滇货共有一百余驮，其余则为山货药材以及土杂等货，据一般人之观察，此大帮到后，商会在云南新商报特此声明本市各项生意，谅可稍为活动"①。1930年12月4日，昆明市商会通告各商会"接昭通商会卅电开，帮丝已请兵送省运川滇货，请接洽昭通商会……通知各商号查照，如有运川滇货，请先事预备矣。昭队上省即行起运，以免临时仓促，并望转知同帮各号为盼"②。可见，在云南省内，地方各商会非常重视物资调配，而且商会在物资调配方面发挥了举足轻重的作用，促进了市场的繁荣，加快了商品的流通。

抗战时期，商会及其拟定的一些行业规定为市场的繁荣和物资供给提供了保障。如昆明市商会就拟定了一系列举措应对："一、政府通令产米各县，对于粮食出境，一致开放，免予禁止，又军米一项，应请限于指定军米区域采办，其省市如有囤积居奇者，经调查属实，即请充公或从重惩处，以惩奸贪而儆效尤；二、自本年十月份起，饬令逐月填报重要物品选售价格调查表案，议决交调查科办理；三、自本年七月份起，饬令逐月填报商号设立倒闭调查表案，议决交调查科办理。"③ 由于战乱，交通线路被截断，各省滞留海防货物价值较高，昆明市商会于1939年9月24日开会讨论了海防存货运输问题，决定推派代表三人赴海防回路局商讨运输办法："现存海防之川滇黔桂各省购入货物三万余吨，约值国币一万万元，以运输困难关系，均滞留海防，致内地缺乏货品，为物价昂贵原因之一，如能增强运输效能，上述货物约一年亦可运毕。此外，非日用品在财部公布禁令以前到海防未运入者，昆明市约有七八万吨，亦经省参议会建议财厅转请财部准运。"④

---

① 《迤西大帮货驮日内即将抵省》，《云南新商报》1930年12月1日第1版。
② 《昭通丝驼上省 运川滇货可预备起行》，《云南新商报》1930年12月5日第2版。
③ 《市商会议决请严禁米商囤积居奇》，《云南新商报》1937年11月20日第2版。
④ 《海防货物值一万万元》，《中央日报》1939年9月24日第3版。

商会在货物运输的调节方面也起到了一定的作用,若遇到自然灾害或者运输道路走不通的情况,商品就被迫留在半途中,商会就需要在政府和各商户之间进行协调。商品的运输问题不仅存在于国内贸易,在对外贸易中也时有发生。1939年10月,关于海外物资供应问题,海外中华商会致电昆明市商会催提存货,昆明市商会也及时予以解决。"存海防德货,须有法领于发票注明,九月三日前已付货款,并限于十月二十五日前转出,否则充公,速将签证件寄防。市商会以查各业在越政府未公布动员以前,办运德国货品,已达海防,或在此期间,已向各埠交款发运在途者,当为数不少,商会前议决通告各商,将一切证件,照摄四份,备具申请书,到会登记,以凭核转。现在滇越铁道,因山洪爆发,损坏数段,非短期时间可以修复,各商登记及转函,亦需相当时间,尚有一部分商人,已将此项办货证件带往海防者,调取摄照影片,均需时日。如今限至十月二十五日以前办毕,为时过促,决难办到,事关商人血本,损失甚大,因特于今日电复海防中华商会,请迅向法领交涉,电越政府体察实际情形,准将期限展至十一月底,以便办理各项手续。"①昆明市商会在对外进口贸易货物查验和放行的规定上遵照云南商会组织的规定,在商品的运输和管理上,商会有一套自己的规定。对于从海外运送过来寄存在海防暂未转运的商品货物,必须在规定时间内持票据来提货,超过规定时限货物就会被充公。

关于对外进口贸易货物,商会规定:"经缅进口沪货,准中途改包驮运内地,昆明市商会通知遵照。昆明市商会以经缅进口沪货,须改用驿马驮运,惟改件后,海关因货件不符,不予放行,特电呈财政部,请照棉纱改件入口办法,转饬海关查验放行,财政部业已照准,令饬腾越关遵照,并定验放改包沪货办法四项:一、报运经缅进口沪货驮运,暂准中途改包外,车运各货不得援例;二、到达关卡呈报时,应将原装件数数量与改装后件数数量开列清单,附同进口报单呈核;三、海关应验凭江海关原出口副报单,所载品名、牌号、尺码、数量,按件免税放行;四、如查有顶替伪报情事,常按照海关缉私条例惩处,闻该会已分函缅

---

① 《电昆催提存货》,《中央日报》1939年10月11日第4版。

甸有关各埠中华商会、滇缅公路沿途各县商会及昆明市有关各公会遵照办理。"①

清末民国时期，腾冲为云南省3个对外贸易口岸之一，对外贸易货值始终占全省总值的10%以上，1919年达23%多。1931—1939年腾冲商业达鼎盛时期。1939年私营商业达1239户，雄商大贾多，著名商号多，经营进出口的多，1931—1940年腾越海关进出口总值年平均5268983海关两。进口商品160多种，以棉花、棉纱、棉布、煤油和珠宝、玉石为主，来自五大洲30多个国家和地区；出口商品80多种，以黄丝、石磺为主，占出口额的80%以上，其次是本地的土特产品。②1942年日军侵占东南亚，腾冲商人在东南亚和缅甸的财物遭受巨大损失，一些物资抢运到腾冲。5月腾冲沦陷，大量物资被日军掠夺。大商贾逃迁保山、下关、昆明等地，小商贩逃散到边远农村，对外贸易和城区商业活动停止，农村商业深受战争影响，不少集市被烧毁，腾冲商业遭到毁灭性破坏。1944年9月，腾冲光复后，一部分商贩集资在废墟上经营，但货源短缺，人民购买力低下，苛捐杂税繁多，百业萧条，对外贸易冷淡。1945年1月，中印公路通车，人们曾推测腾冲将恢复商业重镇的地位，中国银行、中央银行、交通银行、农民银行先后到腾冲筹建办事机构，一些大商号也纷纷到腾冲设立分号。同年8月，日本投降后，中印公路荒废，"四大银行"先后撤销，一些大商号搬迁到滇缅公路沿线的保山、下关等地。从此，腾冲商业一蹶不振。1946年8月31日腾冲县商会给县政府的呈文真实地反映了当时的商业情况。呈文说："光复后，屋宇摧毁，瓦砾遍野，繁荣之区成为荒凉之地，创痛巨深，满目疮痍，号寒啼饥者比比皆是。生活所迫，岂能坐困待毙？一般素业工商业之人，或典田卖地，或合数人、十数人之力，集资经营，籍觅蚨头，以维衣食。讵意去岁日寇投降，又遭物价之惨跌，折本亏累，一蹶不振。光复两载，尚有多数待留在外，无法迁回。城内则一片焦土，无家可归，大半于城外租房住，视资力之多寡，小本营生。然商场冷淡，元气未复，

---

① 《准中途改包驮运内地》，《贵州商报》1941年6月11日第2版。
② 腾冲县志编纂委员会编：《腾冲县志》，中华书局1995年版，第368页。

印缅交易尚未畅通。贸迁无货，出口无物。腾冲商场成为死市，频日以忧，难以经营，折本之号更多。凡营工商业者，皆困惑不堪，欲罢不能，挣扎无方，各同业公会虽迭奉县府会催，始于最近先后成立。本年间各处又遭鼠疫及水灾之患，全县人民叫苦连天，所受痛苦，磬竹难书。"①

广西东邻广东，西接云南，南濒北部湾，东南与海南相望，西南与越南交界，东北与湖南相连，西北与贵州接壤，区位优势明显。临海沿边的特殊地理位置，使得广西成为西南地区最便捷的出海通道；不仅如此，广西还是中国与东南亚经济交往中占有重要地位的地区之一。② 特殊的地理位置使得广西不仅在对外贸易而且在国内贸易方面都十分活跃。因此，近代以来，广西地区市场在数量上持续增长，随着社会生产力的发展，例如交通运输等行业也发展起来，这就有利于沿海地区广西市场经济的发展；民国时期，广西的公路运输业发展很快，交通的发展导致城镇快速发展，城镇的发展催生了市场的形成。③ 1906 年，梧州商人在看到广东商会在维护商人权益、应对各种市场竞争中发挥的作用之后便倡议成立梧州商会。不久之后，桂林等地也相继成立商会，这时候广西省内的各个商会并不是联系的一体，而是分开经营的状态，而各地"商务总会"的建立也不过是商业与其他行业联合的一个趋势，并没有形成系统的组织。依托便利的海上运输，广西在与东南亚的经济交往和国内贸易中发展了广西省商品贸易的市场。广西商会在市场运行各个领域都发挥着一定程度的作用，从商品信息的收集发布到商品的运输配送，商会在中间担任着桥梁的功能，连接商户和商品流动。

20 世纪 30 年代，广西省政府实现了度政统一，使商品的流通得以畅达，这对市场的繁荣、经济的发展是十分有益的。④ 但是在这一时期广西商业的发展并没有得到快速的进步。这是因为广西好多地方都是以圩市为商品贸易市场，因此决定了在商品的丰富性和流通性方面有很大的局限，商品只能局限于某一地区供小范围消费而得不到推广，农村地

---

① 腾冲县志编纂委员会编：《腾冲县志》，中华书局 1995 年版，第 368 页。
② 段艳、周建明、陆吉康：《广西壮族自治区经济史》，山西经济出版社 2016 年版，第 1 页。
③ 宾长初：《广西近代的市场及市场网络》，广西师范大学出版社 2007 年版，第 49—56 页。
④ 钟文典等：《20 世纪 30 年代的广西》，广西师范大学出版社 1992 年版，第 393 页。

区的圩市和广西梧州、南宁等商品贸易较为繁荣的地方不能产生联系，这就阻碍了广西商业的协调发展，再加上20世纪30年代广西也受到战事的影响，这也在一定程度上暂缓了广西商业向前发展的脚步。总体来说，度统一虽然使得商品的流通变得顺畅，但是20世纪30年代的广西在商业贸易上的竞争力还远不及其他省市。由于广西工农业落后，30年代全省商业还很不发达，主要的商业城市有南宁、梧州、柳州、桂林、龙州、百色、玉林等处。梧州地处桂粤咽道，进出口贸易多以此为纽带，因此成为商业中心。南宁是全省政治中心，商业繁荣仅次于梧州。广大农村地区主要以圩市为贸易市场。①

1931年"九•一八"事变后，由于民族矛盾加剧，国内形势严峻，在民族危亡面前，新桂系为巩固在广西的割据统治，提出"三自政策"。1934年，根据"三自政策"，颁布了《广西建设纲领》（以下简称《纲领》）。《纲领》提出"建设广西，复兴中国"的口号，提出政治建设、经济建设、文化建设、军事建设，简称"四大建设"。这些措施为经济建设和商会的复兴提供了政策依据。②抗战时期新桂系的一系列战时政策在一定程度上活跃了广西的经济建设，同时引领了广西商会的接续发展，《纲领》的提出使得商会的发展有了政策依据。在抗日战争期间，受日军侵略的影响，广西南宁、桂林等地的商业遭到了空前的破坏，铁路被日军炸毁了商品运输的渠道，战争期间物价飞涨致使商品不能够像往常一样正常流通，广西的经济遭到严重破坏。对此，商会通过严密的行业秩序来保证市场的流通和经济的正常发展。

政府和商会为了促进本地经济积极发展而出台颁布一系列行业秩序和政策，但在日本帝国主义侵略的大背景下，生灵涂炭、市场混乱，经济仍不景气。为了维护商业的发展，广西商会在物资调配方面起到了积极的作用，桂林商会为反对湘盐专卖及时采取了系列应对策略。

桂林县商会前据桂林盐业公会陈诉湘商运销粤盐包商承饷、专

---

① 钟文典等：《广西通史》第3卷，广西人民出版社1999年版，第247—248页。
② 谭肇毅：《抗战时期的广西经济》，广西师范大学出版社2011年版，第113页。

卖各种弊害，特发出通电，激烈反对。据桂林盐商同业公会词称，为盐商包运商殃民蠹国，投请力向政府沥情呼吁，撤销恶例，以免劫运事。敝会迭据同业会报告，据派驻湘南各处庄报告。湘盐榷运总局，禁止商人贩运粤盐行销湘南各属，将来另有巨商呈报专运，旋阅各处报纸登载，举有暴利和记公司，呈奉湘岸榷运总局核准承饷，专包运粤盐于湘南各属，不许他商自由贩运。经查属实，当即召集同业开会讨论，群情惶惑，众谓誓死力争，不达回复旧日行销原状倒商包恶例之目的不止。查盐法划分引岸，已为专制时代，万恶秕政，稍知顾念民生者，罔不深恶痛斥，今于引岸之外，又创为包商专利，开殃民病国历来未有之奇观，为虎传刀，为鸩加毒尤为万恶之万恶。敝会同人，经营盐业于桂林者，不下二百余家，销售粤盐于湘南者，亦已百数十载，生命职业，胥于是赖，一旦被该公司垄断独登，灭绝生计，商等何辜，遭此凌抑，如果实行，其害有不可胜言者。①

桂林商务，盐为大宗，而其销售出境，向以湘南属之永州、东安为最，湘西之武冈、新宁次之。该公司承饷专销，桂林盐商全体盐商陷入死地，立见倒闭，盐商一倒，则与盐业有关之其他各行商务，亦必影响产运，同归于尽，桂林城市不转瞬而化为坵圩。其害一，桂林密湘南，销售粤盐，由肩背负小商以货易货者为多，用船运销者为数尚少。该公司承饷专利，一般负贩必至失业，桂林盐业扫地无存，即市上劳工、水面船户均感生计艰难，不能幸存，当此气焰嚣张，无业愚民最易为其煽惑，一旦铤而走险，咎则谁归，地方治安更不堪闻。其害二，桂林盐业既无销路，一切商务均因而受连带影响，商场衰落，政府税收当然减少。其害三，盐运包商，不许自由买卖，则承商可以任意抬价居奇，湘南民食之困苦，必将日甚一日。其害四，盐运包商承饷，虚报浮收，在所必有，湘粤距离遥远，稽核为难，承商为其渔人，政府为其傀儡。其害五，综上五项，湘岸榷运总局核准泰利和记公司承包湘南专卖粤盐，实系少数

---

① 《桂林商会反对湘盐专卖》，《南宁民国日报》1932年5月21日第5版。

之大资本家，凌压多数之小商、劳工，与总理民生主义、节制资本之主旨大相背谬，为此投请力向政府沥清陈述，撤销泰利和记公司，仍照旧以湘南各属为粤盐自由销场，同业幸甚，地方幸甚。①

总的来说，比起广东等最早开放的省份，广西的对外贸易是不占优势的。新桂系集团为了防止利权外滥，提高货物的品质，调节金融使自己获得更大的利益，从1933年起实施统制贸易政策，其核心就是通过建立有关机构，严格控制对外贸易。在这一政策的指引下，市场秩序得以相对稳定，这为各行商会的发展提供了契机。② 市场秩序的相对稳定使得各行商会得到比较快速的发展，商会不仅在市场方面发挥着重要作用，在这一时期，商会自身的建设也得到了加强，修改、完善行业规章制度、商品的流通和转送规定等一系列措施使得商品市场有了比较完备的秩序保障。商会在市场秩序稳定之后，在商品信息的提供、市场公平的维护、物资供给等方面都发挥着重要的作用。在商品信息的供给方面，商会了解市场商品的需求情况并协调商品配送，商家在了解到市场需求之后生产出相应的商品，这样一方面提高了生产需求效率，另一方面又降低了商家的经营成本。在市场趋于稳定的条件下，商会在物资供给方面才能发挥作用，尤其是在对外贸易中。1935年，百色商会为应对泰国大米贸易就采取了相应的办法，"近阅报载暹罗政府新颁法令排斥华侨，查暹罗过去立国，在历史上我国曾屡予极大的扶助，今反以怨报德，诚属忘恩负义，我国亦应速谋对付，以促其觉悟。查暹罗素以产米见称，每年均有大批暹米运入我国，各埠廉价倾向，以致国产米大受打击，今该暹罗既厉行排外政策，我商民应一律暂不购用暹米，以示抵制。恳请政府迅予严重交涉，以期得真正之解决。临电迫切，不胜待命之至。事关民族生存，相应电达查照，即希一致进行，以维同胞"③。

1936年，南宁商会也对米粮运销有针对性的举措。"为确保本市民

---

① 《桂林商会反对湘盐专卖》，《南宁民国日报》1932年5月21日第5版。
② 钟文典等：《20世纪30年代的广西》，广西师范大学出版社1993年版，第396页。
③ 《广西百色县商会来电》，《实业季报》1935年第3期。

/ 第三章　西南地区近代商会的经济治理 /　177

食无忧，省府电横、贵、隆等县购办大批食米运邕，已购十余万石，不日可运抵邕。省会公安局等昨召集米店商人开谈话会，商讨解决本市食米办法四项。广西省政府以本市食米来源日渐减少，以致米价日昂，为解决本市民食，特电饬横县、贵县、隆安等县政府，迅速购办食米运送来邕接济，兹闻各县政府奉令，业已分别购办，约共获十余万石，不日即可源源运送抵邕。邕宁县政府、省会公安局于昨日下午二时，假座南宁商会召集本市各米店商人举行谈话会，出席者：邕宁县政府雷朝宣、省会公安局周炳南、省政府陈重辉、南宁商会林伯耆、米商万安祥、蒙华兴、忠兴昌、全盛祥、达德、刘泰昌、广元亨、会丰、温松华、肇兴、罗南记、永亨昌、合和祥、诚记。主席林伯耆报告事项。讨论决定办法如下：一、凡米店如有谷米存储，概须随时发售，并于店门标贴'有米零沽'字样；二、尽量先行收买市面红白谷，即晚送米厂碾磨，所有价格款项，概由商会商定，即日如数支给；三、推定肇兴、刘泰昌、会丰、广元亨、忠兴昌、永亨昌、罗南记、诚记八家商店负责办理；四、本日下六时以前，将所买得谷子数目及明早可出米若干，由电话报告公安局。"①

同时，南宁商会牵头请求广东省弛禁粤盐输桂。"宁蒋为实现其卖国求荣之迷梦，故对于日寇侵凌压迫我国之暴行，均予以屈辱忍受，对于桂省抗日力量及革命民众抗日运动则视若仇雠，必欲摧残罄尽而后快，除纷一大车向桂省四境压迫及派遣大队飞机至梧州、贵县、平乐、桂林、全州各地恣意屠杀无辜民众外，近复施其毒辣之经济封锁政策，即本省民众日常所必需之食盐等物，亦一律禁止入口，致使盐价飞涨，群情惶然，蒋氏此种恶毒行为，实为全省一千三百万民众所万难容忍，而蒋氏实已成为全省民众之公敌。务人诚应团结一致，扑灭此獠，是则不独可以为国家除蠹贼，且足以解除吾人之痛苦也。各情经迭纪本报。兹查南宁商会、广西南宁红十字分会战时难民救济会近据本市各盐商投报，日来粤属之马屋关、党屋关暨长墩盐税局等，贴发布告禁止食盐输入桂境情形后，当即分别致电钦县商会、合浦商会，恳转请各该盐关税局迅予

---

①　《大批食米运邕》，《南宁民国日报》1936年6月29日第8版。

弛禁，仍准食盐运入桂境，以济民食。"① 对于此事，南宁商会也与政府和各社会团体积极斡旋，妥善解决。南宁商会一致呼吁其他各县商会共同应对，"据本市各盐商投称，日来粤属之马屋关、党屋关暨长墩盐税局等，均贴发布告，禁止食盐输入桂境，以致商运停顿，盐价飞涨，群情惶恐，迫切万状，恳予设法救济等情。查食盐为日用所必需，关系民生至重，桂省向赖粤盐接济，兹遽禁止输入，不仅妨碍商运，影响民食，受害尤深，夙仰贵会同舟共济，素具热诚，务乞转请各盐关税局，迅予弛禁，仍准食盐运入桂境，以济民食，而利商运"②。同时，还与难民救济会积极协商沟通，"桂省食盐向由粤方运济，兹据本市各盐商报称，近日粤属马屋关、党屋关、长墩盐税局等，忽有禁止粤盐输入桂境情事，以致商运停顿，盐价飞涨，请予设法救济等情到会。窃食盐为民生日用必需之品，关系至巨，若遽禁止输入，不独妨碍商运，抑且影响民食，素念贵会同舟共济，用特电恳转请各盐关税局，俯念民生痛苦，迅赐弛禁"③。

**二 商会与市场物价调控**

物价对市场和经济的影响也是不可忽视的。供求在一定程度上会影响物价，两者又在一定程度上会引起通货膨胀和通货紧缩。商会为了维持市场的稳定，在物价方面也要进行调控。

昆明作为云南经济中心，昆明市商会对物价的调控直接关系到区域市场的良性运行。在粮食交易方面，昆明市商会提出了明确的要求，"召集同业行友磋商维持办法，是日敝会恳请出席指导，并代敝会主席出席宣布告诫各城行友设法极力维持，凡对于外县水客五乡卖米者，务望谆谆劝告，勿敖价居奇，不能谓个人博利，影响全市民食，致于下富民米者，应遵从同业公会商议妥订价目，买卖不得高抬，又不许私下篆塘及电机碾米，实截卖米粮，似此米价或可渐次低落，以免各方面之归咎"④。物价不仅关系着民众的消费，而且关系着市场的繁荣，物价的变

---

① 《粤省弛禁粤盐输桂》，《南宁民国日报》1936年8月31日第7版。
② 《粤省弛禁粤盐输桂》，《南宁民国日报》1936年8月31日第7版。
③ 《粤省弛禁粤盐输桂》，《南宁民国日报》1936年8月31日第7版。
④ 《米杂粮业开会讨论维持米价办法》，《云南新商报》1930年11月2日第2版。

化和商业市场的平稳运营有着密切的关系，商会在调整物价上发挥着关键的作用。无论任何时候，商会对于物价的调整都是为了促进市场稳定长足地发展，尤其在抗战时期，受战争的影响物价上升，政府的苛捐杂税和商人利益之间的矛盾导致市场物价上扬，商会为了维护市场秩序，在保证对政府足额缴税之外适时调整物价来保护民众的利益。

1932年6月，昆明市商会专门召开商会常委会议讨论物价相关事宜，"一、蒙自关驻省办事处函请查填每季出口货品之平均市价案，议决由调查科按季填送；二、公断科签复证明裕丰恒李维三请依法加入炳兴祥债权团情形，请核议案，议决照签复情形转函债权债务委员会核办；三、调查科签复调查同德森堆店，请求电咨永昌商会将舒子烈押管追缴情形，请核议案，议决电永昌商会饬舒子烈将应欠同德森之款限期押追归还；四、六区联合办事处函请开导食品业应减少价格案，议决定期召集食馆业执委到会劝导"①。商会能够十分及时地感知市场的变化，其主要表现在市场商品物价的变动。商品物价的变动分为受社会大环境影响的整体变动和个别商铺的自行变更，在受不可抗力如自然灾害等的影响下，民众没有好的收成，商户为了提高自身的经营利润，从民众手中低价收购原料，然后将其加工成商品之后按较高价格出售，这就损害了民众的利益。商会通过与商户协商调低商品物价，或者协调提高从民众手中收购原材料如米、麦子等的价格来协调商户与民众之间的利益关系。若遇个别商户为了个人利益提高所售商品物价的情况，商会也会规劝商户让其与市场所售相同商品的其他商户定价保持一致，由此来保持市场的稳定。

商会在商品信息的发布方面也有着严格的规定，商会通过对商情信息的管理和商品的发售来维护市场交易的公平。"在气候适宜的一年，雨水调匀，收获丰稔，米麦杂粮逐渐跌价，而本市各食馆售卖之包子面饺等价目均仍旧跌，一般贫民之不能举火而以饼饵为食者殊受其害，六区公所有鉴于此，特函请市商会召集各食馆业划切劝导，令其减低价目。当为七月二日由该会召集食馆业同业公会全体执行委员在该会大议厅谈

---

① 《市商会常委会议录·召集食馆业减少价格》，《云南新商报》1932年6月29日第3版。

话，由该会常委陈子量、马小春，调查科主任何劲修出席宣布，最后决定令食馆业公会召集全体会员劝令，将价目随市减低，其售价已低，当令其增加食品体量，至有少数食馆售价太昂，应劝其从速减价，以顾平民生活等情。"① 同时，昆明市商会基于时局的考量，也有具体的应对，"市政府以本市近日米价高涨，关系民食，至要且钜，值兹非常时期，安定民生，尤为重要。昨经布告取缔高抬市价，并派员密查，严禁奸商囤积居奇，并令市商会转饬米杂粮同业公会，从速议拟调平市价办法，即日具报。粮食涨跌与供求关系互为因果，近虽新谷登场，各县委积谷填仓计，均积极收旧填新，致来源稀少，使本市米价稍涨，值兹新旧交替之际，为权予调平米价，以裕民生起见，拟请转呈绥署省府通令产米各县，对于米价出境，不得再行禁止，又军需局采办军米，除在军米区就地收买外，对于在本市收买下米交局者，亦请禁止，当以所呈调平办法，尚属公允"②。

商会对于市场物价的变化有着十分严格的管控，个别商户想要通过囤积商品、私自进货等方式来获取利润的方式是行不通的。以食盐为例，私盐运输的存在在一定程度上打破了市场上食盐价格的平衡，食盐价格巨大的变动使商会和盐务管理局出手维持市场的交易秩序，召集盐商户和大的盐商来设法平稳物价，这样一来少许商家想要靠私盐获取巨额利润的想法就幻灭了。除此之外，市场上还会出现一些商家联合起来企图控制物价的情况，此时商会会采取联合市场管理局的方式一起设法平稳物价。"市政府以本市食盐近日价值突然骤涨，前昨两日，售价由旧币一元八角涨至二元二角不等，昨日又续涨至二元五角左右，以市上情形而论，尚无止境，推厥原因，显系奸商从中操纵，阴谋巨利，若不设法补救，影响民食，何堪设想，该府除函盐务管理局设法调平外，并令饬市商会遵照，迅将骤涨原因查照呈复，并速召集盐商商讨设法调平，以维民食。"③ 地处滇南的个旧县商会也与政府积极磋商，"该会呈请购办

---

① 《市商会体念平民生活，召集食馆业谈话》，《云南新商报》1932 年 7 月 7 日第 4 版。
② 《米粮业同业公会议拟调平米价办法》，《云南新商报》1937 年 12 月 5 日第 2 版。
③ 《市府积极平衡盐价，令商会速办以维民食》，《云南新商报》1938 年 11 月 29 日第 2 版。

/ 第三章 西南地区近代商会的经济治理 / 181

越米以接济民食一案，当经签送云南省物价调整委员会核议，已饬该商会将米价运输工具等问题先行调查明白比较后，再为呈请核夺。该商会酌夺迅即遵照省令从速查报来厅，以凭核转"①。

抗战时期，云南各地方商会为顾全大局，一致拥护管制物价方案，"滇西沦为战区，昆明即失去了后方市场的威力，最近一个多月以来，更因货价涨得太高，使市民购买力脱了节，于是百货停滞，商铺挂出了秋季大减价或星期大减价的布标来。曾经涨到七千元一两的金子，现在常常在五千五六百元上下转圈子，这交易是百货以外的不正当买卖，但昆明特有的四十余家的金店银楼的不景气，也可看出市场的一般。商人们都已经大腹便便，这情况并不影响他个人，可是整个社会的经济危机，却不容忽视。正在这时候，云南全省各县市商会八十二个单位的代表一百三十七人，却正好集合到昆明来举行全省商会联合会，这意义却真够重大的。这次联合会的目的，在举行开幕仪式的时候，主席严燮成说得明白：其目的在加强全省各商业团体组织，领导各县市，一面谋本身利益之保障，一面协助政府发展商业、调剂供求。同时，更可以共同努力于平抑物价，安定民生之工作。自十七日起开会三天，第一天举行开幕仪式……第二三两天内，共通过了议案二十六件，内容大致可以分为九类，现在把重要的在这儿报告一些：一是通电拥护总裁管制物价方案；二是提请政府增设商业专科学校，以资造就商业专门人才；三是请中央物资局派员来滇主持平价；四是提议整理盐灶，增加制丝、推销制茶、增植棉花等"②。

抗战时期，广西政府发行大量货币来维持战争，结果导致市场物价飞涨通货膨胀。战时的梧州商圈由于敌机的轰炸，大部分商铺被炸毁，食品类商品价格上涨三十多倍，人民的生活困苦不堪，商人们临时摆地摊来维持生计。在抗战结束之后，新桂系采取相关的积极性经济政策来鼓励商人经商以振奋广西经济，商会在市场上起到了平稳物价的作用，

---

① 《令为从速查报购越米价值运输及工具一案（云南省民政厅训令肆二字第六六二六号）》，《云南省政府公报》1939年第11卷，第21—22页。
② 《管制物价方案》，《中央日报·扫荡报》（联合版）1942年11月24日第6版。

商会的存在也在一定程度上加强了商户经商的意愿。"梧州商会以本市日前因军事影响,歹徒放散谣言,物价暴涨,以致民众受重大损失。现查时局和平,一切已渐次恢复常态,则市面物价自应渐次恢复原状,惟以兹事体大,非经召集各行商商议不可,因特于十七日下午一时召集各商及各机关代表到会开评定物价谈话会,……讨论事项:一、议每日平码行将日常需要主要品物价列报到会审核评定市价,转呈县府核准后,布告各商,并将行情单分送各机关;二、议关于盐价太高,由县府函请榷运局查明价格,函复转饬商会。"① 商会为管制物价制定了方案,"桂商会通电竭诚拥护,黄旭初谈决早日实施。桂市商会为拥护蒋委员长加强全国物价管制方案,通电全国誓以全力竭诚拥戴,并盼即组织管制机关,从速办理。黄旭初等九日由渝乘机抵桂,据黄旭初议,一、中央对本省灾情异常关怀,除已拨百五十万外,复曾拨百万以赈灾;二、本省已定之建设计划当于困难中使其实现;三、管制物价,关系抗战前途至为重大,以后当中央意旨,早日予以适当管制。"②

### 三　商会与市场秩序维护

商会很重要的一个职责便是维护市场秩序。市场秩序的维护体现在很多方面,如商会打击不法商家经营、调整工商争议、对市场物价进行监控、调整保护市场交易的公平和处理市场的纠纷等。商会的职权及其作用是领导管理各个行业,调整、处理商人之间的债权债务,合伙分伙以及买卖之间、劳务之间、各行各业之间的问题,调解本市商人与外地商人因贸易关系所发生的各种纠纷。但要在一方当事人向商会申诉后,商会才有权去调解处理,否则就无权干涉。商会对纠纷的处理权是调解性质的,并无法律约束力。双方当事人中如有一方认为商会的调解不当,完全有权否定,并可向当地政府申诉。③

由于云南地理位置的特殊性,在云南商业发展的早期,陆运的货物

---

① 《平价谈话会》,《南宁民国日报》1936年9月24日第6版。
② 《管制物价方案》,《民国日报》1942年12月11日第2版。
③ 杨聪:《大理经济发展史稿》,云南民族出版社1986年版,第230页。

经常遭到土匪的抢劫,这打击了很大一部分商家从商的积极性。商会为了保护商家的利益,联合警察系统一起成立了保商的队伍来保证货物的安全运送。如下关商会为保护商人(主要是商业资本家)的利益,于 1920 年成立保商大队,后改名为运输团,有一百多名武装人员,专为商队押运货物,保商通行。同时,下关警察局和伪自卫队的武装,实际也由商会供养,替资本家押运货物,维持市场秩序和治安等。商会的保商大队,后来逐渐被永昌祥、茂恒、复春和、锡安祥等大资本家所掌握,直接为他们服务。此外,商会还经常出面搞社交活动,凡路过下关的大军阀和国民党的大官吏,也是资本家之间争抢拉拢的对象。[①]

商会通过设立各种行规和法律来矫正工商弊端,维护市场的正常运转以及商会的利益。云南商务总会 1913 年 5 月组织成立的公断处,决定受理以下三类案件:(1)产生纠纷的一造属于工商业家;(2)各种纠纷如贷款、债务、合伙买卖或合伙租赁的企业合同、汇款和劳资纠纷等;(3)在未向司法机关起诉前或起诉后,两造愿意交办,或司法机关委托办理的案件。[②]

商会实现其社会价值的最主要方式是积极参加各种经济活动。商会的经济活动除了调控物资,还能稳定市场、规范交易秩序等。商业活动属于营利性行为,一些不法商人为牟取暴利,不择手段,倾轧同行同业,扰乱市场秩序。市面的稳定与否,会直接影响社会经济与商人的切身利益。为营造良好的经营环境,维护市场公平买卖,商会做了不少努力,尤其在战争期间,商会对不法商人的囤积居奇、哄抬物价、以次充好等行为进行抵制。例如,苍梧县市面上曾出现物价高涨粮食恐慌的严重问题,亟待平抑救济。苍梧县商会一方面严行取缔各商家囤积居奇以杜操纵,另一方面激励粮商采运接济并协助政府各机关组合逐日评定粮价,由是米价得以安定不致激涨。[③]

区域市场经济状况有时会出现低迷的窘境,商会一般会联系政府和

---

[①] 杨聪:《大理经济发展史稿》,云南民族出版社 1986 年版,第 231 页。
[②] 中国民主建国会云南省委员会、云南省工商业联合会编:《云南工商史料选辑》第 1 辑,云南新华印刷三厂 1988 年版,第 263 页。
[③] 谭肇毅:《抗战时期的广西经济》,广西师范大学出版社 2011 年版,第 135—137 页。

相关金融机构等帮助恢复市场经济,帮助商家渡过难关。商会在市场不景气的时候会查找问题并分析问题产生的原因,如是社会大环境影响的市场经济不景气,商会便会联合政府制定相应的经济政策来调动民众从商的积极性,如果是市场内个别商户扰乱市场秩序导致市场经济下行,商会就会根据行业规定对扰乱市场的商户进行惩罚。

> 本省此次金融枯窘,商场恐慌,原以特货疲软为主,因而大锡滞销,亦影响不浅。上年个旧大锡产销极旺,截至除夕日止,共出锡四十,少一张实为历年所罕有。上半年时局平静之际,行情□□□若干之关,继以水灾之□□□扰乱,遂致内外销场大为减少,而行市亦遂渐下顺出八千以上,跌至七千左右。迨至废历年近,因省中银根奇紧,各地锡市愈觉清淡,不惟平日专做上涨行情之粤商,不肯入手,即本帮交易亦极稀少,兼以各地银行当号纷纷停止抵押放款,一般存有大锡者,既无法出售,又乏卫抵押,市场紧张异常,数日之内锡价跌到七千以内,月息涨至五分以外,所有经营锡业者,莫不亏折吃苦,徒唤奈何。①
>
> 近闻该地商会鉴于此次锡市危机已伏,若不亟谋救济,更不知伊于胡底。特于新正初间,推派代表沈郁秋等八人联袂上省晋谒主座龙公及财农两厅长面陈该地商场之情形,请求省府拨出巨款贷给锡商,一面请求财政厅、农业厅分令兴文劝业银行增拨个地分当分行大宗款项,俾得充分经营大锡之抵押放款,以资救济而纾商困。闻各代表晋谒各方之后,结果尚佳一矣。省府会议酌定即可,成为事实云。又个旧通讯云,个旧缺乏救济金融机关,固每于银根奇窘之际,即苦无办法。近因废历年关,一时又呈金融恐慌之状态,县政府乃令铁路公司印发支票五十万元布告行使,并派代表郭绍聪、杨霈洲晋省向政府请求设法救济。②

---

① 《个旧商会代表晋省 请求政府拨款救济》,《云南新商报》1932年2月17日第3版。
② 《个旧商会代表晋省 请求政府拨款救济》,《云南新商报》1932年2月17日第3版。

云南商业市场有着严格的管理规定，以器具售卖为例，昆明售卖度量器具的商户必须申请相应的营业执照方可售卖，全市商业联合会作出统一规定，如没有按规定取得营业执照将被暂停售卖资格。1933年12月，昆明市商会和昆明市政府对规范市场上度量衡标准达成了一致："各书店兼售文具度器，应请领度量衡营业许可执照一案，早经呈奉实业部工字第二七八七号指令通行，并咨请查照办理在案，各该书店既应请领执照，即应遵照修正度量衡法施行细则第四十八条，度量衡法施行满一定期限后，不得制造或贩卖不合度量衡法及本细则规定之度量衡器，但期限未满前，其原有器具暂得使用办理，一俟当地宣布划一之后，自不得再贩卖不合法之度量衡器具。现查全国各省市区域早届划一而取缔输入度量衡器规则及输出度量衡器具特别检查规则，亦由本局拟订呈请实业部鉴核行将实施，是以兼售文具度器之商店及兼贩度量衡器之五金电料等店，似应限期领取执照，不得再应进英制度量衡器具，以昭划一而杜弊端，至其已进之英制器具，并应送由当地主管机关准予暂行登录，以资限制而示体恤。……市商会通告各同业公会派代表届时到会静听，若有意见，准予听讲后提出，面陈或以资而转呈。"①

1935年，云南商业市场不景气，相关政府管理部门召集商会商家了解市场情况，结合社会大环境的变动共商振商之计。1935年10月，昆明市商会与各同业公会会商达成补救的系列举措，并得到地方政府部门的支持。"今世界潮流险恶，社会受不景气之影响，经济日形恐慌，农村崩溃，工商业衰歇，省民经济亦日趋难窘，若不及早筹维补救之法，将来影响即陷于不可收拾之地步。本厅长外观大势，内察商情，则焉忧之。"②时任云南建设厅厅长张邦翰在参会时详细阐明了政府层面的认识："目前世界潮流险恶，社会受不景气之影响，经济日形恐慌，农村崩溃，工商业衰歇，省民经济日趋难窘，建设厅自实业厅归并以后，即拟着手筹商补救办法，其补救之方，厥惟明瞭不景气之所致，其原因事实如何，如治病

---

① 《贩卖度量衡器须遵照度量衡法请执照，不得贩卖不合法之器具》，《云南新商报》1933年12月31日第2版。
② 《建设厅张厅长亲临市商会演讲补救本省商业办法》，《云南新商报》1935年10月23日第2版。

者须先辨症，始可对症下药，又如舟在洋中，要有指南针，方不任其随波漂泊，以致沉覆。凡事人定胜天，须切实由本身能力支配，要从无办法中想出办法，则所受痛苦，即可解除，要解除云南工商业之不景气，挽救危机，须以组织各种合作社为前提，用旧社会之合作办法，推进新事业，以此新事业救济一切工商业之衰败原因，发展人民经济，救济任何方面，无异救济全体人民，一方面政府知道大家的困难，予以扶助，一方面人民自身明瞭互相需要，互相关系，然后来求严密之组织，求良好之办法，以使农村经济活动、省民经济活动做到藏富于民，使云南的工商业随着云南的山河发生异彩出来，才是我们的生机云。"①

云南省建设厅针对商会商户所陈述的市场现状与商务管理会共同商议使经济振奋之策，下定决心要将市场经济恢复，并承诺可上报中央共商补救之法。"把云南工商业之困苦向中央陈述，并向中央要求补助办法，若得中央之许可补助，则不胜幸甚。万一不能得到中央之补助，我们仍须自谋解决之方法，不存依赖之心理，而影响我们的前途。"② 当时人民生活困苦，个别不法商家企图破坏市场秩序来获取巨额私利，建设厅悉此情况之后严厉打击："我国近年以来，经济衰落，社会废颓，农村破产，商业停滞，工厂亏折，工人失业，不景气象日益显著，乃工商各界当此危亡之秋，不惟不努力奋勉，设法保全陈本，增加生产，开辟销路，以期扩大市场，解除痛苦困难，共趋繁荣大道，反而异想天开，专用种种奇怪方法大事铺张，招待顾客，在今日似此情形，不惟迹近欺诈，连带受害者，厥维农产品致使外货倾销，此后应即取缔此种欺诈方法，或用不正当手段互相倾轧情事，以维商业道德。建设厅令后，当即转令昆明市商会、昆明市政府饬即遵办，随时注意取缔，以维商业。"③

商会的职责为"联络工商感情、研究工商学术、扩张工商事务以巩

---

① 《张厅长西林昨日在市商会演讲，补救本省工商业之办法须以组织各种合作社为前提》，《云南新商报》1935 年 10 月 24 日第 2 版。

② 《张厅长西林昨日在市商会演讲，补救本省工商业之办法须以组织各种合作社为前提》，《云南新商报》1935 年 10 月 24 日第 2 版。

③ 《取缔商店欺诈手段，以维商业道德，建设厅转令市商会遵办》，《云南新商报》1936 年 3 月 16 日第 2 版。

固商权"①。为了更好管理市场,云南各地商会在国民政府辖属部门(如国民参政会经济动员策进会滇黔区办事处、限价会等)的协作下制定并颁布了一系列条例和规则来规范市场行为:"一、关于平定物价工资一切设施之协助;二、关于平定物价与工资业务之研究,并设其改进;三、关于增加生产与节约消费之促进与宣传;四、关于战时生活之推动;五、关于公债储备及征收实物之协助;六、关于增进税收改革,便利运输,实施粮政之协助;七、关于推行兵役及改进役政之协助,关系抗战军人家属之协进;八、关于推行工役之协助及义务劳动之提倡;九、关于禁止走私与取缔暴利之协助;十、关于推行战时经济法令之考核;十一、关于总动员法令推行中一切舞弊情事之考察;十二、其他关于推行战时经济法令,由政府特别委托之事项,均系按照蒋委员长在第三届参政会开会词中所提示之四项最切要的措施及加强管制物价方案的十项方针。"②限价会执行处主任陆崇仁认为:"希冀以政治力量取缔黑市,以经济力量调剂供求,庶不致黑市湮没标价,市民尽有缺,继由市商会理事长严燮成致词,略谓十五日起实行限价,八大业均将照标价售货,商会及同业公会已推定检查人,如有高抬取缔处罚菜市亦派员检查人员,明日一律出动,绝可推行有效。至于行之久远,则仍须多方顾及,管制囤积行为与大量游资亦甚必要,常言多财善贾,长袖善舞,全盘物价管制固不限于门市商也。"③

云南省商会联合会与昆明市商会也达成共识,共同维护市场秩序。"省商会联合会及昆明市商会为领导全市商人积极遵行限价起见,前日召集全市百余同业公会负责人举行宣传大会,又为使全市商民彻底明了政府德意,并切实了解及遵照限价办法起见,复于昨日分派两会理监事执监委员并各科重要职员,分别领导规定标价之各公会,召集各该业商店会员举行宣传大会,进行宣传指导,计有米粮、燃料、油等业,均在商会举行,其余纱盐纸布肉糖等业,则各在该会举行,并于今日刊布公

---

① 《限价今日起实行》,《中央日报》1943年1月15日第3版。
② 《限价今日起实行》,《中央日报》1943年1月15日第3版。
③ 《限价今日起实行》,《中央日报》1943年1月15日第3版。

告及于各通衢遍贴标语,暨派员分往市区演讲,并分别严密纠察,藉广宣传,而利进行。"① 商会存在的一大职责就是维护市场的秩序,规范市场使经济平稳运营。为此,商会采用工商登记和限制相关特殊商品的举措来规范市场主体。

昆明市商会还规定了商店营业时间、募集空袭善后捐款,并着手办理全市工商业总登记。"一、决定本市各商店开业时间,以期一划案,议决决定每日午后三时开业,午后十时休息,至药材业、食馆业等及有关日用必需各业,不在规定之例,仍须终日开业;二、提议准昆明市县空袭联合办事处函,请募集捐款国币十五万元,究应如何办理,以期完善,请公决案,议决由会分函各业公会及富商巨贾,按照议决分配数目热心踊跃劝募,并由会分配数目,即请各业主席常委,切实负责办理。"②

不论是国内贸易还是国际贸易,云南省总商会和昆明市商会对于商品的运输流通和储存分散都有着清晰的章则规定,关于商铺的开通和关闭商会都有着清楚的记录,工商业市场规章制度的一步步完善使得市场的运行有一套更加完备的保障规则。此外,针对少部分奸猾商家私囤货物来恶意抬高物价、扰乱市场秩序的现象,昆明市商会通过调整人事关系、运货通道等方式对私自运货私自囤货的商家极力整顿、打击市场的不规范行为。"一、组织昆明市各业商品疏散执行委员会,即以各业公会现任执监委员担任委员,并由市商会督促办理;二、以少数货品留存市内,应付门市,以多数货品赶速疏散郊外,或各县存储为原则;三、一切大量或重要货品,由九日起陆续疏散,最迟限至八月底疏散完毕;四、凡属疏散货品,诚恐海关税局留难,由会转函防空疏散委员会函知海关税局,以最简单手续查验放行。上列四项,均经一致通过。"③ "市商会对滇越货运将请政府统一办理,禁止各商号私卖车兜,期于短期间运尽存货。昆明市商会,自改选以后,各部人员皆感今后责任重大,对于会

---

① 《限价今日起实行》,《中央日报》1943 年 1 月 15 日第 3 版。
② 《规定商店营业时间》,《中央日报》1939 年 5 月 31 日第 4 版。
③ 《办法四项》,《中央日报》1939 年 8 月 11 日第 3 版。

务发展极力整顿，人事上亦求其调整，俾得应付环境。记者昨访该会主席严爕成，据谈：该会近日最重要工作，即运问题，近来昆明物价上涨，推其原因，货运问题其主，尤以各商号存货达十万件，共两千多兜。自滇越货运中断后，各商会皆力谋抢运，不惜牺牲竞卖车兜，致使铁路员工及运输公司得以乘机从中取利，刻下每兜货须花运动手续费达五千五百元越币之巨，不特牺牲重大，且影响物价之高涨。该会为求根本解决计，已商定统一办法，禁止各商私自竞卖车兜，并由商会呈请政府统一办理，全体商号以整齐一致之步伐，共同努力解决，统一办法如实行后，全部存货可于两个月内全部运出。"①

民国时期，滇西北和滇西南地区的商会组织在地方市场运行中发挥了不可替代的作用，较为突出的是永胜县商会和思茅地区各县商会。

由于永胜地处凉山到内地的交通要道，民国初年商业发展较快，大理人到永胜经商的较多，在城内钟鼓楼东侧巷内修建了一院会馆，叫"太和会馆"。大理人来永胜经商的都住此地。1915年，永胜县商会成立，是由工商界联合产生的群众性组织。采取推选、投票方式产生会长一人，常务理事四人，监事四人。第一届选举大理回族人杜绍武任会长。每届任期四年，继任的有杨庆恩、聂舜琴、周永甫、吕世彦、聂懋侯、周鸿基、罗明斋和杜应文，以后还有蒋荣昌、万有德。商会设一个牲畜经纪人，俗称"牙子"，备有大秤一支，作买卖方交易的公秤。牙子、公秤的收费，承包上交一部分给商会做办公费和文书、工友的工资以及开会、调解时的烟茶费用。② 起初，商会只是协调外地和本地商业发生的纠葛、争端事宜。为了工商业对外贸易的发展，1919年由第二届会长杨庆恩、聂舜琴筹办第一次永胜县骡马大会（物资交流会），地点在西关坪，时间定在旧历九月初五到十五共11天。以售彩票的办法筹资，中彩的奖、不中彩的不还本，作为功德捐献为骡马会筹办费。骡马大会主要进行两项活动：第一，以骡马交易为主的土特产物资交流。永北的凉

---

① 《将请政府统一办理》，《中央日报》1940年8月3日第4版。
② 政协永胜县文史资料委员会编：《永胜文史资料》第1辑，政协永胜县文史资料委员会1989年版，第108页。

山马以能驮重、善爬山出名，交易很旺盛。第二，进行跑马比赛。每届于九月九日这天赛马，场划一圆道，周长约一公里；共跑三圈，取一等奖二名，各奖大银牌一面；二等奖四名，各奖小银牌一面；三等奖八名，各奖红绸一段。第一次举行就非常热闹，以后每年都照例举行。第二年的骡马会是按经营额千分之三收地皮费，还经云南省财政厅批准，由县税局在会期税款中拨1%给商会，再在会场设赌场，摆赌抽头，以此三项作为骡马会的资金主源。① 从商会的成立到终止，永胜的商业已从经营土杂发展到有四条（布匹）、号铺（百货），永胜瓷器也出口到缅甸等国家。交流会期间的骡马交易量已从几百头发展到1000多头。1943年在抗日战争的紧要关头，永胜商会响应国家和省府的号召，发动"七·七"抗日救国募捐，积极向县城各工商户募捐，筹集得镍币7200元（能买洋纱二驮），如数上缴县党部，并出榜公布捐款名单，群众很满意。1944年又募捐了一万元，对抗日救国尽到了"匹夫有责"的义务。②

民国时期，思茅地区各县奉命建立商会。思茅地区各县商会的职责是："维持市面商情，调解商民纠纷，管理度量衡器，抽收会费。"商会会长一般由当地有声望的士绅或富商大贾充任。商会建立以后，对商业发展有一定促进作用，因受官府干预和富豪士绅的影响，商会的实际作用有限，不能完全按其目的、宗旨、职责开展活动，仅能调解一般商民纠纷，检查度量衡器使用，收取会费等。墨江县商会建立后，一是对县城工商业进行管理，收取会费；二是调解工商之间纠纷，收取调解费；三是设置公秤、公斗、公壶（量酒用）供众人使用，收取秤、斗、壹捐；四是设置桌、椅、锅、碗、盆等，供众人举办婚丧宴席之用，收取租用费。这些收费除作房屋修葺和会务活动（包括每年农历三月十五日会员集会聚餐）外，其余开支勤杂人员工资。③

---

① 政协永胜县文史资料委员会编：《永胜文史资料》第1辑，政协永胜县文史资料委员会1989年版，第110页。
② 政协永胜县文史资料委员会编：《永胜文史资料》第1辑，政协永胜县文史资料委员会1989年版，第108—111页。
③ 张寿年等：《思茅地区商业志》，云南人民出版社1994年版，第216—218页。

表 3-1　　　　　　　思茅地区各县商会设立情况一览

| 商会名称 | 建立时间 | 备注 |
| --- | --- | --- |
| 他郎县商会 | 1913 年 | 1915 年更名墨江商会 |
| 宁洱县商会 | 1921 年 | |
| 景东县商会 | 1924 年 | 不久倒闭 |
| 思茅县商会 | 1928 年 | 复建 |
| 猛烈行政区商会 | 1928 年 | 次年设县更名江城商会 |
| 景谷县商会 | 1937 年 | |

景谷县商会建立后，为使商民买卖公道，以防作假，设立公秤局。规定商民使用秤衡，除以脊毫秤称茶外，其余各物概以面毫秤衡使用；凡在景谷境内经商，无论来自何地，所经营计重货物，均须到公秤局过秤，向货主抽捐。① 宁洱县商会建立后，主要管理度量衡器的使用和调解商民纠纷。商民使用度量衡器，都以商会度量衡器为准，若发现商民使用不符合规定的度量衡器，商会有权没收、销毁。其度一般所指即尺子，统称市尺。依行业不同，分作律用尺、营造尺、布尺三种。律用尺也称法定尺；营造尺又称木尺、工尺、鲁班尺；布尺又称裁尺、衣工尺。坐商通用布尺，比裁缝衣工尺约短 2 厘米。虽然裁缝与商户因用尺不同常有争执，甚至发生商户折断裁缝尺子，却未见商会过问干预。一般所用量器是斗与京打。1 京打相当于 1 市斤（指量米而言），3 京打为 1 升，10 升为 1 斗，市面所用，皆斗与京打，升子很少使用。衡即秤与戥子，秤的计量单位是斤、两、钱、分，戥子计量单位是两、钱、分、厘、毫、丝、忽。戥子分为两种：一是"广戥"，衡两、钱、分、厘、毫；二是"分金戥"，衡钱分厘、砻、丝、忽。1 斤有 16 两，两以下是十进位。凡经商会过秤商品，均由商会据实刷上"码子"，买卖双方讲价成交，即照"码子"标明重量付钱结账。"码子"既非汉字，也非阿拉伯数字，商界通称"汉码子"（壹贰叁肆伍陆柒捌玖拾），如 175 斤写作壹佰柒拾

---

① 张寿年等：《思茅地区商业志》，云南人民出版社 1994 年版，第 216—218 页。

伍斤。①

广西地区各地商会为了保证商业的发展，每遇到市面危机商会都尽力维持市场秩序的正常运行，发挥了重要的调节作用，主要运用金融和组织手段，维持市场机制，缓和金融危机和平抑物价。广西金融市场在20世纪20年代极为混乱，各国外币、广东货币、本地货币同时流通。商会在1926年推动了广西造币厂设立，搭铸西豪（当时广西地方的货币名称），减少金融的混乱和对广东金融市场的依赖性。1929年因政权更迭，桂钞不通用了，商会便把这些桂钞在旧商会封存，一千元一扎，由商会加盖印章作公证，各自拿回去，经过一年多，到李白黄统治又发行新桂钞时，商会与广西当局交涉，以50%的比价收回，尽量减少商人的损失。② 除了在经济上的调节，商会在平时的商品交易和商家纠纷方面也发挥着重要的作用。部分奸猾商家会为了自己的私利和同行之间采取恶意竞争的方式，这就违反了市场公平竞争的原则，破坏了市场秩序，商家在起矛盾的时候商会便会从中进行调和，来主持市场公道。

为了加强各商会之间的联系和规范市场交易，桂商联会函请粤桂商会加强联系。"市商会现接广西省商联会函，以桂粤唇齿相依，关于两省劫后商场，亟应取密切联络，以谋复兴，今后应如何规复商场繁荣，加强工商联系，以期复兴粤桂商业。"③ 广西省内各地之间的商会是互相联系的，桂林商会和梧州商会在发生金融性的市场问题时会互相支持、帮助渡过难关。各商会之间互相帮助，加强工商业之间的联系并致力于共同维护好市场的发展，并进一步推动整个广西地区的经济运行。

## 第二节 商会与地域行业的发展

### 一 滇商会与云南近代工矿业的发展

云南商会在云南实业的发展中起着重要的推动作用。在实业发展的

---

① 张寿年等：《思茅地区商业志》，云南人民出版社1994年版，第216—218页。
② 廖建夏：《商会与近代梧州的市场发育》，《经济与社会发展》2004年第11期。
③ 《梧州商会救济市场》，《南宁民国日报》1936年8月18日第6版。

过程中，农业、金融、垦殖从业人数较多，而矿业作为一种重要的战略资源却少有人关注开发。华侨是云南经济社会发展中一支不可忽视的力量。抗战时期，为了有效引导华侨回国投资兴办实业，云南省商会联合会认识到："旅外侨胞为谋祖国实业之发展，投资于农矿工商、金融、垦殖及其他事业者为数甚众，自太平洋战争爆发后，尤欲资内经营各种企业。本会为知道侨胞投资途径，极应调查侨胞过去在国内经营事业之状况与成败之原因，编制统计，以资参考。"① 商会引导华侨商人胡文虎②等人开发云南的矿产资源，发展矿业。

华侨商人胡文虎积极投身到发展云南实业的浪潮中，组织华侨实业公司，投入大量资本，开发本省矿产。"华侨巨子胡文虎以云南为抗战后方重镇，生产实业，亟待开发，前经派参政员胡兆祥代表莅滇考察，并晋谒本省当轴，以示敬意，龙主席极表欢迎，并嘱从速鼓励华侨回国投资开发富源，以裕国富。兹悉胡兆祥返港复命后，当将主席德意转达，昨日虎标永安堂滇行经理胡炽基得接胡兆祥由港来电，胡文虎等决定在滇组织华侨实业公司，预定资本国币五千万元，派胡兆祥、黄强、蔡咸章等日内由港来滇与当局商洽一切，并着手积极筹备。此诚为吾滇实业前途放一异彩云。"③ 1938年10月，胡文虎已派代表胡兆祥、蔡咸章到云南，与地方当局洽商相关事宜。到11月，对于开发滇省矿产的事宜已基本磋商妥就，"胡文虎以滇省宝藏丰富，曾与该省府龙主席往返磋商，决定由南洋侨胞集资五千万开发云南，以增持久抗战之资源，开发步骤先从垦殖矿产着手，以后再从事森林及其他工业。关于垦殖区域与采矿地带，已商得滇省府同意，极端表示欢迎，且已指定适当开发地点。现

---

① 《进出口业（1943至1945年）侨民回国援资各种事业调查表及调查经过》，1945年，昆明市档案馆，全宗号：32—25—202。

② 胡文虎（1882—1954年），南洋著名华侨企业家、报业家和慈善家，被称为南洋华侨传奇人物。1932年，他把永安堂总行从新加坡迁到香港，并在广州、汕头建制药厂，并先后在厦门、福州、上海、天津、桂林、梧州、重庆、昆明、贵阳、澳门、台湾等以及暹罗（即今泰国）的曼谷，荷属东印度（即今印度尼西亚）的吧城、泗水、棉兰等地设立分行，市场扩展到中国东南沿海以及西南内地。日本经济学家游仲勋著的《东南亚华侨经济简论》一书中，高度评价了胡文虎的产业规模，称其为涉及"银行、保险、制药、报纸等多种行业企业的财团"。

③ 《华侨巨子胡文虎将在滇组织华侨实业公司》，《云南新商报》1938年9月27日第2版。

胡氏在新加坡已派冶矿专家若干人赴滇调查，彼等现已抵港，下月五日可到昆，顷接胡电，待磋商此事，余备召开股东大会，讨论公司内部组织及一切开办事宜，务须此项工作早日实现，而为建设西南之基础"①。在云南矿产资源开发初期，政府曾派矿产专家进行整体的评估之后商议进行开发。在云南的十多种主要矿产中，大锡的产量位居前三，以大锡为例，20世纪30年代大锡的冶炼技术得到突破之后，在产量上有了极大的突破，受国际战争的影响，大锡的价格也有了一定的提高，大锡的出口成为云南财政的主要收入。这一时期大锡被视为关系云南发展兴衰的资源，正如钟崇敏在《云南之贸易》一书中所述："本省出口之贸易，胥唯锡业是赖，出口贸易之盛衰，全视其出口之兴衰为转移……无怪本省对外贸易，视锡为生命线也。"② 由此可见，大锡产业的发展为抗日战争期间云南的经济发展奠定了重要的物质基础。

抗战期间，由于国民党中央政府对云南经济所实行的统制政策，使战时民营工业遭到不同程度的打击而普遍呈现衰落。如个旧地区的民营矿业在1938年约有5000户，矿工达10万多人，但到1944年，其已仅剩440户，矿工则已不足2000人。③ 当然，对个旧大锡生产面临的困难，个旧商会也予以积极救济，"据县属厂炉铣号商民到会声称，查大锡跟单一项照政府原日规定促跟五赊，今则增至七赊，致商人损失益多，又跟水汇率，原日规定促照市汇减五百元，今市率为一四六，而银行牌价则为一二五，覆受亏二万有奇，重重损失，实难负荷，且上指损失直接虽由客籍号当之，实际仍是生产者担负，当此前方抗战，后方应注重经济建设之秋，而本省所恃税收，唯此锡产为大若，使厂民等长此受损，势必生产无力，则于国计民生不无相当影响，拟恳钧会代为转恳政府俯赐救济，仍一并准照原日成案办理，俾恤商艰"④。面对种种情况，1944年，云南省商联会在全国工业协会规定的指导下，以分会会员的资格制定了云南工业协会分会章程，其中明确指出了"本会之任务：①促进全

---

① 《胡文虎决定由南洋侨胞集资开发本省矿产》，《云南新商报》1938年11月5日第2版。
② 杨寿川：《抗战时期的云南矿业》，《云南社会科学》1995年第6期。
③ 《个旧矿业普遍之衰落》，《云南日报》1944年3月17日。
④ 《云南省政府训令》（第四三六号），《云南实业司公报》1939年第2期。

国工业化；②促成产品标准化；③促进工业金融之发展；④劳工福利之增进；⑤事业保险及必要统计之推行；⑥工矿之调查、统计及编纂；⑦技工劳工补习教育之办理；⑧工矿展览之举办；⑨请求政府对生产事业之维护"①。由此表明，在抗战后期，云南商会此举与南京国民政府制定的社会经济发展战略是相互弥合的。

抗战时期为了促进工业的发展，云南商会一方面对生产发展困难的个旧锡业进行经济上的援助，另一方面明确指出了云南工业发展的前景目标。从工业行业来看，民族资本所投资的企业大部分在火柴、肥皂、制茶等民用工业中，而且在抗战前期的一段时间内，行业的生产技术在一定程度上也得到了提高，这是行业在战争这种恶劣的环境中仍然能够生存下去的原因之一。实业的发展能够带动云南的经济，能够维持战争中云南的支出，因此在抗战时期除了服务云南本地企业的发展，商会也积极接洽省外来滇投资的商人，意在推动云南实业的发展。

在抗战时期，沿海一带的商人、企业家内迁云南，云南各县市商会和省商联会的领导人予以积极接洽，这些内迁商人和企业对云南商业和企业的发展起到了重要的推动作用，比较突出的诸如虞洽卿、卢绪章等人，尤其是宁波商人涉足较多。1931年的"九·一八"事变后，方液仙、王性尧在昆明创办中国国货公司，积极推销国货。抗战期间，鄞县下应河西村人应德祥在昆明与人合股在护国路开办华昌西服店。奉化商人经营的李顺昌西服号在昆明有分号设立，开拓了云南的服装市场。李宗标的升昌服装店在昆明也有分店，仇承甫在昆明从事过服装业。为使重庆获得抗日物资，虞洽卿在昆明创办运输公司。当时，沿海港口大都被封锁，滇缅公路成为我国唯一的出海陆路通道。虞洽卿在香港购买一批福特汽车，由仰光经昆明到达重庆，投入运输，抢运抗战物资。他与云南的缪云台合作设立"三北运输公司"，并亲自押车，往往是颠簸十几天才能完成运输任务，从而购得大批廉价的物资，既有日用百货，也有国内迫切需要的汽车零部件和五金，有力地支援了抗日战争。② 抗战

---

① 《云南工业协会分会章程》，1944年，昆明市档案馆，全宗号：32—25—124。
② 乐承耀：《近代宁波商人与社会经济》，人民出版社2007年版，第243页。

期间，服装店、运输公司等民营企业的创办对云南的商业发展起着重要的推动作用，省外商人中以沿海商人为主的投资人在云南的投资不仅推动了云南企业的发展，一定程度上还为云南的抗战工作提供了帮助。

值得一提的是镇海人卢绪章设立的广大华行昆明分行。由于抗日战争爆发，国民党政府内迁西南，上海许多工厂、机关、学校迁到昆明等西南大后方，全国各地到昆明开设诊所和医药商店的商人日益增多。这对广大华行经营西药和医疗器械销售而言是个极好的商机，在大西南后方设立据点，把地点选在昆明，因为昆明有海外通道，经中国香港、越南海防都可以畅通，不会因战事中断交通。如果设点成功，可以从上海发运货源至昆明销售，利润会比在上海搞邮寄业务更好。1938年春，卢绪章派田鸣皋和郑栋林经香港到达昆明，积极筹建广大华行昆明分行。在卢绪章配合下，田鸣皋、郑栋林与昆明惠诚公司、元利行、公兴昌五金号、上海海普制药厂、中华医疗器械公司、英商伊文思药厂、美商雅培药厂、英商依尔福化药厂和美商科发药厂等企业发展了良好的代理业务合作关系，又吸引了惠诚公司的1万元投资，使广大华行昆明分行有更多的周转资金，还和一些客商建立了销售合作关系。1938年1月28日，广大华行昆明分行经理田鸣皋返回上海。1938年12月24日，卢绪章又调张承利到广大华行昆明分行负责财务工作并任协理，主持昆明分行的日常业务工作。由于国民党政府的迁移而繁荣起来的医疗行业抓住市场机遇，在医药的市场份额、企业管理等方面都有了很大的竞争优势。此外，抗战时期商会在医药行业的相关活动一定程度上也为我党的革命事业提供了多方面的机遇。卢绪章在昆明创办的企业抓住了市场机遇，在药品销售和医疗器械的售卖方面占有很大的市场份额，为我党在昆明占据了一个重要据点，方便我党开展活动。

正是由于卢绪章等人的努力，广大华行昆明分行在特殊的国内局势变幻中抓住了有利的商机，发展很快，到1939年7月，职工人数由开始时的六七人扩大到20多人，并且设立了运输部、西药部。昆明分行开办头两年，业务发展很快，在昆明广泛推销西药、医疗器械、药棉纱布、化学原料等商品，在昆明的十几家同业中，已挤入中型企业，营业额不断上升，赚了不少钱，为我党提供了活动经费。卢绪章先后结识了国民

/ 第三章　西南地区近代商会的经济治理 / 197

党的重要人物，诸如中央储蓄会昆明分会经理张军光、昆明市市长裴存藩以及云南省商联会会长严燮成、昆明市商会会长周润苍及当地金融界的一些头面人物，使广大华行作为共产党的秘密机构在后方建立了一个重要据点，提供了有利的掩护条件和社会基础。①

此外，云南各地区各行业的发展在商会的组织带动下呈现出繁盛一时的景象。

1939年，思茅地区由商会出面，拟行业划分，分别组织成立同业公会，商会与同业公会一般没有领属关系，只存在经费关系。有的地方，同业公会大于商会。例如宁洱县石膏井盐业公会，熬盐灶户多，财大势众商户较少，商会仰赖于盐业公会。思茅县有茶业公会、百货业公会、盐酱业公会、粮食业公会、中西医药业公会、金属品冶制业公会、棉纺业公会、制革业公会、木业公会、食馆业公会、成衣业公会；宁洱县有盐业公会、马店业公会、五金业公会、木业公会、成衣业公会、屠宰业公会、中药业公会、杂货业公会；墨江县有旅店业公会、盐业公会、国药业公会、杂货业公会；景东县有糖业公会、百货业公会、缝纫业公会、旅店业公会、药材业公会、厨食业公会；景谷县有茶业公会、屠宰业公会、制革业公会、食馆业公会、缝衣业公会、染业公会。②

个旧锡矿，闻名全世界，因受运输不便及采矿工人离业等影响，发展不景气。云南省商联会根据个旧商人代表提议，议定原则六点："一、请政府继续收购个锡；二、请改善收购价格；三、请尽量供给必需品，平价售给；四、请增加大量利低贷款；五、要求改善营业所得利益税率；六、收购之后，应请立刻付款，勿予拖延。"③ 关于税率及收税机关，也通过了四个提案："一是请印发税率及缴纳章则，交各县商会转知各商遵行；二是对过分利得税、营业税请求修改；三是请海关改善报关办法；四是十属县商会对县属直接税等机关不满，请主管官署注意。其他有二案关于改善及振兴商业办法，也有二案是请改善商车及火车运输办法。

---

① 乐承耀：《近代宁波商人与社会经济》，人民出版社2007年版，第244—245页。
② 张寿年等：《思茅地区商业志》，云南人民出版社1994年版，第216—218页。
③ 《管制物价方案》，《中央日报·扫荡报》（联合版）1942年11月24日第6版。

统观所有的提案，这次大会之中，对开会的目的之一'谋本身利益之保障'是做到了，而'协助政府发展商业、调剂供求、平抑物价、安定民生'等工作，似乎差得太远。"①

保山地区大商号主要集中在腾冲，主要商品有花、纱、布、珠宝玉器、鸦片等。②在第一次世界大战中，由于面临帝国主义的经济掠夺和本国封建势力的压迫，一些行业为了保全自身的发展不得不加入商会。新加入的行帮，不少是新兴行业，例如：照相、钟表等；有的是来昆明新开店铺或做批发生意的省外客帮和省内商帮，省外如北京帮、福建帮、成都帮，省内如通海帮、玉溪帮、泸西帮等；也有的是因业务发展，大帮划分为小帮，如迤西帮划分为腾越帮、大理喜洲帮、鹤庆帮，迤东帮划分为昭通帮、曲靖帮，迤南帮划分为临安帮、蒙自帮、思茅帮等。③战争期间行业发展困难，一些服务性行业更是生存困难，只能加入商会谋求生存。"一战"结束之后唐继尧当局不再禁止鸦片的种植销售，很多商家纷纷开始做鸦片生意，由于国内市场对鸦片需求量大再加上云南的特殊地理位置，云南的鸦片市场相比国内其他省市更火爆，从事鸦片贸易的商家获取了大量的利润。④可见，云南民族地区部分商会的兴衰与鸦片贸易直接关联。

## 二 商会与滇桂两省"云土"贸易及次生行业的兴衰

### （一）滇桂"云土"贸易的兴衰

广西因在地理上与广东紧密相连，为粤商势力所深入。此外，广西为贸易入超省份，对外币需要多，而外省需要桂币则少。桂币对外省既无偿债能力，自然不为商民所欢迎，广东金融势力的入侵也就成为必然的结果。另外，鸦片贸易在广西商业上占有重要地位。它的兴衰足以决

---

① 《管制物价方案》，《中央日报·扫荡报》（联合版）1942年11月24日第6版。
② 肖正伟：《保山通史概要》，云南大学出版社2014年版，第277—278页。
③ 中国民主建国会云南省委员会、云南省工商业联合会编：《云南工商史料选辑》第1辑，云南新华印刷三厂1988年版，第222页。
④ 中国民主建国会云南省委员会、云南省工商业联合会编：《云南工商史料选辑》第1辑，云南新华印刷三厂1988年版，第223页。

定滇桂两省商场的荣枯。当时，云贵两省为中国著名的产烟地区，广西是云贵两省鸦片运销广东及香港、澳门、广州湾必经的道路。梧州为云贵部分客货出入的转口码头，云贵商人从本省输出鸦片，然后在这里交换洋货、布匹回去。鸦片贸易繁盛，广西市场会因此而发展，金融也随之而活跃，反之则商场萧条，金融呆滞。可见，广西商业的发展在很大程度上是建立在鸦片贸易的基础上。毫无疑问，特货行（即鸦片经营者）是广西商业的巨擘，其资金之雄厚，经营规模之大，绝非他行所能比，甚至广西的两大商埠，即梧州与南宁的金融机关——银钱业，亦以特货行为营业的主要对象，其存放款大半为特货业所独占。[1] 广西的商品市场上外省商人的影响力很大，主要有广东、贵州、湖南等外地的商人来广西从事商业活动。在外来商人进入云南之后不可避免地就将外省商品或者经外省流转的进口商品带到广西，尤其是广东地区许多外来的商品就流转到了广西。

在财政收入上，清代时期广西还是依赖湘粤协饷的省份，民国以后虽努力建设，经济得到一些发展，但还是属于较穷的省份，抗战前税赋来源的主流是一些灰色领域。如1932年年初，广西省政府派专员与云南昆明市商会协商订立《云土运桂办法》，规定滇商烟土一入桂省，即由桂方负保护全责，桂省应对税率特别优惠；且遇销市疲软时，可先向广西银行押借款项作周转金。该项办法实施后，云南取道广西运往广东的鸦片源源不断进入广西。黔土入桂，亦采取了类似的"协商"办法。据广西财政厅的决算收入报告，是年广西"禁烟罚金"（鸦片过境税）高达1484.4万元，几乎占当年广西财政收入3100万元的一半。抗战爆发后，由于广西地处战时西南大后方，桂南战事对大部分地区并未直接影响，外省工商业和大量人口的临时转移以及政府战时经济的统筹安排，为广西经济建设提供了许多机会。广西的饷捐、营业税明显增加，超过了禁烟罚金的收入。[2] 广东作为最早对外开放的城市，外来进口的货物主要是通过广东流向其他省市的，所以说广东商业的发展和其他省市相

---

[1] 钟文典：《20世纪30年代的广西》，广西师范大学出版社1993年版，第385—386页。
[2] 余俊：《民国时期广西地方自治实施研究》，人民出版社2015年版，第198页。

比有很大优势。由于广西与广东在地理位置上的特殊性，许多广东商人来广西创办商号投资办厂，一定程度上带动了广西商业的发展。除了外省商人来广西创办商号促进了广西经济的发展，在商业上，广西本土的鸦片贸易也有着十分重要的地位。云南鸦片贸易活动繁荣，由于云南和广西两省位置的关系，鸦片贸易在广西商业上也占有巨大的市场，几乎关乎着广西商业的繁荣衰败。

对外贸易直接关乎广西省的财政收入，其中烟税的收入占到了全省财政收入的三分之一以上。广西当时是云贵烟土销往粤港必经之路。新桂系厉行禁毒禁烟，实行的办法是"寓禁于征"，即征收高额罚金，允许烟土流运。这样的做法有负面作用，即吸食鸦片者越来越多，1936—1940年全省烟民登记者就达30余万人，烟税收入大大增加，1934年"禁烟"收入1375万元，占当年全省地方总收入的千分之五。这是一项有争议的政策，可以说是新桂系在困难重重、支出浩繁情况下的不得已之举。[1]

（二）商会与芦圩地方次生行业的繁兴

芦圩，是广西历史上南北陆路交通的咽喉。宾阳手工业兴起较早，所以，芦圩在很早以前就成为广西省内较大的货物集散地，清末民初是广西四大圩镇之一。光绪年间，随着广州、梧州、南宁、龙州相继作为通商口岸，洋货大量涌进，棉纱、布匹、杂货等商品经过芦圩远销宜山、百色、贵州、云南等地。云南、贵州以及邻县的土特产也经芦圩运销广东各埠和港澳地区。芦圩有些街道也因专营某种货物而名，如碗行街、盐行街、油行街等。[2] 芦圩对各种货物吞吐量很大。仅以油类为例，抗战胜利后，芦圩经营油类的油庄就有63间，每圩上市量达300—400担，一年有5万多担油从芦圩运出。这些油料除本县和邻近上林、来宾等县农民挑来芦圩销售外，大部分是从马山、都安等地收购运经芦圩中转出口。

光绪年间，芦圩商会已具雏形，更名为广宁堂。1922年定名为芦圩

---

[1] 曾凡贞：《民国时期广西县政改革研究》，广西人民出版社2014年版，第387页。
[2] 黄德俊：《桂西文史（1911—1937）》第2卷，广西人民出版社1996年版，第284—285页。

商会。芦圩商业最兴旺时期，商店有480多家，从业人员2000多人。有的专营一业，有的以一业为主兼营多业。卓均记、荣昌隆、蓝少秀、永昌隆、成泰号等庄，资本雄厚，每家都有120条棉纱（1条40股）以上。有的还在南宁、梧州、柳州、桂林、长沙、衡阳、广州设有分支机构或常驻人员，以便了解行情，掌握信息。芦圩市场价格的涨落往往由他们操纵，如棉纱市场，就是掌握在卓均记手中，"双马""地球"等名牌棉纱，他们以低价收购，高价抛出，或当其得知纱价将涨时，故意低价拍卖一些棉纱，暗中叫随从代购，其他商人不懂内情，也跟着低价出售，他们便叫随从将其他商人低价出卖的棉纱购过来，然后把价格提高出售，从中牟利，一些同行常被他们搞得叫苦不迭。①

1922年芦圩商会成立后，各种商会相继成立，如盐业商会、油业同业商会、杂货同业商会、国药同业商会、卷烟同业商会、土布同业商会等。与此同时，经纪、兑换、饷押（当铺）也分别出现在热闹的街道。兑换摊在芦圩有十多处，多为新宾张姓、曾姓人家经营。市场上使用的货币种类繁杂，又没有统一的兑换比率。②银匠摊往往和兑换摊相邻，银匠多为兑换摊老板的亲属或邻里，所以银匠摊的原料来源很充足。然而，私营兑换业和与之依存的银匠摊于新中国成立后绝迹。③

驮卢镇，宋代设圩市。明代旅行家徐霞客称之为"百家之市"。民国时期，商业颇盛。全镇30多家商户。驮卢镇西北陆路可通雷平、养利、龙茗、天等、靖西等县，水路上至龙州，下达南宁、梧州、广州，是桂西南各县土特产的集散地和人民生活必需品的贸易集镇，素有"小南宁"之称。其集贸市场的繁荣，除了与地理社会环境有关之外，还与驮卢商会有着密切的联系。④驮卢商会成立于1912年。商会设有正副会长、文牍、书记、听役各1人，会员数十人。会长及其他工作人员均由商家会员推选出来担任，先后任会长的有：张翼南、杜和廷、荣祥禄、张元辉等，他们都是镇上的巨商贾头。商会的主要工作是搞好市场的建

---

① 黄德俊：《桂西文史（1911—1937）》第2卷，广西人民出版社1996年版，第285—286页。
② 黄德俊：《桂西文史（1911—1937）》第2卷，广西人民出版社1996年版，第286页。
③ 黄德俊：《桂西文史（1911—1937）》第2卷，广西人民出版社1996年版，第287页。
④ 黄德俊：《桂西文史（1911—1937）》第2卷，广西人民出版社1996年版，第288—289页。

设和管理；保护商家的生命财产，防止外来势力的侵犯；帮助商家搞好进出口货物的经营和管理，在买卖或经济上发生争端时，出面调解。商会每年经费有2600元光洋左右，来源于各会员缴纳及抽纳货物彩金（如商户有100斤红瓜子就抽4毫东银）。商会的资金主要用在会长、文牍、书记的薪膳、听役的伙食费、接待外来官员等各项活动费用。商会在镇上设4个局（即东、南、西、北局），各局在街头筑有炮楼，每局有带枪练勇十余人，由练头带队，专门保卫圩场和防止外来的扰乱。曾有烟帮团伙企图到驮卢镇打劫商家财产，因看到防范严密而不敢进犯。

驮卢集市上销往外地的货物，主要有黄豆、黑豆、绿豆、黄糖片、花生油、芝麻、红瓜子等，这些货物多数通过水运销往南宁、梧州、广州、香港、澳门和东南亚各国。外来的布匹、锦纱、煤油等各种日用品也是由水路从广州、南宁运到驮卢出售。在进出口货物过程中，商家碰到困难，商会都尽量想办法解决，如加强对渡口、港口的建设，设有4个渡口，每个渡口都备有1—2艘木船渡人或运货，较大的是火船渡口，用石头砌成七八十级码头，宽2米，大商船可在此停泊，装卸货物。搞好渡口建设既有利于商人的经商，又方便群众的来往。可见，驮卢商会对繁荣驮卢贸易乃至广西西部各县的商业发展都起了重要的作用。

## 第三节　商会与地方金融制度变革

清末民国时期，由于国内社会的动荡以及政治、经济体制的不合理，导致这一时期连续发生几次比较大的金融风潮与危机，加剧了市场的不稳定和混乱。随着时代的变迁，滇桂地区的商会组织不断有所作为，在稳定金融市场、维持流通秩序、控制金融危机对商民的侵害等方面付出了艰辛努力，获得了商界与政府的一致认可，发挥了重要的中介作用。

尤其在1927年到1937年间，南京国民政府积极的金融政策为商会的发展提供了有力的支持，商业市场在大环境的驱动下开始变得火热。南京国民政府全面主导下的制度创新与变迁，为经济环境与发展创建了良好的平台，尤其是税制、金融制度改革降低了市场交易成本，清除了诸多障碍。政府运用天然强制力量，在非常时期采取的经济措施，很大程度上调动了市场自身的优势，各市场要素与主体发挥其配置资源的潜力，政府与市场形成双向互动，从而推动近代经济史上的第二次黄金期出现。① 南京国民政府的金融政策使得众多商号和行业在市场交易时降低了生产成本，既维护了商家的利益又促进了市场的稳步发展。

### 一　商会对货币政策改革的因应

南京国民政府采取的废两改元与法币政策建立了现代币制，促进了市场流通与经济发展，降低了市场交易费用，并推动经济发展。它简化了交易的方式，节约了交易时间，其进步性显然，改变银两与银元并用的混乱局面，迈出了中国货币现代化的第一步，顺应了经济发展需要，政府的这一举措规避了劣质银元充斥市面的现象，加强了对全国金融的控制程度。② 国民政府的种种改革举措带动了其他地区在金融方面的变革和调整。在市场的发展上，云南各地商会在政府推行的积极政策下加快组织市场活动，云南各地在政府和商会积极的推动下各自发展，取得了不小的成就。商会还在维护市场稳定和交易公平等方面履行着自己的职责。如昆明商会在市场交易发生纠纷的时候，商会会居中调解；在市场出现物价过高或者损害买卖双方某方利益的时候，商会与地方财政厅一起调整相应的货币政策，来维护市场交易的公平性。

对于货币的改革，商会是通过对旧货币的革新和货币的流通来实现的。地方政府号令对旧货币进行兑换，并将新票发放至各公会，商会和银行商议制定借款和特货抵押的相关事宜，并上报政府批准。"本省政府此次限期调换滇印五元、一元等旧票，原定二月底截止，继因限期届满，掉换拥挤，各处纷纷请求展期，经由富滇新银行缪行长云台、富滇银行清理处邹处长子彦会同呈准省府再展延一月之期，至三月三十一日为止，以后即不再予行使各节。昆明市商会向富行清理处调查明确，是

---

① 周海燕：《民国十年（1927—1937）经济发展中的政府主导与市场互动研究》，江西人民出版社2019年版，第92页。
② 周海燕：《民国十年（1927—1937）经济发展中的政府主导与市场互动研究》，江西人民出版社2019年版，第111—112页。

项旧票截至二月二十六日尚有四百余万元未曾收换,而此次展延期限仅只一月,深恐期限以内不能换完,用特开会研商议定掉换通融办法,函请富行清理处采纳施行。该会拟定办法系由各业公会在限期以内临时将本业商家收获旧票清点存封,加盖公会图记及公会主席私章,送交富行清理处请求掉换,若清理处职员当时能予清点,即当间点验照数掉换,若时间忙迫,无空清点,即由清理处验明存封图记,先行按照金额将新票发交各该公会。转发各商家收用,以后清点处办事职员事务稍松之时,随时由处通知各该公会主席到处清点,倘有差少或发生伪票情事,即由盖章之人完全负责。至于各公会所收各商家之旧票,亦可令其经理固封盖章,以便稽考,以上办法对于各方面均觉便利非常。"①

对上述情形,商会也明确提出应对策略:"本市商会调处富滇新银行售出三月底以前各期外汇及各帮特商跟单押汇之解决办法,自经富行采纳意见,呈请省府核准。……一、凡各帮特商以特货向银行跟押款项者,应遵照此次省府核准办法,以原押新币总额折为旧币,照申汇七九零五、港汇八八零五折为外币,并自跟款日起至交款日止,每千外币每日加息金三角,所有本息合计即以六成外额交埠,各富滇分行处清收,其余四成仍照原定汇率折为滇币交还富滇新银行。二、交款日期统限于本年四月二十五日以前交清,但交付滇款如有特别情形者,得由跟款人另具抵押品邀具承还妥保,并请讬商会代向银行照放款办法商借抵交其借款,日期至多不得逾一个月。三、如外款逾期不交,即应遵省令照原订押汇数目全交,不得借故拖延。四、在三月十日商会呈请政府改定交押汇办法以前,各埠已交跟款者,不得援照本办法办理。五、各号跟押之货,应按照将六成外款及四成滇款交清后,始能提货,自由处置,如各号应交之六成外款必须提货,方能照交者,应会同各埠富滇银行负责人同到土行或公司当同售卖,或抵押即将严交,外款如数交讫。"②

随着中央和地方政府货币改革的推进,西南地区市场上特货商品的购买力也受到了影响,鉴于富滇新银行拥有兑外汇的管理权,商会与其

---

① 《掉换滇印旧票办法,市商会拟定通融办法》,《云南新商报》1934年3月2日第2版。
② 《富滇新银行特货跟款、售出期款解决办法》,《云南新商报》1934年4月15日第2版。

沟通协商并制定了特货押贷的具体章程。1934年9月14日，昆明市商会与富滇新银行就相关事宜进行了有效的沟通："本行奉令管理外汇，曾订定特货押汇章程，一再呈奉省政府改订核准通行，试行以来，尚无滞碍，惟业务改进不厌求详。兹经数月考查，原订章程办法尚有改良尽善之余地，经提出本行理事会详加研议，就双方兼顾，使金融、商民两受其益之范围内议决预卖特货汇款章程，九条单据、式样二种以代原目之特货押汇章程。……惟徇各特商请求，对于乙种结水定单式样略有修改，除呈请省政府备案暨分别函令布告外，相应检同该项章程单据式样各一份备函送请查照办理。"① 1937年5月7日，昆明市商会根据市面铜元日渐减少，各业铺店找补不便，感受困难，也提出应急解决办法："昨日每旧币一元尚能掉换当十铜元三十六七枚，六日下午价格尤缩，每旧币一元只能换当十铜元三十一二枚，甚至三十枚，影响商业民生非浅，闻市商会有鉴于此，已函请富滇新银行设法救济，以维市面。"②

抗战时期，为了方便存款的使用，财政部制定各金融机关支付存款暂行办法，对各地的存款在不同地方使用和存款经收进行规范和限制。区域金融的稳定不是商会或银行某一方面做出的贡献，而是多方力量合作的结果，商会在物价管控上需要银行的帮助，在遇到大的金融问题时也需要向地方政府寻求帮助，共同维护市场秩序。如昆明市商会在抗战初期就有一系列应急举措："为广州各金融机关存户支取款项起见，特制定各金融机关支付存款暂行办法如下：一、广州各金融机关之存款一律改在昆明、贵阳、桂林、重庆支付；二、所有在昆明、贵阳、桂林、重庆支付各项存款方法一律按照财政部二十六年八月十五日公布之安定金融办法办理；三、为便利避难赴渝各存户起见，其存款得委托香港各银行代收在香港支付之，惟不得超过财政部安定金融办法所规定之限制，其在二十六年八月十六日以后所开新户或续存之活期存款，在港经收提取时，每存户每星期至多以法币一百五十元为限；四、广州政府各机关

---

① 《富滇新银行改订特货押汇章程，修改预卖特货汇款凭单式样》，《云南新商报》1934年9月14日第2版。
② 《市面铜元恐慌，找补困难，市商会已函请富滇新银行设法救济》，《云南新商报》1937年5月7日第2版。

存款支付时，应由主管机关将存款性质及金额等项呈请财政部核准，函知各金融机关在昆明、贵阳、桂林、重庆支付之；五、本办法即日起施行，市商会奉电后，昨已布告本市各业商人一体周知已。"①

商会在市场货币的管理方面也尽了自己的责任，在云南地方政府推行法币之前，云南市场上存在着多种货币，对商品的交易和币种之间的交换造成了极大的不便。为了使商品交易更加顺利，商会和银行对市场上存在的币种进行了归纳整理，并规定了市场商品定价公开以银币计算，人员薪资的发放也统一用银币结算等条例。"在推行法币前，概用现金，种类复杂，购田还债，纠纷甚大，是否大龙元、大洋，均照本国大元规定。……关于取购田产，清偿债帐等项，前奉钧府先后令据泸西民众代表张吟申、元江公民代表刀兆福、贫民郑恒谦、耿家和等呈，请规定债券偿还办法。……至腾冲沿边各设治区，现仍用现金具见该地方官吏玩忽功令，推行不力，奉令前因，除令饬腾冲分行就近彻查该地实际情形，妥拟有效收换办法。"② 同时，昆明市商会召开理监联席会议，提出应对货币改革的系列办法："建议政府明令准许通用半开银币，各业货品薪资一律以半开计算，免市场混乱，而安民生。理由：自政府改革币制以来，未及半年，以金元券计物价上涨已达余十倍之多，然以本省半开银币计算，则并未上涨，此种事实，在通用国币期间亦复如是，以致造成人民重硬币轻纸币之心理。在本省各县，各种物价之比率，早经以银币为准，而本市纯属消耗区，并无任何出产，所有一切货物均系仰给各县供给，其成本运费亦莫不与银币息息相关。际此金元券日愈贬值之情况下一般物价无一定之计算标准，以致盲目减价，高低不一，造成极度混乱，一时数价，无法遏止之情形，使刁狡者有机可乘，兴风作浪，大发其财，忠厚者及薪给人员则无法谋生，与其暗中以银币计算，而有所混偏枯，何若明令准许通用计算，以资确定为佳，则市场波动仅属金元券与银币之比率增减而已，实际价值则可稳定划一也。办法：（一）明令准许通用半开银币；

---

① 《粤各金融机关存款改在筑昆桂渝支付，财政部制定支付办法五项》，《云南新商报》1938年11月8日第2版。

② 《令为据该县商会主席电呈腾冲及各设治区在推行法币前概用现金等情一案（云南省政府训令秘财字第665号）》，《云南省政府公报》1940年第12卷，第14—15页。

(二）各业货价准许公开以银币计算；（三）从业薪给人员，薪金一律以银币计算发给；（四）严禁伪造银币；（五）禁止黄金白银出省；（六）限制游资流入；（七）金元券与银币之比率，任其自然增减。"①

此外，针对市面上货币流转不通的情况，商会便会联合地方政府或当地具有影响力的钱庄来帮助市场渡过难关，并找出出现此种情况的原因。金融秩序维系着区域市场的运行，金融出现困难时，商会便及时向地方政府提出支援请求。对于众多商人关注的金融问题，商会也积极采纳商民意见，顺应民意以维系商业贸易。"滇省金融枯竭较前尤甚，签请俯念特殊情形，饬令滇关延缓加水照旧征收，以苏民困。……国府令准将该省关税按照汇率折半征收办法，展限至明年四月三十日止，自此次展期以后，无论如何情形不再延展，并已由部令行滇省各关遵照。"②

## 二　商会与地方金融秩序维护

在金融政策调整方面，商会及时与地方政府有效协调。昆明市商会的基层组织申帮同业公会对此就有深切感受，并提出相应的实施办法：

> 财政厅改革税制布告及计划书内中特种消费税一项于商人关系最为密切，其税章虽系根据中央法令，惟办法内载将来如遇货值不能确定，征收机关与商民发生异议时，应该由评价委员会核定之，该会即附设于财政厅内，其组织及办事细则另定之，足见财政厅于此事之审慎考虑，体恤商情，无微不至之盛。敝会以此为详加讨论，以为此项评价委员会若附设于财政厅内，不若设于市商会内，一则市价比较燎然，一则物质审察很当，一则情不隔阂，免生纷争，至其组织及办事细则究竟如何规定尚不得知。敝会则以为是项评价委员商人应得半数以上，赝品繁多，非少数人所能尽悉，且特种消费税章中仅规定最高为一七一五，最低为二、五再一七、五以内至二，五之间尚有多少之更定。如不多集商人详加考虑，虽勘平允，以上

---

① 《明令通用半开》，《中央日报》1949年2月12日第4版。
② 《咨工商部关字第15701号》，《财政公报》1931年第41期。

所列对于商民利害均属一致，贵会为商民代表，敝会有一得之愚义不当，默兹将讨论所得建议贵会请即提出大会讨论，在此税制未颁布、评价委员会未组织成立之时，宜如何进行，以期达此目的之处，即希公决施行。政府征收入口货特捐原为整理金融之用，但至今一年已满，金融未见回复，而铜元恐慌日益加甚，刻下每纸币一元只换铜元二十五六枚，且无兑换处所，年关必更短缩，似此情形影响金融及人民生计者，实大不如，再不设法维持，将来何堪设想。兹特建议贵会请为提出大会讨论，可否恳请政府由入口货特捐存款项下提拨巨款，交由贵会选举名望素孚之殷实商号数家负责筹办一强有力之钱庄，在最短期内筹备大批铜元救济市面，并请严法杜绝销毁，庶金融民生不致流于绝境，抑有其他办法敢讨论公决施行，按上述两事，闻市商会筹备会已推举代表，将原文携往财政厅面陈于陆厅长，请求予以考虑。当蒙陆厅长表示容纳，关于特种消费税，评价委员会将来大约仍设于财政厅之内，惟商会可以推举代表参加评价委员，至于救济铜元一事，陆厅长已令饬富滇银行将旧存铜元悉数提出兑换，各节已志，昨报吾人于此可见陆厅长容纳民意，顺应民情，无微不至。①

区域市场商品的售卖会受到时局变动和社会环境的影响。尤其是进口商品在外汇发生变化的时候价格会发生变化，由此影响销售状况，售卖不出去的商品便大量滞留在商户的手中，商户资金得不到流转便会出现经营问题。"本省近因特货疲滞，外汇升涨，以致特货商号亏折甚巨，截至国历年终，已经宣布倒闭者，将近十家之多，所亏之款总额在五千万以上，而周转不灵清理推期者尚有数家，此次风潮之扩大，影响之普通，实为本省空前未有之大恐慌。本市商会鉴于此次恐慌关系甚大，若不急求救济之力，则后患正不知伊于胡底也。该会设法委派代表数度面见省府龙主席，请求金融整理委员会之存款放借，若干放借商家俾各商

---

① 《申帮同业公会建议：评价委会请准商人参加，筹备钱庄救济铜元缺荒》，《云南新商报》1930年12月18日第2版。

人得此臂搓，能予将存屯滇中之特货运销外埠，则特货既灵活畅销，金融便有复苏之希望，所有该会请求政府救济金融各节均已送至本报。"①对于此类情形，地方商会及时接洽财政厅和工商管理局对市场进行救济，使商品得到正常的流通。如果市场上遇到较大的危机，工商管理局和财政厅也会逐级上报并解决矛盾。1932年，昆明市商会就依照相关规定提出了相应的解决办法："此次陆崇仁已出席四全大会开幕之后，向国民政府进行请求，发给果允于武昌汉口购买卅万之铜元，至于以前本省出席国民会议之代表请准购运铜元十万元，不日即可到滇。本已在沪，值本省商号倒闭风潮甚大，连接到本省催促之电，是以赶速回滇，对于兴文当之事，因李适生过于大意，弄放停顿之形势，现已请准政府拨借款项，以资维持。好在该账目尚无弊端，资产负债相抵，尚有盈余，此后不难恢复，言至此。……此次商会请求政府拨款，资借商人俾将特货运销外埠，在原则上政府已有允准之意，将来拨借之款大约可望现金一百万元。惟一切详细办法均须妥为规定，以免流弊，后由市商会代表相继发表意见，希望陆厅长对于款项，竭力向政府要求，俞多愈妙，因存囤之货甚多，款少不易分配也。最后陆厅长请商会负责妥拟办法，呈候核夺施行。"②

值得一提的是，民国时期云南市场上鸦片占有很大分量，鸦片如果不能正常流通，西南地区的市场和贸易经济都会受到影响，在外汇上升的一段时期内，经营特货（如鸦片）的商户将大批商品囤在了自己手中无法销售。对此，商会出面奏请地方政府划拨救济资金给商户做周转，让他们把商品运送到外面去销售，以此盘活市场和区域商业贸易。"此次市商会鉴于本省金融枯窘，主因为特货滞销周转不灵，欲图救济，必须设法将囤积特货运销出外，则本省金融即有复苏之望，该会为此呈请政府拨借大宗款项贷给商人，以作运付特货之需用……"③ "市党部呈请

---

① 《政府维持东省金融：准予拨借大字现款，贷与商号以资周转》，《云南新商报》1932年1月5日第4版。
② 《政府维持东省金融：准予拨借大字现款，贷与商号以资周转》，《云南新商报》1932年1月5日第4版。
③ 《市商会召集全体执委会议 讨论请求政府维持金融案》，《云南新商报》1932年1月6日第3版。

政府拨借大宗款项救济市面,维持金融,适值财政厅陆厅长回滇销假,对于商会主张极表同意,遂竭力向龙主席陈述建议,乃蒙政府批令财、建两厅长会同该会拟具办法,呈候核夺,当经该会拟具草案面陈陆厅长……当由张厅长答以该会所拟办法已由陆厅长商洽核夺,不日即可签复,省府候核批示只遵筹备。"①

就金融制度的规范化而言,地方商会在一定时期会召集同业公会就市场物价、商品流通、商情搜集等问题召开议事会进行讨论。商会为了维护市场交易的公平,打击伪币,转令各商人对于现金的使用一律接受,接受现金时商人要注意分辨货币真假,并规定现金的购买力不得随意变高变低,这一系列的规定都是商会根据市场的实时变化做出的适当调整。此外,商会对于市场商品的商情搜集也很尽心,商会将搜集到的商情告知商家,以减少商户无计划的生产,以此维护商家的利益,又对一些想要谋取自身私利而破坏市场秩序的商家进行管制打击,试图平衡买卖双方利益。1932年1月15日,昆明市商会就维持铜元使用问题与财政厅沟通协商:"近年以来,市面铜元日渐稀少,兑换价格日形短缩,每富滇纸币一元仅换铜元三十枚,零星栈铺已觉常感困难。现在市面铜元益形不敷周转,若因铜元缺乏而价格再缩,实于平民生计影响非浅,应请函达财政厅恳于设法救济,以便找补。"② 1932年1月23日,昆明市商会召集各同业公会执行委员开议事会,达成解决办法三项:"一、函请财政厅通令严杜伪币之流通;二、通知广货业转知所属商号,对于现金应一律接受,不得拒绝;三、呈请省政府通令各机关及海关、邮政应一律收受现金,以免滞碍,继后讨论组织商人义勇军及催促各业公会迅速拟订各业公会章程讨论。"③

1932年7月12日,昆明市商会发布布告,对规范使用纸币、维持地方金融秩序作出了明确规定。"自二十一年一月起,本省行使货币仍以半开银币为本位,确定法价每半开银币二枚作抵富滇纸币五元,每富

---

① 《市商会对维持金融之进行》,《云南新商报》1932年1月9日第3版。
② 《市商会函请财政厅设法维持市面铜元》,《云南新商报》1932年1月15日第4版。
③ 《市商会召集各公会执委到会开谈话会议 报告现金应遵省令行使》,《云南新商报》1932年1月24日第5版。

滇纸币五元作抵半开银币一枚，无论纸币、现金，同一行使一律收受，不论公私交易，以及完纳税粮，概照规定法价，一律通用，不准拒绝低昂，如有妄自拒绝或故意低昂折扣者，一经查觉或被告发，即严行究办。至现金只论真伪，不论音二哑板，均照迭次通令，一律收受，不准颠跌试音、故意拒绝，应于维持金融之中兼寓划一币制之意。当于二十年十二月三十一日提经省务会议议决，如呈照准，并通令布告全省一体遵办。乃日久玩生，迭据各处纷纷据报前来，各税收机关闻有拒绝不予收受情事殊属不合，须知币制乃政府特权，自有特别保障，特再重申前令。仰该会恪遵办理，对于纸现法价不得任意低昂，至现金无论二音哑板均一律照规定法收价收受行使，不准颠跌试音、故意拒绝，倘敢故违，即予从严究办，以维金融而肃币政。除函知兴文当、劝业银行、东川矿业公司、益华当、聚盛当、锡务公司遵令收受，以维金融，布告各业商人一体遵办，勿得故违。"①

　　稳定的金融秩序是推进区域商业持续发展的重要保障。近代广西金融业在多种因素的影响下时常动荡不安，商会施行相关措施以稳定金融业，主要为以下三个方面：一是积极筹办金融机构，以提供发展工商业所需的贷款；二是出面请求地方和中央机构为工商业者提供金融贷款；三是由商会发行辅币或信用凭票，简化工商资金结算手续。② 金融的稳定不仅关系着商品市场的运行，更和民众的生活密切相关。近代以来广西市场经济一直处于比较低迷的状态，为了促进市场经济的繁荣稳定发展，商会和政府通过贷款给工商业者减轻税费、简化资金结算手续等方式来振兴市场经济。

　　在不同的历史时期，广西地区商会运用不同的方式来刺激经济的发展。新桂系执掌广西省政之后，广西经济进入到一个发展较为快速的阶段。值得注意的是，为增加财政收入，陆荣廷政府在广西增收烟赌税捐，新桂系政府在广西大搞烟酒罚金，鸦片税成为抗日战争前桂系军阀统治

---

① 《市商会布告各业商人不得拒绝现金》，《云南新商报》1932 年 7 月 12 日第 4 版。
② 陈炜、杨辉：《商人组织与近代广西城镇经济的发展——近代广西商人组织系列研究之二》，《柳州师专学报》2008 年第 2 期。

收入之最大宗，使广西人民受害不浅。对外贸易的发展，使新桂系获得了可观的外汇，增加了财政收入。① 20 世纪 20 年代末 30 年代初受世界经济危机的影响，梧州的商铺大多倒闭，市场经济衰退。在 1932 年政局稳定之后，梧州和南宁在商铺数量、对外贸易金额、商品种类等多方面都有巨大的提高。市场经济的回温在一定程度上得益于商会和政府的推动，在维护市场秩序、交易公平、物价平稳方面二者都发挥了不可替代的作用。

商会与政府联系的基础在于维系发展工商经济所必需的社会经济秩序。1926 年广西市场金融秩序混乱，市场充斥劣质低次银毫，导致市场萧条。梧州总商会强烈要求政府收回伪币改铸，组织政绅商界成立整顿币制委员会。此举得到政府的回应，政府首先在梧州成立广西造币厂，添购新机器、以兑换券收回劣质银毫等逐步稳定金融，铸造和发行统一形式与成色的广西嘉禾银币，接着在梧州成立广西银行总行。统一发行纸币后，又通过国民政府统一两广币制等办法，进一步稳定广西金融市场。1927 年广西出现铜元荒，严重影响城乡交易和物价稳定，省政府指令财政厅、省银行南宁分行、南宁总商会、商民协会等单位共同派员协商，成立"南宁维持铜元委员会"，由政府通过行政命令方式，禁止铜元外运。商会多次协助政府从广东、上海等地采购铜元，派人帮助定点兑换铜元，配合政府稳定金融货币市场。② 广西市场金融曾出现伪币充斥市场的情况，给市场交易带来了极大的冲击。商会为了维护金融市场秩序，和政府一同对伪币进行打击，通过回收伪币和发放统一纸币的方法对市场金融进行整顿。新桂系政府时期，积极的金融政策促进了市场的繁荣，从事商业经济活动的商户增多，商业市场得到了一定程度的发展。

金融业在西南地区商会组织中有特殊的地位，是由金融业在社会经济中的"枢纽"地位所决定的。商会在经济治理层面，金融制度的变革和区域市场金融秩序的维系就成为绕不开的重要议题。在时局变动之下，

---

① 段艳、周建明、陆吉康：《广西壮族自治区经济史》，山西经济出版社 2016 年版，第 2 页。
② 廖建夏：《新桂系与广西商会关系述论》，《经济与社会发展》2006 年第 6 期。

滇桂地方商会想方设法，上下奔走于中央政府与地方政府、政府与商人之间，尽力采取种种举措，使此起彼伏的金融风波趋于缓息，获得了商界与政府的认可，达到了"振兴工商"的目的。

## 第四节　商会与地方税政调适

在国家—社会关系的分析中，商会被视为社会成长的重要象征。税收事务在商会、同业公会专业职能中占有重要分量。商会、同业公会最为显著的行动就是抗税减税，这常被视为理解商人与政府、国家与社会关系的聚焦点之一，也是理解商人组织自治性与自主性的重要证据。[①]南京国民政府的税制改革，推动了近代中国税收制度的进步，关税自主权的收回、盐税改革与现代税制的建立，降低了市场交易的成本，改善了市场环境，成为经济发展的加速器。[②] 1931年年初，国民政府财政部颁布《各省征收营业税大纲》及《补充办法》，正式明定开征营业税以补地方财政裁厘之失。因营业税划归地方，各省纷纷制定征收办法，积极推行。地方政府在确定税率等问题上拥有一定自主权，然各地经济形势不一，征稽制度及方式也各有差异，但代征现象极为普遍。[③] 商会作为商人集体行动的契约组织，在政府之财经政令体制和市场运行系统中，商会均有一席之地。在商会与政府的交涉之中，税收向来为重要议题，商会的税收、抗税与减税行动在研究中也广受关注。在近代税收体系由农业税向工商税演进的过程中，商会作为商人利益之集体代言者，在政府的税政实施和商人的税权表达方面均担任重要的角色。[④]

---

[①] 魏文享：《作为纳税人团体的近代商人组织》，《近代史学刊》2016年第1期。
[②] 周海燕：《民国十年（1927—1937）经济发展中的政府主导与市场互动研究》，江西人民出版社2019年版，第105页。
[③] 魏文享、张莉：《自征抑或代征：近代天津营业税征稽方式的路径选择（1931—1937）》，《华中师范大学学报》（人文社科版）2019年第2期。
[④] 魏文享：《沦陷时期的天津商会与税收征稽——以所得税、营业税为例》，《安徽史学》2016年第4期。

## 一　商会与税收制度的合理化发展

商会组织面对中央及地方的各类税收，一直以来试图减轻自身的税收负担，同时推动税收制度向合理化、规范化的方向发展。就滇桂地区而言，近代商会的经费来源主要是各行业同业公会缴交的会费。这项各行业缴交的会费收入，往往因一些行业缴费不足，拖欠累累，加上货币贬值，商会的支出超出预算，入不敷出。[①] 滇桂地处西南边疆，税收门类繁杂，与其他省份不同的是，自初征至全面抗战爆发之前，政府在自征与代征之间多次反复，变动不居。以商会为主体的各商人团体不断抗议税率过高，重复征税，寻求以代征来讨价还价。政府在效率与公正之间举棋不定。滇桂地区税收征稽中的路径选择困境，实际上反映出征税者与纳税人在税利及税权问题上的冲突。商会经常出面向政府承包各种商业税收。如原下关、上关和大理城南、城北各设有关卡，货物进出都要收税，实际限制了商人活动，减少了商业利润。下关、大理的商会曾向当地政府税收机关承包关卡税，按月按季由商会向政府统一送缴，而货物进出关卡时不再征税。这种包税一般要比原关卡所抽额低一半左右。每年三月街、松桂会、渔潭会前，下关、大理的商会亦出面向税收机关包税，然后按各商号营业多寡推派。下关经常性的各项商业税收，也都是由商会的税务委员会向地方税收部门按季节按月包下来，税收机关只向商会要税款，而商会根据各商号资金和营业额的多寡，把商号划分成甲、乙、丙、丁、戊五等，按等级摊派税收。此外，商会还经常出面要求政府减轻或减免某项商业税收，保护商会成员的利益。[②]

而对于西南边疆地区对外贸易中至关重要的关税问题，商会组织也与政府积极磋商，提出系列应对办法，尤其是云南总商会在20世纪20年代的关税征收中起到了举足轻重的作用。"云南总商会之提案，维持边陆关税已得之利益，顾全缅甸毗邻地方之商业。关税协约第六款载，

---

[①] 中国民主建国会云南省委员会、云南省工商业联合会编：《云南工商史料选辑》第1辑，云南新华印刷三厂1988年版，第230页。

[②] 杨聪：《大理经济发展史稿》，云南民族出版社1986年版，第231页。

中国海陆各边界划一征收关税之原则，应予以承认，特别会议应商定办法，凡遇因交换某种局部经济利益，而许以关税上之特权，此种特权应行取消者，特别会议得秉公调剂。此款所谓特权者，实指中英续议滇缅条约，及中法会议越南边界通商章程，续议商务专条内规定双方交换之利益而言，今若将洋货减税办法取消，则英法势亦将许我之利益取消，边陆商务必受影响，故全国商会联合会第四届常会据云南总商会提议，略谓曩昔中英续议滇缅条约及中法会议越南边界通商章程等，所规定之征税办法，确含有互惠之意，今若依照九国协约第六款划一征收，则与缅甸毗邻地方之商业，必受极大影响，请由大会公决，呈请政府将此项互惠办法先行备案，矣特别会议开会时提出解决，以维已得之利益，经大会详加讨论，众谓此次九国协约第六款所规定之原则，自应依照进行，以挽前次所受陆路通商之损失。惟云南之于英法，其情形确有不同，缅越交错于两越之间，彼此货物往来，均须有过界之手续。故英法对于该处通商，另订专条，许以关税上之特权，海陆关税固宜划一征收，而此种特权似亦未可抛弃，且该款内声明特别会议得秉公调剂。本会应即依据此旨，呈请主管部处预备议案，届时提议，以免贻误。闻此案商会系以互惠利益，呈请维持，各部处颇为注意，业已会商办法，于将来特别会议开会时提出要求。"[1]

因云南靠近边境的特殊地理位置，往来出口的货物在云南中转时商会会收取一定税款，对于进口货物征税的规定和收取方式，总商会和政府已经制定了统一的标准规则，下发到县商会统一遵循。"腾冲县商会览有电悉，滇省关税减征办法，业已一再展期，此次期满，本未便再予延展。惟滇省政府既已决定有整理金融及取消入口货捐办法，如能积极进行，滇省金融自可于最短期内整理就绪，本部为格外体恤滇商起见，经呈奉国府，令准将该省关税按照汇率折半征收办法，展限至明年四月三十日止，自此次展期以后，无论如何情形不再延展，并由部令行蒙越两关遵照。"[2]

---

[1] 《商联会关于关税提案之一种》，《京报》1923年4月27日第2版。
[2] 《电腾冲县商会关字（第一一九四四号）》，《财政公报》1931年第41期。

此外，对于关税征收中事关根本的币种折算问题，昆明市商会也制定了具体的办法，并详细解释了折算的依据。"以蒙自关税务司，对于出入口税算法偏枯，变更成案，请饬照旧办理，并迅予核复，以凭转饬遵办等因准此。查此案兹据蒙自关监督先后电呈本部关务署，当经该署令行总税务司详查核议去后。查海关金单位系一种虚金本位，与各国金币有固定之折合率，关平银系一定重量之纯银，与各口通用银币有折合之价格，而金单位与关平银两者之间并无有接市价，必须假借外国金币与当地银币之汇率辗转折合，始能规定。故凡无金币市价之口岸，征收金单位税款，自不得不由职署，以关平银为媒介，照上海规定，与美金之行市。电由各该口海关折合当地通用银币汇率征收，现云南省既有汇理银行暨行市——银币，与上海各外国银行之外币钞币雷同，与该省通用银币亦日有折合之市价。而金单位与法郎又有 10.184 之定额，蒙自关金单位税款自应以当地通用之金银币折合征收方较公允，否则金银市价日有涨落。滇沪汇率当有高低，价格应有出入，即难免盈绌。该关从前按职异电定汇率征税，致商人觉巨大损失，实非持平之道，故自本年九月一日起，即遵照部令规定办法，将金单位税款改按当地通用之法郎，每日汇率折合滇票征收，其方式即以 10.184 法郎与滇票市价相乘，等于金单位，令滇票之价格办理，并恳不合。惟近据该关税务司呈称，迩日滇票汇拨出，省价格低落，嗣后关平银部分税收，不但无可盈余，且恐亏折。嗣后关平银折合滇票拟以解款到沪之汇率为规定根据，以免损失。等情业经令饬该税务司与监督，会商办理，并将金单位税款毫无损失情由，详为解释，避免误会。据蒙自商民呈请前来，当经复兹在案。兹准咨复前由，于原咨所请变通办理，未经采纳，仍用金单位，以当地银行每日开盘汇率，折合云南通用货币征收，似此情形，于云南商情仍多窒碍，应否再行咨请，应根据何种理由，有无折中办法，事关全体商务。当以此案关系吾滇工商业极为重大，昨由常委会议议决，交商事科定期召集直接有关之各业代表到会研商办法，以凭呈复。"[1]

---

[1] 《省府训令市商会妥议，蒙自税关以金单位征收出入口税》，《云南新商报》1932 年 3 月 30 日第 1 版。

抗战时期，海关对于商品转口税的征收引起了民众的哀怨，对大小商品的严厉征税使得市场上从事贸易的商家不得不减少或放弃营业，各县商会鉴于市场现状曾上报中央恳请减少征税商品种类以维持正常的商业活动。"海关征收转口税，执行之时，颇与原则不符，凡由徒步肩挑售卖之零星小贩，其货物如鸡蛋、柴炭、日用物品均一律征收，似此苛细，不但收数有限，而滋扰实多。省府前准财政部来电，凡由铁路、公路及轮船或航空运输之货物，一律由海关征收转口税，征收一次后，通行全国，规定极为明显。现本省各肩挑小贩所售之货，既非由火车、汽车大宗运输，尤非轮船、航空运来，且多系本产本销，既非入口，又何为转口，其不合征收转口税，已属甚明。省府特电财政部请予停止，并饬马监督通知海关，在财政部未复电以前，应暂停征，听候商洽。本市各业商民，因感转口税征收繁扰，不但妨害商业，致使各业生产停顿，生产锐减，有关抗战需要，至重且钜。连日纷纷到市商会一再请求维持，经该会于十二月十六日召集一百一十二业公会开会商讨，议决备具请愿书，请商会推员率同各业代表于十七日午正十二时三十分向省党部请愿，恳乞垂念边远，电请中央准予停收，以应民生。"① 国民政府税务司在收到商会的联合请求后，结合市场实际调整了税收的种类和征收额度，"本市各业商民，顷以海关征收转口税苛细滋扰，影响各业停顿，生产锐减，与抗战期中增加生产主旨相违，特由市商会指派代表连同各业公会主席共七十九人，于十七日下午一时至三时分赴省党部及省府请愿，恳求电请中央准予停收，以维民生"②。此举在一定程度上维护了商人的利益，不仅使政府征税款有所减少，而且激发了市场主体活力，对于处于战争时期的市场运行来说有一定刺激作用。

在云南地方市场金融拮据的时期，关税采取的是折半征收的办法，税额征收的减少一定程度上缓解了市场金融拮据的难题，一部分资金被用来促进市场发展，在市场正常运营的前提下商品才能够正常流通，有

---

① 《海关征收转口税，肩挑小贩日用物品均被苛扰》，《云南新商报》1937年12月18日第2版。

② 《各业公会代表请愿停止征收转口税，省府允准电中央核办》，《云南新商报》1937年12月19日第2版。

买卖才有金融市场的发展。在征税过程中，商会发挥着重要作用。商会在收取商家税和向政府缴税的时候发挥着中间桥梁的作用，不论是市场繁荣时期还是经济低迷期，在税收的协调缴纳方面商会是稳定强大的支撑。云南总商会曾向国民政府财政部呼吁："云南总商会暨全体商帮铣电，为滇省金融枯竭较前尤甚，签请俯念特殊情形，饬令滇关延缓加水照旧征收，以苏民困……国府令准将该省关税按照汇率折半征收办法，展限至明年四月三十日止，自此次展期以后，无论如何情形不再延展，并已由部令行滇省各关遵照及电知该总商会。"① "为滇省金融枯竭较前尤甚，须请俯念特殊情形，饬令滇关延缓加水，照旧征收，以苏民困……查此案业经本部呈奉国府令准，将该省关税按照汇率折半征收办法，展限至明年四月三十日止，自此次展期以后，无论如何情形，不再延展，并已由部令行滇省各关遵照。"② 而云南地方政府对大理县商会具体的问题也有及时的回应："大理县商会呈请转咨豁免商人所约朘会所得税一案，咨请核办。查大理县商号等所约朘会其利息应否课征所得税，除令行所得税云南办事处详查具复再凭核办外，相应先行咨复。"③

云南地方政府和商会在鼓励实体业发展上采取过一系列措施，如改变税收征收的方式。在税收方面，商会对于某些产品如农产品、手工业产品、社会性公益救济商品等采取减少或免除营业税的方式来鼓励其发展。在进出口货物税款征收方面，政府和商会也根据商品不同商量出一定的征收比率和征收标准，此后往来海关的商户在货物中转和运输缴税上便有据可循。鉴于外商在海关运输商品的时候使用不同种类的货币，省政府和商户还统一了货币以方便税收的征缴。昆明市商会对营业税征收有具体的原则和办法如下："本部前经会同实业部会商，议定减免营业税之原则及办法四项，决定通令各省市政府、各公署遵照办理。（一）凡属人手工织成之手工土布，供需两方皆系贫苦人民，为维护贫苦人民之生计起见，手工土布之制造业及贩卖业均应免征营业税，兼售他者物

---

① 《咨工商部关字第一五七零一号》，《财政公报》1931年第41期。
② 《咨工商部关字第一五七零一号》，《财政公报》1931年第41期。
③ 《准财政部咨为该县商会请豁免商人所约赊会所得税案（云南省政府训令第1740号）》，《云南省政府公报》1931年第10卷第98期。

品之商店，而以贩卖手工土布为主要营业者，其主要部分亦应剔除免征；（二）制造或贩卖农具者，各省市政府认为有提倡或维护之必要等，得酌量免征营业税，并报部备案；（三）民生必需品及其他救济品之制造业及贩卖业在灾荒等特殊情势之下，含有救济性质，各省市政府得指定区域及期限，临时免征营业税并报部备案；（四）国内固有产品及关系贫民生计之手工织品，在国际贸易情势特殊之下，有提倡维护之必要者，其制造业或贩卖业，各省市政府得酌量减征或免征营业税，并报部备案。"①

商品在运输过程中会出现晚到或无法到达的情况，这种情况下商会会选择少收税或退税来保护商人的利益。商会的存在协调了各方的利益，商会通过不同方式协调了商家、政府、民众等几方利益。市场经济不是一直繁荣景气的，在市场经济凋敝之时商家负担不起高额的税收，商会便会结合实际情况延缓或减少税收的收取来帮助商家渡过难关。商家是市场商业的行为主体，在商家经济发生困难的时候，商会和政府采用经济救援或政策调整的方式使得市场能够持续地运行。1934年，昆明市商会关于棉纱退税问题就很有针对性地提出了解决办法："各商运滇棉货因铁路冲倒，中途停滞，请予展期退税。棉纱退税期限系以货物到达运销地点被重征之日起，计于三个月内将重征证据送署退税。今货物停滞，海防尚未到达指销地点，并非到达云南，被重征后不能予定，限内检据寄沪似此情形，与退税限期尚无妨碍，如果棉纱货品于运到目的地被重征后，确因特别变故不能如期将重征，证据缴回，非由商人自误者，应汇集确实证据送署，已查明无讹，再予通融核办。"②

1934年9月，对于特种消费税的征收，昆明市商会根据市场实际情况，采取了较为合理的征收办法。"本市川芋一项行销有年，虽属消费之，纯属本国国产，向来本省商家以办运思普、景谷各属之茶，入川行销，转款来滇，多系改办，此货原为调剂两省商运期间，滇川商家均赖以周转，惟川芋税捐在川省产地曾照纳产地及出口税捐，办运入滇时，

---

① 《减免营业税办法 公布原则四项》，《云南新商报》1932年1月6日第3版。
② 《棉纱退税问题》，《云南新商报》1934年9月28日第2版。

共上税银旧币四十元,系在盐津先缴十四元,到省市上纳二十六元,去年业将商艰,各情呈请钧会核转财政厅,凡办运一万捆者,每捆准予减税四元,二万捆者,每捆减税六元,均已年终结算等因,足征政府体恤维持,商民等感激莫名。但本年以来,省市及各道商业较诸去岁尤为冷淡,不论零卖批发,均形减少,兼之元永井各地以销地价格,谓如超过省价者,每捆可补征现金六角,超过省价者系以批发运费价格照加,而论货价,自然增高,各地公卖分局或属误会,不详查情,未将运费划除,即以超过省价,饬其纳税。在商等曷敢多渎不纳税捐,惟值此商场凋敝之秋,我政府正维持国产之不暇,岂能再事加征,使商业愈加滞塞。职会当经提会讨论议决,录呈本业商困各情,呈请市商会核转财政厅,恳乞将川芋正税准予酌为减轻,并准暂将各地补征税捐取消,以维国产,俾商业有复兴之时,再为加征,以纾商困。查所请将川芋公卖费酌予减轻各节,核与定案不符,应不准行,至请将其他各销地之补征税取消之处,姑准自本年十月一日起取消,以示体恤,除通令各县烟酒牲屠税局一体遵办外,仰即转饬知照。……自本年十月一日起,凡由川运滇销售之川烟,应征公卖费,除照章由盐津局每捆征收现金二元八角,昆明局每捆补征现金五元二角外,其他各县税局不得再行征收补征费,以维国产而恤商艰。"① 可见,对于不同种类的商品商会征收税款的高低也不同,如对利润比较高的商品、营业额高的商家,商会可能会制定较高的税收标准,对于靠体力维持生活的贫苦商户如手工业从业者,商会可能税收减半或减免营业税以减轻此类商家的负担,维护市场的公平和不同商户的利益。在税收方面的调节还体现在宏观环境上,在整个市场经济发展呈下降趋势的时候,政府也会通过制定政策或者调整税收减轻商人负担的方式来激发市场活力,一方面能够吸引更多的人投身市场实体,另一方面能够减轻商家经济困难,维持区域市场的持续发展。

当然,由于沉重的赋税,从事出口商品贸易的商家因自身利益受到损害,所以在数量上已经减少,这影响到了一部分税的征收,商会也多次和政府协调过进出口货物的税款问题,为了维护市场经济的繁荣,政

---

① 《财政厅令饬取消川芋补征税》,《云南新商报》1934 年 9 月 28 日第 2 版。

府和商会一同改进了新的税收方法。这次的修订是临时针对海关货物运送的，在这次的修订中也强调了马帮在运货过程中应该选择最近的分所纳税，明确表示会对偷税漏税的商家进行严厉的惩罚。"本省牛羊皮、麂皮、猪鬃向为出口商品之一，自转口税公布实行后，各路商贩日渐减少，实因税率关系不能多办，此种情况影响商业税收甚大，本市为集零成庄转运出口之商场，该两业曾一再报请市商会予以维持。经该会将两业商困详情，并推代表函达蒙关商洽决定办法。关于猪鬃及牛羊、麂皮四种货物转口税抵补出口税办法，兹经规定，凡运入本市之猪鬃，如预备于完纳转口税后一年之内，在本市改制运往外洋者，商人应于在市场买进后，即将转口税收据送火车站本关总务科登记，本关随时派员往各改制猪鬃厂调查簿据及存货，然后按照江海关办法，改制之猪鬃输运出口，其所纳转口税得凭收据在出口税内扣除，惟重量方面，一百斤未制之猪鬃抵七十斤已制之猪鬃计算（即因改制而减少之重量规定为百分之三十）。至于牛羊、麂皮商人，拟于完税后一年之内输运出口，以转口税收据抵补出口税，应于报纳转口税时，向本关分所声明该货将来仍须出口，经本关分所在该纳收据上注明，并加盖纳来出口图记，此据方能有效，其以前未经登记及未经注明加盖图记之收据，自一概不能适用。此项办法系临时性质，自本年四月八日起实行，如查有情弊，得立即取消，再本关规定此项办法全为顾及土货出口贸易起见，应请贵会通饬各商及马帮知照，出入本市应税货物，应往就近本关分所纳税，不得绕越偷漏，如有偷漏情事，一经查获，为维护国课计，不得不严办，以儆效尤。"①

在征税过程中，商会站在维护各业商人立场上在政策执行中灵活变通。如昆明市商会对此问题就有具体的应对。"经会同向蒙关税务司商洽关于牛羊皮、麂皮、猪鬃四项，得以转口税分卡税票，于出口时抵补出口税，茶叶一项估价过高，由会向茶业征集货样，转送海关，至茶价每一星期由茶业列具价目表报会审查，已审核后，再送海关办理，业经

---

① 《牛羊、麂皮及猪鬃转口税已准抵补出口税办法》，《云南新商报》1938年4月23日第2版。

税务司照所述原则认真照办，签请分别办理。"①

在土布转口税的征收上，由于高额税收的征收使得商品销路锐减，商会和政府在了解情况之后对于土布这种商品规定了临时的征收标准，涉及土布的重量、运送地、运出地等，并明确规定其他种类商品的征税不得沿用土布规定。"本省土布为平民日用之需，自转口税实行后，销路日减，迭经市商会咨请蒙关监督，税务司设法维持，嗣据蒙关函复市商会，规定办法如下：一、运省土布经过该关分所，即应将转口税完纳；二、此项土布预备在昆明染色，重运他处，应于进口时将输运地点预先报明，俾关员在税单上填注，使该布于完税一个月内复运他处，此项税单仍属有效，过期即作无效；三、此项土布重运他处，其重量如因染色与原税单不符，溢出重量应照补税，上述办法全为救济土布业之临时办法，他种土货不得援以为例，如将来查有冒充顶替以图偷税情事，得立即取消，以杜弊端，而维国课。"② 由商会和政府对于土布事件的特殊处理可以看出，无论是商会还是政府，其共同的愿望是商业贸易持续发展，征税标准的规定和调整只不过是以此为目的的手段。

对于某些货物的征税问题，地方政府与商会之间由于认识不一致也存在着一些纠纷。如思茅关的土棉运销进口税的征收，商会就处于较被动的地位。"以前订之滇省边土棉内运免征进口税暂行办法，自施行后，各县政府未能与海关切实合作，故于执行上不免感觉困难，所有各区土棉产量统计，除仅准镇越一县列表具报，由本关易武分卡复查属实外，其他各县，虽经一再函催，迄未照办。至土棉证书则各县政府均已源源填发，惟并非发交产户，而保给予花商收执，并闻各县政府于发给证书时，须按每驮（计重六十公斤）土棉征取手续费滇银二元至八元不等，似此情形，均显与规定办法不符，而本关以迄未准各县政府将土棉产量具报，对于证书内列土棉数量，欲稽核其是否确实，自属无从办理，惟根据本关试办年余所得经验，原订办法固称周密，而处于目前情形之下，

---

① 《牛羊皮等项转口税票准予抵补出口税，市商会商准税务司认可办理》，《云南新商报》1938年3月13日第2版。

② 《蒙关函市商会，土布征收转口税办法》，《云南新商报》1938年4月28日第2版。

推行实感困难。现为因时制宜起见，拟请将原有办法略加修改，以符实际而利施行。"① 1937 年，思茅县商会进一步强调了对土棉征税的依据："据该思茅关税务司本试办一年以来所得之经验，拟将该办法第三四五等条，加以修改，核尚妥协，应即准如所拟办理。惟据呈各县政府于发给土棉证书时，有按每驮征收手续费滇银二元至八元情事，实与本部核定此项办法，力求扶植土产加惠商民之本旨大相违背。应请贵省政府严令沿边各县政府对于该关施行上项办法，切实尽量协助，立即取消各项手续费，并准各县商会根据各县政府调查实况，发给土棉证明书，以免苛烦，而资便利。"②

## 二 抗战前商会与地方征税规则的变动

全面抗战爆发前，由于政府过高的征税给市场商户带来了巨大的负担，市场上的经济主体受到了不小的影响。商会为了保持市场活动实体的积极性就税收问题与政府进行了讨论，并促使政府就各类税收的征收标准做了改变，各县市商会遵照总商会指令通过延缓征收，甚至减少征

---

① 《拟修改前订滇省土棉内运免税办法各条文，咨请严令沿边各县切实协助，并取消手续费，准予商会发给土棉证书一案（云南省政府训令第四二一号）》，《云南省政府公报》1938 年第 10 卷，第 12—14 页。具体内容如下：（甲）原办法第三条前段，县政府接到所辖土司呈送之详表，复查属实，即予颁给土棉证书，发由该管上司转给各产户收执，同时并将该详表用海关规定调查表式，照录一份，送由思茅关转发各分卡复查存案。惟县政府发给土棉证书之土棉数额，等语，拟改为县政府于收到各土司呈送至土棉产量调查表后，应即派员复查，如查照无讹，即行分别填发土棉证明书，交由各土司转发各花户收执，同时并膳具产量调查表二份，以一份寄与思茅海关，一份送交附近分卡，以凭复查登记，各县商会根据县政府调查实在情形，亦得发给土棉证明书，以资便利，惟县政府或商会发给土棉证书之土棉数额。（乙）原办法第四条，各分卡主任奉到上项调查表后，应亲赴产棉地查明表列数目是否确实？如系实在，应即将其转录于专设治簿册内，拟改为各分卡关员于接到县政府交来之调查表后，应即亲赴所开产地复查，如查明棉表相符，应即根据表列花户及土棉数量等分别登记册内，其未经登记之边产棉花，概不能享受本办法之特殊待遇。（丙）原办法第五条末句，每月终早具统计表呈报正关查核，拟改为于每月月终造具统计表，以凭思茅海关稽核登记。再查上项办法，自上年施行以来，沿边各县政府对于原规定协助事项，多持漠然态度，未能切实办理。是以本关于执行上每感困难。现此项办法既有继续施行必要，拟请呈部转咨云南省政府通饬沿边各县政府此后务须切实协助，以利施行，而重关务。

② 《拟修改前订滇省土棉内运免税办法各条文，咨请严令沿边各县切实协助，并取消手续费，准予商会发给土棉证书一案（云南省政府训令第四二一号）》，《云南省政府公报》1938 年第 10 卷，第 12—14 页。

收激发市场主体活力,维护商业贸易长远发展。"桂林总商会前因收束军币,担任五万元,系由货担捐项下抽收,并由各帮商店,先行垫出,现在百物昂贵,皆由货捐加重(每百元货抽五元),民间受直接影响,故有四乡乡民推举代表李其昭等前往师部,请转饬总商会将此项货捐即日停止,以苏民困。"①

此外,有些地方政府会有重复收税的情况,这也给商人带来不小的麻烦和压力,原本营业已经投入高昂的人力成本,再加上商品售卖的困难和高额的税收,商人基本无法盈利。重复的缴税使得商人承受太大的压力,商铺只倒不增,市场一片凋零,南宁商会规定对于直接缴纳统税的商户不用再重复缴纳,这既保护了商人的利益使得商人更加积极主动地从事商业活动,同时又使税务规章制度因时因地得到调整。"财政部解释关于已由中央征收特种捐税免征营业税一案,凡厂或公司已直接缴纳统税或特种消费税者,各省不得再向其厂或公司征收营业税,但推销贩卖之商行店铺仍征营业税。是营业税之课税目标在于营业行为与对物征课之统税性质截然不同,该商等既非制造工厂直接缴过统税,乃系贩卖棉纱牟利营业,自应照章缴纳贩卖棉纱业营业税,以符规定。……本市花纱疋头业同业公会词称,为投请事案,奉钧会函送广西省营业税章程,并希转饬所属各商店知照,等因。遵查本省营业税章程第十七条第一项所载有中央或本省以法令指定免税之营业得免征营业税条文,兹属会各同业商店悉营办花纱,中央已设有特税并规定征收一次过出厂税,便可通行全国,况输运入桂,犹须重纳饷捐,核与本省营业税章规定应在免征营业税之列。广东举办营业税对于花纱业亦予免征,事实具在,有例可援,为此投请钧会恳予转呈省政府豁免花纱业营业税,以符税章而轻负担。"② 同时,商会拟定营业税征收章程,规范课税秩序:"部颁行业分类课税标准规定,除制造业及其他少数营业应按照营业资本额课税外,余均应按照营业总收入额课税。本省拟订营业税征收章程,即系根据此项规定办理断难,凭空变更,至称检验账簿及清算数目均感困难

---

① 《广西·桂林总商会》,《益世报》1923 年 12 月 22 日第 6 版。
② 《电据南宁商会呈转请免征花纱营业税一案》,《广西省政府公报》1934 年第 36 期。

一节,查征收章程所定检验账簿办法,商人如能遵照定章据实申报,既无隐匿之弊,自可免吊验之烦,倘系填报不实,必须检查,尽可由局派员会同该会办理,亦毋庸将营业内容尽行宣布,于商业信用决无损害,至商店平日所用账簿苟非存心舞弊,每日必有日结月结,当有总计可查清算,至为便易,所请核与部章不符,未便准行。"①

征税章程的制定修改经历了一个动态的过程。开始是按总收入额和营业总收益征收两种税,后来在商户的集体请愿下商会向政府转请统一征收资本额税,不再征多种税。南宁商会对市场有一个动态的监管职责,凡是一切影响市场正常运行的因素,如物价大幅度的变动、过高的税收、市场秩序不稳定等都在商会的监管之内。无论是在战争时期还是在和平时期,市场金融的稳定都关系着地区的经济和民众的生活。"近年本市商业衰落情形已臻极点,只闻倒闭不见增业,均由事实可以证明,值此凋敝关头,政府复从而举办营业税无殊令,全市商人将无力继续营业,虽营业税系属普遍良税,惟本市商业有此极度衰敝情形,复因商场习惯种种关系,对于现颁定之营业税章则,课税过重条文繁苛,实不易遵行,其中最感困难尤虞滋扰者,系征收机关于必要时得派员检验商店各种簿据文书等。本市各商店悉沿用旧式簿记,复因营业上种种关系,绝对不能公开,以本市商场一向习用期单,为各国各省所无者,故其营业额虽巨而其内容多数不堪闻问。惟赖彼此信用互相维系。兹百业不景,其间资本亏折,殆尽者宾居多数所能暂维现状,全藉内容无人知晓,如果一经检查账簿,则所有秘密无形公布宣传,所及自必信用消失,将见倒闭歇业相随,继至则彼此牵连全市商店,同遭残毁,其结果确有不堪设想者。再本市各商店资本向非充裕,益以营业艰难,故雇用伙伴,每有一人而兼数职者所在多有,平时所用账簿为经济所限,殊多简陋,如因资本亏折者,年结总账尤未能即时清札。对于检查清算更非短时间所能藏事,势必惹起无限纠纷,似此公私同感困难,属会等众认为有改善税章之必要,准将营业总收入额及营业总收益额两种课税条例撤销,一律依

---

① 《指令南宁商会据请将营业税改用资本额课税未便准行由(财字第13662号)》,《广西省政府公报》1934年第38期。

照营业资本额征税。"①

同时，南宁商会就改善营业税一事请愿地方政府改善税收规则，营业总收入额和营业资本额征收标准给商户带来了不可负担的压力，经过再三请求，政府对各业的税收进行了调整，针对不同的行业规定了各种生产的纳税标准。本次政府对于税收的调整已经做了很大的让步，在税收比例的变动上充分维护了商人的利益，调动了商人的积极性，但是政府在税务征收的严格性上并没有做出让步，而是进一步明确必须依法纳税，否则将严查不误。"南宁各同业公会请愿改善营业税，关于所陈第一二两点，业经决定办法四项，查核尚属可行，应准照办，至关于第三点请将税率酌减一节，本年六月财政部通行之整理营业税办法，明定税率分级限度，以营业总收入额课税者，最低级税率为千分之五，最高级千分之十；以营业资本额课税者，最低级千分之五，最高级千分之二十。营业税法第四条第三项第二款规定，以营业纯收益额课税者，税率最低百分之五（即千分之五十），最高百分之七点五（千分之七十五）。本省拟订税率均属从轻，本难再予核减，惟迭据该公会等一再请求，兹为体恤起见。"② 地方政府也及时

---

① 《指令南宁商会据请将营业税改用资本额课税未便准行由（财字第13662号）》，《广西省政府公报》1934年第38期。

② 《电各区营业税局全省商联会关于南宁同业公会请改善营业税一案》，《广西省政府公报》1934年第40期。具体规定如下：一、贩卖仪器文具纸张书籍业，准改照营业资本额征千分之五；二、手工业（裱扎成衣洗染各业属之）及贩卖业——竹木业药材业粮食业酱园杂食业山货业纱线业，准照营业总收入额减为千分之四；三、银钱业照营业资本额减为千分之八；四、洋服业酒楼茶馆业及贩卖绸缎业，照营业总收入额减为千分之八；五、制造皮革业照营业资本额、贩卖皮革业照营业总收入额均减为千分之五；六、经纪业代理业转运报关业，查广东此项营业系按报酬金额（即佣金未除开销之全部）课千分之五十，本省按纯收益额（即佣金除去开销之余额）课千分之六十，比较本不为重。兹均照营业纯收益额酌减为千分之五十；七、轮船业系属特许商办业，系照营业总收入额征千分之五，仍应照定率征收，据请减为千分之二十，系属误会。除电各区营业税局遵办外，合将谈话决定办法四项抄发，仰即遵照，此批。等词，除印发外，合将谈话决定办法四项抄发，仰各遵照，至本府签电核定本年份征收办法一二三四项应予更正如下：一、按营业资本额课税之各业，申报资本额仍照前核定办法办理，依率算出其全年税额作十二个月摊算征收本年八月至十二月五个月税款；二、按营业总收入或营业纯收益额课税之各业，申报总收入或纯收益额，应改用本年上半年各该项实际额数为准，估计下半年营业额依率算出下半年税额，作六个月摊算征收本年八月至十二月五个月税款；三、未缴过二十二年度商业牌照费者，照本年下半年应纳税款加倍征收，此次本府通融各种征税办法及核减各业税率已属特别体恤商艰，仰即录电布告周知，并应由会暂行各县商会务饬一体依章申报纳税，毋得再有藉延，致干究罚，仍各将遵办情形报查。

明确地进行了回应："此次取消商业牌照费,改办营业税前,以商人尚未有未明征税意义,请求缓办,叠经详予解释于后,复徇南宁各同业公会所请,由本府召集该公会代表等谈话,决定征税办法四项,并将各业税率酌为减轻,已属格外体恤案。经确定断难再行,变更合亟,电仰各商会迅即转饬商人务须一律遵章办理,倘仍故违者,由各局照章执行处罚,以警疲玩。"①

对于有特殊利得税的行业,地方政府将免除利得税的经过详细转告各县商会。对于税的征收,无论政府还是商会都是为了使市场能够继续发展下去,在市场金融发生困难的时候或者社会大环境不利于市场发展的时候,商会和政府采取的一种方式就是经济援助,对市场上的商家进行扶持,或者通过减少税收的方法减轻商人压力,保证市场主体的正常活动这样经济发展才有保障。税收或者物价的调整不过是一种方式。广西百色商会就曾因地制宜采取了较为得当的办法:"百色县商会近接省商联会电饬各药业免征利得税,二十一日特通告本市药业商人将免利得税经过情形汇报,兹将商会通告一志如下:案准省商联会总字第二八二号代电开,按据上海市国药业同业公会本年(已)(巧)代电开,接上海直接税局通知,转奉财政部直接税署本年三月二十八日京一字第二七五八号训令内开案据贵州区直接税局及广西区柳州分局,先后电以运输、洗染等业应否课征特种过分利得税。查运输商号,其无自备交通工具,专以接受他人货物,托其他运输组织转运为业者,系属代理业范围,印刷及制造干电池等业,系属制造业范围,贩卖图书及干电池,或其他农产品,或加工后之制成品,系属买卖业范围,均应依法课征特种利得税。至于旅馆、娱乐、修理、服装、饮食、洗染、织补、镶牙补根、装潢、表图、浴室、理发、水产电厂、摄影、熟药、驮马等业不属于特种利得税法第一条所规定之范围,自应免征利得税。……本会会员,经营物资既为熟药,依法可自免纳利得税。关于生熟药之免税系专指肩挑负贩零售生熟药之商人而言,其设有固定号者,应依法课税。本会以是项解释前令,似有未符且熟药业并无肩挑负贩之商人,设或有之,亦为卫生当

---

① 《电各营业税局各商会饬知营业税案》,《广西省政府公报》1934年第46期。

局所禁止其为禁止之商人，既无利得税，何来利得税，除根据上述理由，再备文呈请维持原令外，相应电请贵会将免征利得税经过情形，即详细赐复，并将免征利得税经过情形，着由该公会详细迳报来会，以凭汇复。"①

### 三　统制经济与抗战时期商会对税政的调适

抗战时期，西南边疆地区的重要口岸对接商会组织，对事关战局的物资，制定了通融疏散货物出口免税办法。"运货商人须先向经过分所报明货物件数，如查有借名疏散希图偷漏者即严重处罚。昆明市商会以敌机初次空袭本市，各业为避免无谓牺牲起见，曾将大批货件遵照政府明令，分别疏散，运往安全适宜地点存放，自系为正当办法。惟各货在入口时，曾经缴纳税款，此次疏散，实系为环境关系，当经提会议决，函请蒙关税务司及消费税局准予自由运出，免除繁杂手续，以后市面恢复，仍准自由运入，不再上纳税款，以维商业，旋准蒙自关税务司函复，以本市各商为防空袭起见，运货往邻近各地储藏，应遵照下列办法办理，经关验明相符，可予通融放行：（一）运货商人应向经过之分所呈递申请书，盖具铺号戳记，写明铺号地址，详列货物名称、件数、重量；（二）声明该货一矣市面恢复，仍运回本市，如有缺少，照章补税；（三）货物运回时，应向原出口之分所报明，以便销册，上列办法既属通融性质，应由商会切实知照各商，不得蒙混舞弊，如查有应纳转口税货物，借疏散为名，希图偷漏，或其他情弊，非特严重处置，并将此项办法立即取消，市商会准此，昨特录案函达本市各同业公会查照办理，并希转知同业铺号知照，不得蒙混舞弊，致被严处。"②

抗战爆发后，转口税的征收给商户带来了负担，本来政府规定只有通过铁路、公路及轮船或航空运输的货物才需要征收转口税，但现在对本省内从事小商品生产的手工业个体也开始征收，这使他们面临较大的经济负

---

① 《生熟药利得税》，《桂西日报》1947年8月23日第3版。
② 《蒙关税务司函复市商会，通融疏散货物出口免税办法》，《云南新商报》1938年10月16日第2版。

担。云南商会为了保护从业者的利益，向上提出暂停对手工业者、小生产者等本不富裕的市场从业主体征收转口税的建议，这无疑可以提高其进行经济活动的动力。"海关开始征收转口税，执行之时，颇与原则不符，凡由徒步肩挑售卖之零星小贩，其货物如鸡蛋、柴炭、日用物品均一律征收，似此苛细，不但收数有限，而滋扰实多。凡由铁路、公路及轮船或航空运输之货物，一律由海关征收转口税，征收一次后，通行全国，规定极为明显。现本省各肩挑小贩所售之货，既非由火车、汽车大宗运输，尤非轮船、航空运来，且多系本产本销，既非入口，又何为转口，其不合征收转口税，已属甚明。"① 对此，云南省政府特电财政部停止，并及时通知海关："在此情况下，昆明市各业商民因感转口税征收繁扰，不但妨害商业，致使各业生产停顿，生产锐减，有关抗战需要，至重且钜。连日纷纷到市商会一再请求维持，经市商会于十二月十六日召集一百一十二业公会开会商讨，议决备具请愿书，请商会推员率同各业代表于十七日向省党部请愿，恳乞垂念边远，电请中央准予停收，以应民生。"②

抗战时期，云南地方政府为了保持市场经济的活力曾减少部分杂税征收，同时也在商品的存放和运输方面给予支持。由于受战争的影响，市场在正常运转方面受到了限制，虽然政府在很多方面都给予了支持，尽力保障市场主体的利益，但是在征税方面仍然十分严格，市场商户必须依法按新调低的税率进行缴纳。1938年9月，自敌机空袭昆明后，昆明市商会及时制定了应对办法。"以敌机初次空袭本市，各业为避免无谓牺牲起见，曾将大批货件遵照政府明令，分别疏散，运往安全适宜地点存放，自系为正当办法。惟各货在入口时，曾经缴纳税款，此次疏散，实系为环境关系，当经提会议决，函请蒙关税务司及消费税局准予自由运出，免除繁杂手续，以后市面恢复，仍准自由运入，不再上纳税款，以维商业。以昆明市各商为防空袭起见，运货往邻近各地储藏，应遵照下列办法办理，经关验明相符，可予通融放行：（一）运货商人应向经过之分所呈递申请书，盖具铺号戳记，写明铺号地址，详列货物名称、

---

① 《海关征收转口税，各业代表向省党部请愿》，《云南新商报》1937年12月18日第2版。
② 《海关征收转口税，各业代表向省党部请愿》，《云南新商报》1937年12月18日第2版。

件数、重量；（二）声明该货一矣市面恢复，仍运回本市，如有缺少，照章补税；（三）货物运回时，应向原出口之分所报明，以便销册，上列办法既属通融性质，应由商会切实知照各商，不得蒙混舞弊，如查有应纳转口税货物，借疏散为名，希图偷漏，或其他情弊，非特严重处置，并将此项办法立即取消。"① 从以上所论可知，随着战局的转变和社会经济的发展，商会在战时经济统制方面的功能不断地深化和扩展，但其与工商业经营者的利益诉求仍是密切相连的。

但是，在抗战结束后的几年里，国民党政府的税款征收并没有停止，受战争影响，经济市场本身已经是满身疮孔，国民政府还加强征税，使得本身就不堪重负的人民生活更加困苦。1947年云南省直接税务局张胡觉召集省、市商会的全体理监事开会，宣布国民党政府下达的三项税收措施："一、催收欠税；二、加征所利得税；三、预征1947—1950年的税款。"② 在此基础上，市商会也没办法，只得提高物价来权衡，但这实际上是把税款转嫁给广大人民，对生活已经十分困难的人民来说，无异于火上浇油。

近代以来，税收是政府凭借政治权力，无偿地取得财政收入的一种方式。《梧州市商会章程》规定："关于商业征税有受政府咨询及代商人陈情之责任。"③《广西省商会联合会报告书》也开宗明义指出商会的一个重要职责就是"劝导同业依法纳税"④。税收直接涉及政府和商会组织的经济利益，一般来说，政府通过税收支撑财政，"赋税是政府机器的经济基础"，尤其是战争时期，政府加大征税力度，增收税款，来缓解经济压力。在这种情况下，商会既要履行纳税义务，保证工商者纳税，又要维护工商业从业者的经济利益，反对苛捐。1943年，国民政府财政部所派广西应收所得税额总计7.8亿元。广西省商会联合会认为，此举

---

① 《蒙关税务司函复市商会，通融疏散货物出口免税办法》，《云南新商报》1938年10月16日第2版。
② 中国民主建国会云南省委员会、云南省工商业联合会编：《云南工商史料选辑》第1辑，云南新华印刷三厂1988年版，第259页。
③ 谭肇毅：《抗战时期的广西经济》，广西师范大学出版社2011年版，第136页。
④ 谭肇毅：《抗战时期的广西经济》，广西师范大学出版社2011年版，第135—137页。

大额必将增加同业的负担，因此通电财政部，请求裁减。在应对征税事务方面，梧州商会往往是一面请求政府减轻繁重的工商税，一面协助政府完成合理税收。

抗战时期，市场商业本就不如之前繁荣，商户手头并没有取得太大的利润，但是政府对商户的征税并没有放松，政府通过税收来增强自身的经济实力。当时商会指出："本市各行商以劫后归来，复业艰困万状，对于课征战时过分利得税及营业税，所得税负担过重力求豁免……为商请命宽免减轻课征税率……"① 商会一方面出面与政府协商征税的标准来缓解商户的压力，另一方面又通过各种方式来激发市场主体活力使经济市场运转起来，商人赚得利润之后便可以交税。商会维护了商人和政府双方的利益。

综上所论，滇桂地区商会组织作为纳税人团体的税权表达，既是维护西南地区商人利益、减轻税负的需要，也有利于中央和地方政府税政的合理化规范化。中央和地方政府迫于财政压力，往往不断向商会施加征税压力，扩大税种范围。地方商会不得不借助于上书呈请或媒体舆论等方式，向政府表达意愿，同时也争取各方支持。纵观之，不同时期，政府的税收政策和系列改革，一般也得到滇桂地区商会的支持或响应，甚至协助征稽。在不同税种的征稽中，商会或以行业或以团体的方式与政府有过较为激烈和复杂的博弈，但商会作为法定的组织，还是以合法的抗争为主。当然，在滇桂地方政权弱化或游离于中央政权的某些时段，商会在税政变革中的角色也有不同的呈现。但总体而言，基于西南边疆地区特殊的社会经济结构和商业贸易形态，商会是商人与不同层级的政府在税收政策上博弈的组织者及协调者。同时，政府也运用商会组织来贯彻税法，推行税政。与其他省份有差异的是，滇桂税政的主导权主要是掌控在地方政府手中。

---

① 《苍梧县商会工作报告》，1946年，梧州市档案馆，全宗号：126—6—4。

# 第四章

## 西南地区近代商会的社会治理

　　社会治理，简而言之就是政府、社会组织以及个人等诸行为者，通过平等的合作型伙伴关系，依据一定的规则对社会事务和社会生活进行规范和管理，最终实现公共利益最大化的过程。晚清之际，随着帝国主义列强对中国侵略的深入，中国传统社会的治理模式分崩离析，呈现出一种治理重心下移的趋势。近代以来，由于中国经济和社会结构的现代转型，尤其是步入民族国家的轨道之后，近代中国的社会治理共同体不断拓展。清末，商人组织的现代形态——商会应运而生，并成为参与近代社会治理的重要力量，在一定时期，尤其是民国前中期，商会一度成为社会治理的主体力量。爬梳西南地区近代商会的发展历程，商会的社会功能，即在社会治理领域中彰显出的作用和影响，也有可圈可点之处。

　　近代以来，中国社会治理的主体不再是单一的政府行政主体，而变成多个主体，其中包含商会等各类团体组织。尤其是南京国民政府成立后，为把民众组织的目标从"革命之破坏"转变为"革命之建设"，十分重视工商同业组织的建设与发展。无论是"云南王"龙云建设所谓之"新云南"，还是新桂系的"建设广西、复兴中国"，都十分重视对地方社会的治理，而对于商会组织社会功能的发挥也有一系列的举措。一定意义上，此时的商政关系对基层治理结构的重塑有着至关重要的影响。

　　就滇桂地区的特殊政治、经济和社会文化生态而言，近代商会以"嵌入式"治理的模式同步纳入了边疆社会的治理范畴。卡尔·波兰尼在研究经济活动与社会关系时认为，在前近代社会中"经济体系，从原则上来说，是嵌入在社会关系之中的"①。滇桂地区近代商会是维护经济运行、完善社会治理的重要力量，同时承担协调社会关系、化解社会矛盾、维护社会秩序的责任，在不同区域还担负起社会公共建设职能。因此，滇桂地区近代商会的社会治理是管窥商会治理和边疆治理的重要窗口。

## 第一节　商会对地方社会秩序的维系

作为新式商人组织，商会对近代中国西南边疆社会的发展与演变，产生了深刻的影响。商会本以"在商言商"为宗旨，但在辛亥革命以来的时局变动中，商会依托自己的经济实力和社会地位，在地方政府授权的范围内或"鞭长莫及"的领域里，行使一定的社会管理职能，尤其在地方秩序维护方面发挥了一定的作用，对西南边疆地区社会整合有一定的助推。

### 一　商会对地方秩序的维系

云县地处滇西南，是西南边陲联系内地的咽喉要冲。云县商会是西南边疆地区较早设立的商会组织，在维系地方秩序方面做了许多卓有成效的工作。云县商会成立于1909年，位于当时茶、糖、盐业集市贸易中心。云县商会设会长1人，文牍1人。经费来源靠称捐和会员费支用。1927年，改组为商会委员会，委员会设正副主席各1人，常务委员和监督委员各4人，文牍、书记各1人，由委员会选举产生。商会会长由地方士绅和商业界知名人士担任，委员会主席（会长）先后由赵美山、尹业成、张俊中、唐联珠（号合浦）、赵茂堂担任。② 值得关注的是，民国时期的地方议会不仅主管商会，还亲自参与处理商务和纠纷。自1912年第二届议会（议长张世卿）起，至1943年第四届议会议长，特别是卢光华

---

① ［匈牙利］卡尔·波兰尼：《大转型：我们时代的政治与经济起源》，刘阳、冯刚译，浙江人民出版社2007年版，第232页。
② 云县工商业联合会（商会）、云县地方志编纂办公室编：《旧商会成立及兴衰始末》，载《云县工商业联合会（商会）志》，云县工商业联合会（商会）2008年版，第18—19页。

任内，商会工作成效更为显著。他学识渊博，办事公正，为官两袖清风，新中国成立后被推选为第一届各族各界人民代表，卢光华至今仍受众人传颂。

当然，商会在发展的过程中，也经历过不少的困难。1933年以来，云县多处发生疫情，死亡人数近万。1938年，云县政府称："云县不幸，天降巨凶"，"人多服素之家，呼女唤爷，壁有闲灵之报，桐棺如织，闹市成墟，户绝炊烟，人缠死气"。据史料载：1931年全县人口14万余人，到1938年仅有10万余人。新中国成立后对新城坝进行普查，1937年前共有739户5433人，到1953年幸存511户，1496人，死绝户228户，死亡3957人。20世纪30年代，外商渐离，生意萧条，商会也处于艰难阶段。滇西抗战开始，军队涌入，修筑铁路公路，云县商业市场又开始复活。1944—1945年，抗战后期，物价猛涨，货币贬值，南京国民政府滥发钞票，时疫未绝，农民破产，匪盗四起，市场不稳，"一街三行市"。工商业者也处于水深火热之中：十字街糖业户刘靖国，赊糖运往保山，糖价猛落，卖后还不够开运费，刘被迫逃回腾冲躲债；打铁街黄炳清户经营棉布，一夜间被盗匪洗劫一空；延平街商户胡先荣，经营棉织品、百货破产，无力偿还债款，走投无路吞金自杀……类似商户举不胜举。这一时期，商会处于艰难阶段。抗日战争胜利后，国民党发动内战，匪盗四起，地方一片混乱。这一时期的商会，有名无实，完全处于瘫痪状态，直到云南和平解放。

在乱局中，地处滇西北的鹤庆商会为保一方安宁采取了积极的对策。《鹤庆县志》载："鹤庆议参会商定，利用商团武装，不失时机，先发制人。12月3日（农历十月十三日）夜四鼓时分，保卫商团分兵围攻张继良及其随行人员所在的丁宅和知州署，枪声响彻夜空。张继良见大势已去，抗拒无力，遂命其左右缴械投降。第二天，按程站发给路费，遣散前清鹤丽镇官兵出境。"[①] 1913年冬，大理发生杨春魁煽乱，邻近各县戒严。鹤庆商会集合各号东及经理、学徒之年壮者50人，编成一队，以此保护市面、抵御外侮，鹤庆市井秩序稳定，大理事态平息后，随机撤销。

---

① 鹤庆县志编纂委员会编：《鹤庆县志》，云南人民出版社1991年版，第115页。

1914年，针对鹤庆东、西两区道路山箐随时有小股盗匪往来打劫的情况，时任鹤庆商会总理的杨玉保筹设保路商团，招募本地壮丁。在东区倮倮哨设10名团丁、狮子哨设10名团丁、西区山神哨设10名团丁、鹤寿桥设10名团丁、距城三十里城西箐金凤哨设10名团丁，共50人。1919年，调整各哨人员，东区狮子哨与倮倮哨合并。之后，一直持续办保路商团，收支以烟茶驮捐款为主。①

永北（今丽江永胜县），地处长江上游的滇西北地区。据《云南省各县疆资料》："永北之名，因永宁，北胜而起。"然永北有永远败北之意，故改名永胜，以求祥瑞征兆。1912年，地方政权仍沿清制，称永北直隶厅。1914年改观察使为道尹，永北县以下设金江、仁里、宁蒗县佐（又名分县），再辖土司约甲。1934年正式批准永北更名为永胜。民国初年设立的永北县（今丽江永胜县）商会，根据地域实际情况，专门采取了相应的办法维护地方市场秩序。"商会设一个牲畜经纪人，俗称'牙子'；备有大称（秤）一支，作买卖方交易的公称（秤）。牙子、公称（秤）的收费，承包上交一部分给商会做办公费和文书、工友的工资以及开会、调解时的烟茶费用。"② 还举办骡马会来繁荣市场。

为了促进工商业对外贸易的发展，1919年由第二届商会会长杨庆恩、聂舜琴筹办第一次永胜县骡马大会（物资交流会）。地点在西关坪，时间定在旧历九月初五到十五共11天。以售彩票的办法筹资，中彩的得奖，不中彩的不还本，作为功德捐献为骡马会筹办费。骡马大会主要事项是两件：一是以骡马交易为主的土特产物资交流。永北的凉山马以能驮重、善爬山出名，交易很旺盛。二是进行跑马比赛。每届于九月九日这天赛马，在会场划一圆道，周长约一公里，共跑三圈，取一等二名，各奖大银牌一面；二等四名，各奖小银牌一面；三等八名，各奖红绸一段。第一次举行就非常热闹，以后每年都照例举行。省建设厅嘉奖永胜骡马会，奖杨庆恩匾额一块，题词"热心公益"。第二年的骡马会是按经营额千分之三收地皮费，还经省财政厅批准，由县税局在会期税款中拨1%给商会。再在会

---

① 梁波：《茶马鹤商》，团结出版社2020年版，第230页。
② 杜应文：《永胜县商会和九月骡马会》，《永胜文史资料选辑》第1辑，永胜县政协文史资料委员会1989年编印，第108—111页。

场设赌场，摆赌拍头。以此三项作为骡马会的资金来源。① 外地祥云、宾川、大理下关、华坪、四川邻县来永胜经商的增多了，本地和凉山的骡马以及土特产也大量出售到外地，对永胜的商业贸易起了促进的积极作用。

地处广西东北部的荔浦县，是桂东北重要的交通枢纽和经济发展中心。1910年，荔浦县商会成立，商会以维护商人利益、办理经商登记、征收商务管理费、调解商务纠纷为主要职责。1933年，商会重新组建，按行政区划设立分会，按行业组成同业公会，公会的最初宗旨为"联系同业感情，增进工人知识技能，促进生产，维持劳工生活，改善劳动条件，维护合法权益"②。荔浦县商会就维护地方商业秩序还专门制定了一些规则，如《广西省荔浦县商会举办公益日会简章》③ 等，对如何维系地方秩序方面也有较为具体的规定。其中，第一条就明确了公益日会的宗旨是"提倡储蓄资助缓急"，第五条至第十四条对具体的操作又做了详细的规定。④

---

① 杜应文：《永胜县商会和九月骡马会》，《永胜文史资料选辑》第1辑，永胜县政协文史资料委员会1989年编印，第108—111页。
② 荔浦县地方志编纂委员会编：《荔浦县志》，生活·读书·新知三联书店1996年版，第630页。
③ 《指令荔蒲县府据转呈该县商会举办公益日会简章》，《广西省政府公报》1935年第89期。
④ 具体规定如下：五、本会暂办三组，各冠以字头，每组集会三百份，每份每日供银二角为额，供至满会之日为止。六、本会每份每日供银实数，分生熟两种，凡未标会者为生会，每日照额数内除去应得票利之外，如数供足；已标者为熟会，供熟会每日均照原额银数供足，至满会之日为止。七、本会每日供银以束毫为本位投票除利，以铜元为单位，而铜元则照是日时价伸算四舍五入。八、本会规定标会利息最高额不得超过周息二分，最低利益以一分为率，如无人投票未出至一分时，即以抽签方法定之，但仍以一分利息计算。九、本会每日领得会款银数，按照生熟会共收银数内扣除手续费银二元，以作商会常年经费，其余均交本日标得会者领收。十、本会每字头每日标会一次，由各会友按照前第八条所规定之利率，以投票方法酌标利银，以出利多者得之，雷同者先开先得，但必须由商店担保，经本会认为相当者，方能领款，倘有中途缺供，为担保人负责，如无人担保者，须贮银作保，至于应提存银数，以该份日后应共供若干为标准，否则作为无效。十一、本会每日上午九时在商会当众开票后，即日派人挨户收款，并由本会出具证明书证明某会第几号会是某人标得，利息若干，某人担保，以昭大公。十二、凡欲标会者，须先将某会某人担保人某某及标利之数目等项逐一注明，票内于前一日封固送交本会，或交与本会收款人转交本会，至开票时如系标得，则于次日下午三时由标会人盖章填具收条及担保商店盖章填具担保字据，并携带占会之票证，到会领取会银，倘若担保商店不肯盖章，或本会认为不相当者，而该票得会者又不能贮款作保，即以第二票承补。十三、生会每日供银应即日交情，如延至三日不供者，即由本会取消其投票权，不得标会，该会份由本会另行觅人承顶，其以前所供过之会银，须待满会后，始能发还，概不计息，并照第九条规定每份扣除会费银二元。十四、熟会每日均照原额供足，倘有少欠，由担保商店照数赔偿，担保商店如有拖欠情事，则本会呈请官厅追收，设担保商店倒闭，即将担保商店之铺底物业等开投抵偿，如有不敷，则由荔蒲县商会负责赔足。

可见，西南边疆地区各县镇商会始终践行言商为本的主责，在清末民国时期政局较为混乱的形势下，地方治理相对羸弱缺失，地方商会也因此享有较大的独立性和自主权，从而在维护地方社会秩序方面发挥了积极的作用。

**二　商会参与地方赈灾救济**

商会组织在应对各种社会突发事件和自然灾害中，往往能灵活和快速反应，在资金募集、物资筹备和组织志愿者行动等方面，在一定程度上能够提供应急措施，这对维护社会稳定具有重要意义。

1938年，昆明市商会给广州市云南分会董事会发函请求救济本省旅粤难民："滇旅粤同乡多属昔年护国护法随军而来，追随总理转战湘赣，效命疆场迄今十余年。事过境迁，其壮健者，现仍置身军营服务党国，侥幸者亦早安然返滇，各归田里，仅遗老弱残废及妇孺等约二百余人沦落广州。年来聚居一德路云南会馆，及火新路元锡巷云贵会馆等处，其平日生活，除头脑清醒能于小贩营生者外，大部无以为谋，乞食终日，物质之惨，难以言表现。自我国对倭抗战以来，本市时遭敌机空袭，各行商业俱受影响，小贩营生自难例外，数元血本早已告罄。悉皆陷于绝望之途，值此非常时期，乞食自亦不易，啼饥号寒，嗷嗷待毙，落难之惨，已达极点。敝会所有公产数处，早被前任会董杨良丞盗卖殆尽，仅存一德路云南会馆一所，租给市立小学校为校址，每月收入租金一百余元，除前杨良丞负欠公务局筑路费二千四百余元，每月奉令扣缴一百元及交纳房捐警费十余元外，所遗十数元，于事无济，同人等自奉令整理会务及至正式成立，一切用款均系捐办理，只因杨良丞盗卖会产案涉讼经年，以致声嘶力竭。今对于众人，实属无法维持，若坐视其危，则恐铤而走险，滋生事端。除电请云南省党部设法维持外，兹特函恳贵会鉴查，务望体念彼辈昔年从军之劳，迅予设法救济，以全生命，而维乡谊，则敝会同人感同身受矣。"① 函文中说明了具体的情况，有部分云南人民

---

① 《据昆明市商会呈为准广州市云南分会董事会函请救济本省旅粤难民一案》，《云南省政府公报》1938年第10卷。

流离在广州,有二百多人无力谋生,他们大都是护国护法运动中追随总理转战湘赣的战士及其家属,情况特殊,非常可怜。可见,地方商会在扶危救难中始终践行"民为邦本"的理念,为商亦为民。

### 三 商会参与社会治安维护

商会组织创立的商团、护商大队、商人自卫队等组织在维护社会治安方面也发挥着不小的作用。

1918—1919年,南宁商会曾经组织商团,由各商户选派部分青壮店员工人参加,配备枪支武器,同时还雇请部分专职人员负责,经常在商会后面广场操练。民国九年奉省令解散商团组织。民国十年以后,因时局不安定,商会又恢复商团的组织,不过当时组织不健全,时办时辍,尤以大革命时代为甚。[①] 1933年6月,广西省政府实行"清乡"之后,各地民团亦有组织,以负维持治安之责,命令各县商会将护商队及其类似组织一律裁撤。南宁商会奉令裁撤商团之后,各商店的青壮员工,仍须参加政府所组织的街甲民团训练。抗日战争胜利以后,散兵游勇以及帮会分子骚扰闹事,治安堪忧。商会经执委会讨论决定,于1946年1月13日组织成立南宁商人自卫队,仍是由各商户选派部分青壮员工以及雇请部分专职人员组成,由李贞任大队长。南宁商人自卫队以维护各工商业户的利益和安全为名,但因经费无着,组织涣散,不起实际作用,成为虚设,不久即解散。1949年,国民党部队节节败退,市面混乱,南宁专员公署为保护水路交通安全,于8月27日,同商会组织成立护商大队,由专署领导饧霞伟(瑞)、谢登福任正、副大队长。队员二百余人,全部招聘,薪给待遇优于现役士兵。护商大队全副武装,俨然现役军人,枪支弹药均由专署拨给,经费由商会向各商户募捐、摊派汇集供给,各工商户如水陆运输货物时,雇请护商队派兵护送,须付给护卫费用。[②]

在广西地区,地方商会独自组建护商组织,维护社会公共安全,营造利商的治安环境。1932年,合浦、博白、玉林三县的商会联合南流江

---

[①] 南宁市政协文史资料委员会编:《南宁文史资料》第11辑,1990年编印,第230—237页。
[②] 南宁市政协文史资料委员会编:《南宁文史资料》第11辑,1990年编印,第230—237页。

航道各乡组建玉、博、合河道护商团，极大增强了地方的联防能力。① 此外，还由政府出面组织，商会负责筹集经费组织护商组织。1946 年 11 月，各商会报告"柳大沿河商运近形不妥"，广西省第二、第三两区专保公署策动柳大沿河各县商会组织护商队，出席筹备会的有沿河各县军政要员以及桂平、平南、苍梧、藤县、贵县诸县商会代表，决议："一、请政府成立护商队一个大队（辖四至六个中队编制与保安队同）分防沿河要隘并护送船只，以资防卫；二、护商大队之员兵械弹由省保安司令部计划编组，所需经费及开办之服装费由各县商会负责筹集，开办费及每月经费预算由三区专署报请省保安司令部编拟转饬各县商会遵照分配筹集。此外，还决定柳大沿河护商队由广西省商会联合会设在柳梧两地的分会负责管理。"② 该护商大队"以保护商运商业，增进商人公共福利及辅助军警维持治安为宗旨"③。地方当局不但要求商会利用其网络组织系统收缴治安费用，一些重要的治安法令措施也交由商会逐级下发给各商民执行。1946 年 10 月 26 日，经济部中国植物油料厂柳州分办事处运往梧州的二百余桶桐油在武宣县三里乡被匪徒抢劫，该厂梧州分办事处电请苍梧县政府通令苍梧县商会、平码经纪商业同业公会督饬"各同业遵照对该项桐油勿许得购买，可能时并报知本府将人质扣解究办"④。

## 第二节　商会与地方社会公共建设

　　近代以来，尤其是民国时期，随着国家治理重心的位移，在地方社会建设中，需要商会等商人组织的支持和配合，来参与地方的公共建设。近代商会在西南边疆地区所参与的社会公共建设主要集中在整治河道、

---

① 蒋霞：《广西商会述论》，硕士学位论文，广西师范大学，2000 年，第 22 页。
② 《民国三十五年十一月广西省第二三两区专保会公署策动柳大沿河各县组织护商队筹备会议录》，1946 年，梧州市档案馆，全宗号：126—6—5。
③ 《广西省第二三区柳大沿河护商大队组织规程草案》，1946 年，梧州市档案馆，全宗号：126—6—5。
④ 《苍梧县政府民国三十五年十一月建商字第一二〇三号电》，1946 年，梧州市档案馆，全宗号：126—6—5。

筹备桥捐、发展消防、发展交通、电力供应、建设基础设施等方面。

一是整治河道。西南边疆商会在海河疏浚河道中功不可没，从1931年"南宁商协会呈请建设厅的核示"①中可以看出来，南宁商协会多次提议整治河道，并对筹措经费的方法提出建议。"建设厅昨据南宁市商协会以常委梁天之呈称，略谓议于十一月二十九日召集南宁市轮船公司代表会议，上河轮船公司代表提出开濬千里沙，以利航业，众以永淳县属千里沙，每届冬季水涸沙积，轮船至此，必须将客货起驳，并临时扒沙扛船，方能通过，废时耗费，殊感不便，往岁已经提议开濬，旋因政局变更，迄未筹款施工。兹省局底定，积极建设，变通尤加整顿，阻碍船路之千里沙，尤宜竭力濬治，应由本行筹款，克日鸠工从事。"② 核示中还建议了筹款办法："先由下河轮船公司担任开办费，陆续抽收经过轮船及大民船捐款归垫，轮船一水抽银十元，装六万以上大民船一水抽银五元，由本行协会监督办理，由永淳县政府保护工程，详细计划，即由下河轮船公司代表拟定送由协会审定照行。"③ 此事最终的处理结果是建设厅采纳了南宁商协的建议："当即依此议决照办在案，并请由职会呈明钧厅核准备案，转饬永淳县布告保护，暨协助招雇工人，并饬民船工会转知民船照缴捐款，恳请察核迅赐批准备案，并祈转饬照办各等情，建厅据呈，以所拟濬深河床，以利交通，殊堪嘉许，饬转工程计划暨详细预算呈送核办。"④ 南宁商协会提议整治河道不仅是出于对本商会利益的考虑，更是为了公共建设和民生福祉，由此可见商会在社会治理中发挥了积极的作用。

二是筹备桥捐。昆明市商会在桥梁资金的筹措等方面也积极介入公共建设。1935年，盐津水灾冲断铁桥，为重修盐津铁桥，盐津商会与盐津县政府积极筹备桥捐："此项铁桥原呈计划约需经费旧滇币八十余万元，除余氏一万余元外，政府与商人应各负担四十余万元。"⑤ 到了1938年，商

---

① 《开濬西江之先声》，《南宁民国日报》1931年12月4日第4版。
② 《开濬西江之先声》，《南宁民国日报》1931年12月4日第4版。
③ 《开濬西江之先声》，《南宁民国日报》1931年12月4日第4版。
④ 《开濬西江之先声》，《南宁民国日报》1931年12月4日第4版。
⑤ 《令为据昆明市商会呈请令饬盐津停止桥捐仰查核办理》（云南省政府训令第一一三九号），《云南省政府公报》1938年第10卷。

会调查发现此项捐款已经到达所需数额,"此项桥捐自二十四年九月一日开征起,截至六年二月底,已收获旧滇币三十一万元,盐津商会主席王伯侯前呈曾经载明自三月一日起,截至十月底止。又八关所收利约在四十五万元,前后共计约四十五六万元,不惟建筑铁丝桥绰有余裕,即建设花桥亦与原呈计划数月相符"①,因此发函"请烦查照前函呈请省府及民、财、建各厅转饬盐津县将此项桥捐克日停止,以符原案,而纾商困"②,并"恳令饬将以前收获捐款交富滇新银行保存,以符原案而照郑重"③。此外,函文中还请求"盐津县长呈请派员清算桥款,均经令饬该关查核办理在案"④。昆明市商会为重建盐津铁桥筹款的举措,无疑是商会介入地方公共建设的正面行动。

三是发展消防。防火和救火一直是困扰城镇居民的一大问题,在消防方面,商会也发挥出重要的作用,如积极筹款组建消防队,多次发挥其灭火作用。晚清之际,梧州商业繁荣,但频发的火灾迫使商会在 1909 年购置消防汽轮卫间号,在河边建造筏船,设抽水机以备消防之用。汽船上员工由商会给养。⑤ 1910 年,玉林州商会组建商会消防队,资金由商户捐积。该队一直维持到 1949 年,在城区两次大火灾的扑灭中起了重要作用。⑥ 抗战胜利后,百废待兴,目睹"从前商界设备消防机车扫荡无遗","商户失缺消防保障"之状况,苍梧县商会当即"将疏散往本县石龙乡之商界灭火电船驶回,筹款修理,庶资保障"⑦。此后,又屡次协助梧州警察局推行"本市各商店存放电油等惹火物办法"⑧。1949 年,

---

① 《令为据昆明市商会呈请令饬盐津停止桥捐仰查核办理》(云南省政府训令第一一三九号),《云南省政府公报》1938 年第 10 卷。
② 《令为据昆明市商会呈请令饬盐津停止桥捐仰查核办理》(云南省政府训令第一一三九号),《云南省政府公报》1938 年第 10 卷。
③ 《令为据昆明市商会呈请令饬盐津停止桥捐仰查核办理》(云南省政府训令第一一三九号),《云南省政府公报》1938 年第 10 卷。
④ 《令为据昆明市商会呈请令饬盐津停止桥捐仰查核办理》(云南省政府训令第一一三九号),《云南省政府公报》1938 年第 10 卷。
⑤ 梁福波:《梧州消防事业沿革》,《梧州文史资料选辑》第 13 辑,梧州市政协文史委员会编,1988 年,第 56、58 页。
⑥ 玉林市志编纂委员会编:《玉林市志》,广西人民出版社 1993 年版,第 803 页。
⑦ 《民国三十五年苍梧县商会工作报告》,1946 年,梧州市档案馆,全宗号:126—6—4。
⑧ 《梧州警察局政字第 4198 号代电》,1946 年,梧州市档案馆,全宗号:126—6—127。

腾冲商会筹措巨款，支援江防，在城上设置水缸，打封火墙，组建消防队，防止火灾。① 可见，多地商会积极参与本地公共建设中的消防建设，为防火和救火提供了强有力的支持，保障了本地商户和居民的人身及财产安全。

四是发展交通。1926年，金家惠（金绍和）继任腾冲商会会长。刘振伦起兵反唐（继尧），张梁、宋金荣两股土匪从保山窜扰至腾冲与刘振伦合并。② 金家惠、李德贤、蔡寿昌、董友莲等为避免地方糜烂、人民遭殃，组成筹饷局（后改公安局），鼎力周旋应付，因而"闾里安然"，匪乱中，龙、怒两江桥被破坏。匪乱平息后，由商会牵头修复，董友莲捐银元16000元，不足部分，由各路抽货驮捐弥补。1929年11月，商会成立常务委员会，会长改名主席。是年，兴修古永铁板桥，由董友薰负责，年余完工。僻处西南边陲的腾冲商会不仅积极配合平定匪患，且牵头修复龙、怒两江桥，并在日后将铁索桥改为铁板桥，为当地的交通便利做出了积极的贡献。

宾阳驮卢镇是近代桂西南各县土特产的集散地，为了促进该镇的商业贸易发展，驮卢镇商会每年投入资金建设和维护渡口及港口，促进了客货的流通。③ 地处瑶族聚居区的金秀县桐木镇盛产各种山货土产，桐木街大小七十多家商户，于1936年12月组成桐木商会，担负起定期维修古楚观码头等交通设施任务。④ 在玉林，商会发动商户出资认股，与贵县、兴业的商户组建贵（县）兴（业）玉（林）公路股份有限公司，集资建设民办贵兴玉公路，兴建玉林到陆川、玉林到博白、北流到玉林的公路，促使玉林一跃成为桂东南陆上交通枢纽。⑤

抗战时期，各地交通遭受战乱而严重损毁，致使交通秩序尤其混乱，柳江县商会、桂平县商会和融县商会在给广西省商联会的提案中明确指

---

① 腾冲县志编纂委员会编：《腾冲县志》，中华书局1995年版，第606页。
② 腾冲县志编纂委员会编：《腾冲县志》，中华书局1995年版，第606页。
③ 黄德俊编：《桂西文史录》第2卷，广西人民出版社1996年版，第290页。
④ 颜福林主编，雷云程副主编：《桐木镇志》，金秀瑶族自治县1988年内部印发。有关桐木商会的内容详见该书第九章。
⑤ 周泽华等编：《玉林商会志（内刊）》初稿，1991年编印，第32页。

出:"本省自光复后,公路桥梁多未修复完好,渡口设备亦未臻完善,加以军工商车辆运输频繁。倘若雨天连绵,河水湍急,秩序难免纷乱,争执因之时有,发生故障。若非从速将渡口设备改善,人事管理调整,秩序订建,不第妨害交通抑且发生争执,问题日趋复杂。"① 对此,三县商会心急如焚,提议:"由省商联会电请省府令饬公路局增设渡河工具,派出技术人员,赶修各段桥梁,同时架设临时便桥,规定军工商车依次渡河,以免争执。"② 1947年,桂粤两省交通要道邕钦公路因雨水损堤而中断,大量过往车辆被堵。南宁汽车商业同业公会逐级向南宁商会和广西商联会呈报,由广西商联会紧急电请国民政府主席广州行辕、广东省政府、广东省公路处、广西省政府以及广西省公路管理局联合派工程队抢修邕钦公路以恢复桂粤交通,并就修复方案提出了诸多建议,修复巩固了两广交通大动脉。③ 交通是否便利对于经济的发展至关重要,各地商会参与本地的交通建设具有重大的意义,在此过程中商会为政府提供了诸多积极的建议,避免了因交通秩序混乱而带来的诸多损失。

民国年间,柳州商会副理事长杨竞鸣等商会成员向县政府提交了两份提案,一份是《拟请建筑各区市场大路与各区、乡、村道路衔接以便村民交通往来案》:"县属各乡村落,所有通达各市场之大路,崩土低陷,触目皆然,来往行人不便殊甚。现既建筑乡村道路之秋,而有交通市场之各村大路势在必行,尤应修筑。拟请通令各乡、村长,除现行建筑乡村道路外,再督率各村壮丁,修筑各重要村路而达市场,定期兴工完成,其交通之利益将见普及矣。"另一份是《拟购买车辆行驶乡道并请免收经过省道养路费案》,其中指出:"酌购车数辆,行驶乡道,以谋公共利益,以利交通。"④ 虽然这些提案在多大程度上发挥的实际作用并不为人所知,但也表明近代商会对民族地区乡村交通的重视,一定程度

---

① 《拟请省府改善本省公路渡口设备及车辆过渡秩序免妨交通案》,1946年,桂林市档案馆,全宗号:07—1—5。
② 《拟请省府改善本省公路渡口设备及车辆过渡秩序免妨交通案》,1946年,桂林市档案馆,全宗号:07—1—5。
③ 《民国三十六年广西商会联合会代电》,1947年,广西壮族自治区档案馆,全宗号:L43—1—31。
④ 刘汉忠编:《柳州民国文献集成》第1集,京华出版社2004年版,第58—59页。

上拓宽了商贸发展空间，促进了民族经济的开发。

五是电力供应。近代广西的电力供应多由商人投资运营，如1915年成立的南宁电力公司主要由商会组织集资，商会成员多有参加，[①]还有诸如1916年创办的宜山太平电灯公司、1919年创办的百色日光电灯公司、1921年创办的玉林振华电力厂等，都是由商会成员投资或附股创办。1925年，北流县晋光电力公司由商会成员何子丞、邓植生、朱乾西、何民初、黄杏乔、黄党举六人发起，邀约县内商家132户集资8万银毫创办，主要供应城市照明用电，并兼营碾米等业。[②]商会涉足电力供应是出于公共利益考虑而参与的社会公共治理，无疑体现出商会的社会责任感。

随着近代新式商会的兴起，商会逐渐成为社会治理中不可或缺的一部分，承担起其他组织和团体都无法代替的经济职责和社会职责。商会组织具有行业领域广、渠道资源丰富、覆盖面大等优势，在社会治理和社会公共建设中发挥了独特的作用，而且商会积极主动参与社会治理，也有效地提高了政府社会治理的效率。

## 第三节　商会对抗日救国的响应和支持

抗日战争事关中华民族的存亡，全体爱国民众都投入到救亡图存的运动之中，各尽其力，抗战救国。商会作为工商界之团体代表，在此时也纷纷以其实际行动支援抗战，并号召广大商人和民众积极捐献钱物，实施全民抗战。在全面抗战爆发后，商会的组织统筹对于整合社会力量支持抗战来说具有重要意义。

### 一　云南商会的抗日救国义举

云南商会的支援抗战活动体现在多个层面。在"九·一八"事变后

---

① 李启祥、谭津：《南宁电灯局的创办》，《南宁文史资料》第4辑，南宁市政协文史资料委员会编，1987年，第72—76页。
② 北流县志编纂委员会编：《北流县志》，广西人民出版社1993年版，第546页。

和整个抗战期间，省市当局历次筹款募捐，多通过商会、同业公会进行。商会和其他社会团体一起组织了"护侨委员会"和"抗日救国会"，主办了国货展览，开办国货公司，开展了抵制日货、提倡国货运动，在为前方将士捐献寒衣、布鞋、药品、劝募救国公债、募集资金捐献飞机等活动中也起了重要的作用。

一是参与组织昆明抗日救国会。1931年7月，商业及同业公会组织"反日护侨救国会"；同年9月6日，抵制日货，采取了严厉措施制定了具体办法，禁止贩运日货入省。"九·一八"事变后，1931年9月24日，省、市各界组织了昆明市"抗日救国会"。① 商会为发起单位之一。商会派常委陈子量、何劲修任"救国会"常委，参与组织抗日救亡活动，同年10月13日召开成立大会，到会工农商学界人士近3万人，会后组织工商业资本家、店员和各界人士一道举行示威游行，群情激愤，迫使日商"保田""府上"两洋行相继离昆。② 举行仇货展览，厉行对日经济绝交，抵制日货，提倡国货。1932年，具结保证永不贩卖日货的有49个行业的商号1158家，过去大批办运日货的广帮和申帮也都函电港沪停办日货。③

抗战全面爆发后，滇军先后编成六十军和五十八军出发前方，迤东、迤西又有土匪蠢动，又由滇黔绥靖公署成立了滇东、滇西两个护路大队，并由省政府指令有关机关会同昆明市商会成立云南省东西两路护路经费征收委员会，征收所需经费，以市商会监察委员会主席何劲修为主任委员，经过两年多的时间，至1940年日寇入侵越南后，六十军调回滇南防堵日寇，中央军宋希濂等部队调至滇西，云南境内大军云集，护路大队及护路经费征收委员会才撤销结束。④

二是献金献机募捐。1932年5月，云南省和昆明市民众救国会相继成立。市民众救国会由商会及各区区长负责，由工商各同业公会，各区、

---

① 《抗日救国会执委会议决案件》，1932年，昆明市档案馆，全宗号：32—25—308。
② 《抗日救国会执委会议决案件》，1932年，昆明市档案馆，全宗号：32—25—308。
③ 《有关昆明市商会和外地商会来往函件》，1931—1932年，昆明市档案馆，全宗号：32—25—396。
④ 《东西两路护路函件》，1938—1940年，昆明市档案馆，全宗号：32—12—141。

坊长推荐代表组成执委会，确定市商会常委何劲修兼任征募组长，承担办理征募救国基金事宜。救国基金总额为旧滇币2000万元。1933年年底开征，1936年年中结束。开征基金用于购置法国龙东公司步兵武器，装备滇军。① 1938年7月7日，大理县抗敌后援会正式成立，大理商会主席杨质夫、银行经理严宝成也代表工商金融界担任抗敌后援会委员。抗敌后援会的主要任务是负责组织大后方的抗日动员、募捐、慰劳和民众的组训等活动。下关商会在大理抗敌后援会的授意下，在商界中组织过四次"七·七"献金募捐活动，通过募捐，积极发动下关各商号、店铺和殷实富户自愿捐资，支援抗日前线。中国抗敌后援会在陪都重庆发起了全国抗日献机运动。云南省积极响应，在献机募捐中下关商界中的喜洲、鹤庆、腾冲商帮均踊跃捐资。喜洲商帮锡庆祥商号、大成实业公司经理、云南省商联会的理事董澄农先生首先响应，以个人名义捐献飞机一架，居全省之首。②

三是捐献慰劳抗战部队。"九·一八"后，东北义勇军马占山坚持抗日救国，赢得了昆明人民的敬佩。1931年11月，抗日救国会发起募捐慰问活动，昆明工商界纷纷响应，在爱国资本家董澄农等推动下，捐得旧滇币10万元（值银元1万元），于1932年全部拨交东北义勇军；"云南白药"发明人曲焕章，捐献了一批刀枪伤特效药百宝丹。1932年1月28日淞沪战役，十九路军英勇杀敌，昆明各界深受鼓舞。抗日救国会募捐旧滇币3万余元和部分物资，拨往前线劳军。同年5月24日，十九路军蔡廷锴和蒋光鼐、戴戟复电致谢。③ "七·七"事变爆发后，昆明市商会积极劝商人捐输救国捐，通知各工厂、商店捐一日营业收入，各员工以一日薪工所得完全捐输，"现在已达长期抵抗强寇开始，亦即最后牺牲关头，凡属国民，自应各竭其力，贡献国家，以为后盾，电达查

---

① 《民众救国会关于调查事务的信件往来》，1932—1937年，昆明市档案馆，全宗号：32—25—197。

② 马直卿：《抗日战争时期下关商会组织商界的募捐情况》，《大理市文史资料》第8辑，云南民族出版社2002年版，第216—217页。

③ 《昆明市商界抗日救国组织大纲及商人义勇军组织方案》，1931—1932年，昆明市档案馆，全宗号：32—12—239。

照,请努力劝导自由捐输,并转知各工厂商店,以一日营业收入暨各员工以一日薪工所得完全捐输,为全国商人第一次救国捐,务请切实办理"[1]。此外,昆明市时和商店将收盘余货变价捐作慰劳抗敌之用,即日拍卖,将款解交抗敌后援会核收。

1938年10月,昆明市商会还积极慰问空军将士:"此次我空军将士英勇异常,击落敌机,本会应否备具物品致送,藉资慰劳,而表征忱,议决由会以旧币五百元购备物品慰劳,并推李岐山、赵海如、陈德齐于二十九日午后致送,用表征忱。"[2] 1942年5月,腾冲、龙陵沦陷,日军大举进攻滇西,大批难民涌入下关,霍乱流行,下关商会出资救助难民,并组织掩埋队,收埋因霍乱死去的难民尸体。在抗战期间,每年都由下关商会出面筹集款项,派员协助政府完成收购军粮的任务,支援抗战。下关商会还主动承担前线军需物资的驮运,组织大理、凤仪马帮,及时抢运军用物资,昼夜兼程,不辞劳苦,不计驮脚(运费),分担了滇西远离公路一线抗日部队的粮食、弹药补运之难。[3]

此外,昆明市商会等通过昆明市抗敌后援会多次捐献了棉衣、布鞋、药品以及其他物品等,表现了后方群众对前敌将士的支援。

### 二 广西商会的抗日救亡活动

在抗日救国方面,广西地区的商会也发挥了很大的作用,各地商会积极参加抗日救亡活动。桂林商会积极组织募捐活动,为抗战前线输送衣物和食物;同时,在商业活动中积极抵抗、查封日货;为保护商民安全,商会还成立疏散委员会,有效配合全市的疏散工作。

抗战初期,南宁商会还采取了坚决措施来封存日货,甚至揭封变卖。"杯葛仇货,为抗日有效方法,苟能彻底坚持,不致倭奴死命,故本省民众抗日救国委员会为贯彻抗日主张起见,前对全省原存仇货,除限期销售,以恤商艰外,逾期即一律封存,以杜仇货来源,禁绝售卖,并防止奸

---

[1] 《昆明市商会第二十八次常委会议决》,《云南新商报》1937年9月23日第2版。
[2] 《市商会第六十七次常委会纪录》,《云南新商报》1938年10月2日第2版。
[3] 马维勇:《清末民国时期下关、大理的商会》,《大理市文史资料》第8辑,云南民族出版社2002年版,第208页。

商偷运，数月以还，市面仇货已绝迹。乃近来梧柳邕色各地商人，忽欲揭封仇货，并以货被久封，资本不获周转，势必倒闭，而影响全省商业为词，请由各地商会分呈本省党政军当道，请将仇货揭封变卖，省抗日会据情后，以该商民等只顾私人区区被封仇货，不惜放弃抗日救国责任，殊非国难期中商人应取之有度，且现值暴日侵迫有加无已，一旦揭封变卖仇货，尚复成何景象，特开临时会议讨论决议，各商会所请一概不准，同时省党务整理委员会亦发出复柳州市商会请求揭封变卖仇货。"①

柳州市商会也言辞恳切地表明了处置日货的坚决态度："倭寇侵凌，日益加亟，吾国抵御之方，除军事外，厥为杯葛劣货，此项运动为抗日最有效之方法，倘能彻底坚持，不难致倭奴死命。溯自实行以来，倭国迭现经济之崩溃，足证我国杯葛成效之卓著。关于前此处置仇货，固宜杜绝新运来源，尤须继续封存仇货，庶足以彻底防止混进，而免奸商瞒饰偷运。本省前为体恤商艰起见，对各地旧存仇货曾限期销售，在准销期间，各商店当能将仇货售卖完竣，即逾期所被封存者，为数当商无多，实际上决不致影响各商全部营业，矧为抗日救国起见，商人亦应顾全大局，一斯区区被封仇货，无须孜孜置念也。贵会局各行商领袖地位，负有指导晓谕商人责任，在此抗日期间，应饬知各商人以仇货仍须继续封存，并祈本对日经济绝交主旨，晓各商以大义，勿因一时感受痛苦，遽隳抗日救国精神，至所请揭封变卖仇货之处，经提出敝会临时会议决议不准，并奉省党务整理委员会东电，饬知关于贵会请求揭封变卖仇货。"②

同时，百色商会也积极呼吁商界为抗日救国贡献力量："贵埠苏杭洋杂花纱疋头各行商，呈请将封存仇货，揭封变卖，以资周转而维商业。关于请求揭封变卖仇货，业据梧柳各商会函请到会，当经批复不准在案，诚以抗日有效方法，莫一于杯葛仇货，倘能彻底坚持，不难制倭奴死命，封存仇货便为杜绝其来源，禁止售卖，使仇货永远绝迹于市场，以达对日经济绝交目的。复查本省前对各地商店所存仇货，经限期销售三月，以恤商艰，是在销售期间，各商当能将仇货售卖泰半，所被封存者甚少。

---

① 《坚持封存劣货物》，《南宁民国日报》1932年8月3日第7版。
② 《坚持封存劣货物》，《南宁民国日报》1932年8月3日第7版。

为贯彻抗日救国目的起见,对此区区货物之暂被封存,当能忍一时之痛,免贻五分钟热度之消,如只顾个人利益,不惜放弃救国责任,此殊非商人在国难期间应取之有度也,且现在暴日侵我有加无已,长期抵抗,巨容稍懈,若在此时揭封变卖仇货,尚复成何景象。京沪平粤各地,现且将仇货再次封存,而各埠商民亦自动请求长期封存仇货,并劝同业勿得盗卖及私运仇货,且订定最严厉之处罚规章,以监督同业之履行,其抗日救国之决心,为何如耶。本省封存仇货,其价值不及他省十分之一,而反见商人兢兢业业,惟恐资本无归,不恤自隳救国精神,如谓为本省各地商店,类多资本短少,货被封存必致周转不灵而发生倒闭,或影响全省商业。"①

柳州、百色各县市商会响应南宁商会的号召,对抵制日货运动也申明了各商会的立场和应对办法。"本市苏杭洋杂花纱疋头纸料经纪平码盐业杂货芋酒酱料等行具词联称,为恳祈转请抗日会,准将封存仇货揭封变卖,以维商业。……在此抗日期间,所请揭封变卖仇货,未便照准在案,复查抵制仇货为抗日最有效方法,自实行以来,成效卓著,正宜彻底坚持,以制倭奴死命。关于封存仇货,禁止售卖,原期杜绝来源。查本市旧被封存仇货,价值不过六万余元,不及他省十分之一,现在京沪平各埠商民,为贯彻对日经济绝交主张,已决心长期封存,且自动劝告同业,勿得隐报及买卖仇货。在粤省方面,最近更举行第二次之仇货封存,其抗日救国决心曷胜钦佩,顾本市商民,以全市封存仇货总值未及七万余元,乃一再赘述,请求揭封,如谓为因资本短少,货被封存必致周转不灵,势须倒闭,而影响于全市商业,但就南宁商场经营情况而观之,事实上决不致此,总之,商民亦国民一份子,在此暴日侵迫,国难孔亟之时,允宜共负抗日救国责任,所有暂被封存之仇货,自应忍一时之痛,听候处置,敝会为民众抗日机关,凡事必经兼筹并顾,在于妨碍抗日进行范围内,决无故令商民为难之理,且现当禁售仇货时期,即准揭封,而不能售卖,亦无异于封存耳。贵会为商行领袖团体,对于抗日热忱,早为社会钦仰,务希转知本市各行商,晓以大义,勿因一时感

---

① 《坚持封存劣货物》,《南宁民国日报》1932年8月3日第7版。

受痛苦，遽骤救国精神，至各该行所请揭封变卖仇货，经提出敝会临时会议决议，未照准在案，复函前由，相应函复查照，即烦转饬知照。"①

1937年、1940—1942年、1943年，桂林商会先后掀起三次抗战募捐热潮。全城商民踊跃捐献钱物，并组织义演活动进行宣传。商会将所得钱款购买食品、衣物等，送去前线慰问抗日将士。1937年，桂林商会的护商团改编为正规军，奔赴抗日前线。在兴业县，修建了"忠烈祠"纪念抗日阵亡的将士。1944年，为防范日军侵入桂林时商民遭难，桂林商会成立商会疏散委员会，制定详细的疏散方案，帮助联络车船，分发疏散证等，有效地配合了全市的疏散工作，保护了商民的生命安全。同时，桂林商会还筹组民众自卫团："桂市商会筹组之民众自卫团，决于日内发动各界共策进行，其一步工作将由全市房主捐一月房租为自卫团经费，将征用民间武力以为基础。"②

广西省商联会也积极投身于抗日洪流中，广西省商联会为响应献机运动，特发动全省商人捐献"商人号"机，并制定捐献办法："一、本会决定以不向外界募捐为原则；二、各大公司商行号名义献捐者，每户以法币五元为最低限，个人献捐则以法币一元为最低限；三、各公司商行及个别商人得以货物为献捐品，但须送交当地商会代为拍卖，售出后，以所得价格为其实捐之现款数额；四、凡各公司商行号每户献捐款额在法币五百元至一千元以上不及五千元者，除由本会给奖外，并呈请省府奖励外，并转呈国民政府予以嘉奖。"③ 同时，商会联合各县镇商会募捐慰劳前方将士："计已缴到四十余县，共桂币八千六百三十七元一角八分。昨由该会代表龙鸣皋、曾致诚、吴邦彦等呈缴行营，并指赠湘北将士，闻行营以该商户疏财仗义，实足以夙示国人，已指令嘉奖。"④

1938年，湛江被日军占领，大批日货在那里改换包装，冒充国货，途经玉林大量转销内地，玉林商会号召商民团结起来抵制日货，同时下令商会保勇查封日货。1939年，商会设置"献金台"，积极支援抗日前

---

① 《坚持封存劣货物》，《南宁民国日报》1932年8月3日第7版。
② 《桂商会筹组民众自卫团》，《扫荡报》（昆明）1944年6月23日第2版。
③ 《发动募商人号》，《扫荡报》（桂林）1941年6月12日第3版。
④ 《慰劳湘北将士》，《扫荡报》（桂林）1939年10月18日第3版。

线。若遇灾年，商会为一些贫苦人民施医施药、施粥施粮，为玉林盲济院拨款救济。此外，抗战爆发后，内迁桂林的人口激增，原有的中、小学校不能满足需要。1938年，桂林商会发出号召，鼓励工商界人士慷慨解囊捐资办学。工商界积极响应，以各省旅桂会馆为基础，先后办起了松坡中学、逸仙中学、文山中学、青年中学、公益小学、黄花岗小学、阳明小学、石阳小学等。桂林商会会员张香圃、唐敬轩为松坡中学各捐款1万元（法币），使该校得以顺利开办。抗战期间玉林县商会也曾捐资在粤东会馆兴办中正小学，在东岳岭办中正中学，帮助解决因战乱失学学童上学问题。①

## 第四节 商会与商业教育的兴办

商会在近代社会生活中广泛的渗透力也表现在始终把兴办近代商业教育作为它的重要职能。商会重视商学，这既承扬了此前商人素有关心教育的优良传统，也适应了近代市民社会下地方自治的需要。

### 一 商会兴办商业学校

抗战期间，昆明市商会协助政府，组成昆明市工商服务行业人员集训委员会，对全市工商行业人员集中训练，提高了工商服务人员素质，整顿了恶习，树立了良好风气。1937—1938年，集中训练全市工商服务人员3249人。抗战爆发后，昆明市商会积极指导筹办商业补习学校，并解决了办学的诸多困难。昆明市商会将商校的相关事务也列入其执监联席会议中讨论并给出解决方案，"市商校马校长小春辞职，应予照准推派该府督学沈崇暂代校长，在本学期内，即由该督学切实与商会商讨整理办法，以凭改组，至商会补助费应照旧补助，不得拖欠，饬遵照办理，议决交陈德齐、赵海如与沈代校长商洽后，再行签会核办；昆明市商校函报该校二十五年八月起至二十七年七月三十一日止收支款项，业经造

---

① 玉林市志编纂委员会编：《玉林市志》，广西人民出版社1993年版，第803页。

册检同单据具报市府核销,所有购置之图书器物及由市商会拨用器物,亦经造册交新任接收,议决交财政、总务两科审核签会;市商校马卸校长小春,函为议提旧币三千元改修校舍,现因辞职,仍将原款退还,应否修改,请与新任商洽办理案,议决交财务科照收。"① 20 世纪 40 年代中期,昆明市商会还组织创设商人训练团,并函"市县商会转饬各同业公会积极训练",创办该团的基本目的是"提高商人的知识技能,树立商人道德,整饬商人纪纲,提高社会信仰"②。

对于地方而言,省政府还指令各县市商会也筹办商业补习学校,诸如"昭通县长王凤瑞二十八年十月二十一日呈据该县商会主席王栋卿呈为应商业需要,由该会主席捐款创办商业补习学校一案,请备案示遵。查该县商会主席王栋卿所请,于商会附设商业补习学校之处,核与定章相符。应予照准。该校校名,应照章定名为附设商业职业补习学校,所拟该章程核与部颁职业补习学校规程之规定,尚多缺略。该会主席王栋卿热心倡办,殊堪嘉尚之应饬认真办理,贯彻到底"③。

此外,昆明市商会还创办了"采用单科间日制"的职业补习学校,该校酌量收取一定学费,对部分困难学生采取"减收学费以恤寒士",其余经费主要由商会提供。对于商业职业补习学校的经费问题,学校成立之初,市商会也跟多方商议,积极筹措,"常委会提议,本会应补助市立商业职业学校经费每月旧币一千五百元,在第一届任内,迄未实行,该校不得已始向各同业公会请求补助,不惟为数无几,难敷应用,且此种办法亦属不合,该校已于六月一日起停止收受,该校马校长筱春请求本会照案补助,事关培养商业人才,义不容辞,拟请遵照市长面示合作主办之精神,自本年七月份起,照案由会补助,并推派员会同马校长前赴市府妥商合作主办办法,当否请提核议案,议决自七月一日起,照案由会按月补助旧币一千五百元,并推举陈委员德齐、周委员芸生会同马

---

① 《市商会第十次执监联席会议决议》,《云南新商报》1938 年 9 月 4 日第 2 版。
② 《云南全省商会联合会工作概况报告书》,1943 年,昆明市档案馆,全宗号:32—25—269。
③ 《云南省政府指令第四四二号》,1940 年 1 月 29 日。

校长趋谒市长商订合作办法"①。到 20 世纪 40 年代，该学校"结业三期，每期高初级各科开班，均在十六至十八班之间，学生人数六七百人"②。商会此举反映出当时的云南商会已具备了较先进的办学理念和较高的办学能力，其所办的商业学校为培养云南近代商业专门人才做出过重要贡献。

**二　商会对地方高校兴办商学的支持**

民国时期，地方高校也积极响应并投身到创办商学教育机构的实践中。在 20 世纪 30 年代末的云南商会档案中，记载了云南大学校长熊庆来给昆明市商会的一封复函："查滇省与缅、越、泰诸国接壤，为西南各省经济中心，今后交通发达，国际贸易势必以昆明为集散地点。本校有鉴及此，本年八月四日曾以学字第四二七七号呈请求教育部准自二十七学年度起，扩充文法学院为文学院及法商学院，并增设商学系以应需要……贵会诸君倡导开办商学院，高瞻远瞩毋任敬佩，还希从旁予以促成是所企盼。"③可见，在高等学府中也开始重视商学知识的教授，并开设了专门的商学教育机构。

自 1937 年抗战军兴以后，昆明成为抗战大后方，机关、企业林立，不断需要各方面的人才；抗战胜利后，又因大量人员调往内地复员，昆明也需补充新人，所以大家都能找到工作，自行就业，不少人后来成为单位的骨干力量。正是这种客观需要促使商会坚持办学。

此外，丽江商会也积极创办商业班，旨在为西南商界培养专业人才。"本县商会于前商请县中，自本年春季其在县中内附设商业职业班一班，已于上月二十一日于县中新招初中第四班同时举行入学试验，并于本月一日正式上课。查丽江远居边陲，山重水复，一切落后，固不容否认。然而吾人详地方环境与当前商务，丽江实为康藏咽喉，滇省西北重镇，他日滇缅路重新开放，大丽段迅速完成，则丽江商旅足迹及印缅而达海

---

① 《昆明市商会第三次执监联席会议纪录》，《云南新商报》1937 年 7 月 15 日第 2 版。
② 《云南全省商会联合会工作概况报告书》，1943 年，昆明市档案馆，全宗号：32—25—269。
③ 《致昆明市商会公函》，1938 年，昆明市档案馆，全宗号：32—25—399。

外蕉途正未可限量，该班学生异日必为西南商界后起之秀也。"①

综上可知，从商会的社会性而言，西南边疆地区的商会组织成立最初的目的是振兴地方商业，在沟通官商和维持市场方面起作用。然而，西南边疆地区近代商会介入地方事务、参与地方社会治理的广度和深度却是大家所不曾预料的。维护地方社会秩序和治安、救灾救济、主持地方公共事业、参与抗日救国义举和兴办商业教育等集中展示了商会承担的社会治理责任。随着中国社会近代化转型，市民社会逐渐兴起，商会作为工商界的代表在地方公共领域中发挥的作用也日益凸显。尽管中国数千年以来士农工商有其等级序列，但近代以来随着社会经济结构的显著变动，出现了由绅而商或由商而绅的转化，绅商阶层涌现。虽僻处西南边陲，但滇桂两省区各地商会的普遍成立就是这一新兴阶层发展的重要标志。西南边疆地区各层级商会组织在社会治理功能方面最突出的表现是对公共治理的尝试，这也是西南边疆地区近代化的一种探索形式。

---

① 《发展丽江商业》，《滇西日报》1943年3月11日第1版。

# 第五章

## 西南地区近代商会的精英治理

"精英力量"一词源自西方国家,并在西方社会得到了进一步的发展。在中国,学界最常采用的描述词汇是士绅、乡绅。在一般意义的治理论域中,乡绅也作为地方精英的代名词,被视为地方社会治理的主体力量。[1] 传统中国的地方精英基本上承担着政治权力衍生的职能,社会治理一般是由地方精英群体实现的。罗志田认为,"盖绅为地方之重,其首要责任,就是化民成俗,改善地方风气"[2] 等。因此,在传统中国社会中,地方精英群体形成了一种相对稳定和稳固的态势,保障了地方社会的秩序化与常态发展。诚如有论者所言:"对于国家转型而言,更为重要的是,无论省长、县长以及下属官僚如何频繁更换,行业经济秩序、地方社会秩序都在地方绅商精英领导的各种组织职能下维持着相对稳定,政治的失范也并没有造成社会的崩解。"[3]

近代以来,随着经济和社会结构的变异,传统意义上的乡绅群体渐趋被"商绅"(或"绅商")群体所替代,其在社会治理中的功能也逐渐被地方商绅或是在近代转型中产生的商会"领袖"所替代。[4] 在近代商

---

[1] 有关绅士和乡绅的研究主要参考张仲礼《中国绅士:关于其在19世纪中国社会中的作用研究》,上海社会科学院出版社1991年版;王先明《变动时代的乡绅:乡绅与乡村社会结构的变迁(1901—1945)》,人民出版社2009年版。
[2] 罗志田、徐秀丽、李德英:《地方的近代史:州县士庶的思想与生活》,社会科学文献出版社2015年版,第52页。
[3] 冯静:《中间团体与中国现代民族国家的构建》,复旦大学出版社2012年版,第123页。
[4] 有关绅商的研究主要参考马敏《官商之间:社会剧变中的近代绅商》(修订本),社会科学文献出版社2018年版。有关云南商绅的研究参考赵善庆《清末民初云南"商绅"阶层的变动及其与近代商业的转型》,《云南民族大学学报》(哲学社会科学版)2015年第4期。

会组织嬗变的脉络中，如第二章所述，商会组织通过合法合规的选举制度，产生了组织的中坚力量，尤其是在地方社会中具有相当经济实力和话语权的商界精英，也就是此处所谓的"商会精英"，这些商会精英对于商会组织的运行及职能的彰显起到了关键的作用。这些社会精英通过构建商业贸易网络、兴办公共事业、参与公共事务、举办慈善事业等联合在一起，构成精英组织网络，而商会组织正是以这一精英网络为其运行的基石，从而促使西南边疆地区的工商业者有了稳固的社会权力平台。从边疆治理的维度而言，在边疆内地化的过程中，地方商业精英（即商会精英）不断开拓和创造维系区域商业秩序乃至社会秩序的"地方传统"，以更好地适应国家对边疆社会治理的方略。

## 第一节　滇商与近代云南商会的形塑

"滇商"，一个涵盖了所有为云南经济发展作出过贡献的、既熟悉而又陌生的人群的称谓，一个与"晋商""徽商"等同样在中国近现代史上作出过卓越贡献的经济群体。漫长的历史岁月和云南特殊的地理环境，铸就了"滇商""坚韧、开放、包容、敢为天下先"的卓越品格，涌现了一大批叱咤风云的商界精英。"滇商"的精神和品格，具有历史的传承性，它是无数"滇商"前赴后继、孜孜以求而积累的精神财富。这种精神和品格是云南精神的具体诠释。

近代以来，云南地区的商人组织经历了由亲缘、地缘、业缘到跨行业统一组织的发展。鸦片战争以后，商人组织以旧式的会馆和行帮为主。但到了民国时期，随着商人结构的日益发展变化，新式商人的不断成长，旧式商人组织的结构和功能也在悄悄地发生变化，行规日渐松懈，行帮逐渐没落，出现了新式的商会及同业公会。[①] 通观云南近现代商业发展史上经营时间持续较长、社会影响较大的各商号，其创办人都是贫穷的

---

[①] 罗群：《从会馆、行帮到商会——论近代云南商人组织的发展与嬗变》，《思想战线》2007年第6期。

农家子弟。他们在青少年时期开始做一点小生意，依靠多年的省吃俭用和勤劳刻苦而逐渐积攒起了经商的资本，后随着其商业资本逐渐增加和扩大，最终发展成为大商号。其经营资本都是自有资金。例如，创办"天顺祥""同庆丰"的弥勒人王炽、创办"兴盛和"的鹤庆人舒金和、创办"永昌祥"的大理喜洲人严子珍，无一不是如此。

**一　王鸿图与近代云南商务总会的兴业创举**

谈到近代云南商会精英，王炽是一个绕不开的名字。王炽（1836—1903），字兴斋，云南弥勒县虹溪人。中国封建社会位居一品的红顶商人，民间称为"钱王"。他的经历是一个传奇：年轻时斗殴杀死表兄姜庚逃至四川重庆，与旅渝滇商合营"天顺祥"商号，来往川滇互贸，随后又与席茂之在昆明合资开设"同庆丰"商号，数年经营，成为滇中富商。英国《泰晤士报》曾对百年来世界最富有的人进行统计，排在第四位的便是王炽。而且，他是唯一榜上有名的中国人。王炽一生以利聚财，以义用财，以儒治商，爱国忠君。他在经营上不固步自封，善于借鉴世界先进经验，为强国奋争；在个人生活上，王炽富而不奢，始终保持勤俭家风。诚信与德行赢得了包括竞争对手在内的所有人的尊重，成为商界楷模。除了建设石龙坝水电站外，王炽还很重视家乡建设。1894年，重建虹溪书院，捐置学租田80余担（以实物代替货币，通常以粮食单位计价），并赠书2万多册；出资建昆明同仁街，铺设昆明至碧鸡关石板路；捐巨资在南盘江上建成三座铁索桥，以解人、马渡江之难；划拨"兴文公当"资金，馈赠去云南省上京参加会试人员的旅费；设立牛痘局免费点种疫苗等。[①]

在王炽逝世以后，其子王鸿图继承父业。云南商务总会成立于1908年，起初主要是由云南各商业行帮组成。作为当时云南商务总会里最大的商帮，同庆丰的王鸿图被选举为第二任商会总理。清末之际，王鸿图在将父亲留下的产业经营好的同时，又开拓了属于自己的一片新天地。他在云南设商号"同庆丰"，并在北京、上海、南京、广州、重庆、香

---

① 罗群、罗敏：《话说滇商》，中华工商联合出版社2008年版，第241页。

港等均设有分号，操纵着云南商界和省外金融的往来汇兑。而且与上层官吏来往密切，特别是与刘岑航私交密切。由于他在云南商界有着极高的威望，他被推为云南商务总会总理。王鸿图与他父亲一样，虽富甲全滇，却不是一个唯利是图的商人，他以财力解国家之急，以振兴地方经济为己任，发展地方实业，热心公益事业。他在任商务总会总理时期，最有意义的事业就是修建石龙坝水电站。

1910年4月1日，滇越铁路通车。滇越铁路不但改变了云南人的交通观和地理观，更改变了云南人的文明观。以同庆丰总理王鸿图为首的云南士绅正是预见到了滇越铁路开通将带来便利的交通运输和工业化条件而决定自办水电，虽然表面看来这是在法国要夺取中国水电权的高压下进行的，但其实他们在云南约开商埠和昆明自开商埠后见识到外国的电灯之后就萌生了在云南办水电的想法。① 1908年，滇越铁路即将通车时，王鸿图获悉法国以铁路通车需用电为理由，要求清政府批准在昆明建一座水电站为电源。王鸿图认为云南水电资源不应被外国人操控，乃起意自办电厂。当时，云南劝业道刘岑航、新任云贵总督李经羲均有自办电厂的想法，但他们提出官商合办后无人响应。此后，王鸿图联合19位云南富商向云南劝业道禀呈，成立商办的云南耀龙电灯有限公司。②

商办耀龙电灯公司，系股份有限组织，发电厂在昆阳属之石龙坝，距省八十五里，办事处在省城升平坡。1910年1月成立，股本总额二十五万六千九百九十元，官股七万六千五百八十元，商股一十八万零四百一十元，商股股东二百五十一户。③ 在商股中，同庆丰股本五万余元，因为商股还不到当初预计五万元，所以又招募了官股，其中刘永祚的劝业道投入官三百五十五股。云南商务总会的王筱斋、刘诚和、袁嘉谷、施焕明、吴清源、李瀚、曹济川、左日礼（又名左益轩）、吕兴周、杨均、王廉、熊灿文、裴长清、付谦等云南各行业的知名商绅组成了董事会，推举王鸿图任公司总董事长。虽然公司在资金缺乏的情况下招募了

---

① 杨新旗等编：《云南电力九十年》，云南民族出版社2001年版，第3—5页。
② 罗群、罗敏：《话说滇商》，中华工商联合出版社2008年版，第205页。
③ 张维翰：《昆明市志》，台湾学生书局1968年版，第258页。

官股，但王鸿图还是坚持商办性质，他说："因有鉴于前清之鉴，凡属实业带有官办性质者，每每难收效果。乃坚持商办宗旨之力争，非此商会不能接办，争论多日，始定官家只认维持保护之责，办事概归商家主持。"① 董事会将要成立云南耀龙电灯股份有限公司一事向云南劝业道禀呈，劝业道台刘岑航收到案卷后转呈给了云贵总督李经羲。李经羲于1910年农历正月二十日批复云南商务总会，批准云南耀龙电灯股份有限公司成立，李经羲还在批复后写道："从今起，二十五年内不许外人来滇办电！"自此，耀龙电灯公司获得25年的独立经营权利。

1909年，刘岑航提出自办电站之后，前往云贵总督署向新任云贵总督李经羲面呈此事。李经羲初到云南，对云南具体详情了解不多，但是，他对法帝国主义软硬兼施，算计、掠夺云南资源也很愤恨。当听完刘岑航的陈述后，立即表示支持，并提出办电资金由官府和商界共同筹资，合资经营。刘岑航得到李经羲的支持后，立即找云南商会总理王鸿图寻求合作。王鸿图当即表示同意，并愿承担责任。② 同庆丰的王鸿图愿出面领衔集股办电的消息不胫而走，云南商会中的很多商号头目闻风而动，都愿意为中国人自办水电出力，于是掀起了集资入股办电的热潮。消息传到远在异乡的浙江提学使兼布政使的袁嘉谷耳里，他欣喜无比。袁嘉谷是云南石屏县人，曾受过同庆丰和兴文当的帮助到北京参加京试，1903年考中经济特科一等第一名，是云南省自元朝建省以来600多年间科举名列全国魁首之人。当袁嘉谷听到王鸿图以云南商会名义招募商股的消息时很是兴奋。他远离故乡，鞭长莫及，便将其满腔的热情和满肚的设想书于纸上寄语云南同乡，并愿意以"状元"之名义同云南的富商和有识之士联名向官府禀报办电的策划。

云南耀龙电灯公司成立后立即着手筹建石龙坝水电厂。1910年5月，商会公推左益轩为总理，负责电站施工任务，驻扎石龙坝担任工程事务。左益轩，安徽人，从小随父亲在云南做生意，因本性勤劳俭省，逐渐发家，进入商会名流行列。他对实业公益事业素来热心，特别是耀

---

① 云南省档案馆编：《续修昆明县志》卷二，云南人民出版社1983年版，第386页。
② 杨新旗等编：《云南电力九十年》，云南民族出版社2001年版，第3—5页。

龙电灯公司为云南地方官府支持，因此爽快地答应了。耀龙电灯公司筹建石龙坝发电站需要的发电设备，引起了英、法、美、德等几个帝国主义国家的关注，各国洋行都争相推销他们的机器设备。耀龙电灯公司早已派人去上海等地进行调查。由于法、英当时在云南穷凶极恶、明目张胆地掠夺矿产、铁路权，耀龙电灯公司决定不用法、英两国机器设备，推派公司的董尉云、陆开文去找美、德两国洋行谈判。经过多次讨价还价，最后确定购买德国西门子公司的设备和奥地利生产的水轮机。德国西门子公司随机派遣工程技术人员来华帮助修建电站。①

1910年2月11日，刘岑航接到王鸿图等的文案后，当即批复"农工商部注册给照"，并将此案转呈李经羲，李经羲当即批复同意。13日，以王鸿图为首的云南耀龙电灯股份有限公司成立。随后，云南耀龙电灯公司同德国西门子电气公司签订供货合同。同年7月17日，石龙坝水电站开工。1912年5月28日，送电典礼在昆明的翠湖海心亭举行，云南商务总会代总理陈德谦宣布："修建石龙坝水电站，乃我云南人民权利所在，为其早日建成开灯，刘君岑航颇费苦心，左君益轩不辞艰难，诸同仁协力相助，如是告竣。"② 左益轩宣布"开灯即是"，随即数十盏灯泡亮起。石龙坝水电站成为中国第一个水电站。

石龙坝水电站的建成，在旧中国生产力极其低下的20世纪初，在工人阶级还未成长起来的云南边疆，能够顺利完成，是一件非常了不起的事。石龙坝水电站开工在清末，建成已是民国，其间经历了蔡锷起兵讨袁、军阀混战时期、国民党政权时期，各种变局跌宕起伏。从中可见，王鸿图等商会精英在云南社会经济向近代转型的过程中起到的关键作用。

## 二　鹤商与近代云南商会网络的链接

鹤庆位于滇西北交通沿线，南接迤西商贸中心和商品中转枢纽下关，北经丽江、中甸，直达康藏，向东经下关可以到达省城昆明，向西经保山、腾冲到达缅甸。清末民初，鹤庆商人走南闯北，到各地经营贸易，

---

① 杨新旗等编：《云南电力九十年》，云南民族出版社2001年版，第3—5页。
② 罗群、罗敏：《话说滇商》，中华工商联合出版社2008年版，第205页。

逐渐发展成为滇西白族地区的一大商帮——鹤庆帮。

清朝末年，在特定的社会经济环境和洋货贸易的刺激之下，鹤庆商帮逐渐兴起。这一时期，鹤庆商帮不论从商号的数量、资金的数额、商帮的实力以及经营规模等方面都超过了迤西另外两个商帮——腾越帮和喜洲帮，成为迤西地区最大的商帮，执迤西商贸之牛耳，发展达到了最鼎盛的时期。

鹤庆商帮的兴起与鹤庆商人资本日益增大、商人数量逐渐增多、商号开设增加和鹤庆商人经济实力逐渐增强是分不开的。鹤庆商人与省内商会有着密切的联系，民国时期鹤庆商人在云南各地商会中具有重要地位并在各项事务中起了很大的作用。鹤庆商帮崛起后，在下关经商的鹤庆、大理、腾冲、保山、建水、丽江、昆明、四川等地的商人按例在财神殿聚会，由于当时经营布匹棉纱的较多，所以该地被称为"丝花会馆"，会馆选举会董、帮董，会董常常一人做主议事，鹤庆商人又因选任为会长的多，故丝花会馆也被称为"鹤庆会馆"。

民国时期，下关商会每两年一届，共经历19届。历任商会会长本应由鹤庆、喜洲、腾冲三大商帮商人轮流担任，但鹤庆商人却有7人任8届会长，可见鹤商的影响力和实力非同小可。"阿墩、中甸经商者，大多数系邑人（鹤庆人）。让朝（清）宣统间，先后均设有商务会所，隶属鹤庆商会，呈由劝业道详总督部堂，咨农工商部核准有案。民国四年，均依新颁商会法取消附属，属于商会曰商团。"[①]清政府实业道和民国初年的云南省民政厅都将这两地的商团、商会视为鹤庆商会的分会。1910年，维西属阿墩子商务会所成立，由鹤庆籍商人兴盛和号的陈际春出任总董，兴顺和号李永寿、源盛和号鲍源、庆昌和号唐魁然、天佑兴号李焕然、德昌隆号鲍溢担任会董。是时，阿墩子（现云南迪庆州德钦县升平镇）商务会所总董、会董成员共11人，鹤庆商人就有7人，人数占一半还多。在中甸、维西等地历届商会中，鹤庆商人始终占据着重要的地位。[②]

---

① 杨金铠编著，高金和点校：《民国鹤庆县志》，云南大学出版社2016年版，第66页。
② 赵启燕：《鹤庆商帮》，云南人民出版社2013年版，第77页。

1907年，鹤庆作为云南比较重要的商邑，所以"奉省转行农工商部颁发商会章程，饬各直省会及商务总会各要埠设立商务总会，各州县地方商务繁者设立商务分会"①。1910年，谘议局议员杨金鉴由省议事会闭会回鹤，倡议"商同商号"，鹤庆商界人士李永兴、杨照麟集合商界各号东，组设商务事务所于城内财神殿，推选李焕章为总理、杨耀南等十人为会董，拟定章程、分任履新。1912年，选举宝兴祥商号老板杨德保为商会首任总理。1914年，选举宝兴元商号老板杨玉宝继任商会总理。1915年，奉农工商部颁布商会法，并令依法改组，于是改商务分会为商会，选举李焕章为会长，鲍凌云为副会长，并呈报省府审核。时值护国运动之际而未能报送部里审核，李焕章亦未就职，鲍凌云代行职权。1920年4月，奉云南省行政公署批准，省农商部送达鹤庆商会钤记。5月，改组商会，改选职员，依法规定设会长1员、副会长1员、会董16员、特别会董2员。投票选举出李永兴任会长、吕世勋任副会长，段联荣、朱润屋等16人为会董，公推陈泰然、蓝成钧为特别会董，就职任事，由地方官呈报省农商部备案。商会成立后，制定章程，依规办事，设立商团，辅助军警维持市面并"弹压乱匪"。会长李永兴撰《商务绪言》报省，李永兴为第一任正式的商会会长，他长期在中甸营商，商号即为永兴号。②

1924年，商会由会董制改为委员制，选举产生理事、监事，原公断处改为调解会，在常务理事中推选日兴德商号老板闵沛章为第二任商会会长。1927年，改选原福春恒商号重庆分号经理陈北洲为第三任商会会长。1928年夏，龙云电令鹤庆县县长拆毁梓里江桥（金龙桥），欲将流窜到鹤庆的张汝冀部围歼于鹤庆、丽江一带。鹤庆县县长施以仁、商会会长陈北洲、民团大队长杨介梅为避免乱局危害地方，故止兵于外，拒不执行命令。7月12日，龙云部前线指挥官卢汉到鹤庆，将3人枪决于县衙门前，商会一度瘫痪。

1929年，推选鸿昌怡老板蒋亮臣为商会第四任会长。1932年，改选

---

① 杨金铠编著，高金和点校：《民国鹤庆县志》，云南大学出版社2016年版，第65页。
② 梁波：《茶马鹤商》，团结出版社2020年版，第62页。

菜园村人解友三为商会第五任会长。1936年，改选福兴昌商号老板华崇仪（绍三）为商会第六任会长。1941年，改选福兴昌商号大股东李襄承为商会第七任会长，推选魏性之等25人为常务理事，解友三等13人为理事，李翰臣等7人为监事，候补理事2人，候补监事3人。1944年，改选罗勋臣（尧凯）为第八任商会会长，1948年因病恳辞。1948年，推选宝兴祥总经理杨维基为第九任商会会长，选举5人为常务理事，2人为监事。1949年5月28日，经中共鹤庆县工委孙致和、李泽宽、杨子昭的安排和动员，各界推举开明士绅商会会长杨维基出任县长，直至9月底。鹤庆商会共历经九任会长，直至1949年7月，鹤庆解放，商会停止活动。①

鹤庆商人中最具代表性的商会精英主要有以下几位。

李恒春（约1826—1887），白族，鹤庆县金墩乡金翅鹤村人。他出生于商绅世家，他的家族有"先世走茶山，以资雄里中"的说法。1850年，他在下关开办同兴德商号，成为当时迤西少有的大商号业主，其富裕程度有"邑中罕有其匹也"的说法，人们也因此称他为李百万。② 他主张国家应重视实业，发展经济。由于长期在外经商，他让自己的儿子和侄子分管在汉、渝、宜宾、康定等各商埠分号。

舒金和（1835—1922），字丽春，晚年人称舒太公，汉族，云鹤镇人，鹤庆商帮舒系商帮主号同兴德商号的创办人，三大股东之首，有"义商"之称。③ 舒系商帮兴盛和号，开创了迤西呈规模化股份制营商的先河，兴盛和经营品种繁多，还开办了主营汇兑的钱庄。清后期至民国初年，主号兴盛和计有鹤庆、下关、会理、保山、昆明、成都、上海、武汉、重庆、康定、申江、嘉定、雅安、贵阳、香港、缅甸仰光、瓦城（曼德勒）、八莫等共计35个分号。舒金和在经商的同时，时刻关怀家乡发展，他是玉屏书院的主捐人，还垫支水利款，做了平整城乡道路、修建桥梁、办施米局、创立善堂、捐修方志、恢复寺观古迹等很多义举，

---

① 梁波：《茶马鹤商》，团结出版社2020年版，第43页。
② 梁波：《茶马鹤商》，团结出版社2020年版，第6页。
③ 梁波：《茶马鹤商》，团结出版社2020年版，第20—23页。

还修宗祠、置义庄、设家塾等。其子舒良辅（1865—?），字翼才。清末为禀贡生，年轻时协助其父营商，迁兴盛和总号于下关。他襄助其父舒金和主持舒系商帮主号兴盛和商业事务。1887年，亲自前往拉萨考察滇茶市场前景。腾越开关后，滇西商业迎来新的发展机遇，次年，他即将兴盛和商号主号迁离下关，并同时组建恒通裕商号任总经理，随后经缅甸密支那抵达瓦城（曼德勒）设立恒通裕分号。自此，恒通裕在国内上海、汉口、昆明、缅甸仰光、密支那、瓦城等地都分置有大的分号20多个。1900年，经仰光外出考察商务，先后到过印度、新加坡以及中国香港、上海、汉口、北京等地，扩展商务活动，创设兴盛和分号三十余处，年出口黄丝数十万斤，进口棉纱、布及工业品。他倡议并主捐在下关创建鹤庆会馆。清末，舒良辅纳粟捐获四川候补道台官衔。舒良辅是下关商会由清过渡到民国的第一任会长。他初履任时尚在清宣统三年，当时不称会长，称总理。任会长后，舒良辅曾对洪盛祥商号董耀庭、董朝荣父子经营石磺给予"积极倡导并开展外销"。舒良辅是下关商会第一、二两届会长。舒良辅在下关期间，领导商界，捐资创办男子两级小学及女子初级小学各一所，在今人民路置下旺铺两大排，以备学校资金之需。在下关建鹤庆会馆，他是最大的主捐人，鹤庆会馆成为下关最大的县级会馆。

祁奎（1866—?），字星陔，汉族，鹤庆县云鹤镇人。1917年6月，护国讨袁运动暂告一段落，11月，云南督军唐继尧通电全国拥护立法。是月，云南总商会由会馆、会董等形式改为商会组织，在昆明卫家巷营商的鹤庆人祁奎作为义通祥商号总经理，被推选为首任云南总商会会长，时年51岁。清末之际，祁奎原与杨蕴山、舒浩然作为"力股"的股东参与鹤庆另一大系蒋系商帮主号兴盛和大商号，后三人退出转而参与鹤庆另一大蒋系商帮主号福春恒。辛亥革命后，三人又退出福春恒，自行组建义通祥商号。祁奎当选为云南总商会会长后，改义通祥商号为云丰祥。唐继尧治滇，为了笼络云南省商界人士，向祁奎赠送"惠递万商"巨匾。云丰祥以经营杂货和药材为主，1928年受世界经济衰退的影响倒闭停业。①

---

① 梁波：《茶马鹤商》，团结出版社2020年版，第111—112页。

周宗顺（1889—1938），字守正，汉族，鹤庆县云鹤镇人，以字行，人们称他为周守正。少时，因家贫，到福春恒商号当小伙计，深得总经理施定乾的信任。后来，他展现出非同一般的商业才能和理账能力，被升任为福春恒大掌柜、总掌柜。民国十三年，福春恒固有资本达300多万大洋，并研发出国产解丝名优产品，在国内设解丝厂18座，年产解丝5000余箱，工人6000多人，所产"狮球牌"解丝畅销国外缅印各地。在他的领导下，福春恒在山东等地开办有多个面米厂，还经营金融、轮运等。1927年，他将福春恒总号迁于昆明。1930年，他退出福春恒，被陆崇仁委为兴文官银行（后称为兴文银行）总经理，后又兼任特货统运处处长。1932年，他创办庆正裕商号，以复协和为辅号，生意风生水起，成为云南少有的大商号，鼎盛时拥有资本500万半开①银元。他曾任下关商会第十届会长，昆明市商会第二届执行委员会主席。② 他的义举，据其子女的《先考府君行状》载："故于中央地方，每有捐输，均自动先为承认，如救国抗敌，医药、棉衣等类，综计达滇币百万元。而临终前十数日，驰念桑梓，尚手函鹤舍，欲与巨金以办教育，其念意正多迩。"③ 周守正于1930年前后在经营条银业务时结识了被云龙、卢汉视为理财能手的云南财阀陆崇仁。陆崇仁十分欣赏周守正的经商才能，称他为"商界奇才"。此后，福春恒发展迅速，周守正不仅在商界赫赫有名，而且进入政界，飞黄腾达。

杨西园（1906—1995），汉族，出生于鹤庆县云鹤镇一个商业世家，他被人们称为"抗日爱国献机杰出义士"。杨西园年轻时到昆明经商，先做过"四川葫芦兜人力车"的代理商，兼营三仪青年商店卖土杂货。后来参与兴文银行管理，兼任昆明商会会长，随之被聘为云南省政府主席龙云的管家。在1938年前后任昆明商会会长，成为民国时期享誉中外的义商，受到国民政府褒奖。早年经商，受到陆崇仁、周守正器重，参与创办兴文银行，并兼任昆明商会会长，随后被聘为云南省政府主席龙

---

① 民国时期云南的一种货币单位。
② 梁波：《茶马鹤商》，团结出版社2020年版，第29—31页。
③ 梁波：《茶马鹤商》，团结出版社2020年版，第29—31页。

云的管家，倡议并带头参与爱国献机运动，受到国民政府的嘉奖和冯玉祥将军的高度赞誉。①1941年年初，他响应冯玉祥将军发起的号召，任云南献机分会副主席，率先与亲友捐献出一架飞机，他还组织工商、金融等搞义演义卖活动。当时云南捐献飞机30架，数量居全国第一，杨西园受到了重庆国民政府的嘉奖和冯玉祥将军的高度赞誉。抗战期间，他发起创建迤西会馆，并在会馆开办西园小学，为鹤庆修建中山公园捐献白银6000两，为鹤庆中学购买学田、图书、教具。

张绍曾，又名张荫后，早年参与福春恒营商，后任四川宜宾分号经理，他"喜好交游"，1920年，滇军第二军赵又新部以军费存入福春恒商号，业务是张绍曾联系办理的。1921年，赵又新病故，第二军由川返滇。赵又新的旧部四团团长金汉鼎与福春恒叫板，要把所有存办的军费取兑给他，经张绍曾积极调解后，事情基本得到圆满解决。张绍曾也因此在福春恒厥功至伟，但福春恒总经理周守正认为他"难以控制，不愿其长久在号"，张绍曾因此退出福春恒，自组裕厚祥商号营商。舒自志在《博南古道上的鹤庆商帮》中曾述："张绍曾曾因福春恒在商业上的声望，被选为云南总商会会长。"②

李鸿康，鹤庆商人早期在迤西大商号同兴德业主李恒春的孙子。清末，李鸿康父亲去世后，李鸿康弃儒从商到重庆，先接手料理刚去世的堂伯父生意，不承想接的是烂摊子，不久就倒号了。幸蒙云南鹤庆同乡在渝的商帮领导、天顺祥商号业主、曾做过官的李耀廷帮忙排解，得以平息事态。李耀廷要用他，但他推辞不受。后来又蒙其父在京城的朋友帮忙，捐官获得宁远售金局主事一职。上任不久，辛亥革命爆发后又失业回家。此时，殷叔恒自康定总兵任上要回云南，路过鹤庆，听闻李鸿康大名，约他共同做生意。于是昆明的军政两界争先投资，推李鸿康为总经理，并任昆明商会会长。在任昆明商会会长期间，以信丰商行总经理身份曾亲赴越南海防办理商务，不多时即获利百万之巨，展示了他过

---

① 梁波：《茶马鹤商》，团结出版社2020年版，第182—183页。
② 舒自志：《博南古道上的鹤庆商帮》，《鹤庆文史资料》第2辑，鹤庆县政协文史资料委员会1992年编印，第7页。

人的经商才华。①

施定乾，字正坤，下关商会第3任会长，辛屯人，蒋系商帮主号福春恒总经理，参与捐建在下关的鹤庆会馆。张星灿，鹤庆县古城人，任第14任会长。洪振武，鹤庆县人，任第18任会长。舒嘉谟，字荩臣，第6任会长，是舒系商帮主号兴盛和三大股东之一舒裕后的次子。舒嘉谟子承父业，任裕和兴商号总掌柜，以下关为中心，沿博南古道经营生丝、棉纱。刘和亭，大理县商会第七届会长，鹤庆古城人，春发祥商号掌柜。周广生，担任过一任会长，经营药材生意。②

综上可见，鹤庆商帮在迤西商帮中虽不是势力最大的，但它的率先崛起对于周边少数民族地区社会经济发展无疑产生了较大的影响。由于鹤庆商人在云南各级各地商会中的特殊地位和重要影响，鹤庆籍商界精英在云南商会网络的构建中起了至关重要的作用。

### 三 腾商：边陲团体的中坚力量

腾冲是西南丝绸之路的交通要冲，毗邻缅甸，得地利之便。自古以来，腾冲就是商业重镇，是缅甸互利互惠的贸易伙伴。腾冲自明代就有人入缅经商，不仅带回外国物产，也引进了新的思潮，开拓了腾冲人的眼界。至20世纪初，腾冲学子纷纷外出留学，吸收先进思想，参与辛亥革命，出现了大批的人才，无论是从政或经商，都取得了巨大的成就。腾冲商帮就在这样的基础上应运而生。腾越帮、喜洲帮、鹤庆帮是迤西三大商帮。当时，腾冲城有大小商号200多户，财力雄厚的商号就有数十家，如洪盛祥商号、茂恒商号、永茂和商号等。清光绪《腾越厅志序》载："腾越……交通缅勐，向来珍异岔集，商贾之捆载前来者，辐辏于道。而此帮人民亦多工计，然陶朱之术，以故市镇乡场栉比鳞次，洵西南一巨区也。"③当时县城及主要集镇就有商业行会18个，858户，还有大量的小商贩及半农商户，涌现出了一批商号，著名的有三成号、

---

① 梁波：《茶马鹤商》，团结出版社2020年版，第112—113页。
② 梁波：《茶马鹤商》，团结出版社2020年版，第116页。
③ 太丽琼：《近代腾冲商帮的经营管理思想》，《保山学院学报》2010年第1期。

春延记、恒顺祥、永茂祥、永茂和、永生源、宝盛兴、华盛荣、三盛、洪盛祥、福春恒等十多家。①

在腾冲众多商号中，永茂和商号极具传奇色彩，其"信誉良好、融集资金，因地制宜、各有侧重，灵活经营、以诚待客"。更值得一提的是，永茂和商号走出了两位爱国爱乡之义商。所谓"义商"，就是富而仁义之商人。永茂和商号的两位义商分别是永茂和第二代总经理——李任卿，永茂和第三代总经理——李镜天（李任卿之子），此二人堪称商界楷模，义商典范。

1878年11月，李任卿诞生于腾冲和顺乡的一个侨商之家，祖父和父亲在缅甸经商多年，已经有所成就。所以从他呱呱坠地之时，这个家庭就已经为他设计好了人生轨迹，那就是子承父业，从商于缅甸。1893年，年仅14岁的李任卿赴缅甸做学徒，16岁时进入家族商号永茂和经商，20岁时让商号的资本增长数倍，其才能令人刮目相看。在李任卿的励精图治下，永茂和商号业务有如旭日东升，生机勃发。

李任卿是个商业奇才，对商号的经营有着自己的一套理念，但他不是一个只会追逐经济利益的商人，他胸怀博爱之心，深明家国大义，不仅爱家业，爱家乡，还深爱着自己的祖国。他爱国，参加辛亥革命，投身抗日战争；他爱乡，捐助家乡教育，支持地方公益事业；他爱家，生活严谨、尊重女性。

第一，参加辛亥革命。李任卿的青年时期，正是清王朝走向衰落的时期。这一时期，李任卿正旅缅经商，多年的经历让他深刻感受到清政府的腐败无能，也看到了由于国家衰败导致中国侨商在外备受欺凌的艰难境况。在听闻孙中山成立中国同盟会，宣扬推翻清政府、建立民主国家的主张后，他决心加入这个革命组织，为祖国尽赤子之心。因为他深知自己终归是一个中国商人，中国商人首先是中国人，中国人就应该热爱中国，希望祖国繁荣昌盛。1906年，经黄兴、居正、吕志伊介绍，李任卿在仰光加入同盟会，化名为李敬轩，并带头剪去发辫，以示不成功便成仁之决心。此后，为了发展会员，李任卿奔走于侨胞之间，宣传革

---

① 太丽琼：《近代腾冲商帮的经营管理思想》，《保山学院学报》2010年第1期。

命。作为仰光同盟会常委，李任卿、寸海亭等人在曼德勒组成"缅京同盟会支部"，李任卿被推选为支部会长。同时，成立了"振汉社"发展革命力量，李任卿任该社总干事，通过各种方式宣传革命宗旨，比如集资设立图书室，介绍进步书刊，组织演讲会。李任卿还借视察各地商务为名，常年奔走于仰光、曼德勒、腊戍、八莫等地，进行革命联络活动，将革命的火种播撒至缅甸各地。

1911年8月19日，武昌起义爆发，消息传至仰光。仰光同盟会紧急密电同盟会员张文光、刀安仁，迅速响应起义。9月6日，腾越辛亥起义枪声打响，然而因军饷不足，义军处于困境之中，不得不派人至缅甸告急。李任卿等人闻讯，旋即召开紧急会议，先派人到腾冲安抚义军，同时李任卿与寸海亭等人连夜从曼德勒奔赴仰光，向同盟会汇报请示。庄银安立即召开大会，向与会者讲述武昌起义以及腾越起义情况，并强调腾冲作为革命根据地的重要性，大会作出决定：先支援腾越起义卢比3万两，白银2万两，随即派人马上携款奔赴腾冲，安定军心与民心。此后，李任卿与庄银安等人向华侨募捐革命经费，源源不断地输送给滇西都督府。

第二，捐助家乡教育。1925年，和顺崇新会在缅甸曼德勒成立，在其家乡和顺及缅甸有会员400余人，李任卿任会长。崇新会担起"使家乡达于现代社会化大域"的大任，其宗旨是改革家乡社会、传播新思想和新文化、兴办文化教育。1928年，崇新会创办了和顺图书馆，图书馆成立之初，李任卿就带头捐献家传珍藏《藏经》及《二十四史》。该图书馆在"中国乡村文化界堪称第一"，腾冲知识界把和顺乡图书馆称为"我们的学校和家庭""边地的灯塔"。

民国初年，和顺乡开办两级小学堂。李任卿积极提倡以新学教育妇女儿童，并以身作则，宣传天足，说服家中老幼，严禁妇女缠足。之后又捐款资助地方创办了云南最早的华侨中学——益群中学，培养人才。新中国成立初期，侨汇中断，益群中学经费紧缺，李任卿立即捐赠缅币4万两，使学校得以正常维持，直到人民政府接管。

第三，支持地方公益事业。李任卿对家乡公益事业极尽己力，诸如修桥补路、修缮庙宇古迹、抗灾救援、施济药品之事，均热心资助支持。

1938年至1939年间，和顺遭受严重干旱，粮食减产，米价飞涨，百姓挣扎在死亡线上，李任卿得知家乡人民的遭遇，即向旅缅同乡发起倡议，集资捐献救援，从缅甸购买大米运到腾冲，使和顺乡民得以安然度荒。

第四，爱家。李任卿对于家庭的爱，在于严格治家、生活严谨、尊重女性。李任卿一生，对子女教育极严，尤其推崇曾国藩家书中的治家训条，曾手订《李氏家规》，务求全家老幼遵守其中条文。

永茂和商号第三代总经理李镜天，受其父李任卿、五叔李致卿爱国主义和资产阶级民主革命思想的影响，很早就意识到振兴国家就要提高国民的文化素质，每个有能力、有文化的人都应为提高家乡人民的文化素质而尽力。李镜天将自己的爱乡爱国之热情付诸行动。19世纪20年代，腾冲在北京的同乡创办了《新腾冲》杂志，目的在于宣扬民主和科学，提倡新文学和白话文，扫除家乡的封建礼教和愚昧落后现象。《新腾冲》引起了腾冲旅缅华侨的共鸣，于是他们成立了"缅甸新腾冲分社"，李镜天任常务理事，并以"擎天"的笔名在该社的《旅缅腾侨月刊》上发表文章。月刊创办三年余，在旅缅同乡和腾冲产生了广泛影响。李镜天为家乡学校的建设，不遗余力。1939年，在和顺崇新会以及仁人志士的倡议和努力下，和顺创建了"和顺女子简易师范学校"，李镜天亦参与建校。同年，吴晗帮助益群中学在昆明聘请西南联大的毕业生，作为益群中学的教师。时值抗战，兵荒马乱，为了保证教师们的安全，李镜天将他们护送到了保山，再由六弟李镜州请人用滑竿把他们送到腾冲。益群中学的物理、化学实验仪器也是由李镜天组织运到腾冲。同年，益群中学代校长至缅甸曼德勒向华侨募捐，李镜天陪行。1949年年初，益群中学因经济来源断绝，面临解散的可能。李镜天父子以及李致卿毫不犹豫地伸出援手，李镜天筹集了4000万元人民币（旧币）捐给益群中学，使益群中学维持到了1953年，转为国办中学。

张敬斋，1898年中秀才，后随父亲到龙陵县城经商，生意兴隆。之后，他的生意从龙陵扩展到保山、下关，缅甸的腊戍、八莫、曼德勒等多处商埠，在腾冲县城东街设有敬斋记商号，经营日用百货、珠宝玉石、进出口贸易，鼎盛时期年均获利20万银元左右。由于他极有商业头脑、生财有道，深受家乡和商界人士的敬仰和推崇，40多岁时被推举为腾冲县第三任商会会长。在任期间，为推动和促进腾冲工商业的发展，不遗余力，贡献颇多。1926年7月，迤西匪首张梁、宋金荣率大包头匪众700多人窜犯腾冲，匪部在腾冲城烧杀抢掠，无恶不作，民不安生，人心惶惶。由腾冲第四任商会会长金绍和、前财政局长谢开晋，集腾冲士绅董爱廷、蔡义斋、李德贤、张德洋、徐友藩、黄九如、杨春帆等商议，由筹饷局改成公安局，推李德贤为局长，蔡义斋为副局长，出面与匪首周旋应酬，业已卸任的第三任老会长张敬斋和公安局等人冒险奔走调停，由殷实富商出钱出物，用重金物资满足匪欲，力求不伤害腾冲百姓，力挽危局，避免了腾冲城生灵涂炭。之后，由于省军的到来，剿灭了这股匪众，一场空前匪患得以平息，腾冲得以安宁。[1]

黄增濂，又名黄九如，为著名旅缅侨商黄森达先生四子。少年时，为生计所迫，无奈而投笔从商，与他人合伙在县城开办彩章号绸缎庄，主营各种布匹和绸缎，数年中盈利不少，规模不断扩大，在腾冲丝花行中占有一席之地。青年时，受张文光民主革命思想的影响，参加自治青年会，为张文光等革命者提供住宿和经费，积极参加辛亥腾越起义的各项筹备工作，为腾越起义作出了贡献。民国初年，当选为县议员。1913年，张文光遇刺身亡后，黄增濂淡出政界，专心致志经营商业。之后，兄弟二人独立经营彩章号，逐渐形成了腾冲—缅甸—香港—上海—昆明的经商路线。到1930年年底，黄增濂从腾冲启程经缅甸，过香港，到达上海，寻找商机，并决定从上海采购商品到腾冲，批发到腾冲周边和昆明等地。

1932年，腾冲商会改选，黄增濂被选为第八任腾冲商会主席，任期两年。商会主席是纯义务性质的工作，一般由当地的富商担任。黄增濂在任期间，团结商界同仁，组织策划重修龙江、潞江铁桥。为保证工程质量和工程按期完成，他亲临江畔监督施工，不避艰险，终使龙、潞二桥得以顺利完工。1932年，腾冲连遭水灾、旱灾，致使谷米歉收，人民生活受到严重影响，黄增濂挺身而出，与商会同仁多方奔走，到缅甸组织平粜粮食到腾冲，保证了腾冲饥荒年间不饿死人。当时，邻县保山亦

---

[1] 张志芳主编：《腾冲历史上的商号》，云南人民出版社1990年版，第205页。

告粮荒，黄增濂和腾冲商会同仁急人之所急，积极组织缅甸平粜粮食入保，缓解了保山的粮荒。

黄增濂经商多年，深知教育对地方和个人成长的重要性，1932年从上海做完生意归来后，捐资在腾冲县城兴办腾冲城立两等小学校和腾冲城立女子高等学校，并任校董数年。同时在商会内开办英语讲习班，聘请英国人和海关师爷来教授英语，为腾冲地方的发展培养实用人才。他多次捐赠资金，支持学校教育。黄增濂对腾冲的慈善事业和修桥筑路等公益事业非常热心，只要有人倡议，都在物资、资金上给予大力支持。①

以李任卿、李镜天、张敬斋、黄增濂等为代表的腾冲商人，颠覆了传统观念中商人"无商不奸""商人重利轻义"的不良形象。他们在发迹之后，往往会反哺社会，捐助家乡教育，支持地方公益事业，爱国爱家，在国家蒙难之时，也敢于站出来，积极投身革命事业。

### 四　其他滇商精英与近代滇商会的形塑

思茅雷永丰茶号创建人雷逢春，曾由清秦晋纳都司例授昭武都尉，后弃官从商，承祖辈做茶之精，续雷永丰茶号于石屏。1895年从石屏迁入思茅海关东侧设立雷永丰茶号思茅分号，尤为注重普洱茶品质的研究与生产，业务量超过石屏总号。1899年他将总号移往思茅，并在昆明、北京、广州以及泰国设立分号。至1911年雷永丰牌的普洱茶成为上层社会的必备品，茶号成了云南和思茅两地普洱茶首户，产品销往本省各地及北京、广东、上海、四川、西藏、内蒙古等地，还远销泰国、法国、英国。1921年雷逢春任云南省第三届参议员。

雷逢春长子雷恩溥，光绪癸卯科举人，即加捐知县，特授四川丰都县署，永宁县并加同知衔，后因与上峰有隙而辞官回滇，与袁嘉谷、丁兆冠、陈西屏、游云龙、陈荣昌等当时云南社会名流为友。1913年任云南省商务总局公断处处长。1918年10月，任云南省商务总会副会长。1924年任第四届云南省参议院候补议员。雷恩溥在昆，将产品销往国内外，弘其父业，雷永丰牌的普洱茶曾誉满中外。抗日战争爆发后，雷恩

---

① 张志芳主编：《腾冲历史上的商号》，云南人民出版社1990年版，第205—210页。

溥卖掉昆明大井巷的两层楼房、文庙东巷的大院楼房、蒲草田的大片平房、正义路的"杨福济"茶叶店，捐了数百担上等普洱茶给抗日前线的滇军，云南省主席龙云亲嘱每个奔赴前线抗日的滇军战士带上雷永丰普洱茶以防疾病。开辟滇缅公路，打通国际援华物资的运输通道时，雷永丰捐献了1300担粮食给修路同胞。为此，云南省主席龙云给雷永丰茶号书写了"正气通神"题词。①

1920年前后，丽江纳西族周尚德在德钦设立"德广通"商号，并在任德钦商会会长期间，筹建了第一所丽江与德钦的经商点，盖起了德钦的第一座瓦房，同时塑造了一尊纳西族"三朵"神像，成为纳西族与藏族同胞交往之地。每逢纳西族传统的二月八"三朵节"，那个地方热闹非常，对当时的通商及各民族间的文化习俗交流起到了很好的宣传作用。②曾任中甸县商会会长的丽江纳西族人周秉奇是个藏族通。周家的祖上于清末就到中甸从事缝纫业，进而开设"德广通"商号，在中甸、德钦、拉萨一线经商。1921年"德广通"倒闭后，周秉奇的父亲创办了"恒德和"商号，并将号事传给子侄五人，让他们分管丽江、中甸、拉萨各地的分号。他们重信誉、轻财物，极力处理好与各民族商家的关系。周家在迪庆藏区经常扶危济贫、打井修路。他们尊重藏区的民族习俗和宗教信仰，与各寺庙保持密切联系。周秉奇兄弟不仅全力在藏区与藏族开展贸易，还在丽江古城忠义村自家住宅旁边建起专供藏族居住的旅马店，对来往的藏族客商周到接待，有些来丽江读书的藏族中上层头人的子女也常住在周家。③

云南省内各地商会在组织上具有相对独立性，互不统属，但在区域商业网络和市场格局中协调行动，在履行各种社会事务时遥相呼应，从而使云南地区的商人群体形成一个多边网络。总之，云南商人组织的不断崛起和快速发展，从不同层面推动了云南社会经济迈向近代化的发展进程。

---

① 思茅镇人民政府编：《思茅镇志》，云南民族出版社2008年版，第136页。
② 李旭：《茶马古道各民族商号及其互动关系》，社会科学文献出版社2017年版，第216页。
③ 李旭：《茶马古道各民族商号及其互动关系》，社会科学文献出版社2017年版，第33页。

## 第二节 桂商与近代广西商会的演迁

　　学界关于桂商概念的认识大致分为两种。一是从商人的省籍身份入手，认为桂商是指省籍为广西的商人，包括明清以来随着商品经济发展形成的广西本土商人和地域性经营本土化后的客商及其所组成的商人群体；二是从地域范围限定入手，认为"桂商"是指在广西从事经济活动的商人，包括官绅、各地商人等。① 桂商作为一个群体性的商帮集团，其崛起必定处于一个特定的时空（即时间和地域）范围，并不断地发展演变和融合，因此，从特定的时空视角看，"桂商"可指明清至民国时期随着商品经济发展而逐步产生、形成的，或由绅商演变而来，或由外省来桂省经商本土化后的客商及其后裔所组成的，在广西本土或以外区域从事商业活动的工商业经济群体（商人群体）。而从经济学的角度看，在广西地域范围内将劳动、资本、土地等要素组合起来进行生产，把经济资源从较低的生产率水平变为工商实业经济的群体都可称为桂商。② 桂商的形成和发展也不例外，在这一过程中也是依靠一定的经济、政治、文化等组织和发展起来的，是一个循序渐进的过程。

　　广西的地理位置独特，处于西南腹地和粤港澳沿海地区的接合部，上接云贵川，下连粤港澳，得天独厚地扮演了东承西联、上引下联的角色。桂商的贸易活动，自然具有跨省的流动。桂商的生意是"大进大出"，他们依托跨省、跨国的地域市场，建立起广西的工商经济体系。桂商从事进出口贸易的通道：一是沿西江水道，直通粤港澳，再转运海外；二是从合浦、钦州、北海出海，通往穗港与东南亚各国。这样的商路，体现了广西接受粤港澳经济辐射的历史进程。这样的经济格局至今

---

① 张旭杨、韦国友：《明清至民国时期"桂商"群体的形成、发展与作用》，《桂林师范高等专科学校学报》2019 年第 1 期。
② 张旭杨、韦国友：《明清至民国时期"桂商"群体的形成、发展与作用》，《桂林师范高等专科学校学报》2019 年第 1 期。

仍在延续。①

近代以前，桂商处于孕育时期，没有形成自己的组织，广西本土居民"不治末业"或"人显逐末"成为普遍现象，农业一直处在主要地位。还有统治者重农抑商政策的提出，导致商业发展不充分、被压制。此外城乡商业大多操纵于客商手中，"商贾贸易，流寓者居多"，自从国门被迫打开和帝国主义入侵后，商业逐渐发展，其他省外的商人大量涌入广西，因此本地商业才被带动，在这种情况下，桂商是发展缓慢的。

晚清至民国早期是桂商形成发展时期，桂商在这一阶段逐步形成并崛起，一方面表现为形成独立的行业，有固定的商号和行业规范的制约，商号行业遵循一些共同的行业规定；另一方面表现为本省商人建立商会和会馆。晚清民国初期，桂林经纪行业中水面行的发展超越最早开行的山货行，成为各大商号纷纷插手争利的行业，会馆也逐渐建立了。行会、会馆和商会的组织成立表明，此时期桂商群体已经形成和崛起。晚清民国时期粤港澳商人大量迁移到广西经商，从事商业贸易，促进了广西城镇经济发育。这体现了当时广西投资环境、创业环境的适宜性，同时实质上也是区域经济梯度转移的表现。②

民国中后期是桂商发展壮大时期，随着广西口岸的开放，客商大量移入，本土居民商业意识增强使广西商业环境逐步改良，广西民众参与商业活动的人数越来越多，在粤商的示范和带动下，逐步学会和掌握了做生意的基本路数，待积累一定资本和熟悉技术后，开始自行独立经营，成为广西商业活动的重要参与者，并在数量上超过粤商，推动着广西社会经济的近代化发展。

民国之后是桂商发展壮大时期。③ 广西各地商人在这一时期活跃起来，促进了商会的建立和相关制度的完善。梧州商人在1906年倡议建立

---

① 曾强：《百年辛亥与百年商埠——兼谈桂商之产生及其文化性格》，《梧州学院学报》2011年第6期。

② 曾强：《百年辛亥与百年商埠——兼谈桂商之产生及其文化性格》，《梧州学院学报》2011年第6期。

③ 张旭杨、韦国友：《明清至民国时期"桂商"群体的形成、发展与作用》，《桂林师范高等专科学校学报》2019年第1期。

商会，并制定商会章程。1907年正式成立商务总会，这是广西最早成立的新式社会经济组织。这些商会、会馆组织，体现了明清时期以长途贩运为主导的传统商业经济发展的割据局面，形成商品流、资金流、信息流，并发展成为文化传播的据点、政治力量角逐的支点。辛亥年间，它们成为同盟会活动的联络点，传播革命进步思想的阵地。①

清末民初的开埠，使广西社会经济显著变革，此种变革促进了地域商会精英的崛起。首先是教育机会增多，教育是社会流动的主要途径，近代广西开埠后，经济繁荣，职业构成工商化，使乡村日益富庶，少数人经营商业，即可获得可观利润，让更多人接受教育。其次是人口流动性增强。开埠之后，广西人口流动性频繁，客观上促进人才成长，使其有更多的机遇与施展空间，许多郊区的精英向省会迁移，客观上提升了广西人口的素质，而且省城优质资源能让更多精英享受，加速其成长。

说到广西的商会精英，就不得不提到龙鹤龄这位传奇人物。龙鹤龄（1880—1952），别字鸣皋，家世居灵川县麒麟乡客家村。1898年中秀才。因其父在桂林开设履祥商号经营不善，年年亏损，遂弃学从商，全力投入商店经营管理。仅四年，陆续还清所欠债务，并有余力赞助地方公益事业，在桂林商界中影响甚大。从光绪三十四年起，多次出任桂林总商会董事、副会长、会长等职，并兼任广西省参议会议员、桂林同善堂堂长、广西护法国会议员等。1921年，孙中山率师驻节桂林时，被委任为参议兼桂林县县长，同时担任中央"国民银行"桂林分行协理，为孙中山提供了充足的各类物资。由于龙鹤龄和桂林各界人士的辛劳，孙中山大总统驻节桂林的数月中，桂林的社会治安和秩序是相当好的，物资的供应是相当充足的，手工业和商业是相当繁荣的。抗日战争胜利后，龙鹤龄当选广西省商会联合会主席。1949年后，龙鹤龄任桂林市工商联顾问。②

玉林是新桂系李宗仁的"龙兴之地"，1921年由于第二次粤桂战争

---

① 曾强：《百年辛亥与百年商埠——兼谈桂商之产生及其文化性格》，《梧州学院学报》2011年第6期。

② 于少波：《近代广西玉林籍华侨商人群体的行业分布及特点研究——近代广西玉林籍商人群体研究之四》，《广西地方志》2021年第1期。

的失败，李宗仁退守玉林。其时，与李宗仁早有私交的黎仲丹、梁权等人，联合兴业、玉林的商人士绅为其提供了大量的政治献金，成为李宗仁即后来执掌广西的主要推手。而在李宗仁上台后，这些玉林籍人士也纷纷从政入职，并获得李宗仁的授权和支持。1927年，梁权、吴祖谋和玉林的陈聘玉等人在香港集资创办三光布厂，亦是为了解决李宗仁下野之后避居香港的资金问题。① 李宗仁退据玉林后，在兴业、玉林的商人、士绅的资助下，部队得到了快速扩充，但军备特别是军服供应远远跟不上扩军的步伐。在旁人的引荐下，玉林籍纺织商人陈渭琮最终成为李宗仁的军服供应商。为完成这笔订单，陈渭琮联合玉林城内的其他成衣商家，共同制作，并最终顺利完成。大量的军服订单，不仅使陈渭琮及其合伙人获利颇丰，同时带动了玉林成衣业的发展。② 1910年，陈渭琮从广东佛山引进了高织机，引起玉林纺织业的巨大变革。1935年陈渭琮建立"陈绍记织布厂"，为了生产更加高级的提花布，又成功将玉林原来使用的双踏脚织布机改良成多踏脚的大型织布机。同年，玉林籍商人李近仁对原有只能生产单条织带的织带机进行了改良，③ 设计出可以织三十多条的复式织带机。④ 玉林纺织商人通过对传统纺织机械的改良，推动了产业的发展，以更小的生产成本换来了更大的利润回报。1934年，广东省公路局进行了木炭代油装置试验，玉林籍商人开办的贵玉兴民办汽车路公司也开始了相关的制造实验，虽然由于制造设备简陋，并不具有规模生产条件，但是其为争取国家利权所做的技术革新依然值得肯定。

著名的玉林籍商人唐幼卿在发展初期就吸纳了粤籍商人李善文和李福文的资金，而之后又与合浦著名的盐业商人梁碧天建立了十分紧密的合作关系。到了抗日战争时期，其先后与柳州、贵县、梧州、南宁等地

---

① 玉林市政协文史资料委员会编：《玉林民国时期军政要员（续）》，《玉林文史》第9辑（内部资料），2013年编印，第261—267页。
② 玉林县政协办公室编：《玉林县文史资料》第3辑（内部资料），1983年编印，第92页。
③ 在《解放前玉林纺织史》中对此有不同记载，其言"陂头李德制作出了可织30多条带的织带机"，与本书所引的内容相同，但两者人名不同，似两人的回忆存在偏差。但无论哪一个说法，都证明当时确有这样一件事情，只是人名不同而已。
④ 钟孝姮：《李七师创造双轮木车和复式织带机》，《玉林市文史资料》第12辑，玉林市政协文史资料委员会1986年编印，第16页。

的商人进行合作，最终建立了自己的盐业运销网络，成为其事业兴盛、成功的最大助力。又如在纺织领域，纺织大王陈渭琮还创造性地采用了类似于现在加盟店的经营模式，与其主要经营路梧、港线，柳、宜、黔线和博、贵、邕线上的商家进行合资经营，用有限的资金最大限度地扩大自己的经销网络，取得了极好的效果。

另外，经营锡矿开采的玉林籍商人（以容县籍商人为主），以伍展民、马泗川等最为著名。伍展民在富、钟、贺等地区先后投资开办了普益、钟宝、志和、运通、振伟、庆有锡矿公司，是富、贺、钟地区矿业同业公会首届主任，并在1940年连任，在当地有"广西矿王"之称。他的普益施仁联合公司有工人1500多人，矿区面积610多亩，年产锡矿18万斤左右，年均纯利润在13.6万元左右。马泗川也于1928年在该地区开办了宝华等锡矿公司，宝华锡矿公司的办事处位于贺县八步镇拱桥村一六五号，矿区位于钟山县立头镇铜钱坑箭猪隆。公司拥有"万能机"一座，风钻矶一座，八匹马力发电机一座等，员工130名左右，资本总额61538.46元。马泗川还在广西桂平县创办了宝兴锰矿公司，开采锰矿。为了解决锰矿公司产品的销路问题，他还主动携带公司产品与广州兴华电池厂联系，最终促使兴华电池厂在梧州设立分厂，建起了广西第一家电池厂。[①] 1936年，容籍县商人陶绍勤和马泗川等人合资在梧州富民坊开办西南氘器厂。1941年，容县籍商人陈文贵集资在苍梧梨埠乡华映村设立"金光金矿股份有限公司"，用土法采炼金矿。1947年又与马泗川合股，扩大金矿规模，公司以金光金矿公司出产的金子，在梧州的五坊路一带开办了中兴金铺，在当时的梧州最为著名。

除此之外，玉林文氏家族的文受憙、文耀、文庆等人曾于20世纪30年代末40年代初，在柳州、南宁等地开设永安汽车行和桂明号拖渡，经营百色、梧州、云南、贵州等地的水陆运输业。柳江县人和行的冯元真、昔年物产股份有限公司柳州分公司的冯海沧、大兴行的庞参天、永昌行的庞成、天兴行的蒋盛楹、群丰行的吕思、慎泰行的黎耀功利生行

---

① 教育部国立北洋工程学院、实业部地质调查所、中国矿业工程学会、中华民国矿业联合会编：《全国矿业要览》，全国矿冶地质联合展览会及国立北洋工学院刊，1934年，第66页。

兴记的吴兴等都是广西商会精英的杰出代表，他们在发展壮大自己事业、对接海外的同时，还积极援助抗日战争，为国家的发展作出了应有的贡献。

商会精英推动了桂商会的进一步发展，这些精英都是有一定头脑、敢于承担风险、不畏艰难险阻的。在精英的带领和管理下，商会的发展更有秩序，商品流通步伐加快，而且在抵御风险时能更快做出反应和决策，紧跟时代潮流。广西地区的商业精英为广西和国家的积极发展作出了重大的贡献。他们积极学习先进的科学文化知识，从而使商业和商会逐渐发展壮大，他们积极回馈家乡，不仅为家乡提供了大量的就业机会，而且积极扶持家乡产业，关心家乡科技、文化教育事业的发展，他们的这种精神十分值得现代玉林籍企业家及其他商人学习和借鉴。

无论是滇商还是桂商，西南边疆民族地区的商会精英具有"抱团"的性格特点，在发展过程中，伴随着自身实力的增强，商会精英个人的号召力和影响力也渐次增强，他们一度成为当地社会的主心骨、带头人，不仅带头在多地成立了商会团体和商会组织，同时还担任了主要的核心领导。商会精英在近代商会治理中占据着十分重要的地位，他们在历史发展的大势中，用自己的辛勤劳动和聪明才干，书写了商人发展壮大的辉煌篇章。

商会的治理，离不开精英的引领。首先是商业精英对商会治理的影响表现在方向的明确。在商会精英的领导下，商会治理和商会的发展更具有方向性，商会在正确的引导下发展起来。其次是商会精英的治理具有集权性，权力掌握在少数人士身上，商会内部统一才好管理，才会齐心协力向前发展。最后是商业治理离不开精英治理。精英能比其他成员调动更多的社会资源，获得更多权威性分配，比起传统的治理方式，更具有先进性。

# 结　　语

　　清末以来西南边疆地区近代商会的治理变迁史，清晰地展示了商会制度变迁的过程。西南边疆地区近代商会，是以滇桂商人为主体的商人社团。中央及地方政府设立商会"以保护商业，通商情"为根本目的，上通下达，沟通改府与民商，体现了商会的中介作用。在商会制度设置上，滇桂地方政府设置了商会沟通政府的有效渠道。从商会治理的历史脉络可以得知，这一方面显示出中央和地方政府对商会的强势控制，另一方面也体现了商会与政府沟通互动的合法途径。就商会治理所需的资源条件来看，经济性资源来自会员缴纳的会费，制度性资源则来自政府的法令措施，行政性资源包括政府对商会活动的行政授权和对商会领导人授予的官阶品衔。由于西南边疆地区独特的政治、经济、社会和文化生态，在边疆治理的体系中，地方政府是商会经济治理功能的制度设计者和资源提供者，同时也是商会合法性和权威性的奠基者和维护者。

　　从国家治理层面而言，可以发现，滇桂商界对于来自政府的压力表现出了极大程度的克制。滇桂两地各级商会在主动完成政府所规定职责的同时，获得了广泛的活动空间。在抵制日货、封存仇货的具体实践中，由于存在着共同的抵制对象，滇桂地方政府默许了商会活动的自主性。在此过程中，尽管代表商民利益的商会与政府主导下的反日会就日货封存与征税问题一度关系紧张，但最终在不断协商与国民政府机关的直接介入下，矛盾得以化解，政、商组织双方的合作互谅使双方从中获益。如就云南边疆地区来看，民国前中期国家权力与地方社会之间关系的演化，虽明显呈现出一种日渐紧密的趋势，但并非一方对另一方的严格管制，更不是一种零和博弈，而是一种以合作为主线的向心运动。尤其在维护国权和商利方面，商会不断围绕各自利益进行博弈，但其中涌动着的民族救亡使命感极其强烈。在考量其追求商业利益的一面时应该看到，滇桂商会在长期政商关系的此消彼长中，不断构建属于自己的国家认同，并试图引导其适应当时的社会需要。

至于西南边疆地区近代商会的组织治理，同样展示着国家制度变迁的过程。尽管清末民初分权意义的商会组织治理制度已经初步确立，但是在某些制度表达上，商会组织治理依然受到集权治理的影响。我们可以从清末民初滇桂各县商会的改组和整顿的诸多问题中有所发现，如清末商会章程就有这样的规定，商务总会的总理、协理、分会的总理，虽由会董公推，但必须禀请商部审核加以委任。在制度实践中，集权治理的路径依赖和制度惯性则更加明显。在清末，亦绅亦商的"绅商"和亦官亦商的"职商"，不仅是各地商会的倡设者，而且是各级商会组织的实际把持者。例如，1906—1911年云南省垣商务总会及各县分会的会董、总理、协理，多拥有功名或职衔。在民国中期，商会改选要有党政机关派员到场监督，商会一些重要的会议也要请地方党政机关长官到会指导。党政长官有时会直接介入商会组织治理，因此引发商会的不满，在多数县商会改选的过程中，经常因任期和兼任问题发生各地国民党党部与商会的摩擦。西南边疆地区近代商会随着社会环境的变化，不断地调整内部组织结构，适应社会的发展。从商会组织变迁的历程来看，在清末民国时期，除了政府机构，占据社会政治空间的社团组织力量，也不容政府忽视。但这只是一种维护秩序的需要，区域市场的运行需要一个安定的环境，滇桂商会的组织调适正是这种历史态势的反映。

从经济治理层面而言，清末民国时期，无论中央政府抑或地方政府希冀不断增强财政汲取能力，以从基层社会获得更多资源。在此背景下，税收征缴成为政府关注的焦点。围绕如何控制商会组织、加强工商税征收等问题，北洋政府和南京国民政府积极颁布团体管制法规，力图通过改组或整顿商会组织，进而推动政策的实施。一方面，政府在商会中安插更多具有官方背景的商人，将商会视为地方税收代征机构，西南边疆地区各县市商会成为官、商沟通的重要渠道；另一方面，地方政府在财政上需要依靠商人与商会的支持，商人群体在政治上的话语权得以提升，并借此对政府形成牵制。为维护自身利益，西南边疆地区各县镇商会与政府展开了持续的利益博弈。当然，我们看到，尤其在南京国民政府时期，无论是龙云主政之下的云南地方政府，还是新桂系主政之下的广西地方政府，对商会及其组织的整合与管控从始至终并未放松，从商会、同业公会延伸到具体的商号，而商会凭借自身的团体意志和经济实力等，逐步提升了其在地方事务中的话语权。他们凭借其社会影响力，与地方政府就征税问题的方方面面展开讨价还价，从而在政府与商人之间建立起了一条"博弈"缓冲带。

西南边疆地区近代商会是边疆商人群体的联合组织，在商言商，就其本身属性而言，是工商业者的一个自为自律的社会团体。政府赋予它的主要任务是"联络工商，调查商情；兴商学，开商智；接受商事诉讼，保护工商利益"。但在清末和民国时期，时局变动频繁，地方治理相对羸弱缺失，地方商会享有较大的独立性和自主权，相应地担当起部分行政和社会管理功能，从而在地方治理的实施中发挥了积极作用。在近代西南边疆治理的格局中，诸多地方社会公共建设和公益事业的举办，往往是官商合力推动，在地方政府认可和授权的前提下，由商会具体操办，并接受地方政府的监督。在兴办地方事业的实践中，滇桂地区的大部分基层县镇商会依托自己的社会地位和经济实力，在政府授权的范围内，行使一定的社会管理职能，包括商事公断、市场管理、社会治安，以及兴办地方公共事业和慈善救济等。通观西南边疆地区近代商会的历史沿革，其中省商务总会、省总商会和省商联会作为地方法团在各民众团体中居于领衔地位，在重大事件调处和重大活动的开展中，通常起着引领作用，这不仅使工商业主联结成一个有着共同利益的社会集团，而且使他们能够通过合法的方式，把自己的能量和影响渗透到社会生活的各个领域。

在西南边疆地区，商人对于地方基层社会的秩序规范和权力结构的参与，并非单纯地表现为商人及商会组织对地方社会已经实现了垂直型的控制关系。在大部分情况下，商会和商人参与地方社会的治理并非以商人身份直接实现，而是在嵌入地方基层社会网络过程中，与地方政府和其他社会阶层在利益一致、身份趋同的基础上形成共同治理关系。因此，与地方社会联系更深的商会组织，不过是其利益的间接执行者，在处理国家与地方社会的关系时，也更接近游走于国家与社会之间的"中间机构"。商会组织在边疆地方社会中所推行的一些举措，也在一定程度上远远超出了公益性行为的范畴。如西南边疆地区商会组织针对匪患建立的护商队、保商团等，不但在各县镇间始终存在，且其经常会随商业活动的迁移而扩大到邻近的县镇。在此基础上，再结合商会在基层乡村社会中与地方政府及区域商业资本密不可分的"三位一体"关系，其参与地方治理行为的"嵌入型"社会治理属性才得以更显著地展现。

从社会治理的角度来看，经由商会，商人群体开始跻身于社会治理结构之中，滇桂地区商会不仅开始代表商人阶层向政府诉求利益，在清末及民国时期西南边疆地区的民商事习惯调查、民商事法律的制定中发挥着重要的作用，而且在国权商利的维护、市场环境整治、慈善救济事业乃至战乱时期组织商团等方面参与治理。但是，商会参与社会治理就会不可避免地对集权治理存在路径依赖，这种路径依赖不仅体现在政府劝办商会上，还体现在政府对商会的直接支持。国家治理的制度惯性，导致1927—1930年国民党对商会的整顿和改组，商会存废也一度成为政界和商界较量的关注点和舆论热点，在"强政府—弱社会"的格局中，西南边疆地区商会组织也呈现由盛转衰的态势。中华人民共和国成立后，地方各级新政权相继建立，国家对于商会之制度需求有根本改变，新成立的工商联组织为在党和政府领导之下对私营工商业实施管理的人民团体，与原商会在组织形态、人员选派和职能范围等方面均有明显差异。这就是在治理视域下透视出的商会兴衰历程。

总体来看，西南边疆地区近代商会治理制度及路径变迁表明，当前中国的边疆治理，应沿着国家治理与地方治理融合的路径继续前行。这种现代化的治理秩序能够适应近现代工商文明的发展，这种治理效能已经被近西南边疆地区代商会治理制度变迁所证明。

# 参考文献

## 一 历史档案

"民国云南省总商会档案"卷宗，全宗号：32—25，昆明市档案馆藏。
"民国昆明市商会档案"卷宗，全宗号：32—12，昆明市档案馆藏。
"民国昆明市工商同业公会档案"卷宗，全宗号：32—30，昆明市档案馆藏。
"民国云南省建设厅档案"卷宗，全宗号：77，云南省档案馆藏。
"民国云南省社会处档案"卷宗，全宗号：44，云南省档案馆藏。
"民国云南省秘书处档案"卷宗，全宗号：106，云南省档案馆藏。
"民国云南省民政厅档案"卷宗，全宗号：11，云南省档案馆藏。
"云南省实业司档案"卷宗，全宗号：89，云南省档案馆藏。
"下关商会档案"卷宗，全宗号：M20—10，大理州档案馆藏。
"宾川县商会档案"卷宗，全宗号：M118—17，大理州档案馆藏。
"弥渡县商会档案"卷宗，全宗号：M124—12，大理州档案馆藏。
"腾冲县政府档案"卷宗，全宗号：BS—M1、BS—M3、BS—N3，保山市档案馆藏。
"蒙自县政府档案"卷宗，全宗号：036，蒙自县档案馆藏。
"个旧县政府档案"卷宗，全宗号：74，个旧县档案馆藏。
"顺宁县商会档案"卷宗，全宗号：M88—21，临沧市凤庆县档案馆藏。
"民国广西商会档案"卷宗，全宗号：L15—1、L37—1，广西壮族自治区档案馆藏。
"桂林市商会档案"卷宗，全宗号：01—1，桂林市档案馆藏。

"苍梧县商会档案"卷宗，全宗号：126—6，梧州市档案馆藏。
《桂林商会史略》，全宗号：07—1—5，桂林市档案馆藏。
《民国三十五年十月广西省商会联合会报告书》，全宗号：L43—1—51，广西壮族自治区档案馆藏。
《民国三十五年五月十三日苍梧县商会工作报告》，全宗号：126—6—4，梧州市档案馆藏。
《特急广西各县市镇商会公鉴案》，全宗号：L43—1—12，广西壮族自治区档案馆藏。

## 二　报刊

### （一）云南地区报刊

《云南民国日报》（1930—1946）
《云南日报》（1935—1947）
《云南省政府公报》
《云南实业公报》
《云南新商报》（1930—1938年）
《云南总商会周刊》（现存第一、四、九期）
《商协特刊》
《云南建设公报》
《云南实业改进会季刊》
《云南建设周刊》
《云南建设月刊》
《云南实业杂志》
《滇西日报》

### （二）广西地区报刊

《桂林日报》
《桂西日报》
《柳州日报》
《梧州日报》
《南宁商报》

《广西日报》
《中央日报》（南宁版）
《南宁民国日报》
《政治官报》
《广西省政府公报》
《广西统计年报》
《广西省银行特刊》
《广西建设月刊》
《广西统计季刊》
《湘桂黔旬刊》
《广西省统计季刊》
《广西经济》
《广西统计摘要》

  （三）全国性报刊

《申报》
《东方杂志》
《实业公报》
《商业月报》
《行政院公报》
《银行周报》
《财政日刊》
《交通公报》
《中国商会联合会报》
《经济动员》
《实业季报》
《财政日刊》
《中央日报》
《扫荡报》
《新中华》

### 三 史志资料

（一）史料汇编

大理白族自治州档案馆、大理市工商业联合会合编：《下关商会档案史料选编》，大理印刷包装有限责任公司 2001 年印装。

戴鞍钢、黄苇主编：《中国地方志经济资料汇编》，汉语大词典出版社 1999 年版。

方国瑜主编：《云南史料丛刊》（1—13 卷），云南大学出版社 1997—2001 年版。

广西壮族自治区档案馆编：《民国时期西南边疆档案资料汇编·广西卷》（影印本）（共 30 卷），社会科学文献出版社 2014 年版。

江苏省商业厅、中国第二历史档案馆编：《中华民国商业档案资料汇编》第 1 卷，中国商业出版社 1991 年版。

李文海主编：《民国时期社会调查丛编·社会组织卷》，福建教育出版社 2005 年版。

全国图书馆文献缩微复制中心：《近代中国商会史料汇编》第 5 册，全国图书馆文献缩微复制中心 2013 年版。

云南省档案馆编：《民国时期西南边疆档案资料汇编·云南卷》（影印本）（共 80 卷），社会科学文献出版社 2013 年版。

云南省档案馆编：《云南档案史料》（1982—1994 年共 48 期），内刊。

云南省志编纂委员会办公室编：《续云南通志长编》（上、中、下册），1985 年。

中国第二历史档案馆编：《民国时期西南边疆档案资料汇编·云南广西综合卷》（影印本）（共 98 卷），社会科学文献出版社 2014 年版。

中国民主建国会云南省委员会、云南省工商业联合会编：《云南工商史料选辑》第 1 辑，1988 年。

（二）民国丛书和县志

百色市地方志编纂委员会编：《百色市志》，广西人民出版社 1993 年版。

陈度：《昆明近世社会变迁志略》四卷稿本，云南省图书馆藏。

陈国河主编：《玉林市志》，广西人民出版社 1993 年版。

段绶滋纂修：民国《中甸县志稿》，1939年稿本。

广西壮族自治区地方志编纂委员会编：《广西通志》，广西人民出版社1993年版。

李根源、刘楚湘主纂，许秋芳主编：《民国腾冲县志稿》（点校本），云南美术出版社2004年版。

李焜撰：《蒙自县志》，台湾成文出版社1967年版。

柳州市地方志编纂委员会编：《柳州市志》，广西人民出版社1998年版。

龙云等编：《云南行政纪实》（1—40册），云南省财政厅印刷局，1943年。

龙云、卢汉修，周钟岳等纂：《新纂云南通志》，1948年铅印本。

南宁市地方志编纂委员会编：《南宁市志》，广西人民出版社1998年版。

南宁市商业局编纂：《南宁市商业志》，广西人民出版社1995年版。

梧州市地方编纂委员会编：《梧州市志》（综合卷），广西人民出版社2000年版。

颜邦英总纂：《桂林市志》，中华书局1997年版。

张培爵等修，周宗麟等纂：民国《大理县志稿》（全六册），台北：成文出版社1974年版。

张维翰修，童振藻纂：《昆明市志》，1924年编，台北：学生书局1968年影印本。

张肖梅：《云南经济》，中华民国国民经济研究所，1942年。

（三）主要文史资料选辑、民族调查资料汇编与商业史志

本书编委会：《昆明市商业志》，云南人民出版社1994年版。

大理州商业局：《大理白族自治州商业志》，大理州商业局商志办公室1989年编印。

广西壮族自治区政协文史委员会：《广西文史资料选辑》第1—38辑，广西政协文史资料编辑部1993年。

昆明市政协文史委员会：《昆明文史资料选辑》第1—33辑，云南人民出版社1981—2000年版。

柳州市地方志办公室：《柳州民国文献集成》，京华出版社2005年版。

陆复初编：《昆明市志长编》卷七至卷十三（近代卷），昆明市志编纂委员会1984年编印。

庞智声：《广西商业史料》，广西新闻出版局2018年版。

腾冲县商业局编纂：《云南省腾冲县商业志》，德宏民族出版社1989年版。

云南省地方志编纂委员会：《云南省志》卷14《商业志》，云南人民出版社1993年版。

云南省地方志编纂委员会：《云南省志》卷16《对外贸易志》，云南人民出版社1998年版。

云南省地方志编纂委员会：《云南省志》卷8《经济综合志》，云南人民出版社1995年版。

云南省地方志编纂委员会：《云南省志》卷9《工商行政管理志》，云南人民出版社1998年版。

云南省政协文史委员会：《云南文史资料选辑》第1—54辑，云南省政协文史资料研究委员会、云南人民出版社1965—1999年版。

《中国少数民族社会历史调查资料丛刊》修订编辑委员会云南省编辑组编：《白族社会历史调查》（一、二、三、四），云南人民出版社1983—1991年版。


### 四　研究著作

陈炜：《近代广西城镇商业网络与民族经济开发》，四川出版社2007年版。

陈延斌：《大理白族喜洲商帮研究》，中央民族大学出版社2009年版。

陈征平：《民国政治结构变动中的云南地方与中央关系研究》，中国社会科学出版社2012年版。

陈征平：《云南工业史》，云南大学出版社2005年版。

陈征平：《云南早期工业化进程研究（1840—1949）》，民族出版社2002年版。

陈志让：《军绅政权——近代中国的军阀时期》，广西师范大学出版社2008年版。

丁小珊：《边疆到门户：抗战时期云南城市发展研究》，科学出版社2014年版。

董孟雄：《云南近代地方经济史研究》，云南人民出版社1991年版。

段金生：《南京国民政府的边政》，民族出版社2012年版。

段金生：《南京国民政府对西南边疆的治理研究》，社会科学文献出版社2013年版。

段艳、周建明、陆吉康：《广西壮族自治区经济史》，山西经济出版社2016年版。

冯筱才：《在商言商：政治变局中的江浙商人》，上海社会科学院出版社2004年版。

葛永才：《清末巨商王炽——同庆丰纪事》，云南民族出版社1998年版。

广西壮族自治区地方志编纂委员会编纂：《广西通志·金融志》，广西人民出版社1994年版。

何耀华总主编：《云南通史》第5、6卷，中国社会科学出版社2011年版。

何一民主编：《近代中国城市发展与社会变迁（1840—1949年）》，科学出版社2004年版。

侯宣杰：《清代广西城市发展研究》，巴蜀书社2011年版。

胡兴东等：《西南少数民族地区纠纷解决机制史》，中国社会科学出版社2014年版。

胡阳全：《云南马帮》，福建人民出版社1999年版。

蒋文中：《茶马古道研究》，云南人民出版社2014年版。

孔凡义：《近代中国军阀政治研究》，中国社会科学出版社2010年版。

况浩林：《中国近代少数民族经济史稿》，民族出版社1992年版。

黎瑛：《权力的重构与控制——近代广西社会控制机制研究》，民族出版社2011年版。

黎灼仁、高言弘主编：《广西财政史》，广西人民出版社1998年版。

李珪：《云南地方官僚资本简史》，云南民族出版社1991年版。

李珪：《云南近代经济史》，云南民族出版社1995年版。

李娟婷：《商会与商业行政：北洋政府时期的政商关系（1912—1927）》，经济管理出版社2015年版。

李蔚主编：《昆明商会的沿革与近代商业的发展》，云南人民出版社2009年版。

廖乐焕、孙丹：《云南马帮经济变迁研究》，人民出版社2011年版。

凌永忠：《民国时期云南边疆地区特殊过渡型行政区研究》，中国社会科学出版社2015年版。

刘爱新：《近代广西经纪业研究（1885—1956）》，光明日报出版社2013年版。

刘云明：《清代云南市场研究》，云南大学出版社1996年版。

罗群、黄翰鑫：《王炽与晚清云南商业社会》，云南人民出版社2014年版。

罗群：《近代云南商人与商人资本》，云南大学出版社2004年版。

罗群、罗敏：《话说滇商》，中华工商联合出版社2008年版。

马敏：《官商之间：社会剧变中的近代绅商》，华中师范大学出版社2004年版。

马敏：《商人精神的嬗变——近代中国商人精神观念研究》，华中师范大学出版社2001年版。

马敏、朱英：《传统与近代的二重变奏——晚清苏州商会个案研究》，巴蜀书社1993年版。

马敏主编：《中国近代商会通史》（四卷本），社会科学文献出版社2015年版。

马文章主编：《云南省工商业联合会简史》，云南人民出版社2009年版。

马子商等讲述，李旭撰写：《茶马古道上的传奇家族——百年滇商口述史》，中华书局2009年版。

缪云台：《缪云台回忆录》，中国文史出版社1991年版。

潘先林：《云南彝族统治集团研究》，云南大学出版社1999年版。

秦和平：《云南鸦片问题与禁烟运动》，四川民族出版社1998年版。

秦树才：《云岭金江话货殖——云南民族商贸》，云南教育出版社2000年版。

申旭：《中国西南对外关系史研究——以西南丝绸之路为中心》，云南美术出版社1994年版。

盛美真：《近代云南社会风尚变迁研究》，中国社会科学出版社2011年版。

孙代兴、吴宝璋：《云南抗日战争史》（修订本），云南大学出版社 2005 年版。

谈萧：《近代中国商会法：制度演化与转型秩序》，法律出版社 2017 年版。

谈萧：《中国商会治理规则变迁研究》，中国政法大学出版社 2011 年版。

谭肇毅主编：《抗战时期的广西经济》，广西师范大学出版社 2011 年版。

唐力行：《商人与中国近世社会》（修订本），商务印书馆 2006 年版。

唐凌：《自开商埠与中国近代经济变迁》，广西人民出版社 2002 年版。

王笛：《走进中国城市内部——从社会的最底层看历史》，清华大学出版社 2013 年版。

王红梅：《商会与中国法制近代化》，南京师范大学出版社 2011 年版。

王明东、李普者、陈乐平：《民国时期云南土司及其边疆治理研究》，社会科学文献出版社 2015 年版。

王明东：《民国时期滇越铁路沿线乡村社会变迁研究》，云南大学出版社 2014 年版。

王玉芝：《滇越铁路与滇东南少数民族地区社会变迁研究》，云南人民出版社 2012 年版。

王振刚：《云南行政中心的历史变迁及疆域形成》，社会科学文献出版社 2015 年版。

魏文享：《中间组织：近代工商同业公会研究》，华中师范大学出版社 2007 年版。

吴承明：《中国的现代化：市场与社会》，生活·读书·新知三联书店 2001 年版。

吴小凤：《明清广西商品经济史研究》，民族出版社 2005 年版。

吴兴南：《云南对外贸易——从传统到近代化的历程》，云南民族出版社 1997 年版。

吴兴南：《云南对外贸易史》，云南大学出版社 2002 年版。

吴兴帜：《延伸的平行线：滇越铁路与边民社会》，北京大学出版社 2012 年版。

肖良武：《云贵区域市场研究（1889—1945）》，中国时代经济出版社

2007年版。

肖正伟：《保山通史概要》，云南大学出版社2014年版。

谢本书、冯祖贻主编：《西南军阀史》，贵州人民出版社1994年版。

谢本书、牛鸿宾：《蒋介石和西南地方实力派》，河南人民出版社1990年版。

谢本书、温贤美主编：《抗战时期的西南大后方》，北京出版社1997年版。

谢本书主编：《云南近代史》，云南人民出版社1993年版。

薛祖军：《大理地区喜洲商帮与鹤庆商帮的分析研究》，云南大学出版社2010年版。

杨聪：《大理经济发展史稿》，云南民族出版社1986年版。

杨福泉主编：《2012中国西南文化研究》，云南科技出版社2012年版。

杨海滨：《明清中国的商人组织与市场整合研究》，经济科学出版社2014年版。

杨天宏：《口岸开放与社会变革：近代中国自开商埠研究》，中华书局2002年版。

杨业兴、黄雄鹰主编：《右江流域壮族经济史稿》，广西人民出版社1995年版。

杨毓才：《云南各民族经济发展史》，云南民族出版社1989年版。

虞和平：《商会与中国早期现代化》，上海人民出版社1993年版。

云南省档案馆编：《抗战时期的云南社会》，云南人民出版社2005年版。

云南省档案馆编：《清末民初的云南社会》，云南人民出版社2005年版。

云南省历史学会、云南省中国近代史研究会编：《云南辛亥革命史》，云南大学出版社1991年版。

张晓松：《云南民族地方行政制度的发展与变迁》，云南人民出版社2005年版。

张永帅：《空间视角下的近代云南口岸贸易研究：1889—1937》，中国社会科学出版社2017年版。

章开沅、罗福惠主编：《比较中的审视：中国早期现代化研究》，浙江人民出版社1993年版。

章开沅、马敏、朱英主编：《中国近代史上的官绅商学》，湖北人民出版社 2000 年版。

赵晓荣：《物以载志：中国第一座水电站的历史人类学考察（1910—2012）》，社会科学文献出版社 2016 年版。

郑家度：《广西金融史稿》上册，广西民族出版社 1984 年版。

中共百色市委员会、百色市人民政府编纂：《百色历史通稿》，中国文史出版社 2015 年版。

中共云南省委统战部、中共云南省委党史研究室编：《中国资本主义工商业的社会主义改造·云南卷》，中共党史出版社 1993 年版。

钟文典主编：《20 世纪 30 年代的广西》，广西师范大学出版社 1993 年版。

钟文典主编：《广西通史》，广西人民出版社 1999 年版。

周荣德：《中国社会的阶层与流动：一个社区中士绅身份的研究》，学林出版社 2000 年版。

周天豹、凌承学主编：《抗日战争时期西南经济发展概述》，西南师范大学出版社 1988 年版。

周智生：《商人与近代中国西南边疆社会——以滇西北为中心》，中国社会科学出版社 2006 年版。

周智生：《晚清民国时期滇藏川毗连地区的治理开发》，社会科学文献出版社 2014 年版。

朱英：《近代中国商会、行会及商团新论》，华中师范大学出版社 2008 年版。

朱英：《商民运动研究：1924—1930》，北京大学出版社 2011 年版。

朱英：《晚清经济政策与改革措施》，华中师范大学出版社 1996 年版。

朱英：《辛亥革命时期新式商人团体研究》，华中师范大学出版社 2011 年版。

朱英：《转型时期的社会与国家——以近代中国商会为主体的历史透视》，华中师范大学出版社 1997 年版。

［美］陈锦江：《清末现代企业与官商关系》，王笛、张箭译，中国社会科学出版社 1997 年版。

［美］戴维斯：《云南：联结印度和扬子江的链环》，李安泰、和少英等译，云南教育出版社 2000 年版。

## 五　研究论文

### （一）学位论文

薄井由：《清末民初云南商业地理初探——以东亚同文书院大旅行调查报告为中心的研究》，博士学位论文，复旦大学，2003年。

黄沛峰：《昆明市商会研究（1931—1949）》，硕士学位论文，云南民族大学，2011年。

侯宣杰：《商人会馆与边疆社会经济的变迁——以16至20世纪的广西为视域》，硕士学位论文，广西师范大学，2004年。

郝儒梁：《近代云南商会的制度分析》，硕士学位论文，云南师范大学2007年。

蒋霞：《近代广西商会述论》，硕士学位论文，广西师范大学，2000年。

刘鸿燕：《近代云南商会研究：以云南商务总会为主体的考察》，硕士学位论文，云南大学，2006年。

李艳林：《重构与变迁——近代云南城市发展研究（1856—1945）》，博士学位论文，厦门大学，2008年。

罗杨焱：《大理下关商会的组织变迁和金融职能研究（1937—1949）》，硕士学位论文，云南大学，2019年。

时攀：《近代云南总商会商事公断机制探析》，硕士学位论文，云南大学，2011年。

闫冰华：《近代广西商会网络的结构及影响力研究》，硕士学位论文，广西师范大学，2016年。

张思媛：《抗战时期的昆明市商会与地方社会》，硕士学位论文，云南民族大学，2016年。

### （二）期刊论文

宾长初：《广西近代的市场及市场网络》，《中国经济史研究》2007年第2期。

蔡勤禹：《抗战时期国民政府对工商业团体的管制》，《河北师范大学学报》1998年第3期。

车辚：《清末民初的云南地缘政治形态及其成因》，《学术探索》2007年第 1 期。

车辚:《晚清云南的商业经济地理结构》,《曲靖师范学院学报》2009 年第 1 期。

陈炜:《近代西南民族地区城镇商业市场网络的传承与嬗变——以广西为例》,《广西民族研究》2008 年第 1 期。

陈炜、韦国友:《近代西南民族地区城镇商业发展的历史局限性——以广西释例》,《湖北民族学院学报》(哲学社会科学版) 2007 年第 6 期。

陈炜、赵健:《近代民商与边疆地区的民族经济开发——以广西少数民族农家经济变迁为释例》,《湖北民族学院学报》(哲学社会科学版) 2004 年第 3 期。

陈征平:《抗战时期西南边疆商贸的国内一体化表征》,《昆明理工大学学报》(社会科学版) 2015 年第 5 期。

陈征平、毛立红:《经济一体化、民族主义与抗战时期西南近代工业的内敛化》,《思想战线》2011 年第 4 期。

陈征平:《辛亥革命前西南边疆少数民族商品经济发展形态及特点》,《中央民族大学学报》(哲学社会科学版) 2012 年第 4 期。

陈征平、杨娟:《近代西南边疆的抵货、进口替代与商品流向变动》,《思想战线》2014 年第 1 期。

陈征平:《中国近代商会在官商互动中的组织形变及意义——云南商会的个案分析》,《近代史学刊》第 1 辑,华中师范大学出版社 2001 年版。

崔恒展:《清〈商部奏定商会简明章程〉中的商会职能及其启示》,《山东社会科学》2007 年第 5 期。

冯筱才:《1911—1927 年的中国商人与政治——文献批评与理论构建》,《浙江社会科学》2001 年第 6 期。

冯筱才:《近世中国商会的常态与变态:以 1920 年代的杭州总商会为例》,《浙江社会科学》2003 年第 5 期。

付海晏:《民初商会舆论的表达与实践——立足于商事裁判权的历史研究》,《开放时代》2002 年第 5 期。

高言弘:《西南军阀与鸦片贸易》,《学术论坛》1982 年第 2 期。

宫宝芝:《扶持与管制并行:晚清中国商会发展策略》,《贵州社会科学》

2014年第9期。

何伟福：《清代滇黔地区的内地商人与市场网络体系的形成》，《思想战线》2007年第6期。

洪振强：《近代中国对商会的早期认识述论》，《安徽史学》2004年第2期。

洪振强：《清末民初（1902—1927）商会网络结构探析》，《华中师范大学学报》（人文社会科学版）2002年第4期。

侯宣杰：《从会馆到商会：近代广西民间商业团体的嬗变》，《广西师范学院学报》（哲学社会科学版）2014年第6期。

侯宣杰：《工商同业公会与近代广西城镇市场经济的发育》，《广西民族研究》2006年第3期。

侯宣杰：《近代广西商会与省域经济治理》，《文化与历史》2015年第5期。

黄滨：《近代滇黔鸦片与广西烟土商路》，《学术论坛》（双月刊）1992年第5期。

黄福才、李永乐：《论清末商会与行会并存的原因》，《中国社会经济史研究》1999年第3期。

黎虹：《鸦片与民国时期的西南社会》，《西南民族学院学报》（哲学社会科学版）2001年第12期。

李刚：《民国时期西南军阀统治与鸦片政治探析》，《贵州民族研究》2015年第9期。

李辉源等：《突破传统的尝试——民国时期云南凤仪县下关镇的商人节》，《西南民族大学学报》（人文社会科学版）2014年第8期。

李涛：《近代工商同业公会组织治理探析——以云南下关同业公会为例》，《经济问题探索》2009年第2期。

李勇军、李双：《以商促政：国民政府发展汉藏商贸的举措与意义》，《青海民族研究》2014年第2期。

廖建夏：《商会与近代梧州的市场发育》，《经济与社会发展》2004年第11期。

廖建夏：《新桂系与广西商会关系述论》，《经济与社会发展》2006年第

6 期。

林文勋、马琦：《近代云南省际贸易研究》，《中国边疆史地研究》2011 年第 4 期。

刘菊香：《广西商会在抗日战争中的作用》，《广西社会科学》2003 年第 2 期。

刘永刚：《龙云主政时期云南的基层建政与社会控制》，《中央民族大学学报》（哲学社会科学版）2013 年第 5 期。

刘云明：《清代云南境内的商贾》，《云南民族学院学报》1996 年第 2 期。

刘云明：《清代云南商业资本的运动》，《云南社会科学》1996 年第 2 期。

刘云明：《试析清代云南商人群体的整合》，《思想战线》1996 年第 2 期。

罗群：《从会馆、行帮到商会——论近代云南商人组织的发展与嬗变》，《思想战线》2007 年第 6 期。

罗群：《近代云南商人资本的历史构成及经营》，《中国经济史研究》2010 年第 1 期。

罗群：《论晚清改革的制度变迁》，《历史教学》2008 年第 14 期。

马敏：《近代中国的商业启蒙》，《中国社会科学》2014 年第 2 期。

马敏：《试论晚清绅商与商会的关系》，《天津社会科学》1999 年第 5 期。

宁金：《近代边疆地区社会经济发展的重要领域研究——"民间力量"与近代广西社会经济发展的学术概观》，《百色学院学报》2008 年第 1 期。

王春英：《官商互动中的多元图景呈现：清末商会成立形式再探》，《华中师范大学学报》（人文社会科学版）2005 年第 5 期。

王笛：《关于清末商会统计的商榷》，《中国近代经济史研究资料》第 7 辑，上海社会科学院出版社 1987 年版。

王笛：《试论清末商会的设立与官商关系》，《史学月刊》1987 年第 4 期。

王福明：《近代云南区域市场初探（1875—1911）》，《中国经济史研究》1990年第2期。

王红梅：《近代商会法律制度与中国法制近代化》，《社会科学辑刊》2007年第1期。

王静：《中国近代商会法的演进与影响》，《天津社会科学》2012年第5期。

王振卯：《近代商会与中国的民族主义》，《内蒙古社会科学》（汉文版）2006年第2期。

魏文享：《"党规"与"国法"：国民党民众组训体系中的社团制度分析》，《华中师范大学学报》（人文社会科学版）2014年第2期。

魏文享：《国家税政的民间参与——近代中国所得税开征进程中的官民交涉》，《近代史研究》2015年第2期。

魏文享：《商人团体与抗战时期的经济统制》，《中国经济史研究》2006年第1期。

魏文享：《专业与统战：建国初期中共对工商同业公会的改造策略》，《安徽史学》2008年第2期。

徐鼎新：《旧中国商会溯源》，《中国社会经济史研究》1983年第1期。

徐鼎新：《商会与近代中国社会经济发展》，《上海经济研究》1999年第1期。

严昌洪：《中国近代社会转型与商事习惯变迁》，《天津社会科学》1998年第2期。

严建苗、刘伟峰：《近代中国商会的制度分析》，《商业研究》2002年第16期。

杨煜达：《滇西民族商业资本的转化与近代云南社会》，《云南社会科学》2001年第4期。

虞和平：《近代商会的法人社团特质》，《历史研究》1990年第5期。

虞和平：《清末民初商会的商事仲裁制度建设》，《学术月刊》2004年第4期。

曾强：《百年辛亥与百年商埠——兼谈桂商之产生及其文化性格》，《梧州学院学报》2011年第6期。

张东刚：《商会与近代中国的制度安排与变迁》，《南开经济研究》2000年第1期。

张福记：《抗战前南京国民政府与商会关系》，《史林》2001年第2期。

张旭杨、韦国友：《明清至民国时期"桂商"群体的形成、发展与作用》，《桂林师范高等专科学校学报》2019年第1期。

张原：《历史人类学与西南民族地区商会史研究范式的构建》，《中央民族大学学报》（哲学社会科学版）2015年第2期。

赵鸿娟：《试论鸦片对近代云南社会经济的影响》，《思想战线》2000年第4期。

赵善庆：《清末民初云南"商绅"阶层的变动及其与近代商业的转型》，《云南民族大学学报》（哲学社会科学版）2015年第4期。

赵善庆：《统制与嬗变：抗战时期云南商会的组织演进述论》，《暨南学报》（哲学社会科学版）2016年第4期。

郑成林：《1927—1936年国民政府与商会关系述论》，《近代史研究》2003年第3期。

郑成林：《1950年代中国共产党对工商团体的改造》，《华中师范大学学报》（人文社会科学版）2007年第2期。

郑成林：《近代中国商事仲裁制度演变的历史轨迹》，《中州学刊》2002年第6期。

郑成林：《抗战前夕中国商会的政治参与》，《河南大学学报》（社会科学版）2012年第1期。

郑成林：《抗战时期国民党对商会的管理与控制》，《华中师范大学学报》（人文社会科学版）2011年第6期。

郑成林：《清末民初商事仲裁制度的演进及其社会功能》，《天津社会科学》2003年第2期。

郑成林、史慧佳：《南京国民政府度量衡改制中的商会参与》，《历史研究》2017年第4期。

郑成林、张世慧：《控制与依赖：南京国民政府时期商会商事仲裁制度述论》，《江汉论坛》2015年第5期。

周智生：《抗日战争时期的云南商人与对外民间商贸》，《抗日战争研究》

2009 年第 2 期。

周智生：《历史上的滇藏民间商贸交流及其发展机制》，《中国边疆史地研究》2007 年第 1 期。

周智生、王玉惠：《边疆与民族之间：近代边疆社会转型中的民族商人政治参与的地方性轨迹——以滇西北为例》，《西南民族大学学报》（人文社会科学版）2018 年第 9 期。

周智生：《云南商人与近代滇藏商贸交流》，《西藏研究》2003 年第 1 期。

周智生：《族际商贸交流与近代西南边疆民族的经济生活——以滇西北为中心》，《中南民族大学学报》（人文社会科学版）2007 年第 3 期。

朱英：《二十世纪二十年代商会法的修订及其影响》，《历史研究》2014 年第 2 期。

朱英：《"革命"与"反革命"：1920 年代中国商会存废纷争》，《河南大学学报》（社会科学版）2012 年第 5 期。

朱英：《关于近代中国商会领导群体几个问题的再探讨》，《江汉论坛》2006 年第 8 期。

朱英：《近代商会史研究的缘起、发展及其理论与方法运用》，《近代史研究》2017 年第 5 期。

朱英：《近代中国商会的"联动"机制及其影响》，《史学集刊》2016 年第 3 期。

朱英：《清末商会的成立与官商关系的发展演变》，《社会科学战线》1990 年第 2 期。

朱英：《清末商会"官督商办"的性质与特点》，《历史研究》1987 年第 6 期。

朱英：《商民运动期间国民党对待商会政策的发展变化》，《江苏社会科学》2010 年第 1 期。

朱英：《商民运动时期商民协会与商会的关系：1926—1928》，《中国经济史研究》2010 年第 3 期。

朱英：《再论国民党对商会的整顿改组》，《华中师范大学学报》（人文社会科学版）2003 年第 5 期。

# 附　　录

## 附录1：《云南省垣商务总会章程》

云南地处边陲，得风气较晚，商业素未讲求。近年中外互市，铁路将通蒙自、思茅、腾越等处，进出口货日见充斥，商务渐臻繁盛，亟应整顿考查，力除积弊，以维自有之权利。现奉督宪谕饬遵照商部奏定章程，设立商会，名曰云南省垣商务总会。

本会之设为振兴商务起见，要以开通商智扶持商业为第一要义，调查各埠商务之盛衰，考较中外实业之美恶，因地制宜实力讲求，更期制造日精，利益日广，又必众商团结，俾无涣散倾轧之虞。

本会总理一人，协理一人，现经督宪，谕由商务局设箱众投票公举，嗣后一年期满遵章更换，每届仲冬即由会董会议或另行公推或清留续办，须以熟悉商情，素孚重望者，议定数人禀由商务局详请督宪，季冬核定，以便来正接办（奉部覆由商部札委奏请颁发关防应用）。

会董十二人，帮董三十二人，应遵部章，以才地资望四者为合格，由各帮众商，公举议决后，总理即将各董职名分别呈明商务局，以备考查或仍留办或另举充，均以次年正月为定。

本会总理、协理及各会董、帮董等，均宜各尽义务，以明权限而专责成。（一）总理协理有主持会务之责任，凡拟定章程、考查利弊、呈报商情、申诉商屈及有关各商损益者，悉应参酌众议，细心访询，均遵部章第七款办理。（二）会董有参议会章，会同总理、协理商办一切事宜之权，届期议事，应由各会董轮流照料。本会事务以均劳逸，凡各商有无利弊以及物产丰歉市面行情，各会董自应随时调查，条陈所见，详细开报本会，以便稽考，遵照部章第九款办理。（三）帮董亦有与会之责，每届会期，务求亲到，协同议事，使各商近情彼此接洽，偶有兴革庶免窒碍。

本会议事分为常会特会二种。（一）凡遇重要事件，关系商务大局者，准于常会之外随时酌开特别会议；（二）常会以每月初六、十三、二十、二十八等日为会期，是日以午后一点钟开会，三点钟散会，不得先后参差致碍本人商业；（三）无论常会、特会，议事总须开诚布公，各抒所见抑或详具说贴，当交本会从众定议，所议是非，应按多数为断，注明簿记归总理签字作准；（四）凡会议之时，均有一定规则，应当遵守，特立禁约如下：（甲）赴会议事，均有赞成事务之责，必须秉公议论，勿稍含糊其词，依违两可；（乙）议事时不得各执己见，互相争论；（丙）议事时不得闲谈喧哗；（丁）无论何人出议，同人均应静听，令毕其词，倘未允协，再为更迭置议，从重公决；（戊）会董帮董或遇会期有要事不到者，先须声明本会，不得屡次托故不到，始勤终怠。

各帮、行、号、铺、店所用管事、学徒人等，均应谨守号规，勤慎从事，勿得败行玷名自干未便：（一）管事人等终岁勤劳筹算无遗，或酌增薪俸或加分鸿股。及代贸外埠遇有不测，查无别故，亦由号东量给殡殓归梓等费，以示体恤。无分远近，行坐安危寿夭，均各听天安命，其家属不得藉故需索；（二）管事人等如有欺蒙偷空情事，一经觉查，本号立即逐出。辞主不能荐咨犯事之人，应遵商律一百二十九条送请地方官究治，倘有别号徇情容留藉故再用者，随报本会以罚；（三）招用学徒，必须当凭保人书立投师文券，倘不遵本号规约及有偷窃、违误、潜逃等事，除将学徒科以应得之罪，惟保人是问。

各商本业倘有窒碍受亏之处，亟宜整顿者，准由各商自拟章程，送交本会公同酌议妥善，即为转呈商务局立案，切实保护。

各商贩运货物，沿途必赖地方官保护。一遇窃抢轻则亏损资本，重则倾家殒命，虽经报缉终难获案，拟请各通衢地方文武官员，随时认真保护，如有前项情事，务期贼赃两获从严惩办。

各商贩运货物进出滇靖，均系马驮夫挑，途次不免时有拆包、窃取、掉换、偷逃等弊，本会亟应严加防范，嗣后雇夫挑运取该夫妥保切结，雇马驮运取该驮户妥保切结，沿途均责成堆店具保，遇有前项情事，本号须令出结人赔偿，报明本会随请地方官讯究。

凡行号、铺店均应公平交易，循分营业。如米、粮、油、豆、柴、炭等物均为民生日用攸关，或遇雨阳不时，奸商囤积，无故高抬把持垄断，本会自应留心稽查，如有前项情弊，随时传集会议照市平价。倘故违不悛，本会即遵章送请地方官援例究惩。

凡以低伪货物，假冒招牌、图记、人名、仿单，有碍本商名誉事业者，准由本商赴本会报明代为呈请地方官究治。

行使假银、仿造伪票，如有拿获，报明本会，随即送请地方官根究，按律治罪。

各商交易收付银钱，多以票据为便，或偶有失遗，易滋事端，议定嗣后失票者，应即报明本会，无论票注银钱多寡，即以百分之五作酬。取票检票之人，亦不得格外需索，倘有扯票不还及原票久不出现，已一月期满，即由本会呈请地方官存票以作废纸。

各商有被地棍、吏役、劣绅、豪者讹诈勒索籍端欺压及厘税关卡、书巡格外需索留难，准报本会查确代为分别呈诉局宪地方官究办。

凡集股外贸借本经商托言亏折，实系侵蚀滥用倒闭卷逃希图脱骗被累者，赴本会报明查确，即行送请地方官究追，或情事较重，匿不到案潜逃他省，应由本会呈请商务局查封家产备抵转详督宪咨行通缉务获究治，倘在外埠另立牌号约外代贸，一经觉查，即呈请地方官封禁移送归案。

滇省五金并产煤矿尤旺，无论独立开厂、集股办理或设立公司，有报明本会注册者，均应一体保护（奉部复公司注册应报明本会备文呈请商部注册以昭划一）。

华洋各商遇有交涉龃龉等事，应遵部章十六款仍准被屈人报明本会代为伸理。

各商有能独出心裁，创造新奇器物或编译新书有切时用以及将中外原有货物改制精良，便于通行者，经本会考核呈报商务局评请督宪咨明商部给予专照年限。

滇省如有贩运货物出洋贸易及自费出洋考查，制造品物等事，本会即应呈明商务局详请督宪给发护照，并照会各国领事以资保护。

商家钱债各事应先赴本会报明，由总理、协理暨会董等秉公妥议调处，倘理曲者，诬骗狡诈藉故隐匿，即由本会送请地方官从严比追，勒限偿还。

乏本贸易者，偶遇行市疲滞，难资周转，势必将货贱售以应急需，渐次亏折或至倒闭累及他商，嗣后如有此等情事，必须先期告知会董，邀集同业预为设法补救，庶免妨碍各商。倘有只图己便，不顾公益，本会查知应即议罚以儆效尤。

滇省市平，先年俗名曰：库市平，又名曰：号平、票平。即近时之龙元。局晋兹以藩库制平砝码比较，每百两实九十六两西钱为准，弊因向无公设平码，渐由市面任意短少，现每百两竟短至二三四线不等，本会自应亟力整顿，拟以省垣公估四家设立公平，更名曰：玖陆肆滇省商会平。以期通行，而归划一。

本会原为联络商情，保护商业而设，不能不仍于各商酌输经费以供会需，谨遵部章二十一款注册，凭据簿册三项筹费如下：（一）注册费。滇省各商资本充足者固多，而小贸经营者亦复不少，若会一律照缴，诚恐力有不逮，自应酌量变通，按照各业注册之实数，拟每两酌输一厘；不上百两者，一概免输。无论输纳多寡，均由本商面缴本会，掣取收条为准（奉部复缓办）。（二）凭据费。凡各商买卖契约外贸合同抵押券定货议单并一切凭据均以所载之实数以期限之多寡，酌输会费，由执据人缴清，本会盖用图记为准（奉部复缓办）。（三）簿册费。各商进付收放存欠歇折及词诉胶葛，均以帐簿为凭，如不划一盖图真伪难分。兹遵章由本会照部颁簿册格式分给各商，遵式自备送交本会加盖图记为准，其费容后酌输（奉部复缓办）。

本会专理商务，凡不关系商务者概不干涉。

各商如有因商务要事，拟禀商务局者，应将原呈录送本会代呈，以便抄存备查。

本会凡有商务要件，经众议决，应由总理签字呈明商务局者，一经批准，即当遵循，如未奉批核准，不先事擅行。

本会议决重要事件，未经宣布以前，凡在会者，均宜格外慎密，不得浅陋事机。

凡品行不端、执业卑贱及负债倒闭未经清偿者，一概不得入会。

凡入本会者，务宜恪守会章，秉公办事，不得欺侮同类及败坏本会名誉。

本会创设伊始经费无出，已将来筹款有余，自当随时设立商业学堂、商务报馆并劝工陈列，各场渐次扩充。

以上八章均系滇省设立商会、创办章程，尚欠详备，所有一切未尽事宜，本会自当随时次第采择举行，呈请商务局核定转详督宪咨部立案。

# 附录2：《云南省总商会章程》（1915年6月）

第一条 本总商会依法改组，定名为云南省总商会。

第二条 本总商会以振兴商务促进改良工商业为宗旨。

第三条 本总商会区域以省会昆明县所属区域为限。

第四条 本总商会事务所设于省城内福照街。

第五条 本总商会设会长一人，副会长一人，会董五十八人，特别会董八人，均为名誉职。

第六条 本总商会除前条规定职员外，得设下列办事各职员，均由会长任雇，酌给薪资。文牍一人；会计兼庶务一人；书记四人。

第七条 会长、副会长、会董之选举，特别会董之推选，以及各职员之选任解职等事项，悉依商会法及施行细则所规定者办理。

第八条 会长主持全会事务，副会长协助之。会长缺席时，副会长代行其职权，特别会董及会董有参议协助会务之权责。

第九条 文牍、会计、庶务、书记秉承会长分别办理一切应办事宜。

第十条 关于本总商会之职务，悉依商会法第十六条第十七条办理，但商会法第十六条第七款规定事项，另由公断处办理。

第十一条 本总商会会议，分常期会议、特别会议两种。常期会议分年会、职员会。年会每年举行一次，职员会于每月初八、十八、二十八等日举行，特别会议无定限，遇事关重要时行之。

第十二条 本总商会议事，会长为主席。如遇会长、副会长同有事故不能到会，就得特别会董及会董中公推一人为临时主席。

第十三条 本总商会经费分事务所用费、事业费两种。前项事务所用费由会员负担。

第十四条 本总商会经费之预算决算及其事业之成绩，每年编辑报告刊布之。除依前项之规定办理外，每年事业之成绩并呈报地方最高行政长官转咨农商部查核。

第十五条 本总商会依商会法施行细则第三条之规定，得附设全国商会联合会云南省事务所，悉依联合会章程办理之。

第十六条 本总商会依商会法施行细则第四条之规定，得附设商事公断处，悉依商事公断处章程并细则办理之。

第十七条 本章程未经规定各事宜，悉依商会法及施行细则办理。

第十八条 本章程如有未尽事宜依商会法第二十八条之会议增册、修订、呈奉核准行之。

本章程依商会法第五条呈奉核准行之。

## 附录3：《云南省商会联合会章程》

（1942年12月8日）

### 第一章 总则

第一条 本章程依据民国二十七年一月十二日公布修正商会法及其施行细则与民国三十一年二月十日公布非常时期人民团体组织法订定之

第二条 本会定名为云南省商会联合会

第三条 本会以谋工商业及对外贸易之发展，增进工商业公共福利及矫正共同业务上之弊害为宗旨

第四条 本会以云南省行政区域为区域，会址暂设于昆明市福照街昆明市商会内

## 第二章 职务

第五条 本会之执掌如下：

一、筹议工商业之改良及发展事项；

二、关于工商业之征询及通报事项；

三、关于国际贸易之介绍及指导事项；

四、关于工商业之调处及公断事项；

五、关于工商业之证明事项；

六、关于工商业之调查统计编纂事项；

七、关于设立商品陈列所、工商业补习学校或其他关于工商业之公共事业事项；

八、关于工商业之维持救济事项；

九、关于合于第三条所揭示宗旨之其他事项；

十、主管官署交办有关之工商业事项。

第六条 本会举办之事业应由理事会计划办理，但重要者须经会员代表大会决定之

第七条 本会得就有关工商业之事项建议于中央或地方行政官署

第八条 本会有答复政府及自治机关之咨询，并接受委托之义务

## 第三章 会员

第九条 凡本省之市县商会暨商业繁盛市镇单独或联合设立之商会，均应依法加入为本会会员

第十条 本会会员均得举派代表出席本会，大会会员代表以中华民国人民有法律行为能力者为限

第十一条 会员须遵守本会章程，服从本会决议案，并按期缴纳各种会费

第十二条 本会会员非因特殊情形，经主管官署核准解散或停止执行职务者不得退会

第十三条 会员代表由各会员商会就其会员中举派之，每会员商会以一人至二人为限，但县市会员商会其下级有商业同业公会十个以上者，

得增加代表一人，其数目按每五个商业同业公会增派代表一人比例举派之

第十四条 有下列各项情事之一者，不得充本会会员代表：

一、背叛国民政府，经判决确定或在通缉中者；

二、曾服务公务而有贪污行为，经判决确定或在通缉中者；

三、褫夺公权者；

四、受破产之宣告，尚未复权者；

五、无行为能力者；

六、吸食鸦片或其他代用品者；

七、有违背三民主义之言论及行动者；

八、危害国家民族之利益者。

第十五条 会员代表经会员举派后，应给委托书，并具履历，送经本会审查合格后给与出席证，方得出席，出席代表有表决权、选举权及被选举权

第十六条（一）会员代表之表决权、选举权比例于其缴纳会费单位额由所派之代表单独或其共同行使之，每一单位为一权会员代表之，表决权、选举权以其所缴会费比照单位计算权数，但最多不能超过十权；（二）会员代表因事不能出席会员大会时，得以书面委托他会员代理之。

第十七条 会员代表得由原举派之会员商会随时撤换之，并应以书面通知本会，但当选为本会职员者，非有依法应改任之事由，不得将其撤换之

第十八条 会员代表丧失国籍或发生第十四条所列各款情事之一者，原举派之会员商会应撤换之

第十九条 会员代表有不正当之行为妨害本会名誉信用者，经会员代表大会之决议，通知原推派之会员商会撤换之

## 第四章　组织及职权

第二十条 本会设理事二十一人，监事七人，由会员代表大会就代表中用记名连举法举任之，以得票最多数者为当选，次多者为候补

第二十一条 理监事如遇出缺时，以候补理监事依次递补，以补足前任未满之期为限，在未递补前，不得列席会议

第二十二条 本会设常务理事五人，由理事会就理事中用记名连选法互选之，以得票最多者为当选

第二十三条 本会设理事长一人，由全体理事就当选常务理事中用记名单选法选任之，以得票最多者为当选，监事由监事中选举一人为常务监事

第二十四条 理事及监事均为名誉职

第二十五条 理事及监事之任期均为四年，每二年改选半数，不得连任

前项第一次之改选，以抽签定之，但理监事人数为奇数时，留任者之人数得较改选者多一人

第二十六条 理事长及常务理事出缺时，由理事会补选之，常务监事出缺时，由监事会补选之，其任期均以补足前任任期为限

第二十七条 本会理监事有下列各款情事之一者，应即解任：

一、会员代表资格丧失者；

二、因不得已事故，经会员代表大会议决，准其辞职者；

三、旷费职务，经会员代表大会议决，令其退职者；

四、于职务上违背法令，营私舞弊或有其他重大之不正当行为，经会员代表大会议决，令其退职或由经济部或由主管机关令其退职者。

第二十八条 本会为执行会务便利计，得设秘书室、公断处暨总务科、组训科、调查科、研究科分办会内一切事务，秘书处、公断处及各科职员均酌给薪津，惟公断处长应由理事会就理事中推选之公断处之评议及调查员由理事会就会员中聘任之

第二十九条 本会视事务之需要，得设各种专门委员会办理临时事项，其委员人选由理事会聘任之

第三十条 理事会依本章程之规定及会员代表大会之议决行使职权

第三十一条 监事会之职权如下：

一、监督理事会执行会员代表大会之议决事项；

二、审查理事会处理会务情形；

三、稽核理事会之财务收支。

## 第五章　会议

第三十二条 会员代表大会分定期会议及临时会议两种，均由理事会召集之，定期会议每年开会一次，临时会议于理事会认为必要或经会员代表十分之一以上之请求，或监事会函请召集时召集之

第三十三条 会员代表大会须有会员过半数之出席，始能开会，出席过半数之决议，方能表决，出席权数不满过半数者，得行假决议，在三日内将其结果通告各代表，于一星期后二星期内重行召集会员代表大会，以出席权数绝对多数之同意，行其决议

第三十四条 下列各款事项决议，以会员代表表决权数三分之二以上之出席，出席权数三分之二以上之同意行之，出席权数不满三分之二者，得以出席权数三分之二以上之同意行假决议，在三日内将其结果通告各代表于一星期后二星期内重行召集会员大会，以出席权数三分之二以上之同意，行其决议

一、变更章程；

二、会员或会员代表之处分；

三、理监事之解职；

四、清算人之选任及关于清算事项之决议。

第三十五条 理监事会每月至少各开会一次，必要时并得召集理监事联席会议

第三十六条 理事会须有理事过半数之出席，方能开会，出席过半数之同意，方能决议，如可否同数时，取决于主席。监事会开会时，以常务监事为主席，并须有监事过半数之出席，出席监事过半数之同意，方能决议一切事项

## 第六章　经费及会计

第三十七条 本会经费分下列三种：

一、经常费由会员商会缴纳之，每一单位每月暂定国币一百元，如本会支出不敷时，得召集会员代表大会增加之；

二、事业费由会员代表大会议决，经地方主管官署核准筹集之；

三、本会如遇经费不足时，得由热心之会员商会或商人自由捐助之。

第三十八条 会计年度以每年一月一日始至同年十二月三十一日止

第三十九条 本会预算决算及其事业之成绩，每年须编制报告刊布之，并报主管官署备案

<h3 style="text-align:center">第七章　附则</h3>

第四十条 本章程未经规定事项，悉依修正商会法及修正商会法施行细则及非常时期人民团体组织法办理之

第四十一条 本会各处科办事细则由理事会另订之

第四十二条 本章程如有未尽事宜，经会员代表大会之决议，呈准主管官署修改之

第四十三条 本章程自呈准备案之日施行

## 附录4：《会泽县商会章程》（1933年3月20日）

第一条 本会遵照部颁商会发改组定名为会泽县商会。

第二条 本会以图谋工商业及对外贸易之发展，增进工商业之福利为宗旨。

第三条 本会区域以会泽县所辖区域为限。

第四条 本会职务悉依部颁商会法第三条一项至九项之规定办理，凡不属于职务内之事概不干预。

第五条 本会会员入会出会除名悉依部颁商会法第三章第九条至十七条之规定办理。

第六条 本会设主席一人，常务委员四人，执委十人，监察委员五人。

第七条 前项各委员依法由会员大会就会员代表中先选举执行委员、监察委员，复由执行委员互选常务委员，并由常务委员选举主席。

第八条 主席主持全会事务，常务委员协助之，执行委员、监察委员

有参加与协助及监察会务之权责。

第九条 本会得设书记一人、会计兼财务一人，由执行委员会拟定分别任雇，酌给薪金，交会员大会议决执行之。

第十条 本会主席及各委员均为名誉职，其任期改选留任解职等事悉依部颁商会法第十九条及第二十二条之规定办理。

第十一条 本会会议分定期会议、临时会议两种，定期会议会员大会每年举行一次，执行委员会每月举行二次，监察会议每月举行两次。临时会议，遇执行委员认为必要或经会员代表十分之一以上请求或监察委员会函请召集时行之。

第十二条 本会经费分事务费、事业费两种，除事务费由会员比例于其所派代表之人数及资本额负担外，其事业费由会员大会议决筹之。

第十三条 本会事业之成绩及经费之预算，每年均须向县报告宣布之，其办事成绩并报由地方官转呈咨部查核。

第十四条 本会处理各事得另订办事细则。

第十五条 本章程未尽规定事宜，悉依部颁商会法及其施行细则办理之。

第十六条 本章程如有未尽事宜，得依部颁商会法第二十八条之规定，会议议决增删修订呈奉核准行之。

第十七条 本章程自呈奉核准之日施行。

## 附录5：《元江县商会章程》

### 第一章　名称

第一条 本商会定名曰"元江县商会"。

### 第二章　组织

第二条 本商会遵照法规，就元江县城组织一事务所，以资办公。

第三条 本商会职员将来执行职务或因事情不便利，必须设立分事务所时，应查照《商会法》第十三条、十四条及施行细则第八条办理之。

第四条　本商会因县属工商业尚未发达，商人交易亦绝少争端，故办事机关仅组织一事务所，不复设立公断处，凡遇工商界纠纷事件即由事务所调处之。

第五条　本商会遵照法规，额定职员为会长一人、副会长一人、会董十五人以上，并就全体会董中公推文牍员、会计员各一人。

第六条　事务所雇用书记一名、丁役一名或二名。

第七条　本商会职员均为名誉员，惟书记、丁役给以相当之薪津工资。

## 第三章　选举

第八条　本商会于民国五年五月遵令改组，此次改组及已改选各职员之票选及其就职、解任一切事宜均照《商会法》第六条、第七条及第十八条至二十五条办理之。

第九条　关于选举先期之通告、职员选定之呈报暨职员递补办法悉遵《商会法》施行细则第五、第六两条之规定。

## 第四章　职务权限

第十条　全体职员共同负担之职责如左：

（甲）调处工商业者之争议，关于调处之规定如左：（一）取具关系人之请求书；（二）调取事由及时间之布告；（三）因调处解决之必要，得查取事实关系之契约；（四）调处时间旁观席之临时设置；（五）调处时间职员应以过半数列席；（六）调处结果之布告。

（乙）主持工商界营业之组合；

（丙）就县属气候、土宜、礼俗各方面，分别提倡适宜之各种工艺；

（丁）对于农产物出境之采运，随时维持其现状；

（戊）对于运销出境之特产物品，设法扩充，使销额日见增加；

（己）关于通过境土之商运或遇发生危险情事，当设法救济之。

第十一条　属于《商会法》第十六条各事项，凡为前条规定所不及者，本商会职员悉认为唯一天职。

第十二条　会长有指挥会董办理全会事务之责。

第十三条　副会长有协助会长指挥办事之责。

第十四条 会董于秉承会长、副会长办事外，对于提倡整顿工商业事项有建议之权。

第十五条 文牍员办理公文、函件各文稿。

第十六条 会计员管理经费之收入、支出，对于筹款事项有建议之职权。

第十七条 关于事务所用费之预算、决算，由会计员办理。经过一年后并县列表布告。

第十八条 书记编写文件，丁役专供役使。

第十九条 本商会既不设公断处，对于工商业者争议之调处，遇双方争执剧烈，调处不能生效时，即函请地方行政长官折衷判决。

第二十条 本商会自行崇重公法人资格应办事宜以工商业为范围，范围以外之事概不干涉。

第二十一条 虽属工商业范围内事项，然事由发生时，带有民、刑事性质者，本商会概不承认调处。

第二十二条 本商会职员有放弃责任或营私舞弊等行为，应照《商会法》第二十九条、第三十条办理。

第二十三条 职员虽非营私舞弊，然办事不守权限，致妨害本商会名誉者，仍参照《商会法》第三十条办理。

## 第五章　会议

第二十四条 本商会遵照法规分会议为定期、特别两种。

第二十五条 定期会议又分为左之二种：

（一）年会：于每岁年度开始时行之，届期由会长集合全体会员，提议工商业一切进行事件；

（二）职员会：每月二次，定期于每月一号、十五号行之。

第二十六条 特别会议：凡工商界发生重要问题，不能延缓者，由会长临时集合各职员解决之。

第二十七条 每开职员会，会长必须列席，如因有特别事故不能列席时，应由副会长代行职务，其会董须到会过半数，始得开议。

## 第六章　经费

第二十八条　事务所经费仍照本商会原案，以货驮捐收入之款支给之。原属商务分会成立于民国元年，其经费系就县城商人买卖货驮按照物价高下，分别抽收，定为每驮由一分至二角。禀经前云南实业司核准立案，奉行数年，尚无弊害，商输商用与《商会法》会员负担之规定亦暗相符合。

第二十九条　本商会将来创办关于工商之公共事业所需事业费，随时另筹相当之款。

## 第七章　附则

第三十条　本商会曾改组后，暂用旧有图记，俟奉到颁发钤记再将图记缴销。

第三十一条　凡《商会法》及施行细则规定之事宜，有未经本章程援据列入者，本商会悉遵守之。

第三十二条　本章程以《商会法》及施行细则为依据，设将来法规有变更时，本章程当照变更。

第三十三条　本章程以奉到农商部核准日，发生效力。《案册》：民国二年春，知州廖维熊任内准云南蚕林实业团总局颁发关防及章程，组织蚕林实业团，公推城绅火樲为团总。所有职员均系名誉，不支薪水。其章程有振兴蚕林及保护一切森林之责，团局地点暂赁民屋为之，后总局撤销，亦即停办。《案册》：蚕林实业团取消后，奉令成立实业分所，知事包映庚委潘瑜充实业员，分所地点以大寺庙为之，因款项支细，一切重要实业尚未举办。《案册》：民国八年，知事黄元直以实业分所久经奉令改组，尚未实行，依照云南各县实业所暂行章程拟定本属实业所章程，仍请委潘瑜充任实业员长，以专责成，而谋整顿并请颁发实业所钤记，始将实业分所章记缴销。

# 附录6：《璧山县商会章程》

**第一章　总则**

第一条 本章程依据《修正商会法》及《修正商会法施行细则》订定之。

第二条 本会定名为璧山县商会。

第三条 本会以图谋工商业及对外贸易之发展，增进工商业公共之福为宗旨。

第四条 本会以县行政区域为区域。

**第二章　任务**

第五条 本会之职责如下：

1. 筹议工商业之改良及发展事项；

2. 关于工商业之征调及通报事项；

3. 关于国际贸易之介绍及指导事项；

4. 关于工商业之调处及公断事项；

5. 关于工商业之证明事项；

6. 关于统计之调查编纂事项；

7. 得设办商品陈列所、工商业补习学校或其他关于工商业之公共事业，但须经该管官署之核准；

8. 遇有市面恐慌等事，有维持及请求地方政府维持之责任；

9. 办理于第三条所揭宗旨之其他事项。

第六条 本会举办之事业应由执行委员计划办理，但其重要者须经会员决定之。

第七条 本会得就有关工商业之事项建议于中央或地方行政官署。

第八条 本会应答复政府及自治机关之咨询，并接受其委托。

**第三章　会员**

第九条 本会会员分下列两种：

一、公会会员：凡本区域内工业、商业及输出业各同业公会依法加入本会为会员者属之；

二、非公会会员：凡本区域内无同业公会之工业、商业、输出业公司行号或他区域之工厂所设售卖场所经依法登记者单独加入本会为会员者属之。

第十条 公会会员、非公会会员均得举派代表出席本会，称为会员代表。会员代表以中华民国人民年在二十岁以上者为限。

第十一条 会员须遵守本会章程，服从本会决议案，并按时缴纳各种会费。

第十二条 会员非公会解散或公司行号迁移其他区域或废业或受永久停业之处分者不得退会。

第十三条 公会会员代表由各该业同业公会就委员中举派之，至多不得逾五人；非公会会员代表每公司行号人，以主体人或经理人为限。

第十四条 有下列各款情事之一者不得充本会会员代表：

1. 背叛国民改府经判决确定或在通缉中者；
2. 曾服公务而有贪污行为经判决确定或在通缉中者；
3. 褫夺公权者；
4. 受破产之宣告尚未复权者；
5. 无行为能力者；
6. 吸食鸦片或其他代用品者。

第十五条 会员代表经会员举派后，应给以委托书并附具履历送经本会，审查合格后方得出席代表有表决权、选举权及被选举权。

第十六条 会员代之表决权、选举权，比例于其缴纳会费单位额，由所派之代表单独或共同行使之，每一单位为一权。会员代表因事不能出席会员大会时，得以书面委托他会员代表代理之。

第十七条 会员代表得由原举派之公会会员或非公会会员代表撤换之，并应书面通知本会。但当选为本会职员者，非存依法应解任之事由，不得将其撤换。

第十八条 会员代表丧失国籍或发生第十五条所列各款情事之一者，原举派之会员应撤换之。

第十九条 会员代表如有不正当之行为致妨害本会名誉信用者，得以会员大会之议决通知原推派之会员撤换之。前项撤换之代表，自除名之日起三年以内，不得充任会员代表。

## 第四章 组织及职权

第二十条 本会设执行委员十五人、监察委员七人，由会员大会就代表中用无记名选举法选任之以得票最多数者为当选。选举前项执行委员、监察委员时应另选候补执行委员五人，候补监察委员三人，遇有缺额依次递补，以补足前任任期为限，未递补前不得列席会议。

第二十一条 本会设常务委员五人，由执行委员会就执行委员中用无记名选举法互选之，以得票最多数者为当选。

第二十二条 本会设主席一人，由执行委员会就当选之常务委员中用无记名单记法选任之，以得票满投票人之半数者为当选；若一次不能选出，应就得票最多数之二人决选之。

第二十三条 执行委员及监察委员均为名誉职。

第二十四条 执行委员及监察委员之任期均为四年，每二年改选半数，不得连任。

前项第一次之改选以抽签定之，但委员人数为奇数时，留任者之人数得较改选者多一人。

第二十五条 主席及常务委员缺额时，由执行委员会补选之，其任期以补足前任任期为限。

第二十六条 本会委员有下列各款情事之一者应即解任：

1. 会员代表资格丧失者；
2. 因不得已事故经会员大会议决准其辞职者；
3. 旷废职务经会员大会议决令其退职者；
4. 于职务上违背法令、营私舞弊或有其他重大之不正当行为，经会员大会议决令其退职或由经济部或由地方最高行政官署令其退职者。

第二十七条 本会事务所得设办事员。

第二十八条 执行委员会依本章程之规定及会员大会之议决行使职权。

第二十九条 监察委员会之职权如下：

一、监察执行委员会执行会员大会之议决；

二、审查执行委员会处理之会务；

三、稽核执行委员会之财政出入。

第五章 会议

第三十条 会员大会分定期会议及临时会议两种，均由执行委员会召集之。定期会议每年开会二次，临时会议于执行委员会认为必要或经会员代表十分之一以上之请求或监察委员会函请召集时召集之。

第三十一条 会员大会之决议以会员代表表决权过半数之出席，出席权数过半数之同意行之，出席权数不满过半数者得行假决议，在三日内将其结果通告各代表，于一星期后二星期内重行召集会员大会，以出席权数过半数之同意对假决议行其决议。

第三十二条 下列各款事项决议以会员代表表决权数三分之二以上之出席，出席权数三分之二以上之同意行之，出席权数不满三分之一者，得以出席权数三分之二以上之同意行使决议，在三日内将其结果通告各代表，于一星期后二星期内重新召集会员大会，以出席权数三分之二以上之同意对假决议行其决议：

1. 变更章程；
2. 会员或会员代表之处分；
3. 委员之解职；
4. 清算人之选任及关于清算事项之决议。

第三十三条 执行委员会每月至少开会一次，监察委员会每两月至少开一次。执行委员、监察委员开会时不得委托代表出席。

第三十四条 执行委员会开会时须有委员过半数之出席，出席委员过半数之同意方能决议，对否同数取决于主席。

第三十五条 监察委员会开会时须有委员过半数之出席，临时互推一人为主席，以出席委员过半数之同意决议一切事项。

## 第六章　经费及会计

第三十六条 本会经费分下列两种：

1. 事务费

甲 公会会员以其公会所收入会费总额十分之五充之；

乙 非公会会员比例于其资本额缴纳之，每单位十五元。

2. 事业费出会员大会议决，经地方主管官署核准筹集之。

第三十七条 会计年度每年1月1日始至同年12月31日止。

第三十八条 本会预算决算须经会员大会之议决。

第三十九条 本会之预算、决算及其事业之成绩，每年须编辑报告刊布之，并呈出地方主管官署转呈省政府转报经济部备案。

## 第七章　附则

第四十条 本章程未规定事项悉依《修正商会法施行细则》之规定办理之。

第四十一条 本章程如有未尽事宜，经会员大会之决议，呈准璧山县县政府修改之，并逐级转报中央社会部及经济部备案。

第四十二条 本章程呈准璧山县党部及璧山县县政府备案施行，并逐级转报中央社会部及经济部备案。

# 附录7:《墨江县商会章程》

第一条 本会定名为云南墨江县商会。

第二条 本会以振兴商务改良促进工商业为宗旨。

第三条 本会区域以墨江县属之区域为限。

第四条 本会事务所设于县城内。

第五条 本会设会长一人、副会长一人、特别会董三人、会董十五人，均为名誉职不支薪水。

会董中会员投票选举会长、副会长由会董投票互选，特别会董由会董推选。

第六条 本会除前条规定职员外，得设文牍兼书记、庶务、会计等二人，杂役二名。前项职员得以实业所人员兼任或暂缺之。

第七条 会长、副会长、会董之选举、特别会董之推选以及任期辞职等事宜悉依商会法及其施行细则办理。

第八条 会长主持全会事务，副会长协助之，会长缺席时副会长代行其职权，会董有参与及协助会务之权责。

第九条 书记、庶务、会计秉承会长分别办理应办一切事宜。

第十条 关于本会职责依商会法第十六条之规定办理，凡不属于职责内之事概不干预。除前项之规定外，凡关于工商业之应行整顿保护及应兴应革事项为本会之力所不及者，得随时请求地方官查核办理。

第十一条 本会议分定期会议、特别会议两种。定期会议分年会、职员会，年会每年举行一次，职员会每星期日举行。特别会议无定限，遇事关重要时行之。

第十二条 本会经费分事务所用费、事业费两种，除事业费得另行筹集外，其事务所用费悉由会员负担之。

第十三条 本会事业之成绩及经费之预算、决算每年均编辑报告刊布之，其办事成绩并报由地方官转呈咨部查核。

第十四条 本会暂不设立公断处，凡遇工商业者之争议请求本会调处时，本会得切实调查秉公调处，如不依调处时听其向地方官厅起诉。

第十五条 本会处理各事得另订办事细则。

第十六条 本章程未经规定事宜，悉依商会法及其施行细则办理。

第十七条 本章程如有未尽事宜，得依商会法第二十八条之规定会议议决，增删修订呈奉核准行之。

第十八条 本章程自奉核准之日施行。

## 附录8：《彝良县商会章程》

第一条 本会依照商会法改组定名为彝良县县商会。

第二条 本会以振兴商务促进改良工商业为宗旨。

第三条 凡彝良县属之区域，除牛街县左所属区域归牛街商会外，悉为本会所属之区域。

第四条 本会区域内若发生与牛街商会区域内有关系之商事，得与牛街商会协商，或归牛街商会办理或归本会办理之。若两会对于前项之规定有争执时报由地方官决定之。

第五条 本会事务所设于县城内正大街禹王宫。

第六条 本会设会长一人、副会长一人、会董十七人，特别会董三人，均为名誉职。

第七条 本会除前条规定外，得设书记及会计、兼庶务人，杂役二人，由会长分别任雇酌给薪工。

第八条 会长、副会长、会董之选举，特别会董之推选，以及解任退职等事宜，悉依商会法及其施行细则所规定者办理。

第九条 会长主持全会事务，副会长协助之，会长缺席时副会长代行其职权，会董有参与协助会务之权责。

第十条 书记、会计、庶务均秉承会长分别办理应办一切事宜。

第十一条 关于本会之职责，悉依商会法第十六条之规定办理，凡不属于职责内之事概不干预。除前项之规定外，凡关于工商业之应行整顿保护及或改良事项得随时请求地方官查核办理。

第十二条 本会会议分定期会议特别会议两种。定期会议分年会、职员会年会每年一次，职员会每月举行四次。特别会议无定限，遇事关重要时行之。

第十三条 关于本会内部办理各事及会议事项，另以细则规定之。

第十四条 本会经费分事务所用费事业费两种，除事业费得另行筹集外其事务所经费悉由会员负担之。

第十五条 本会事业之成绩及经费之预算、决算每年均编辑报告刊布之，其办事成绩并报由地方官转呈咨部查核。

第十六条 本会应暂不设立公断处，凡遇工商业者之争议求本会调处时，本会得切实调查秉公调处；如不依调处时，听其向地方官厅起诉。

第十七条 本章程未经规定事宜悉依商会法及其施行细则办理。

第十八条 本章程如有未尽事宜得依商会法第二十八条之规定会议议换增删修订，呈奉核准行之。

第十九条 本章程自呈奉核准之日施行。

## 附录9：《熠峨县商会章程》

第一条 本会依照商会法设之定名为熠峨县商会。

第二条 本会以发展振兴并改良促进工商业为宗旨。

第三条 本会区域以熠峨县所属之区域为限。

第四条 本会事务所设于县城内旧设之平民工厂。

第五条 本会设会长一人、副会长一人、会董二十人，均为名誉职。会董由会员投票选举，会长、副会长由会董投票互选，但须年在三十岁上之会员始有被选会董之权。

第六条 除前条职员外，得酌设书记庶务、会计等员，由会长任雇酌给薪工前项之书记、庶务、会计等事务得以一人或二人兼任之。

第七条 会长副会长、会董之任期、解职等事宜悉依商会法及其施行细则所规定者办理。

第八条 会长主持全会事务，副会长协助之，会长缺席时副会长代行其职权，会董有参与及协助会务之权责。

第九条 书记、庶务、会计均秉承会长办理会内一切事务。

第十条 关于本会之职务依商会法第十六条之规定办理之，凡不属于职务内之事概不干预（如需附设商事公断处，则本条条文即应改为关于本会之职务依商会法第十六条第一款至第六款、第八款、第九条办理之，凡不属于职务内之事概不干预）。

第十一条 除前条规定外，凡关于工商业之应行整顿保护及应兴应革事项为本会之力所不及者，随时请求地方官查核办理。

第十二条 本会议分定期会议、特别会议两种。定期会议分年会、职员会，年会每年举行二次，职员会每年举行三次或四次，特别会议无定限遇重要事项发生时行之。

第十三条 本会经费分为事务所用费和事业费两种。除事业费得另行筹集外，其事务所用费悉由会内职员及会员负担之。

第十四条 本会事业之成绩及经费之预算、决算每年均编辑报告宣布之，其办事成绩并报由地方官转呈咨部查核。

第十五条 本会暂不设立商事公断处，凡遇工商业者之争议请求本会调处时，本会得切实调查秉公调处，如不依调处时听其向地方官厅起诉。如须附设商事公断处，则本条又应即改为本会附设商事公断处，凡遇工商业者之争议请求本会调处时，即由公断处切实调查秉公调处，如不依调处时听其向地方官厅起诉。

第十六条 本会处理各事得另订办事细则。

第十七条 本章程未经规定事宜，悉依商会法及其施行细则办理之。

第十八条 本章程如有未尽事宜，得依商会法第二十五条之规定，会议增删修订，呈奉核准行之。

# 后　　记

本书源起于2017年立项的国家社科基金青年项目"西南边疆地区近代商会治理研究"，该项目于2023年4月正式通过结项。其时选定该领域的初衷是基于我博士学习期间对云南商会研究的积淀，力图进一步拓宽关于西南地区近代商会研究的学术视野，深挖西南边疆地区近代商会治理的历史逻辑。在此动机的引领之下，我将研究角度从单纯的商会史，延伸到对于商会治理史的关注，并逐渐将重点聚焦到滇桂两省区的比较研究之上。

与所有学科的研究一样，历史研究也是探求愈精微，其义愈广大，诚如古人所言"读史在推见至隐"，我的学术研究也是力求践行这样的原则。从项目立项到书稿完成，历时五年有余。其间，通过多种渠道对滇桂两省区的商会档案文献进行了广泛的搜集和整理，获取了丰富的资料，为本书的完成打下了坚实的基础。

纸上得来终觉浅，绝知此事要躬行。近代商会档案文献和报刊资料可谓汗牛充栋，我好像进入了一个充满惊喜的富矿，徜徉在各种杂乱却线索渐清的资料海洋中，时而模糊时而清晰。做研究的人就像福尔摩斯一样，要在繁杂的资料中找思路、找线索。五年余的伏案，这期间还遭遇到三年疫情，也因2021年下半年之后走上行政岗位，该项目的研究和书稿的完成时停时启。当然，"静对古书寻乐趣"，在浩瀚的文献中抉微索隐，成为我这一期间最重要的工作内容和最大的享受，也为我进行系统的文献整理和剖析创造了条件。五年倏然而过，虽感叹时光易逝，但时光也给予了我充分的肯定。本书近30万字的体量，我自忖是学术生涯中的代表性成果，虽有瑕疵，但为我在2023年度又一次国家社科项目的申报立项提供了坚实的基础，极大地增强了我一往无前的学术信心。

"岁月不居，时节如流。"从立项到成书，我也近不惑之年，但对于学术的认知似乎刚刚开悟，学术热情不退反进，学术的活力和动力也如汩汩涌泉，不断地被激发出来。在当前区域史和边疆史研究热潮之下，近代商会史研究趋向的转变又造就了该书议题的深化拓展，相关问题研究也趋向于从比较研究和微观研究的维度引入，这又为区域商会史的研究增添了新面向。凡此种种之考虑，构成本书立题、写作的动机所在，也成就本书当前的格局。受学识、时间及精力所限，本书关于该论题的研究只是阶段性的，远未达致令人满意的程度。在未来的学术征途中，我将不忘初心，沿着既有的学术轨迹继续前行，探幽发微，兀兀穷年，力争有所作为和建树。

时光不会止步，学术未有穷期。在书稿付梓之际，我最想铭记的是师生之情。我要再次感谢我的博士生导师郑成林教授，老师将我领入近代商会史研究的学术大门，他对我学术的引领及无私的关照让我心存感激。博士毕业后，郑老师时刻鞭策、耳提面命，我终将不敢懈怠、时刻警醒，唯恐辜负老师的一番苦心与厚爱，尽管每个人慧根不同、潜质有别，但"虽不能至，心向往之"。郑老师的每一次点拨，让我深切地体悟学术与逻辑之精彩与魅力，常常让我有如沐春风之感，深刻影响着我的学术旨趣和方向。

感谢中国历史研究院近代史研究所虞和平研究员欣然赐序。虞师兼具长者的睿智和学者的情怀，读博期间到今日，虞师一直关注和指导着我等后学。虞师的人品和文品，都是难以逾越的高峰，是我辈永远学习的楷模。感谢中国社会科学出版社刘芳老师对该书出版悉心耐心的指导和编校。

项目的研究和本书的完成，得益于多位专家的指教和支持，感谢诸位匿名专家在结项评审过程中提出的真知灼见和宝贵意见，在书稿修订完善中，我充分吸纳和参考。各位专家的认可，极大地提升了我的学术自信。感谢学校科技处和马克思主义学院各位领导、老师的关心和支持，在此一并表示衷心感谢！

感谢我的研究生李容霞、杨晓素、刘籽婧、潘可涵、杨珍燕、李涛、江宇为本书的资料整理和校对处理所付出的辛劳。此外，我的科研助理赵艳容、刘燕和学院其他研究生李雅娴、徐婷婷也在资料整理和校对文稿过程中给予了帮助，2018级研究生普秋利用假期为我在其家乡蒙自搜集了部分档案。在此一并表示谢意！

我要感谢我的妻子与父母。感谢妻子对我的工作给予的支持，未来我们将携手相伴、福祸共担。2022年3月，我们的宝贝出生了，他的到来给我从未有过的快乐和感动。从呱呱坠地到咿呀学语，儿子成长的每一步都让我感悟到生命的美好。我平时工作繁忙，不能全身心地照顾孩子，对他应尽的义务只能在未来的岁月中加倍补偿。特别感谢我的母亲，近花甲之年义无反顾地承担起照顾孩子的责任。正是由于妻子和父母的帮助，我才能利用寒暑假之余静下心来读读书、看看文献、写写文章。家人的理解和支持，是对我学术研究工作最为有力的支持。

行文至此，终将结束！但我并没有如释重负的激动与兴奋，反而将开始承受学界师友和读者的评判与检讨。虽无"为往圣继绝学"的鸿鹄之志，但视学术成果为"安心、立命"之本的本分犹在，总会对自己的成果"惴惴不安"，本书也不例外。这是在国家社科基金项目的结项成果基础上修改而成，也承接了博士阶段的学术积累。

从遥远的桂子山到眼前的苍洱之滨，是历经十年的韶光年华与人生转折，转眼已去无影踪，蓦然回首，感慨万千。本书权且作为一个纪念和怀旧！"雄关漫道真如铁，而今迈步从头越"，我一直以此鞭策和激励自己。本书的付梓，只是完成了阶段性目标。书山万仞，学海无涯，对于学术的执念，将与我跬步不离，如影随形。

是为记！

赵善庆<br>
癸卯年梅月于理大和苑